POINT D'ÉQUILIBRE

STAR WARS®

LE NOUVEL ORDRE JEDI

KATHY TYERS

POINT D'ÉQUILIBRE

Fleuve Noir

LE CYCLE DE STAR WARS

DANS L'ORDRE CHRONOLOGIQUE DE L'HISTOIRE

AN –32	**22***	*Episode I : La Menace Fantôme* Terry Brooks
AN –29	**43**	*Planète rebelle* Greg Bear
AN –22	**49**	*Episode II : L'Attaque des Clones* R.A. Salvatore (mai 2002)
AN –20		*Episode III* (2005)
		La Trilogie de Yan Solo A.C. Crispin
AN –10	**31**	1. *Le Coup du Paradis*
AN –5	**32**	2. *Le Gambit du Hutt*
AN –1	**34**	3. *L'Aube de la Rébellion*
AN 0	**1**	*Episode IV: La Guerre des Etoiles* George Lucas
AN 3	**2**	*Episode V: L'Empire contre-attaque* Donald F. Glut
	11	*Les Ombres de l'Empire* Steve Perry
AN 4	**3**	*Episode VI : Le Retour du Jedi* James Kahn
		La Guerre des Chasseurs de Primes K.W. Jeter
	36	1. *L'Armure mandalorienne*
	37	2. *Le Vaisseau* Esclave
	38	3. *Une encombrante cargaison*

*** Ordre chronologique des parutions au Fleuve Noir**

AN 4	15	*Trêve à Bakura* Kathy Tyers
ANS 6 & 7		*Les X-Wings* Michael A. Stackpole
	7	1. *L'Escadron Rogue*
	8	2. *Le Jeu de la mort*
	9	3. *Un piège nommé Krytos*
	10	4. *La Guerre du bacta*
		Aaron Allston
	28	5. *L'Escadron Spectre*
	30	6. *Le Poing d'Acier*
	42	7. *Aux commandes : Yan Solo !*
AN 8	25	*Le Mariage de la princesse Leia* Dave Wolverton
AN 9		*La Croisade Noire du Jedi Fou* Timothy Zahn
	12	1. *L'Héritier de l'Empire*
	13	2. *La Bataille des Jedi*
	14	3. *L'Ultime Commandement*
		Les X-Wings Michael A. Stackpole
	44	8. *La Vengeance d'Isard*
AN 11		*L'Académie Jedi* Kevin J. Anderson
	16	1. *La Quête des Jedi*
	17	2. *Sombre disciple*
	18	3. *Les Champions de la Force*
ANS 12 & 13	23	*Les Enfants du Jedi* Barbara Hambly
	24	*Le Sabre Noir* Kevin J. Anderson
	29	*La Planète du crépuscule* Barbara Hambly
AN 14	26	*L'Etoile de Cristal* Vonda McIntyre

ANS 16 & 17		*La Crise de la Flotte Noire* Michael P. Kube McDowell
	4	1. *La Tempête approche*
	5	2. *Le Bouclier furtif*
	6	3. *Le Défi du tyran*
AN 17	27	*La Nouvelle Rébellion* Krystine Rusch
AN 18		*La Trilogie corellienne* Roger MacBride Allen
	19	1. *Traquenard sur Corellia*
	20	2. *Assaut sur Selonia*
	21	3. *Bras de fer sur Centerpoint*
AN 19		*La Main de Thrawn* Timothy Zahn
	33	1. *Le Spectre du passé*
	35	2. *Vision du futur*
AN 25		*Le Nouvel Ordre Jedi*
	39	1. *Vecteur Prime* R.A. Salvatore
		2. *La Marée des Ténèbres* Michael A. Stackpole
	40	I. *Assaut*
	41	II. *Naufrage*
		3. *Les Agents du Chaos* James Luceno
	45	I. *La Colère du Héros*
	46	II. *L'Eclipse des Jedi*
	47	4. *Point d'équilibre* Kathy Tyers
		5. *L'Aurore de la victoire* Greg Keyes
	48	I. *Conquête* (avril 2002)
	50	II. *Renaissance* (juin 2002)

Titre original :
Balance Point

Traduit de l'américain par
Jean-Marc Toussaint

Collection dirigée par
Patrice Duvic et Jacques Goimard

Edition originale : Del Rey®, un département de Ballantine Publishing Group

ISBN : 2-265-06924-8

A Janna Silverstein et Shelly Shapiro,
ces femmes persuasives et lettrées qui m'ont conviée
à rejoindre cette galaxie et ont piloté mes projets
avec compétence et bienveillance

Dramatis Personae

Anakin Solo, Chevalier Jedi (humain)
C-3PO, droïde de protocole
Darez Wuht, amiral (Durosien)
Droma, spationaute (Ryn mâle)
Han Solo, capitaine du *Faucon Millenium* (humain)
Jacen Solo, Chevalier Jedi (humain)
Jaina Solo, Chevalier Jedi (humaine)
Leia Organa Solo, ambassadrice de la Nouvelle République (humaine)
Luke Skywalker, Maître Jedi (humain)
Mara Jade Skywalker, Maître Jedi (humaine)
Mezza, réfugiée (Ryn femelle)
Nom Anor, Exécuteur (Yuuzhan Vong mâle)
R2-D2, droïde astromécanicien
Randa Besadii Diori, réfugié (Hutt mâle)
Romany, réfugié (Ryn mâle)
Tsavong Lah, Maître de Guerre (Yuuzhan Vong mâle)
Viqi Shesh, sénateur (humaine)

Ils avaient surgi, sans le moindre avertissement, des confins de l'espace galactique. Les Yuuzhan Vong étaient les représentants d'une race de terribles guerriers. Ils avaient fondu sur leurs victimes par surprise et par traîtrise, armés d'une étrange technologie organique qui avait donné du fil à retordre – beaucoup trop de fil à retordre – à la Nouvelle République et à ses alliés. Même les Jedi, sous la direction de Luke Skywalker, avaient été obligés de se replier, incapables de mettre leurs talents à profit. Pour une raison ou pour une autre, les Yuuzhan Vong semblaient complètement insensibles à la Force.

Le premier assaut avait déstabilisé la vigilance de la Nouvelle République, trop occupée à tenter de maîtriser la rébellion fomentée par Nom Anor, espion Yuuzhan Vong, et ses agents. De nombreuses planètes avaient été détruites et on ne parvenait plus à dénombrer les victimes. Parmi celles-ci, le Wookiee Chewbacca, ami loyal et partenaire de Han Solo.

Lors d'une tentative audacieuse de nouer un contact afin de faire la paix avec l'ennemi, le Sénateur Elegos A'Kla fut assassiné par Shedao Shai, commandant Yuuzhan Vong. Ce dernier livra le corps du politicien à son ami le plus proche, le Jedi Corran Horn. Horn défia Shai en combat singulier. De l'issue de ce duel dépendait le sort de la planète Ithor. Horn maîtrisa Shai, mais le perfide Yuuzhan Vong détruisit tout de même Ithor.

La Nouvelle République s'étiolait davantage à chaque nouvelle épreuve. Rapidement, les Chevaliers Jedi furent contraints de battre en retraite sous la pression. Profitant de ce que certains qualifièrent d'un excès de prudence de la part de Luke, un groupe de Jedi renégats, sous l'impulsion de Kyp Durron, jura d'employer tous les moyens possibles pour mettre les Yuuzhan Vong en déroute. Y compris certaines formes d'agression pouvant entraîner une chute inexorable vers le Côté Obscur.

Ces actions entraînèrent les frères Solo, Jacen et Anakin, dans une dispute philosophique. Leur sœur Jaina préféra se concentrer sur son nouveau rôle de pilote d'élite au sein du légendaire Escadron Rogue.

Se jugeant responsable de la mort de Chewbacca, Han Solo tourna le dos à sa famille. Il chercha le repentir dans l'action et parvint à déjouer un complot Yuuzhan Vong visant à éliminer les Jedi. Han revint de mission avec un antidote au mal étrange et débilitant dont souffrait Mara Jade Skywalker. Mais, pour Solo, même cette victoire ne pouvait pas effacer la mort de son ami le plus cher. Elle ne fut d'aucune utilité, non plus, pour raccommoder son mariage avec Leia.

Celle-ci était également rongée par le remords. Parce qu'elle n'avait pas voulu prêter attention à une vision qu'elle avait eue du futur, Leia craignit d'avoir condamné la flotte des Hapans à la défaite sur Fondor. La bataille inégale, livrée autour des chantiers de construction de vaisseaux, prit brusquement fin grâce à la mise en action d'une arme à la puissance de destruction aussi phénoménale qu'incontrôlable. L'engin, installé à la Station Centerpoint, avait été mis en route par son plus jeune fils, Anakin.

Aujourd'hui, l'étau des Yuuzhan Vong se resserre. Ils avancent irrémédiablement vers Coruscant et la victoire. Luke et Mara, Han, Leia et leurs enfants, ainsi que tous les membres de la Nouvelle République, doivent restaurer l'équilibre perdu... Tant qu'il reste quelque chose à préserver...

Prologue

Le lieutenant Jaina Solo fit rouler son chasseur Aile-X sur ses volets d'attaque bâbord et enclencha l'accélération. Un corail skipper Yuuzhan Vong, pareil à une conque, était en train de harceler l'un des ailiers de l'escadron. L'appareil ennemi prit la tangente. Un minuscule trou noir apparut à sa poupe, aspirant la moindre particule d'énergie lumineuse des traits de laser tirés par Jaina.

La jeune femme ajusta la vitesse de son Aile-X à celle du skip et entama la poursuite. Elle avait participé à des douzaines de batailles depuis que le Colonel Gavin Darklighter lui avait proposé de rejoindre l'Escadron Rogue. Sa fierté ne s'était toujours pas émoussée, mais l'excitation, en revanche, était un peu retombée. Il y avait eu bien trop de décollages d'urgence en pleine nuit, bien trop de morts et si peu de sommeil.

Mais si je fais partie de l'Escadron Rogue, se dit-elle en poussant en douceur sur ses commandes, *ce n'est pas en raison de l'identité de mes parents, ni parce que la Force est présente chez tous les membres de ma famille.*

Non. Son recrutement était dû à ses talents de pilote. De plus, la présence d'au moins un Chevalier Jedi était reconnue comme nécessaire au sein de l'escadron.

Le skip après lequel elle volait plongea soudainement vers le Croiseur d'Assaut Bothan *Champion.* Le *Champion* était chargé d'escorter un nouveau convoi de réfugiés. Hosk, la lune industrialisée de Kalarba, venait de quitter son orbite. La situation était terrifiante, évoquant les dernières heures de Sernpidal, une dizaine de mois auparavant. Un grand nombre de personnes périraient dans les rangs des Kalarbans. Mais pour Jaina, comme pour son père, aucune tragédie ne pourrait égaler celle survenue sur Sernpidal.

Pulvériser tous ces skippers ne ferait pas revenir Chewbacca, mais l'action aidait Jaina à oublier temporairement ses souvenirs les plus amers. Pressant son doigt sur la gâchette de mitraillage, elle envoya une rafale de laser écarlate sur le corail skipper. Les multiples décharges à basse fréquence semblèrent perturber les Basals Dovin, ces véritables aspirateurs d'énergie, du skip ennemi. Comme le colonel le disait si souvent : « Chatouillez-leur la langue avant de leur fourrer votre poing tout entier dans la gorge ! »

Les senseurs apprirent à Jaina que le vortex destructeur, créé par l'appareil ennemi, avait perdu de son intensité. Sur son écran principal, un engin de levage Chiss venait d'apparaître par l'arrière.

— Je te couvre, Rogue Onze ! lança une voix dans les écouteurs.

Maintenant !

Jaina pressa son index sur la commande principale de tir. Des rayons si intenses qu'on les aurait crus solides jaillirent simultanément de ses quatre batteries de laser. Le petit champ de gravité artificielle du skip dévia une partie du tir. Pour compenser, Jaina avait visé un peu trop haut. Deux de ses rayons se perdirent dans l'espace. Les deux autres, en revanche, frappèrent exactement là où la jeune femme l'avait prévu. Le cockpit aux panneaux de cristal de l'appareil ennemi s'éclaira soudainement sous l'action des flammes et des étincelles.

Nous connaissons maintenant la tactique pour les combattre à armes égales. Mais la lutte, elle, ne sera jamais égale. Ils n'arrêtent pas de nous attaquer, ils semblent être de plus en plus nombreux. Leurs vaisseaux sont même capables de se réparer euxmêmes ! Les Yuuzhan Vong avaient transformé des planètes entières en unités de production de coraux skippers. Ils avaient également détruit l'un des plus grands chantiers de construction militaire de la Nouvelle République à Fondor. Les chantiers restants – Kuat, Mon Calamari et Bilbringi – étaient désormais en état d'alerte permanent. Des détachements d'appareils avaient été déployés en orbite pour leur défense.

Des éclats de cristal et des échardes incandescentes fusèrent du corail skipper. La déflagration le propulsa, en spirale lente, en dehors de la zone de feu. Le pilote Yuuzhan Vong ne s'éjecta pas. Tous mouraient avec leurs appareils. Par choix, apparemment. Et pourtant, ils étaient de plus en plus nombreux, alors que la plupart des pilotes de la Nouvelle République étaient rappelés chez eux pour défendre leurs propres systèmes.

— C'est bon pour toi, Dix ! s'exclama Jaina.

— Merci, Sticks.

— Pas de quoi.

Jaina vira sur tribord et se rendit compte immédiatement qu'une catastrophe était sur le point de se produire.

— A tous les Rogues, d'autres skips en approche au trois-quatre-neuf marque dix-huit ! Ils se dirigent sur les nacelles de propulsion du *Champion* !

— Bien compris, dit le Major Alinn Varth, commandeur du détachement de Jaina, en durcissant sa voix. Il est temps de moudre de la poudre de corail ! Onze et Douze, avec moi !

Jaina double cliqua sur son communicateur pour signifier son accord puis elle poussa sur ses commandes. Elle fit faire un demi-tonneau à son Aile-X et suivit Rogue Neuf à la surface de la partie ventrale du *Champion*. Elle volait si bas, si près du blindage, qu'elle put presque en compter les rivets.

L'Amiral de Corvette Glie'oleg Kru, un Twi'lek, commandait le *Champion*. Depuis les événements de Fondor, Jaina entendait parler tous les jours, à chaque nouvelle bataille, d'amiraux ou de capitaines promus à la va-vite. D'autres mondes avaient dernièrement succombé sous les assauts Yuuzhan Vong. Gyndine, Bimmiel, Tynna... Ici, à Kalarba, les espions chargés du briefing de l'équipe de Jaina assuraient que les extraterrestres souhaitaient couper les voies d'accès à Corellia, des routes hyperspatiales vitales qui desservaient la Bordure. Les planètes

Druckenwell et Rodia venaient donc de déclarer l'alerte rouge.

Un autre convoi de vaisseaux Kalarbans, rejoint par des douzaines d'appareils fuyant les stations de Hosk, venait de passer en vitesse lumière. En dépit de tous les efforts déployés pour rechercher et détruire l'énorme basal dovin que les Yuuzhan Vong avaient largué sur Kalarba, la lune de Hosk perdait de l'altitude à chaque nouvelle révolution orbitale. Les escadres de chasseurs Hyrotii Zebra chargés de sa protection avaient battu en retraite et les dix turbolasers installés à sa surface avaient été mis hors service. Sur l'écran de contrôle de Jaina, les vaisseaux ennemis qui apparaissaient ressemblaient à des créatures dotées de nombreuses pattes, s'attaquant à la lune et à ses constructions de métal, dévorant les dernières navettes qui tentaient vainement de rejoindre les convois. Les hautes tours de raffinage qui marquaient l'emplacement des pôles de Hosk gîtaient de plus de trente degrés par rapport à leur orientation initiale. Bientôt, Kalarba ne serait plus qu'un autre monde sans vie, sans aucune utilité, même pour les Yuuzhan Vong.

Jaina contourna la baie d'accostage tribord du *Champion* en exécutant une manœuvre de dégagement stupéfiante. Trois coraux skippers se lancèrent sur ses traces en la bombardant de décharges de plasma. Elle sentit son pouls s'accélérer et regarda dans toutes les directions, le médius de sa main droite près de la gâchette secondaire.

— Sparky, ordonna-t-elle à son droïde astromécancien, j'ai besoin des déflecteurs à cent pour cent dans un rayon de treize mètres !

Des lettres apparurent en clignotant sur son écran de contrôle. L'unité R5, son compagnon de vol depuis qu'elle avait rejoint les rangs de l'Escadron Rogue, s'exécuta instantanément. Des parasites retentirent dans ses écouteurs. Un basal dovin venait de s'attaquer à ses boucliers de protection.

Un nouveau corail skipper surgit par tribord juste en dessous d'elle. Jaina effleura ses commandes de gouvernail et poussa son manche de côté. Les étoiles se mirent à tourbillonner. *Essaie un peu d'approcher, Vong, essaie un peu...*

Le voyant de son collimateur passa au rouge. La cible venait d'être verrouillée. Arborant un air de triomphe, Jaina décocha une torpille à protons, regarda la traînée bleue filer vers le vaisseau ennemi tout en maintenant son cap. Elle tira une nouvelle rafale de laser pour détourner l'attention du basal dovin...

— Onze ! hurla une voix dans ses oreilles. Dégage par tribord !

Bave de Hutt ! jura Jaina. Elle agrippa ses commandes d'accélération et vira sur l'aile. La manœuvre la propulsa brutalement dans son harnais de vol. L'Aile-X vibra.

— Je suis touchée ! cria-t-elle. (Une décharge d'adrénaline l'empêcha de lâcher ses commandes. Elle jeta un rapide coup d'œil à son moniteur principal.) J'ai toujours mes déflecteurs... (Elle inspecta le manche et les commandes de gouverne.) Et je peux toujours manœuvrer...

Elle était furieuse. Les coraux skippers, qui apparaissaient en rouge sur son écran radar, s'étaient jetés en masse sur le *Champion* et sur ses défenseurs. Un seul chasseur volait cependant dans la direction opposée. Il devait certainement s'agir de celui qui venait d'infliger sa marque brûlante sur ses ailerons d'attaque. Elle appuya sur l'accélérateur.

C'est alors qu'elle vit le grand vaisseau ennemi qui progressait en poupe du *Champion*. Il était un peu plus petit qu'un Destroyer Stellaire et son apparence évoquait quelque créature marine fantastique. Un bras, plus gros que les autres protubérances, pointait vers l'avant. Il devait s'agir du poste de commandement. Deux bras plus petits dardaient de la partie dorsale de l'appareil et deux autres de la partie ventrale. Des deux excroissances inférieures jaillirent d'aveuglants rayons de plasma qui fondirent sur le *Champion*.

Deux escadrilles d'Ailes-E de la Nouvelle République firent irruption et se lancèrent à l'assaut du nouvel opposant. Ne perdant pas de vue le skipper qu'elle poursuivait, Jaina pressa sa commande de mitraillage.

— A tous les Rogues ! (Le cri du colonel prit Jaina par

surprise.) Quelqu'un vient d'anéantir les boucliers du *Champion.* Dégagez !

Comment avaient-ils fait ? Un autre vaisseau se trouvait-il en dehors du champ de vision de Jaina ? Elle empoigna son manche et appuya à fond sur l'accélérateur.

Alors qu'elle rasait la nacelle bâbord du Croiseur, un violent éclair lumineux se produisit à l'intérieur. Avec une lenteur aussi captivante qu'effrayante, une longue déchirure se matérialisa sur le flanc étincelant du *Champion.*

— Sticks ? cria une voix dans les oreilles de Jaina. Rogue Onze ? Tire-toi de là !

— Sparky ? Pleine puissance ! ordonna la jeune femme. Allez...

La déflagration la catapulta contre sa planche de bord. Les pédales de gouvernail semblèrent lui déchiqueter les jambes. Les panneaux de son cockpit se déformèrent avant de disparaître. Une sirène stridente retentit au rythme d'une voix synthétisée qui scandait : « Ejection. Ejection. »

Jaina tenta de faire appel à la Force. Elle s'agrippa désespérément. Presque au point de...

Une explosion étincelante se produisit et une douleur intense lui fit perdre connaissance.

1

Jacen Solo se tenait, en compagnie de son père, sur le pas de la porte du refuge en boue séchée qu'ils partageaient sur Duro. La combinaison de travail du jeune homme, initialement brune, était couverte de poussière et de taches de graisse. Ses cheveux brun foncé ondulés lui tombaient sur les oreilles. Ils n'étaient pas encore assez longs pour pouvoir être attachés. Sous le dôme gris translucide qui les protégeait de l'atmosphère viciée de la planète, la tension était en train de monter. Celle-ci était pareille à l'un de ces serpents de verre de Zharan : invisible mais tellement palpable au travers de la Force que Jacen pouvait presque ressentir ses anneaux se resserrer autour d'eux.

Quelque chose était sur le point de se produire. Il le sentait bien quand il prenait le temps d'écouter les ondes de la Force. Quelque chose de vital. Mais... Mais quoi ?

Une femelle Ryn, pelage de velours et crinière de piquants, les avant-bras et la queue virant au gris, témoignant de son âge, se tenait face au père de Jacen, Han Solo.

— Ces vaisseaux sont ceux qui constituent nos caravanes, brailla-t-elle en agitant les mains. Ils sont à nous !

Elle renifla et l'inspiration produisit un son de trompette à travers les quatre narines perçant son bec chitineux.

Han Solo pivota sur lui-même, manquant, dans le mouvement, de bousculer Jacen de son bras gauche.

— A cet instant précis, il nous est impossible de les faire décoller pour en vérifier les systèmes vitaux. Vous avez pénétré dans une zone interdite au public, Mezza.

La fourrure beige de Mezza se teinta de nuances de rouge orangé. Sa queue aux reflets bleutés se mit à vibrer. Jacen avait appris récemment qu'il s'agissait là d'un signe d'impatience.

— Bien entendu que nous sommes allés dans la zone où l'on parque les vaisseaux ! rétorqua-t-elle. Elle n'existe pas encore, la clôture qui empêcherait un Ryn de passer ! Ces vaisseaux sont ceux de nos caravanes. Ils sont à nous. (Elle tapa, du plat de la main, le revers de la veste usée jusqu'à la trame qui couvrait sa poitrine.) Et ne me demandez pas de vous faire confiance, Capitaine. Notre confiance vous est déjà acquise. C'est à SELCORE que nous ne voulons pas nous fier. A SELCORE et aux gens de là-haut, dit-elle en levant les bras au ciel.

Han se mordit les lèvres. Jacen, du haut de ses dix-sept ans, eut soudainement l'impression que son père se retenait de rire. Han ne pouvait, en théorie, qu'approuver les initiatives des réfugiés quand ceux-ci décidaient d'inspecter les environs. Surtout à bord de leurs propres appareils. Mais c'était lui qui commandait, à présent. Il ne pouvait donc pas laisser transpirer son amusement. Il était obligé d'appliquer les règlements concoctés par SELCORE. En public, tout au moins, aux yeux des individus les plus jeunes et les plus influençables. Il ne faisait aucun doute que lui et Mezza trouveraient bien un moyen de régler ce problème loin des yeux et des oreilles indiscrets.

Han se jeta corps et âme dans la dispute. Jacen assista au spectacle, essayant simultanément de rassembler les pièces du puzzle éparpillées dans toutes les cellules de son organisme. Entraîné comme un Jedi, doué d'une perception peu commune, le jeune homme sentait que la Force était sur le point de changer, d'être bouleversée... Cette fois-ci, il ne voulait négliger aucun indice.

Il sentit trembler le muscle de sa joue droite. Instinctivement, il leva la main vers son visage et balaya une mèche de cheveux qui lui barrait le front. Il avait besoin d'une bonne coupe mais, ici, personne ne se souciait de son allure. Il sentait que ses jambes n'avaient pas fini de croître, que ses épaules n'avait pas fini de s'élargir. Il avait l'impression d'être un hybride maladroit, un Jedi responsable dans le corps d'un garçon en pleine croissance.

Il s'adossa contre le mur de la hutte et inspecta ce nouvel environnement qui serait désormais son foyer. Le dôme avait été construit par SELCORE, l'organisme, fondé par le Sénat de la Nouvelle République, chargé de la sélection des ressources correspondant aux besoins des réfugiés. L'habitat artificiel était prévu pour un millier de personnes. Bien entendu, on avait installé ici plus de mille deux cents réfugiés. En plus des Ryn, qui n'en faisaient qu'à leur tête, on dénombrait quelques centaines de désespérés, des Vors délicats, des Vuvriens à l'énorme crâne sphérique et un jeune Hutt.

Et les Yuuzhan Vong continuaient inlassablement leur avancée à travers la galaxie, détruisant des mondes, réduisant en esclavage les populations de planètes entières. Ithor la luxuriante. Ord Mantell la hors-la-loi. Obroa Skai et ses stupéfiantes bibliothèques... Toutes étaient tombées sous les coups de l'envahisseur sans merci. L'espace Hutt et les mondes de la Bordure Médiane ponctuant les voies d'accès à Corellia faisaient l'objet d'un feu nourri. S'il existait un moyen de stopper les Yuuzhan Vong dans leur progression, la Nouvelle République ne l'avait pas encore découvert.

Han Solo, la main gauche sur la hanche, faisait face à Mezza, chef du plus important des deux clans Ryn survivants. Il gardait un œil sur ceux qui avaient transgressé les lois, un groupe de jeunes, du même âge que Jacen, dont les zébrures juvéniles s'estompaient petit à petit de leurs joues. Les clans Ryn occupaient l'une des sections triangulaires, constituée de huttes aux toits bleus, du campement Trente-Deux. La courbure du dôme de synthéplast disparaissait dans les hauteurs, aussi grise que la nuée polluée qui virevoltait à l'extérieur.

Jacen avait le don. A moins qu'il ne s'agisse d'une malédiction. Sa sensibilité, qu'il avait l'habitude de dissimuler derrière des plaisanteries très élaborées, lui permettait aisément de comprendre les arguments des deux forces en présence dans la dispute. Une partie de sa besogne, au sein de l'installation, était d'aider son père dans les négociations. Han avait un peu tendance à imposer des solutions plutôt que de prendre le temps d'écouter ce que ses interlocuteurs avaient à dire. Il était parti à la recherche des Ryn à travers la moitié des territoires de la Nouvelle République, tentant désespérément de rassembler les membres du clan de son nouvel ami Droma, éparpillés dans toute la galaxie par l'invasion ennemie. Planète après planète, monde après monde, on leur avait fermé la porte au nez. Les Ryn avaient été dépouillés de leurs biens, dupés, trahis. Ils dénombraient de terribles pertes dans leurs rangs. Ils avaient besoin d'un soutien.

Alors, en bougonnant, Han Solo s'était porté volontaire auprès du tout nouveau Comité de sélection des ressources pour les réfugiés, « le temps de leur trouver un endroit où s'installer ». C'est ainsi qu'il s'était justifié auprès de Jacen, en tout cas.

Le jeune homme avait quitté précipitamment Coruscant pour venir jusqu'ici. Deux mois auparavant, la Nouvelle République l'avait appelé, en compagnie de son frère Anakin, à rejoindre la station de Centerpoint, un énorme répulseur hyperspatial équipé d'une focale gravitaire, croisant dans le système Corellien. Tous nourrissaient l'espoir qu'Anakin, qui était parvenu à activer Centerpoint précédemment, serait à nouveau capable de rééditer son exploit. Les conseillers militaires espéraient attirer les Yuuzhan Vong et les forcer à attaquer Corellia. Ils comptaient se servir de Centerpoint comme d'un champ d'entrave pour capturer leur ennemi à l'intérieur même de l'espace Corellien. Cela, bien entendu, pour pouvoir mieux l'éliminer. Même Oncle Luke avait espéré que la redoutable station ne serait utilisée que pour ses capacités de bouclier et non pas comme une arme. La Nouvelle République ne se remettrait probablement jamais de la catastrophe qui avait suivi.

Jacen pouvait discerner le stress qui se lisait sur le visage ridé de son père. Sa démarche était posée, et ses cheveux, de plus en plus gris. Même après toutes ces années passées à discutailler avec des bureaucrates et à supporter le droïde de protocole de son épouse, la patience n'était décidément pas son fort.

Debout, au milieu de l'allée couverte de poussière qui passait devant la hutte des Solo, se tenait Romany, le chef du clan opposé à celui de Mezza, qui tortillait nerveusement l'extrémité de sa queue entre ses puissantes mains. La fourrure sur les avant-bras de Romany, et à la pointe de son appendice caudal, était hérissée de pointes décolorées.

— Donc, *ton* clan, dit Han en désignant Romany, pense que *ton* clan (là, il pointa le doigt vers Mezza) va s'emparer de nos vaisseaux de transport et abandonner tout le monde ici, sur Duro, c'est ça ?

Quelqu'un appartenant au groupe de Romany se mit à crier :

— On ne peut pas leur faire confiance, Solo !

Un autre Ryn fit un pas en avant.

— On était bien mieux dans les Secteurs Corporatifs, à danser pour des crédits ou bien à dire la bonne aventure. Au moins, là-bas, on avait nos propres vaisseaux. On pouvait mettre nos enfants à l'abri de l'air empoisonné... Et à l'abri des propos empoisonnés de certaines personnes...

Han fourra ses mains au fond des poches de sa combinaison maculée de poussière et interrogea Jacen du regard. Le jeune homme réussissait à présent à regarder son père droit dans les yeux.

— Des suggestions ? marmonna Han.

— Ils sont en colère, ils profitent de la situation pour se défouler, observa Jacen.

Le jeune homme leva la tête. Le dôme de synthéplast gris avait été importé jusqu'ici plié en accordéon. Il avait ensuite été tendu sur trois arches de métal. Les réfugiés passaient leur temps à le renforcer au moyen d'une fibre rocheuse créée sur place, et près de la moitié de la colonie travaillait d'arrache-pied pour consolider le dôme et les huttes préfabriquées. L'autre moitié travaillait à l'extérieur, sur un puits de mine assigné par SELCORE, qui servait de réservoir et de système de purification d'eau.

Brusquement, Han leva un bras et hurla :

— Hey !

Jacen se tourna juste à temps pour voir un jeune Ryn

mâle jaillir du groupe de Romany en exécutant un saut périlleux. Il retomba, accroupi, devant ses adversaires. Deux des membres du groupe de Mezza s'interposèrent avec une grâce surprenante. En l'espace de quelques secondes, Han se retrouva au beau milieu d'une mêlée qui semblait presque trop élégante pour représenter un quelconque danger. Les Ryn étaient des gymnastes-nés. Ils repoussaient leurs opposants en faisant de grands moulinets de leurs queues et produisaient des sons claironnants avec leurs becs qui évoquaient ceux d'une meute de droïdes astromécaniciens. Ils donnaient l'impression de danser, de jouer. Ils relâchaient leurs tensions. Jacen ouvrit la bouche, sur le point de dire : « Ne les arrête pas, ils ont besoin de se défouler... »

A ce moment précis, il s'écroula. Une violente douleur se produisit dans sa poitrine, comme si quelqu'un était en train de l'éviscérer. De violentes brûlures se déclarèrent soudainement dans ses jambes, à croire qu'il venait de recevoir une volée d'éclats de métal en fusion. La souffrance remonta le long de ses jambes, jusqu'à ses oreilles.

Jaina ?

Unis dans la Force bien avant leur naissance, lui et sa sœur jumelle Jaina étaient à même de savoir si l'autre était blessé ou terrifié. Mais là, aujourd'hui, à une si grande distance... ressentir ce qu'il venait de ressentir ne pouvait signifier que...

La douleur disparut en un clin d'œil.

— Jaina, chuchota-t-il, abasourdi. Non !

Il projeta les ondes de la Force pour essayer de retrouver sa sœur. A peine conscient des formes incertaines qui s'étaient regroupées autour de lui et de la voix d'un Ryn appelant un droïde médical au secours, Jacen se sentit rapetisser, basculer, aspiré par le vide. Il tenta de se concentrer sur l'intérieur comme sur l'extérieur de son corps, hésitant entre saisir la Force à pleines mains ou plonger dans une transe curative. Serait-il capable d'en faire profiter Jaina ? Son oncle Luke lui avait enseigné une bonne douzaine de techniques de concentration lorsqu'il était à l'Académie, mais, depuis...

Jacen.

Une voix retentit dans son esprit. Ce n'était pas celle de Jaina. C'était une voix d'homme, très grave, ressemblant vaguement à celle de son oncle.

Redoublant d'effort, Jacen imagina le visage de Luke, essayant de se concentrer sur l'écho de cette voix. Un gigantesque vortex immaculé se mit à tourbillonner autour de lui. Le jeune homme se sentit entraîné vers le centre mouvementé de la perturbation. Que se passait-il ?

Et là, il vit son oncle, vêtu d'une tenue d'un blanc parfait, lui tournant le dos à demi. Luke Skywalker tenait son sabrolaser à la diagonale, les deux mains au niveau de la taille et la pointe dirigée vers le haut.

Jaina ! Oncle Luke, Jaina est blessée ! Jacen hurla ces mots à travers son esprit.

Et c'est à ce moment qu'il vit ce qui retenait l'attention de son oncle. A quelque distance, légèrement dans le flou, une deuxième silhouette se redressa tout en s'obscurcissant. Grand, humanoïde, de forte stature, l'individu portait des tatouages et des cicatrices sinueuses sur l'ensemble de son corps et de son visage. Ses hanches et ses jambes étaient enchâssées dans un blindage d'un brun rouillé. Des griffes pointaient de ses talons et de ses jointures. Une cape d'un noir d'ébène drapait ses épaules. L'extraterrestre tenait un Bâton Amphi à tête de serpent, noir lui aussi, juste devant lui. L'angle était similaire à celui du sabre de Luke. Des ténèbres empoisonnées face à une lumière étincelante.

Totalement bouleversé, Jacen projeta les ondes de la Force autour de lui. Il perçut d'abord la présence de la silhouette en blanc. C'était bien celle de son oncle, rayonnant brusquement et profondément dans la Force comme une étoile sur le point de se transformer en supernova. Mais de l'autre côté de ce tourbillon en perpétuelle rotation, là où Jacen avait cru discerner un guerrier Yuuzhan Vong, il ne perçut rien du tout. Dans l'aura de la Force, tous les Yuuzhan Vong semblaient totalement dénués de vie, à l'instar de cette technologie qu'ils détestaient tellement.

La créature fit fouetter son Bâton Amphi. Le sabrolaser du Maître Jedi étincela de mille feux, fusa vers le bas et bloqua le coup dans un éclair aveuglant qui enveloppa l'ensemble de la vision. Le Bâton Amphi du Yuuzhan Vong apparut plus sombre encore que toute absence de lumière, des ténèbres qui semblaient vivantes mais qui ne promettaient qu'une chose : la mort.

Le large disque tourbillonnant sur lequel les deux guerriers se tenaient ralentit soudain son mouvement. Des millions d'étoiles se matérialisèrent. Jacen discerna alors la carte familière de régions de l'espace qu'il connaissait.

Luke se mit en position de combat, près du centre de la galaxie, près des Mondes du Noyau. Il leva son arme et la maintint près de son épaule droite, la pointe vers l'avant. De trois zones particulièrement ténébreuses, au-delà de la Bordure, jaillirent d'autres assaillants tatoués.

Il y en a d'autres ? Jacen réalisa que tout ceci n'était qu'une vision, qu'il ne s'agissait pas d'une bataille se déroulant sous ses yeux et que tout ceci n'avait pas grand-chose à voir avec sa sœur jumelle.

A moins que tout cela ne soit lié ! Ces nouveaux assaillants symbolisaient-ils de nouvelles forces d'invasion, de nouveaux vaisseaux-mondes, en plus de ceux qui se jouaient déjà de tout ce que la Nouvelle République pouvait leur opposer ? Le jeune homme essaya à nouveau de contacter Jaina. Avait-il inconsciemment fait appel à la Force ou bien était-ce la Force elle-même qui lui avait envoyé un signal ?

La galaxie sembla vaciller, en équilibre entre les ténèbres et la lumière. Luke se tenait près du centre, maintenant l'équilibre face à ses sinistres assaillants. Mais leur nombre ne cessait de croître et l'équilibre menaçait de se rompre.

Oncle Luke ! hurla Jacen. *Qu'est-ce que je dois faire ?*

Luke détourna son attention des Yuuzhan Vong qui avançaient vers lui. Il regarda Jacen avec une terrifiante intensité et jeta son sabrolaser. L'arme décrivit une large parabole en bourdonnant, laissant derrière elle, sur le plan galactique, une traînée d'étincelles vert pâle.

Posant les yeux sur la horde qui progressait, Jacen sentit alors la présence d'un autre ennemi sur le point de fondre sur lui. Là, tout au fond de son cœur, la colère grondait. La peur et la fureur ravivèrent ses forces. S'il le voulait, il pourrait détruire totalement les Yuuzhan Vong et tout ce qu'ils soutenaient ! Il tendit le bras, ouvrit la main. Et manqua son coup.

L'arme Jedi vola au-dessus de lui. La colère disparut et la terreur s'empara du jeune homme. Jacen battit l'air de ses mains, trébucha et tenta d'appeler la Force à son secours. Le sabrolaser de Luke continua sa course. Il se mit à diminuer dans le lointain et son éclat s'estompa.

La galaxie bascula plus rapidement. Une tempête noire et mortelle se leva autour des guerriers extraterrestres. Désarmé, Luke tendit les deux mains en avant. Il se mit à grandir. Lui et ses ennemis atteignirent une taille impensable. En lieu et place des silhouettes de l'homme et de ses agresseurs, Jacen ne vit plus que lumières et ténèbres, pareilles à deux puissances bien distinctes. Même la lumière revêtait à présent un aspect effrayant, en raison de sa grandeur et de sa majesté. La galaxie sembla sur le point de basculer totalement vers le mal. Jacen, comme envoûté, ne parvint pas à détourner le regard de cette terrifiante luminosité. Ses rétines commencèrent à brûler.

Un Jedi ne connaît pas la peur... Il avait entendu ce précepte des milliers de fois, mais ce qu'il ressentait n'avait rien à voir avec l'irrépressible envie de prendre la fuite. Non. Ce qu'il ressentait, c'était de l'admiration, du respect, un désir passionné de se rapprocher, de se mettre au service de cette lumière, de partager cette grandeur.

Mais, comparé aux forces qui se battaient autour de lui, Jacen n'était qu'un point minuscule. Un grain de sable impuissant, désarmé, de plus, à cause d'un simple moment de colère noire. Ce faux pas avait-il signé sa perte ? Avait-il signé la perte de toute la galaxie ?

Une voix, pareille à celle de Luke mais plus grave, résonna dans les cieux. *Jacen !* tonna-t-elle. *Tiens bon.*

L'horizon bascula encore plus. Jacen se pencha en avant, déterminé à jouer de son poids dérisoire en faveur de Luke et de la lumière. Il trébucha. Il tenta d'attraper la main de Luke mais échoua de nouveau. Il se sentit glisser, centimètre après centimètre, vers le côté ennemi.

Luke saisit la main de son neveu et tira fermement. *Tiens le coup, Jacen !* La pente s'accentua sous leurs pieds. Les étoiles s'éteignirent les unes après les autres. Les guerriers Yuuzhan Vong se précipitèrent en avant. Des constellations entières s'évanouirent en cascades de ténèbres sous les pattes griffues des assaillants.

Manifestement, la puissance réunie de plus de cent Jedi n'empêcherait pas la galaxie de succomber à cette menace. Un faux pas – à un moment critique, par une personne cruciale – condamnerait à mort tous ceux que les Chevaliers s'étaient juré de protéger. Aucune force militaire ne pourrait enrayer cette invasion car il s'agissait là d'une bataille spirituelle. Et si une personne cruciale basculait soudainement vers le Côté Obscur de la Force, ou bien si cette même personne s'avisait de se servir de la terrible puissance de la lumière à mauvais escient, tout, systématiquement, plongerait alors vers les étouffantes ténèbres.

Alors c'est donc ça ? hurla Jacen à l'adresse de l'infini.

De nouveau, il perçut des mots dictés par une voix complètement familière mais qui paraissait trop grave pour être celle de Luke. *Tiens le coup, Jacen.*

L'un des Yuuzhan Vong bondit vers lui. Jacen poussa un hoquet de stupeur, tendit les mains...

... et agrippa le revers d'une couverture de survie en filmplast. Il était étendu sur le dos, sur une civière, sous un toit de synthéplast bleu et corrodé. La pièce était plus vaste qu'un abri pour réfugié. Il devait certainement se trouver à l'infirmerie du bâtiment de contrôle du dôme.

— Junior, annonça une autre voix familière. Hé, salut, content de te voir revenu parmi nous...

Jacen tourna la tête vers son père. Celui-ci arborait un sourire en coin. Des petites rides d'inquiétude cernaient ses yeux. Derrière Solo, le Ryn aux longues moustaches tombantes appelé Droma tortillait nerveusement sa casquette informe bleu et rouge entre ses doigts. Au cours des derniers mois Droma était devenu, pour son père, un... Un quoi, d'ailleurs ? Un ami, un assistant ? Certainement pas un partenaire ou un copilote mais... une vraie présence.

Le droïde le plus précieux du campement, une unité médicale 2-1B que Han avait piquée on ne sait trop où, s'approcha de l'autre côté de Jacen et lui ôta son masque respirateur flexible.

— Qu'est-ce qui s'est passé ? demanda Han. Tu t'es cogné la tête en tombant ? Notre camarade le désossé, ici présent...

Droma désigna le droïde médical et termina la phrase de Solo :

— ... voulait te plonger dans un réservoir à Bacta.

Les Ryn étaient de pertinents observateurs, au point de comprendre les pensées des personnes alentour et même de terminer leurs phrases à leur place.

Han se retourna vivement vers son ami.

— Ecoute-moi bien, pelote d'épingles. Quand j'ai quelque chose à dire, j'aime autant le dire moi-même, vu ?

— Jaina... commença Jacen.

L'arrière de son crâne se mit à battre au rythme de son pouls. Il avait effectivement dû se cogner la tête en tombant. Il faillit ouvrir la bouche pour décrire ce qu'il avait vu, mais il hésita. Han était déjà suffisamment perturbé par la paralysie émotionnelle de Jacen ainsi que par la décision de ce dernier de ne plus participer aux missions de sauvetage et d'espionnage préparées par les Jedi. Jacen avait décidé de ne plus se mêler des préoccupations des Jedi, mais, apparemment, la Force ne le laissait pas tranquille. C'était son héritage. Son destin.

Et, dans la mesure où la survie de milliards d'individus reposait sur un point d'équilibre si étroit qu'un seul faux pas entraînerait la perte de tous, aurait-il le courage d'évoquer sa vision avant que sa propre destinée ne s'éclaircisse ? Il avait, une fois déjà, failli être réduit en esclavage. Il s'était mis en péril en suivant une précédente vision. Les Yuuzhan Vong étaient allés jusqu'à lui implanter un embryon de corail empoisonné dans l'os de la pommette. Peut-être avait-il reçu, cette fois-ci, un avertissement personnel lui intimant l'ordre de ne pas se mettre en danger. Mais, lorsque le danger se présenterait à lui, serait-il à même de s'en rendre compte ?

La vision n'avait rien fait pour apaiser sa confusion.

— Quoi ? s'étonna son père. Qu'est-ce qu'elle a, Jaina ?

Jacen ferma les yeux, refusant de canaliser la Force pour soulager son mal de tête. *Qu'est-ce que vous voulez que je fasse ?* demanda-t-il silencieusement, implorant la Force invisible.

Allait-il déclencher la prochaine grande catastrophe galactique en essayant de l'enrayer ?

— Il faut contacter l'Escadron Rogue, laissa échapper Jacen. Je crois qu'elle est blessée.

2

A l'autre bout du baraquement de contrôle du dôme, une jeune et jolie femelle Ryn était assise face à un mur de moniteurs vidéo, pour la plupart éteints, et berçait en souriant un enfant dans ses bras. Le seul Hutt de la colonie – Randa Besadii Diori – somnolait le long du mur latéral, sa longue queue brun clair battant régulièrement l'air.

— Piani ? appela Han Solo en pénétrant dans la salle juste derrière Jacen. On a besoin d'une ligne vers l'extérieur.

Le sourire s'estompa du bec chitineux de Piani. Les Ryn étaient si experts dans l'analyse du langage du corps que la jeune femelle devait déjà certainement se douter de ce qui inquiétait ses interlocuteurs.

— Hors du système ? demanda-t-elle.

— Oui, répondit Jacen. Est-ce qu'on peut passer par les relais principaux ? On doit envoyer un message à ma sœur, qui fait partie de l'Escadron Rogue.

Piani souleva délicatement l'enfant et le déposa à l'intérieur d'une caisse d'expédition aux parois matelassées.

— Je vais essayer, promit-elle. Mais vous connaissez l'Amiral Dizzlewit aussi bien que moi. Asseyez-vous. Prenez un bedjie.

Elle leur indiqua une étagère, sur le côté, où plusieurs petits champignons sombres mijotaient au bain-marie près d'une grosse cafetière. Les bedjies étaient très faciles à obtenir : on éparpillait des spores dans un réservoir vide, on attendait une semaine et on revenait procéder à la récolte avec un panier. Ces champignons faisaient partie de l'alimentation de base du réfugié.

Jacen n'avait pas faim. Han attrapa un champignon entre le pouce et l'index et se mit à grignoter. Cuits ainsi à la vapeur et sans assaisonnement, les bedjies étaient irrémédiablement insipides. Les vieilles femmes Ryn préféraient apparemment conserver leurs épices pour d'autres usages.

— Solo ! (Randa venait de se réveiller. Il roula sur lui-même et redressa son large torse.) Qu'est-ce que tu fais là ?

Jacen avait essayé de s'habituer à Randa. Initialement marchand d'épices, celui-ci avait été délégué par les Hutts auprès des Yuuzhan Vong afin de les pourvoir en esclaves. Randa avait apparemment déserté sur Fondor pour rejoindre les réfugiés.

— On a besoin d'envoyer un message, dit Jacen, comme paralysé.

Un Jedi ne connaît pas la peur, lui avait-on appris. *La peur conduit au Côté Obscur.*

Peur pour lui ? Il pouvait très bien s'en débrouiller. Mais Jaina ? Il ne pouvait pas s'empêcher de trembler pour sa sœur. Les liens qu'ils entretenaient l'un avec l'autre étaient d'une incroyable intensité.

Encore jeune, relativement léger et assez agile pour se déplacer tout seul, Randa se rapprocha.

— Et toi, hein, qu'est-ce que tu fais là ? demanda Han.

Randa bomba son torse.

— Je te l'ai déjà dit. Ma parente Borga est en train de défendre Nal Hutta avec le soutien de moins de la moitié des clans. En plus, elle est enceinte de mon frère. Et moi, je fais quoi ? Me voilà coincé, sans appareil, comme l'un de ces Vors imbéciles. Je veux surveiller les communications, jour et nuit. Comme ça, je pourrai recevoir des nouvelles de ma planète. En plus, ça libère tes ouvriers de...

— On en reparlera, l'interrompit Han. Piani, on en est où ? La Ryn, l'air maussade, fit pivoter sa chaise pour s'écarter de sa console de contrôle.

— Je n'arrive même pas à contacter Dizzlewit. Il a laissé des ordres. « Pas d'utilisation civile des relais sans autorisation », récita-t-elle d'un ton moqueur. J'ai donc demandé une autorisation. (Elle secoua sa longue crinière de cheveux souples.) Je vous préviens dès que je la reçois.

Han eut un regard mauvais. Dès sa première semaine sur Duro, lui et l'Amiral Durosien Darez Wuht en étaient presque venus aux mains par deux fois. L'Amiral Wuht n'avait même pas essayé de faire semblant de se montrer hospitalier envers les réfugiés.

En général, on espérait que les Yuuzhan Vong ne s'intéresseraient pas à une planète presque morte. SELCORE avait parcouru les régions du Noyau à la recherche d'un monde susceptible d'accueillir des millions de réfugiés de guerre. On avait passé un accord avec le Haut Parlement de Duro, l'une des rares structures gouvernementales encore en place susceptibles d'accepter la présence de réfugiés. Il était prévu que les nouveaux arrivants pourraient s'installer à la surface, remettre les usines abandonnées en route et prendre le contrôle des centres de synthèse de nourriture qui alimentaient la population Durosienne habitant les cités orbitales. Quant aux réfugiés, avec un minimum d'entraînement militaire, il était convenu qu'ils participeraient aux opérations de défense des routes commerciales vitales de Duro et de l'un des derniers – et des plus performants – chantiers de construction de vaisseaux de la Nouvelle République.

Sauf que les réfugiés qui se portaient volontaires pour le service militaire étaient très, très loin d'atteindre le nombre prévu par les estimations initiales d'effectifs calculées par Wuht.

Responsable des boucliers déflecteurs planétaires des cités orbitales, commandant de quatre escadrons de chasseurs et du croiseur Mon Calamari *Poésie*, l'Amiral Wuht fournissait un minimum de protection aux réfugiés. Il fallait laisser le temps aux stations orbitales de s'équiper afin qu'elles participent à l'effort de guerre. Après la perte des chantiers de Fondor et de tous les autres chantiers militaires représentant des cibles évidentes, la Nouvelle République avait prestement décentralisé toute sa production d'armement.

Malheureusement, la plupart des vaisseaux de guerre républicains du secteur avaient été redéployés dans les environs de Bothawui ou près des voies d'accès à Corellia. Jacen avait entendu dire que les Adumariens avaient tenté une attaque de flanc sur les positions Yuuzhan Vong près de Bilbringi. Il espérait que c'était vrai.

Le jeune homme jeta un coup d'œil à la console de communication de Piani.

— Dans quel état est le câble qui nous relie à Narthex ? Peut-être qu'ils pourraient envoyer plus rapidement un signal vers l'extérieur ?

En raison de la présence officielle de SELCORE dans ses installations, le dôme voisin de Narthex disposait d'un excellent système de communication et même d'une antenne vers les systèmes extérieurs. Des câbles de fibres optiques isolées reliaient les deux dômes. Malheureusement, les seuls survivants de la faune de Duro – les scarabées Fefze mutants – trouvaient les câbles de fibres optiques isolées parfaitement délectables. L'atmosphère corrosive de Duro était bien trop perturbée pour autoriser des transmissions hertziennes ou par satellites.

De façon assez prévisible, Piani secoua la tête.

— Il est prévu que Narthex envoie un engin d'inspection du câble d'ici deux jours.

Le campement de Narthex était plus grand, un peu plus ancien et mieux installé que celui-ci. *Mieux organisé*, s'était dit Jacen, sans pour autant critiquer le travail de son père. Han se donnait à fond pour le campement Trente-Deux. Le dôme avait construit une canalisation qui alimentait Narthex en eau. Celle-ci était puisée au fond d'une ancienne mine. En échange, Narthex se devait d'entretenir le câble de communication entre les deux campements et de fournir de la nourriture à Trente-Deux.

Han fourra ses mains au fond de ses poches, souleva un sourcil interrogateur et dévisagea Jacen.

— Tu ne serais pas en train de chasser le Mynock avec une canne à pêche, des fois ?

— J'espère bien que si... (Jacen, d'un revers de la main, se lissa une mèche de cheveux derrière l'oreille.) Je ne voulais pas que tu t'inquiètes...

— C'est la guerre. Tout le monde s'inquiète.

Un long moment s'écoula. Aucun d'entre eux ne fit allusion à Chewbacca. Jacen émit un bref soupir de soulagement. En ces temps désespérés, tout le monde, sans exception, avait eu à souffrir de la perte d'un être cher. Le compagnon de Piani n'avait pu rejoindre en temps voulu la capitale de Gyndine pour embarquer à bord d'un vaisseau d'évacuation. Il était probablement mort. Ou pire. Mais il fallait tenir le coup.

— Que puis-je faire pour vous aider ? demanda Randa en se rapprochant.

— Rien ! aboya Han. (Il se tourna vers son fils.) Dis-moi si ce que tu sens est important. S'il y a des vérifications à faire, je peux toujours essayer de bricoler quelque chose sur le *Faucon*, dit-il en faisant un geste vers l'entrée du dôme.

Un certain nombre d'appareils, dans tous les états imaginables, avaient été remorqués depuis le cratère d'atterrissage par d'énormes engins tout terrain à chenilles, fournis par SELCORE et initialement destinés à l'assèchement des terres. Les vaisseaux avaient été parqués dans une même zone, sous des bâches goudronnées afin de les protéger de l'atmosphère corrosive de la planète. C'était précisément là que les gardes chargés de la sécurité s'étaient opposés aux jeunes membres du clan de Mezza, quelques heures auparavant.

L'inquiétude qu'éprouvait Jacen pour Jaina se heurta aux préoccupations administratives liées à son poste, en tant qu'assistant de son père. Le conflit intérieur dura trois bonnes secondes.

— Oui, déclara le jeune homme en regardant Piani d'un air coupable. (Elle aussi appartenait au clan de Mezza et elle ne devait être guère plus âgée que ceux qui avaient tenté de s'emparer des vaisseaux.) C'est important.

— D'accord. (Han se tourna vers Randa.) Toi, tu restes ici. Préviens-moi dès que tu auras des nouvelles de Nal Hutta.

— Compte sur moi, Capitaine.

Le Hutt saisit un bedjie dans le plat de Piani et l'enfourna tout entier dans sa bouche.

Douze minutes plus tard. Jacen était installé dans le fauteuil de copilote à haut dossier du *Faucon Millenium*. Han donna un coup de poing dans une cloison. Jacen avait vu son père faire ce geste des tas de fois. Aujourd'hui, cela n'avait rien d'une plaisanterie.

— Hé ! cria Han en colère. Espèce de fossile ! J'ai besoin de toute la puissance de tes générateurs. Et maintenant !

D'une façon inimitable, les voyants lumineux du *Faucon* se mirent soudainement à clignoter.

Han se laissa tomber sur son siège et bascula trois connecteurs.

— Il faut lui laisser une minute ou deux...

— D'accord, répondit son fils.

Il avait voulu répondre « Je sais », mais avait préféré s'en abstenir. Han s'était suffisamment remis de la mort de Chewbacca pour faire modifier son cher vaisseau. On avait modifié les filtres à air afin de permettre le transport des réfugiés et la coque du cargo avait été repeinte d'un noir mat qui aurait certainement fait hurler le Wookiee. Mais Han n'avait pas accepté de faire modifier le fauteuil du copilote. Se trouver ainsi à bord du fidèle tas de boulons volant de son père rendait Jacen quelque peu nerveux.

Le jeune homme jeta un coup d'œil à un enchevêtrement de fils et de câbles pendant d'un panneau de service entrouvert. Han et Droma venaient régulièrement à bord. « Pour bricoler », répétait inlassablement Han. « Un bricolage aux vertus thérapeutiques », ajoutait discrètement Droma.

Ils attendirent en silence. Toutes ces semaines de douleur, après la mort de Chewbacca, revinrent à la mémoire de Jacen. Tous avaient souffert de la peine de Han. Il avait fallu, régulièrement, aller rechercher celui-ci dans l'une des *cantinas* qu'il avait choisies pour noyer son chagrin. Lors d'une nuit épouvantable, Jacen avait entendu son père se disputer avec Leia, prononçant des mots impensables et difficiles à oublier. Jacen n'avait jamais parlé de cette nuit sinistre à sa mère. Celle-ci devait probablement espérer que le jeune homme oublierait. Jacen soupçonnait que son père ne se souvenait même pas de ses propos. Il espérait simplement que Leia pourrait un jour pardonner à son époux.

La souffrance n'était pas toujours une mauvaise chose, cependant. Le jeune homme eut presque envie, l'espace d'un instant, de percevoir la douleur de Jaina resurgissant des tréfonds de sa conscience. Cela signifierait au moins que sa sœur était toujours vivante.

Un staccato électronique retentit dans le cockpit, signalant que la fréquence du relais était enfin disponible. Han donna un coup de poing sur l'un des panneaux de la cloison.

— Ici Solo, à bord du *Faucon Millenium*. Message pour la direction des opérations militaires de la Nouvelle République sur Coruscant. Passez-moi le bureau du Colonel Darklighter.

Ils attendirent à nouveau.

— Jacen, dit Han tout doucement. Qu'est-ce qui a bien pu te faire peur pour que tu refuses depuis d'utiliser la Force ? Il y a deux ans, tu étais au moins aussi intrépide qu'Anakin. Je ne t'ai pas vu faire de lévitation avec quoi que ce soit depuis que nous sommes arrivés ici.

Jacen empoigna les bras du fauteuil de Chewbacca.

— C'est compliqué à expliquer...

Son père ne le critiquait pas. Il ne comprenait pas, voilà tout. Il avait déjà confié à son fils qu'il était ravi de l'avoir en tant qu'assistant mais, maintenant que Jacen avait abandonné le combat, il semblait prendre de plus en plus de distance par rapport à son frère et à sa sœur jumelle.

— Essaie toujours, dit Han en plongeant ses yeux dans ceux de son fils.

Jacen lui avait déjà raconté ce qui s'était passé à Centerpoint. Le puissant répulseur hyperspatial équipé d'une focale gravitaire avait effectivement réagi à la présence d'Anakin. Il s'était remis en route. Mais, à ce moment, la flotte Yuuzhan Vong – cette même flotte que la Nouvelle République souhaitait attirer vers Corellia – avait surgi de l'hyperespace dans le secteur de Fondor.

Le cousin de Han, Thrackan Sal-Solo, avait insisté pour que le puissant bouclier soit utilisé comme arme offensive. Il avait essayé de forcer Anakin à tirer sur les Yuuzhan Vong en dépit de la grande distance qui séparait les deux systèmes.

Jacen avait supplié Anakin de ne pas tirer. Se servir de cette arme aurait été considéré comme la pire des agressions. Anakin avait penché en faveur de Jacen. L'espace d'un instant, les deux frères avaient partagé une authentique victoire morale.

C'est alors que Thrackan s'était emparé des commandes. Il avait torpillé la section d'assaut Yuuzhan Vong. Malheureusement, il avait, dans le même temps, décimé la noble flottille que les Hapans avaient envoyée afin de prêter main-forte à la Nouvelle République à la suite des efforts diplomatiques déployés par Leia Organa Solo. Les Yuuzhan Vong avaient battu en retraite. Les Hapans survivants étaient retournés chez eux. Et Thrackan Sal-Solo avait bénéficié d'un statut de héros.

« J'aurais certainement pu déclencher Centerpoint sans toucher les Hapans », avait insisté Anakin.

Pendant une bonne semaine, Jacen avait résisté à l'envie de croire son frère. Et puis le doute s'était emparé de lui. Il avait cédé. Effectivement, Anakin aurait certainement pu y parvenir. Il aurait détruit les extraterrestres, épargné les Hapans et sauvé Fondor. Mais à partir de quel moment une défense agressive se transformait-elle en l'offensive que les Jedi s'interdisaient ?

Ne conservant que son sabrolaser, Jacen avait quitté Coruscant pour rejoindre Duro. S'il ne pouvait plus combattre aux côtés de son oncle, peut-être pourrait-il au moins aider son père à s'occuper des réfugiés. Aujourd'hui, il se sentait certainement sur le bon chemin.

— Je sais seulement qu'on ne combat pas les ténèbres avec les ténèbres...

Cela n'expliquait rien du tout. Jacen essaya à nouveau :

— Peut-être qu'un Jedi ne devrait pas répondre à la violence par la violence. Voilà. De temps en temps, je pense que plus on combat le mal et plus on lui accorde de pouvoir.

Han Solo ouvrit la bouche pour protester.

— C'est différent pour nous, insista Jacen. Si nous

nous servons de la Force de façon agressive, nous pouvons basculer vers le Côté Obscur. Mais à partir de quel moment une action musclée se métamorphose-t-elle en agression, hein ? La limite est de plus en plus diffuse...

La console produisit un sifflement, comme pour venir à la rescousse de Jacen.

— Escadron Rogue ! tonna une voix dans le cockpit. Bureau du Colonel Darklighter. Capitaine Solo, c'est vous ? Nous étions justement en train d'essayer de vous contacter.

Jacen sentit son cœur lui remonter dans la gorge.

— Ouais, c'est moi, gronda son père. Nous voulons des nouvelles de Jaina.

— Je cherchais à vous en donner, répondit la voix. Au fait, c'est le Major Harthis à l'appareil. L'Aile-X de Jaina a été détruite pendant un échange de feu. Votre fille a pu s'éjecter dans l'espace. Un de ses camarades pilote a réussi à la récupérer.

— Elle est blessée ?

— Jambes, poitrine... Le Bacta devrait arranger tout ça.

Han poussa un grognement et Jacen soupira de soulagement.

— Sa combinaison pressurisée a bien tenu le coup, mais elle se trouvait juste à côté d'un Croiseur d'Assaut, l'un des nôtres, quand l'explosion des réacteurs s'est produite. Elle a été victime d'une exposition massive aux champs magnétiques.

Le sang de Jacen se glaça.

— Elle va s'en sortir ?

Han répéta la question dans le microphone.

La voix hésita.

— Apparemment, oui. Nous vous tiendrons au courant dès que nous en saurons plus. Nous essayons également de contacter sa mère. Est-ce que Leia est avec vous ?

— Comment, elle n'est pas sur Coruscant ?

— Non, Capitaine. L'administration de SELCORE semble avoir perdu sa trace.

— *Perdu sa trace ?* répéta Han d'un ton sarcastique. Désolé, je ne peux pas faire grand-chose pour vous.

Jacen tapota le bord de la console.

— Je pourrais rester ici, proposa-t-il. Je pourrais essayer de la trouver.

Les yeux de Han se fixèrent sur quelque chose dans le lointain.

— Ouais, bien sûr, dit-il. (La douleur dans sa voix rappela à Jacen que les choses n'allaient pas pour le mieux entre ses parents.) T'as qu'à faire ça...

Leia Organa Solo tourna le regard vers le coin le plus sombre de la pièce. Là, Basbakhan, son jeune garde du corps, attendait, ombre parmi les ombres. La Princesse ne s'était pas occupée d'un projet à l'échelle planétaire depuis... Etait-ce depuis Honoghr, la planète natale de Basbakhan ?

Elle était assise au bout d'une longue table de synthébois, entourée d'une équipe de scientifiques qui passaient leur temps à se chamailler. Leia n'avait qu'une envie : enfouir son visage entre ses mains, se boucher les oreilles et attendre qu'ils cessent de se comporter comme des gamins.

La planète Duro avait ce genre d'influence sur les gens. Les conditions étaient effrayantes. Cependant, avec Borsk Fey'lya s'accrochant au pouvoir sur Coruscant, c'était pour elle le seul moyen de tenter de consolider la Nouvelle République et de protéger la réputation des Jedi. Elle y consacrait tellement de temps et d'énergie qu'elle s'écroulait tous les soirs sur sa couchette, trop épuisée pour s'inquiéter pour sa famille éparpillée aux quatre coins de la galaxie. Au cours des années passées, Leia avait été envoyée de système en système, se noyant dans les travaux administratifs et diplomatiques à chaque fois que le Haut Conseil de la Nouvelle République ne lui confiait pas de mission de terrain.

Même si elle avait l'impression de perdre toute forme de personnalité, Leia savait que ce projet sur Duro serait probablement la tâche la plus importante qu'elle aurait jamais entreprise. Reconstruire ainsi un monde dans un moment aussi difficile serait une énorme victoire.

La météorologue de son équipe frappa du poing sur la table.

— Ecoutez, gronda la scientifique en foudroyant du regard le grand Talz à l'épaisse fourrure assis en face d'elle. Il y a d'excellentes raisons pour que nous installions nos dômes dans les zones sèches de ces régions. Les pires retombées toxiques sont apportées par les pluies. Toute installation dans la zone humide, comme le savent nos partenaires de Trente-Deux, est totalement impropre à la mise en route des programmes de semence du spirogazon. L'endroit est cependant idéal pour le puisage de l'eau. Si nous essayons de modifier le sens des courants du vent, nous courons à la catastrophe environnementale...

— Mais qui ferait attention à une catastrophe, hein ? (Le Talz s'assit plus confortablement sur son siège. Sa paire inférieure d'yeux était fermée tandis que sa paire supérieure, plus petite, cillait doucement.) Les planificateurs de terrain ont besoin de bien plus d'eau que vous ne l'imaginez. Avec tout le respect que je vous dois... (Il hocha la tête à l'adresse de Leia.) Ils en ont besoin non seulement ici, mais dans d'autres zones. Nous ne pouvons pas dépendre totalement d'une eau puisée dans les sous-sols. Elle est saturée en toxines solubles et coûte très cher à pomper.

— Pendant que nous y sommes... (Le Ho'Din, spécialiste du développement végétal, posa ses longs avant-bras d'un vert passé sur la table de conférence. Il n'avait pas réussi à glisser ses jambes démesurées dessous.) J'aimerais que l'on mette à ma disposition le Secteur Quatre des marais qui viennent d'être asséchés. J'y ai plusieurs espèces végétales en développement qui sont très prometteuses...

— Excusez-moi d'interrompre ainsi mon estimé collègue, intervint le spécialiste des céréales. Mais il est prévu que le Secteur Quatre soit alloué à la culture du grain...

— Mais où est donc Cree'Ar ?

Sidris Kolb, la météorologue, venait d'exprimer la pensée de Leia. Jusqu'alors, le docteur Dassid Cree'Ar avait systématiquement manqué leurs réunions hebdomadaires.

Je ne l'en blâme pas, songea Leia, amusée, en regardant le Ho'Din rendre le databloc personnel de la Princesse à Abbela Oldsong, son assistante. Lors de chaque rencontre, tous les savants téléchargeaient leurs recherches en cours dans les dossiers administratifs de Leia. Cree'Ar, généticien spécialiste en végétaux, envoyait ses rapports par l'intermédiaire de son propre databloc.

Leia connaissait un très grand nombre de personnes très excentriques dont le génie transpirait non seulement dans les résultats de leurs travaux mais également dans leurs habitudes personnelles. L'image de Zakarisz Ghent, le bretteur devenu spécialiste en espionnage, lui vint à l'esprit. Les réfugiés avaient tout perdu. Sauf la vie. Il était même encore possible qu'ils la perdent aussi. Animée par sa vision d'un havre de paix pour les victimes de l'invasion, Leia avait donc accepté le poste de liaison entre cette bande de scientifiques râleurs et la direction de SELCORE, restée sur Coruscant. Les chercheurs étaient bien plus heureux quand ils étaient tout seuls dans leurs laboratoires. Dans le meilleur des cas, ils acceptaient la présence de quelques techniciens assistants.

Elle n'apposa pas sa signature au bas du rapport de cette semaine. Elle en avait assez de cette nouvelle race de bureaucrates qui proliférait à présent sur Coruscant, et de leur condescendance. S'ils tenaient vraiment à lui parler, ils se débrouilleraient bien pour la retrouver.

Leia ne pouvait pas reprocher leur dévotion aux techniciens qui assistaient Cree'Ar. Les dernières découvertes du savant, en coopération avec le distingué Dr Williwalt, spécialiste en microbiologie, concernaient une boue de bactéries susceptible d'accélérer la décantation en bassin des eaux toxiques et chargées de pollution puisées dans les marais. La boue digérait les restes des déjections émises par les usines impériales d'armement, produisant un riche sédiment organique accompagné d'un élément gazeux qu'il était possible d'utiliser comme combustible.

Sous la supervision de Cree'Ar, les réfugiés avaient coulé du durabéton, fabriqué sur place, dans des moules spécialement importés par SELCORE. Ils avaient alors réalisé des digues pour diviser les zones marécageuses sur lesquelles le dôme de Narthex avait été construit. Ils étaient parvenus à aménager six écosystèmes miniatures et à assainir une vaste superficie de marais, produisant ainsi une terre purifiée idéale pour la reconstruction. A terme, ils étaient arrivés à créer la première surface arable de la planète depuis le départ des Durosiens.

On comprenait donc que Cree'Ar ne veuille pas gaspiller son temps en réunions stériles. Il était certainement aussi écœuré par la bureaucratie que pouvait l'être Leia. Elle avait réussi à soutirer à SELCORE un budget assez conséquent auprès du Haut Conseil de la Nouvelle République. Cela lui avait permis de rejoindre la Constellation de Hapes pour implorer les Hapans de lui apporter leur soutien militaire. C'était là sa contribution au désastre de Centerpoint. Mais elle ne devait plus y penser. Ce n'était pas sa faute. Ce n'était pas non plus vraiment la faute de Thrackan. Personne n'avait souhaité l'éradication de la flotte des Hapans.

Tout n'était qu'un problème de communications. Leia s'inquiétait du fait que les deux installations soient à peine capables de conserver un câble de transmission en état. Comment pouvait-elle superviser un projet de reconstruction planétaire, un véritable symbole de renaissance au milieu de toutes ces morts et de toutes ces pertes, si les scientifiques des deux campements étaient dans l'impossibilité de se contacter régulièrement ?

Son spécialiste en céréales se tourna vers le microbiologiste.

— Ce dont nous avons vraiment besoin, suggéra-t-il, c'est d'une chaîne microbienne qui pourrait s'attaquer aux particules toxiques en suspension dans l'air. Nous pourrions ainsi nous passer de la protection des dômes et étendre nos installations à toute la surface.

— C'est exact, répondit sèchement Leia. Tant que nous ne nous répartissons pas correctement, nous représentons des cibles en puissance pour les tireurs d'élite Yuuzhan Vong.

L'homme des céréales releva brusquement ses sourcils broussailleux.

Il est stupéfiant, se dit Leia, de voir comment des scientifiques, absorbés dans leurs projets, peuvent si facilement oublier que le sort de la galaxie est en jeu.

Abbela Oldsong acheva de faire passer le databloc de Leia de main en main. Tout en ajustant le châle bleu pâle jeté sur ses épaules, elle tendit l'instrument à la Princesse. Celle-ci jeta un coup d'œil rapide aux rapports, sauvegarda les informations et rendit le bloc à son assistante. Comme d'habitude, le compte rendu de Cree'Ar était le plus volumineux. Toutes ces notes iraient bientôt enrichir son propre rapport hebdomadaire destiné aux dirigeants de SELCORE. Leia adressa un signe de tête à Abbela. Celle-ci quitta la salle en emportant le databloc.

— Je vous remercie de m'accorder un peu de votre temps si précieux, dit Leia. Je sais combien vous êtes occupés. Mais rappelez-vous que tout ce que nous entreprenons sans être vraiment coordonnés risque non seulement de ralentir nos efforts mais également de gaspiller les faibles ressources que SELCORE consent à nous allouer. (Narthex et Trente-Deux se mettaient déjà pas mal de bâtons dans les roues en détournant, dès que l'occasion se présentait, tel ou tel vaisseau de ravitaillement.) Je vais voir ce que je peux faire, promit-elle, pour vous obtenir une cargaison de ces éléments inorganiques.

— Merci, dit Aj Koenes, le Talz, en ouvrant grand l'un de ses yeux pour observer Kolb, la météorologue.

Leia sortit du bâtiment alloué aux recherches scientifiques, un élégant immeuble préfabriqué expédié par SELCORE. Son bureau était installé au sud du complexe cylindrique réservé à l'administration et il lui faudrait un bon moment pour le rejoindre à pied. Elle avait besoin de se dégourdir les jambes et de réfléchir. Basbakhan la suivait à une certaine distance. Il était bien plus heureux quand elle ne faisait pas attention à lui. Ainsi, il pouvait conserver ses sens en éveil et se concentrer sur sa protection. Elle descendit la rue Principale – c'était ainsi qu'on l'appelait à présent – en balançant les bras au rythme de ses pas.

Narthex avait été édifié sur les ruines de Tayana, une ancienne colonie minière Durosienne. Les huttes des réfugiés reposaient sur deux couches rocheuses à strates verticales. L'une d'entre elles était particulièrement meuble, l'autre incroyablement dense. Leia espérait pouvoir convertir les anciennes galeries, percées dans une roche très dure, en abris pour les habitants du dôme, au cas où celui-ci viendrait à céder. Ou pour tout autre état d'urgence. SELCORE avait envoyé deux gigantesques machines capables de broyer les pierres. On lui avait également promis un laser de forage dernier cri.

Elle s'arrêta, demeura immobile et sentit sous ses pieds les vibrations des engins en train d'engloutir les rochers aussi facilement que du chewing-gum. Du chewing-gum... Chewie...

Son cœur se serrait dans sa poitrine à chaque fois que Leia pensait à son cher ami Wookiee. Elle pressa le pas en fronçant les sourcils. Elle ne pouvait pas se permettre de défaillir dès que quelque chose lui rappelait ce nom. Bien sûr, il avait fallu la chute d'une lune depuis son orbite pour tuer le grand Wookiee. Duro n'avait pas de lune. Juste une vingtaine de cités spatiales en orbite.

Sur sa gauche, elle jeta un coup d'œil au vaste hangar ouvert sous lequel on entreposait tout l'équipement qu'elle avait fait venir pour travailler à l'effort de reconstruction. Les outils et les machines étaient surtout utilisés pour les projets extérieurs et l'édification de maisons.

On l'avait prévenue que, dès qu'il serait question d'immobilier, elle devrait s'attendre à voir débarquer des bandes de Falleens et de Rodiens avec des idées bien arrêtées sur la question. Elle espérait qu'ils ne mettraient pas les pieds à Narthex. La présence de ces deux races d'individus ne pourrait avoir que des conséquences explosives. Les campements de réfugiés étaient éparpillés le long de l'équateur de la planète. Ils semblaient se blottir, comme des bébés Vors, sous l'aile protectrice des boucliers spatiaux générés par les cités orbitales.

Un nouveau quartier était en cours d'installation par-delà le hangar. Il s'agissait de quelques blocs de bâtiments que les ingénieurs avaient construits au moyen d'une forme locale de durabéton. Ils avaient réalisé une sorte de ciment, mélangé à de la végétation de marais, passée dans une solution antitoxine puis séchée à chaud. Au-delà des bâtisses, le complexe hydroponique émettait son odeur si caractéristique de fertilisant organique.

Elle pénétra dans le bâtiment administratif par la porte nord puis monta péniblement les marches de l'escalier qui s'enroulait autour de l'atrium central. Un droïde de maintenance U2C1, aux bras pareils à des tuyaux, balayait le sol de long en large, ramassant les gravats qui se détachaient régulièrement des parois instables de durabéton. Haut de deux étages, plus un sous-sol, l'immeuble avait été construit sur site par SELCORE avant le départ des derniers grands vaisseaux.

C'était déjà neuf semaines auparavant. Leia ouvrit la porte de la pièce chichement meublée qui lui servait à la fois de bureau et d'appartement. Près de la fenêtre qui s'ouvrait vers le nord – donnant sur le bâtiment de recherche, le hangar et un patchwork de petits jardins entretenus par des familles de réfugiés –, elle avait installé le massif secrétaire fourni par SELCORE. Une étrangère lui avait offert une paire de candélabres muraux qu'elle avait elle-même héritée de sa famille. « Je ne voudrais pas mettre le feu à notre tente », avait-elle expliqué à Leia. La Princesse avait donc accepté de les lui garder jusqu'à ce que la famille puisse s'installer dans son nouveau logement de la cité Bail Organa, l'un des nombreux projets immobiliers mis en route par Leia.

Le long du mur de gauche se trouvaient son lit de camp et sa cuisine de campagne. La salle de bains était un peu plus loin dans le hall.

Une drôle d'odeur lui monta aux narines. C-3PO se tenait près du four à rayonnements.

La tête du droïde pivota sur son axe.

— Bonsoir, Maîtresse Leia. Je suis vraiment désolé mais, il y a encore une heure, tout ceci devait être bien meilleur...

— Ce n'est pas ta faute, C-3PO, dit Leia en s'attablant. Je vais manger tout de suite, avant que cela n'empire.

Il était fort possible que tout ce qui devait se trouver dans son assiette – probablement des côtelettes de soja de synthèse accompagnées d'un légume local que l'excès de cuisson avait transformé en gelée verdâtre – ait eu du goût à un moment ou à un autre. Elle produisit quelques borborygmes appréciateurs à l'adresse de C-3PO. Le programme culinaire de celui-ci n'était pas en faute. La réunion avec les savants s'était simplement éternisée.

Le droïde de protocole reprit sa place habituelle devant la console de routage, à répartir les vivres et les fournitures en transit et à vérifier les listes de travaux à effectuer. Il y passerait toute la nuit.

— Puis-je me permettre, Maîtresse Leia...

Leia serra les dents sur un morceau plus caoutchouteux que les autres.

— Vas-y, C-3PO.

— M'autoriseriez-vous à faire une remarque personnelle... (Il laissa traîner la fin de sa phrase. Leia crut savoir où il voulait en venir.) Est-il possible, reprit le droïde, que le Capitaine Solo soit complètement absent de nos... opérations ? Je pensais qu'il aurait tout de même fini par se montrer ou bien par nous envoyer un message.

Un morceau de soja de synthèse se coinça en travers de la gorge de Leia.

— La dernière fois qu'il a appelé, il ne savait pas exactement où il allait.

La Princesse observa le fini brillant de la carapace du droïde de protocole. Etaient-ce bien des pointes de corrosion qui étaient apparues à la jointure de son épaule gauche ? Elle l'avait envoyé à l'extérieur du dôme à plusieurs reprises. Quelle chance de disposer ainsi d'un assistant qui n'avait pas besoin de respirer ! La puanteur Durosienne n'était pas toxique pour toutes les espèces, mais l'état de l'atmosphère s'était considérablement dégradé au cours des décennies précédentes. Il était quasiment impossible de s'aventurer à l'extérieur sans respirateur à oxygène. Passer un masque était devenu une habitude pour la plupart des réfugiés.

— Pourquoi me demandes-tu cela ? s'étonna Leia. On ne peut pas vraiment dire que Han ait témoigné beaucoup de respect à ton égard durant toutes ces années.

C-3PO laissa retomber ses bras le long de son corps.

— Récemment, j'ai découvert une bonne raison d'éprouver une certaine fierté concernant nos relations houleuses. J'ai eu l'immense surprise de découvrir que, sur Ruan, le Capitaine Solo était considéré comme une manière de héros par mes congénères cyborgs.

— Tu peux me répéter cela, C-3PO ? (Leia se pencha en avant.) Han, un héros pour les droïdes ? Où as-tu entendu une chose pareille ?

— Après notre retour sur Coruscant, dit le droïde en levant cérémonieusement une main. L'information est passée sur HoloNet. Peut-être l'avez-vous ratée puisque vous étiez si préoccupée. Sur Ruan, plusieurs milliers de droïdes ont organisé une manifestation silencieuse contre le gouvernement de Salliche Ag afin d'empêcher la désactivation générale...

— Oui, je m'en souviens, dit Leia. Vaguement...

Il était question de droïdes sur le point d'être stockés dans des hangars. Ainsi, en cas d'invasion par les Yuuzhan Vong, le geste aurait pu être considéré comme acte de paix. Apparemment, Ruan n'avait pas l'intention de résister à l'envahisseur.

— Dans l'article, reprit C-3PO, j'ai trouvé un passage faisant allusion à quelqu'un que les droïdes appelaient « Celui qu'ils attendaient depuis longtemps » ou encore leur « Seul frère de chair et de sang ». Une sorte d'élu susceptible de les aider. Le hasard a fait que le Capitaine Solo a volé à leur secours et les a sauvés d'une destruction imminente. En raison de nos activités récentes, j'ai oublié de vous en parler...

— Bon sang, dit doucement Leia. Mais qu'est-ce qui lui est passé par la tête ?

Voilà une petite aventure dans laquelle elle adorerait lui frotter le nez. Tout bien réfléchi, elle adorerait que Han frotte son nez contre le sien. Cela faisait si longtemps.

Ce long silence signifiait-il que l'ennemi lui était tombé dessus ? Han se faisait assister par Droma, désormais. Il avait été assez clair sur le fait qu'il ne souhaitait pas son aide à elle. Leurs dernières paroles n'avaient été qu'un échange de propos méprisants. S'il était mort, elle regretterait ses mots toute son existence. Elle fut, un instant, tentée de projeter les ondes de la Force pour essayer de le joindre.

Mais non, il pouvait très bien être de l'autre côté de la Bordure Médiane, à l'heure qu'il était. Si elle décidait de canaliser la Force et qu'elle ne trouvait rien, elle ne s'en remettrait certainement pas. Elle préféra donc finir son repas en silence. Elle débarrassa la table et tendit les plats à C-3PO pour qu'il les passe dans l'appareil de recyclage.

— Quoi qu'il arrive, je m'occuperai de toi, promit-elle. J'ai besoin de toi.

Puis elle fronça les sourcils en pensant au databloc qui se trouvait sur la table. Avant de pouvoir aller se coucher, il lui faudrait encore vérifier l'emploi du temps de l'équipe de l'engin secondaire d'excavation. Il lui faudrait également s'assurer qu'Abbela avait bien envoyé son rapport hebdomadaire à Bburru, la principale cité orbitale Durosienne, et qu'elle avait bien renouvelé leur demande d'obtention de meilleures données satellites. Et puis il y avait la boulangerie de Narthex, qui n'était toujours pas en service. Son personnel avait commandé une cargaison de sel et de sucre, en prévision de la future récolte de céréales. Ruan avait envoyé ses surplus de graines de burrmillet, en signe de bonne volonté, avant de fermer définitivement ses portes au nez de nouveaux réfugiés. Et SELCORE, qui n'avait toujours pas livré ce laser de forage...

On comprenait que la Princesse n'ait pas le temps de se lancer à la recherche de Han. Elle aurait tout abandonné pour le revoir, pour le retrouver tel qu'il était avant la tragédie qui avait causé leur séparation. Ce vaurien qu'elle avait appris à aimer avait tellement mûri. Il avait gardé cette étincelle dans le regard, ce petit sourire entendu au coin des lèvres. Jusqu'à la mort de Chewie. Brusquement, il était redevenu ce Han à la gâchette facile, ce Han aux amis peu recommandables. Un vaurien qu'elle pouvait tolérer, qu'elle pouvait même apprécier. D'accord, avait-elle admis, ce vaurien qu'elle adorait. Au cours des années, il avait compris que, face à elle, il pouvait baisser sa garde, remiser son image de vaurien. Il avait accepté de lui faire partager son véritable idéal. En retour, il avait besoin de chaleur.

Au cours des années, lentement mais sûrement, elle avait appris à en donner. Elle aimait ses deux facettes, ses deux personnalités. Le paladin errant et le vaurien. Mais, cette fois-ci, il lui faudrait attendre qu'il revienne vers elle. Elle ne pouvait plus se permettre de jouer les nounous pour un homme de son âge.

Au moins avait-il participé aux opérations de sauvetage des Ryn. A l'inverse de Han, Leia essayait de se tenir au courant des événements en suivant les informations diffusées sur HoloNet. Le dévouement de son époux à la cause des Ryn pouvait être considéré comme un signe de guérison.

Quatre heures plus tard, elle détacha ses très longs cheveux et tituba jusqu'à son lit de camp. *Qu'est-ce que je fais là ?* La question lui traversa l'esprit. Vivre en la seule compagnie d'un droïde de protocole – Basbakhan et Olmahk bivouaquaient dans l'escalier – lui donnait l'impression que, jour après jour, elle avait négligé quelque chose de fondamental. Il était heureux qu'elle soit ainsi trop fatiguée pour se faire du souci... Trop épuisée... Pour s'inquiéter... Au sujet de Han... Des enfants...

Je devrais vraiment faire appel à la Force pour les contacter. Cela fait combien de jours, maintenant ?

Ce fut sa dernière pensée.

3

Le vaisseau de guerre *Sunulock*, en service depuis des décennies, laissait deviner son âge de mille et une façons. Des colonies phosphorescentes de lichens et de bactéries proliféraient çà et là sur les ponts occupés par les passagers. La plupart de ces parasites scintillaient, d'autres faiblissaient et certains s'étaient déjà éteints. Dans les alcôves de communication, des petits Villips non dédiés, d'ordinaire pareils à des coraux Phong d'un rouge orange chatoyant, avaient viré au gris cendré.

Avançant à grands pas le long d'une de ces coursives constellées de coraux, Tsavong Lah ignora ces signes annonciateurs de vieillissement et de mort. Une cape vivante, dotée de petits doigts griffus semblables à des épingles, était accrochée à ses épaules. Des écailles couleur de rouille pendaient, comme des plaques de blindage, de sa cage thoracique et de ses omoplates. Chaque écaille d'armure avait été greffée à ses os, à l'état larvaire, pendant une cérémonie au cours de laquelle, alors qu'un chœur de ses congénères s'était lancé dans des incantations atones, il avait renouvelé ses vœux de dévotion à Yun-Yammka, Dieu de la Guerre. Pendant plus de six mois, les écailles avaient poussé lentement, étirant ses tendons et forçant ses articulations à se plier selon des angles différents. Alors, les prêtres avaient déclaré complète la douloureuse transformation de Tsavong Lah en Maître de Guerre. Tsavong Lah vénérait la douleur. Souffrir honorait ses dieux car ceux-ci avaient créé l'univers en sacrifiant certaines parties de leurs anatomies.

Deux sentinelles attendaient au garde-à-vous dans la coursive. Leurs griffes, déjà mortellement aiguisées, n'avaient pas encore fini de pousser. Le tatouage de leurs armoiries était loin d'être achevé. Devant la porte du centre de communication, les deux soldats saluèrent, frappant leurs épaules en se croisant les poings. Tsavong Lah leva une main pour accepter leur salut et indiquer sa présence à la porte. Les bords du panneau organique se mirent à enfler avant de se rétracter.

Seef, une assistante étonnamment jeune, était assise à son poste. Des brûlures honorifiques barraient de traits noirs ses joues pâles. Elle se leva brusquement de son siège et salua. Simultanément, le fauteuil déploya des pseudopodes et s'écarta promptement sur le côté.

— Maître de Guerre, dit-elle avec respect. J'ai activé le Villip principal dans votre chambre privée. J'ai demandé à l'Exécuteur de se présenter à vous.

Elle se dirigea vers la cloison la plus éloignée. Dans cette section du *Sunulock*, on avait fait pousser des coraux qui s'étaient transformés en protubérances creuses, arrangées selon un ordre géométrique. A l'intérieur de chacune de ces alcôves reposaient des douzaines de petits Villips.

Tsavong Lah longea la cloison et pénétra dans la protubérance la plus importante. Il attendit quelques instants que le sphincter corallien se soit refermé derrière lui. Puis il baissa les yeux sur la sphère de cuir qui reposait sur un support isolé. Récupérés comme bourgeons sur des maîtres Villips et nourris dans les crèches du bord, ou bien élevés comme des fruits en parasitant certains végétaux des marécages, les représentants de cette espèce, semblables à des mollusques, étaient capables de créer instantanément des canaux de communication à longue distance.

Le Villip se métamorphosa et afficha le visage disgracieux et émacié de l'Exécuteur. Son nez tordu, brisé en de nombreux points, témoignait de sa grande dévotion. Il y avait là plus de vanité que de raison. A la place de son œil gauche, l'Exécuteur s'était inséré dans l'orbite une boule de Plaeryn gorgée de venin.

Très peu des gens en contact avec Nom Anor suspectaient sa véritable identité, y compris sa ribambelle de serviteurs humains imbéciles. Son travail à long terme était de débusquer et de neutraliser les ennemis les plus dangereux de son peuple. Ironiquement, après la mission majeure qu'on lui avait assignée sur Rhommamool, quelques représentants de la Nouvelle République le considéraient comme un héros déchu, disparu, pensaient-ils, au cours d'une guerre qu'il avait en fait déclenchée.

Yun-Harla, Déesse de la Supercherie, veillait en souriant sur Nom Anor.

— Maître de Guerre...

Le Villip imita parfaitement la voix de Nom Anor. Son ton grave évoquait à la fois déférence et soumission.

— Combien d'individus a-t-on ajouté à votre horde ? demanda Tsavong.

— Six mille quatre cents depuis notre dernier entretien. Beaucoup sont arrivés de Fondor. Un nouveau dôme est en cours de construction.

— Abominable. Mais temporaire. Prenez bien garde à ne pas vous trahir.

Les lèvres gercées de Tsavong, fendues à maintes reprises en signe de dévotion à Yun-Yammka, formèrent un sourire. Fondor avait tenu tête à l'un de ses commandeurs suprêmes, Nas Choka, moins d'un kiekket auparavant. Cela représentait deux mois sur le calendrier des infidèles. En s'appliquant à détruire les chantiers de construction horriblement mécanisés, Choka n'avait capturé que quelques centaines de prisonniers.

Et puis, comme un torrent en furie, un feu spatial avait balayé la flottille de Choka, éliminant par la même occasion les trois quarts des appareils ennemis. Les tacticiens de Tsavong se demandaient encore s'il s'agissait d'un sacrifice délibéré de la part de leurs adversaires. Le besoin irrépressible des infidèles de préserver la vie représentait leur plus grande faiblesse, une perfidie spirituelle des plus haïssables. Etaient-ils en train de s'adapter ? Avaient-ils compris que le sacrifice pouvait être la clé de la victoire ?

D'après les espions, le torrent de feu était originaire d'un système que les infidèles appelaient Corellia, d'une monstrueuse installation mécanique baptisée Centerpoint. Les stratèges de Tsavong Lah cherchaient encore à comprendre l'effrayant pouvoir de l'arme. Ils lui avaient donc conseillé de trouver un point de chute, une planète proche sur le chemin du Noyau, au-delà des puits gravitationnels générés par la ligne de feu de Centerpoint.

Par la plus heureuse des coïncidences, le disgracieux Exécuteur avait été envoyé à la surface de l'une de ces planètes.

— Cherchez bien les individus de valeur, lui rappela Tsavong. Avec de meilleurs sacrifices, nous pourrions plus efficacement nettoyer ces mondes inférieurs.

Nom Anor inclina la tête.

— Et éliminer les Jedi, promit-il en prononçant ce nom si difficile avec aisance car cela faisait des années qu'il vivait incognito au milieu de tous ces gens. Ils sont durs à capturer, mais ils semblent de valeur.

Tsavong Lah hocha la tête et passa la main sur la crête du Villip de Nom Anor. Le visage de l'Exécuteur se lissa puis disparut. Le Villip se retracta, avalant sa peau polymorphe par l'orifice qui lui servait de bouche.

Sur son monde distant, Nom Anor enfilerait à nouveau un grimage d'un type différent. Il ne s'agissait pas d'un Ooglith mais d'une nouvelle espèce destinée à imiter l'apparence de races extraterrestres. Les contacts humains de Nom Anor, sur la planète capitale de ses ennemis, avaient accepté d'envoyer des vaisseaux entiers, pleins de captifs potentiels, vers la planète sur laquelle il se trouvait actuellement.

Dès l'arrivée de Tsavong Lah, il lui incomberait la tâche honorable de séparer les individus en deux groupes. Ceux qui avaient de la valeur et ceux qui n'en avaient pas. Un sacrifice rituel en masse pourrait alors convaincre le puissant Yun-Yammka de laisser Tsavong Lah progresser sans encombre vers le Noyau Galactique. Là, le Seigneur Suprême leur promettait des jardins fertiles, entretenus par des races d'esclaves féconds. Six mille infidèles supplémentaires contribueraient grandement à ce sacrifice. Ils lui permettraient de se rapprocher de ce monde qu'il espérait tant offrir à ses dieux. Coruscant.

4

Mara Jade Skywalker n'était encore qu'une enfant aux grands yeux étonnés lorsque l'Empereur l'avait amenée sur Coruscant. Heure après heure, jour après jour, elle avait survécu à l'entraînement de Palpatine. Aujourd'hui, tout le monde pensait que Coruscant serait à nouveau au cœur du conflit, cette fois comme objectif prioritaire de l'invasion Yuuzhan Vong.

Luke Skywalker, l'époux de Mara, était occupé par l'entraînement d'un nouvel apprenti. Apparemment, le Maître Jedi pensait que, dans le futur, il y aurait toujours une paix et une justice à défendre. Mara se demanda cependant s'il s'agissait d'un authentique espoir ou bien d'une sorte de manie destinée à les maintenir occupés.

Elle leva les yeux par-dessus ses mains croisées devant elle et observa son plus jeune neveu. Assis à côté de Luke, portant une tunique brun clair sous sa tenue de Jedi, Anakin Solo avait les cheveux noirs, une allure saturnienne qui frisait l'intensité, un nom de famille Corellien et la même aptitude que son père à soulever l'un de ses sourcils. Pourtant, ses yeux bleus brillaient d'impatience. L'impatience de sauver la galaxie, tout seul, si nécessaire. Et ça, c'était du Skywalker tout craché.

Récemment rentré de Yavin Quatre, Luke avait pris l'habitude de rassembler quelques Jedi tous les trois ou quatre jours, dans un endroit discret mais toujours en public. Les Jedi se trouvaient depuis quelques mois dans le collimateur de l'opinion. Ithor avait été perdue, en dépit des efforts de Corran Horn. Des escadrons de combat renégats, dirigés par de jeunes Chevaliers Jedi, intervenaient sans prévenir sur les trois fronts principaux de l'invasion avant de disparaître à nouveau et, cela, sans le moindre soupçon de stratégie militaire. Ce qui était tout aussi déprimant, c'est que les renseignements secrets concernant une attaque imminente des Yuuzhan Vong sur Corellia – pour l'obtention desquels Talon Karrde, l'ancien patron de Mara, avait prêté main-forte aux Jedi – s'étaient révélés totalement faux. Si les Jedi étaient incapables de travailler ensemble, ils seraient éliminés ou bien sombreraient un à un vers le Côté Obscur.

Ce matin, au cœur du quartier gouvernemental central de Coruscant, sept Jedi avaient installé leurs chaises en cercle, à quelques mètres de la rambarde d'une mezzanine donnant sur une foule animée. A quelques pas de là, une fontaine gargouillait doucement. Elle rappelait les jours glorieux de l'Empire. Cette époque au cours de laquelle Mara avait été la Main de l'Empereur. De cette période, elle conservait surtout des regrets. Au sujet de choses qu'elle n'aurait jamais dû dire ou faire. Mais elle avait fait la paix avec elle-même. Elle avait abandonné ce qu'elle avait eu de plus cher. Son vaisseau, le *Feu de Jade*. En échange, elle avait reçu... Eh bien... Assez.

A nouveau, elle regarda Luke et Anakin. A chaque fois qu'elle voyait ces deux-là ensemble, elle avait l'impression d'apercevoir les deux reflets d'une seule et même puissance interne. Ils étaient tous deux de la même taille, bien qu'il soit évident qu'Anakin n'avait pas fini de grandir, et affichaient la même fossette au menton. Mais, surtout, ils arboraient la même expression sérieuse.

Le Colonel Kenth Hamner, un Jedi humain étonnamment grand, doté d'un long visage aristocratique, était employé comme stratège par la direction des opérations militaires de la Nouvelle République. Il secoua la tête et prit la parole.

— Avec la disparition des chantiers de construction de Fondor et la plupart des routes hyperspatiales transformées en champs de mines, nous nous écartons de la Bordure Intérieure et des Colonies. Rodia est en danger. La Force soit louée, Anakin a remis en route la station de Centerpoint...

Anakin se pencha en avant en serrant les poings.

— Nous n'avons pas perdu Corellia. Il y a cependant des chances pour que Thrackan décide de chasser tous les Dralls et les Seloniens, faisant ainsi de sa planète un monde exclusivement réservé aux humains, fermé sur l'extérieur, si nous le laissons faire...

Mara connaissait bien Anakin. Elle pouvait ainsi très bien imaginer ce qu'il avait en tête : *Je n'ai pas enclenché la mise à feu de Centerpoint quand j'aurais dû le faire. A présent, Thrackan est considéré comme un héros, peu importe le nombre de victimes innocentes résultant de son geste...* Après le départ forcé du Gouverneur Général Marcha, Thrackan et le Parti de Centerpoint étaient sur la bonne voie pour s'emparer du pouvoir sur Corellia.

Kenth Hamner secoua à nouveau la tête.

— Il ne faut pas vous en vouloir, Anakin. Un Jedi doit garder le contrôle de son pouvoir. Il est normal d'hésiter et de mesurer les conséquences d'un acte. Vous ne vous êtes pas précipité pour déclencher le tir et vous avez bien fait. Il est possible que Centerpoint représente le dernier rempart du Noyau, si nous réussissons à la réparer. De là, nous pourrions organiser la défense des chantiers de Kuat et protéger Coruscant.

— C'est exact, dit Luke à Hamner.

Une nouvelle vague de coraux Yorik, des vaisseaux de guerre, s'était abattue sur les voies d'accès à Corellia, près de Rodia. La sœur d'Anakin, Jaina – l'apprentie de Mara – avait déployé l'Escadron Rogue sur ce front. Il y avait tellement de Yuuzhan Vong en faction entre cette zone et Coruscant qu'il était presque impossible de ressentir la présence de la jeune femme dans les ondes de la Force. Les Yuuzhan Vong, d'une certaine manière, avaient créé comme un tampon.

Cependant Bothawui, coincée entre les Hutts en difficulté et les Rodiens en danger, était clairement menacée. Mara avait eu récemment des nouvelles de Kyp Durron. Celui-ci avait posté ses Apôtres près de Bothawui, anticipant une bataille dans cette région.

Mais Mara en avait eu assez qu'on lui rebatte les oreilles avec Kyp Durron. Elle remarqua cependant comment Kenth Hamner s'en remettait à l'opinion d'Anakin. Ce dernier avait, après tout, sauvé la vie de sa tante sur Dantooine. Les guerriers Yuuzhan Vong les y avaient pourchassés des jours entiers. Mara avait senti ses forces l'abandonner à cause du mal mystérieux dont elle souffrait. Depuis la chute de Dubrillion, depuis la retraite à Dantooine – et surtout depuis l'incident de Centerpoint –, de parfaits inconnus reconnaissaient et saluaient Anakin, à peine âgé de seize ans, dans le Grand Corridor de Coruscant. Des vendeurs de produits exotiques lui offraient des échantillons et les souples femmes Twi'lek agitaient leurs longs lekkus sur son passage.

Luke, ce jour-là, portait également une tunique de Jedi. Elle était d'une teinte qui rappelait les sables de Tatooine. C'était aussi le cas de Cilghal, la soigneuse Mon Calamari qui restait assise à hocher sa lourde tête au-dessus de ses mains palmées couleur saumon. Elle avait amené avec elle sa jeune apprentie, la douce et délicate Tekli. Celle-ci, une Chadra-Fan aux aptitudes à la Force relativement marginales, semblait perpétuellement étonnée. Ses larges oreilles en forme d'éventails se dressaient chaque fois qu'un appareil atmosphérique passait au-dessus du balcon.

Pour les soigneurs, il s'agissait d'une période particulièrement difficile. Cilghal avait récemment confié qu'elle n'avait jamais vu autant de maladies liées au stress. La tension nerveuse de l'invasion, le fait d'être le témoin du massacre ou de l'exode de tant de personnes, lui donnait l'impression d'assister, impuissante, à la disparition d'un ami cher des suites d'une longue et incurable maladie...

Mara intercepta le regard bleu de Luke. Elle comprit sa préoccupation et ravala ses pensées sinistres. Son mal, semblable à un cancer, avait suivi un certain nombre de mutations aléatoires, ce qui le rendait incontrôlable. Elle aurait dû en mourir. Depuis trois mois, elle bénéficiait d'une rémission. Les larmes d'une créature extraterrestre, Vergere – jadis prisonnière d'un agent des Yuuzhan Vong –, avaient restauré ses forces. Elle hésitait pourtant à se croire guérie. Tout comme Luke hésitait à considérer ce groupe comme un Conseil. Ce n'en était pas un. Pour le moment, Mara se sentait mieux et c'était déjà suffisant.

Elle rendit son œillade à son mari, admirant chez lui des signes de maturité évidents. Cela faisait des années qu'il avait perdu son apparence de garçon de ferme mal dégrossi. Autour de ses yeux d'un bleu intense s'étaient formées de petites rides de sourire. Au-dessus de l'arête de son nez, en revanche, étaient apparues des rides marquées par les préoccupations. Çà et là, surtout près de ses tempes, ses cheveux commençaient à grisonner. Mara avait décidé que cela lui donnait un air très distingué.

Depuis cette heure passée dans les cavernes de Nirauan, quand un danger mortel les avait obligés à combattre côte à côte, à puiser si profondément dans la Force qu'ils en voyaient le monde par le truchement de l'esprit de l'autre, elle et Luke semblaient, par moments, se battre, penser et même respirer comme une seule et unique personne. Totalement différents en apparence, leurs puissances s'équilibraient parfaitement. Le destin avait souri à Mara Jade, ancienne Main de l'Empereur, et celle-ci n'avait pas besoin de faire appel à la Force pour se rendre compte que leur union avait fait de Luke Skywalker un homme heureux.

Il était donc tout naturel que le risque de la voir à nouveau rechuter soit un profond sujet d'inquiétude pour lui. Ils avaient encore tant de rêves communs à pourchasser. Luke se mit à rougir.

Contente-toi de diriger le débat, Skywalker, dit-elle en projetant ses pensées, amusée de le voir ainsi embarrassé. *Arrête de te faire du mouron à mon sujet.*

Bien que leurs liens à travers la Force ne leur permettent que très rarement de communiquer avec des mots tangibles, Luke comprit clairement le message. Il se tourna vers Kenth Hamner.

— Daye Azur-Jamin, sur Nal Hutta, ne s'est pas manifesté depuis près d'une semaine, dit-il. J'ai demandé à son fils, Tam, d'aller prudemment jeter un coup d'œil sur place pour se renseigner sur les agissements des forces assiégeantes.

Comme à Kalarba, la présence en masse de l'ennemi près de Nal Hutta créait un rempart que la Force ne pouvait pénétrer.

— Daye est un bon élément, dit doucement Cilghal. Lowbacca et Tinian ont quitté l'espace Hutt, n'est-ce pas ?

Luke hocha la tête.

— Oui, ils viennent juste d'envoyer un message depuis Kashyyk. Aucun signe d'activités ennemies dans ce secteur.

— Bon, au moins les Yuuzhan Vong ne vont-ils pas chercher des noises aux Wookiees sur leur propre planète, dit Ulaha Kore sur un ton léger.

Ulaha était une jeune et délicate Biss, dont les talents musicaux étaient reconnus de tous, ce qui lui avait valu d'être acceptée dans les hautes sphères de la société. Ulaha semblait rongée par le souci. Elle était tellement prostrée sur elle-même que Mara avait du mal à distinguer ses grands yeux sous son large crâne proéminent parfaitement chauve.

Le commentaire d'Ulaha déclencha un rire nerveux dans le cercle, ce qui prouva à Mara que même les Jedi, dans ces heures les plus sombres, avaient désespérément besoin de détente.

— Des nouvelles de Bilbringi ? demanda Hamner. Et des Mon Calamari ?

Luke laissa le Colonel détourner la conversation sur le sujet des dernières places fortes militaires de la Nouvelle République.

— Rien d'anormal sur Bilbringi, répondit-il. Tenel Ka et Jovan Drark arpentent les lieux publics à la recherche de vides dans la Force qui pourraient leur signaler la présence de Yuuzhan Vong déguisés. Pareil pour Markre Medjev, qui termine ses recherches sur Bothawui. (Il lança à Mara un regard triste. En raison de la détermination de Borsk Fey'lya à s'accrocher à son poste de chef d'Etat, la Cinquième Flotte, très amoindrie, avait regagné l'espace Bothan. Elle n'était donc d'aucune utilité pour le Noyau.) Nos canaux de ravitaillement et d'information vers Mon Calamari sont toujours coupés.

Cela faisait des mois qu'ils l'étaient. Les autres Jedi demeurèrent assis en silence pendant près d'une minute, à tirer les conclusions des rapports. Luke ferma les yeux à demi. Mara croisa ses longs doigts, espérant que son époux ne cherchait pas à percevoir une vision du futur. Si le futur se manifestait, en lui donnant des coups sur la tête pour se faire remarquer, soit. Chercher coûte que coûte à prédire l'avenir, c'était une tout autre paire de manches.

La fontaine gargouilla de plus belle. C'était une réalisation Mon Calamari à la forme improbable et aux surfaces irrégulières. Sa vasque supérieure tournait sur elle-même en projetant de fines pellicules d'eau sur ses pourtours. Mara appréciait la couverture sonore que leur fournissait l'ornement. Luke, lui, semblait toujours aussi fasciné par l'eau lorsque celle-ci n'était pas extraite en force du ciel par les évaporateurs d'humidité. Il organisait ces rencontres de façon aléatoire, choisissant un lieu différent à chaque occasion mais se débrouillant toujours pour que les réunions se tiennent près d'un poste d'eau courante. Peut-être commençait-il à distinguer les formes et les schémas qui dessinaient sa propre vie. Peut-être commençait-il à ressentir les effets de la subtile transition du statut de jeune adulte vers un âge qu'on espérait plus sage.

Mara se mordit les lèvres, s'en voulant de penser de cette façon. Elle était à nouveau en bonne santé. Elle appréciait cette maturité. Elle respectait cette force. Mais la jeunesse offrait des privilèges, des espoirs, auxquels elle n'avait pas encore eu l'occasion de goûter, auxquels elle ne goûterait probablement jamais. Elle s'était jetée sur l'élixir de Vergere, suivant en cela son instinct. Lequel, en revanche, ne lui avait pas indiqué si elle serait capable de mettre un enfant au monde en toute sécurité.

De l'autre côté du cercle, la petite Tekli s'éclaircit la gorge. Sa fourrure ondula autour de ses grandes oreilles arrondies. Luke ouvrit les yeux. Mara sentit que les siens s'écarquillaient légèrement. L'apprentie Chadra-Fan n'avait jamais pris la parole au cours d'une de leurs réunions.

— J'étais en train de me demander si, oui ou non, il fallait que je vous parle de quelque chose, commença-t-elle d'une voix semblable à un chuchotement musical.

Les lèvres d'Anakin se tordirent pour former un sourire sardonique. Mara se promit d'aller parler à son neveu de l'attitude de celui-ci vis-à-vis de ceux dont les talents lui semblaient marginaux. A moins que Luke ne le fasse en premier.

— Continue, dit Cilghal en faisant un geste rassurant d'une de ses mains palmées.

Tekli observa son mentor et reprit :

— Il y a deux jours, je me trouvais près du Centre Dôme, dans une nouvelle artère, l'allée de Joko. Je cherchais une amie, s'empressa-t-elle d'ajouter, comme gênée d'admettre qu'elle s'était rendue dans l'une des zones les plus mal famées des étages inférieurs de Coruscant.

— Oui ?

Luke adressa à Tekli un regard attentif. Superviser l'Académie des Jedi lui avait au moins enseigné la patience. « Ils ne cessent d'apprendre, avait-il confié à Mara, tant qu'il y a quelqu'un pour les y encourager. »

— J'ai entendu quelqu'un parler dans un districafé à propos de...

— Quel districafé ? demanda Anakin.

Luke lui adressa un signe de la main l'invitant à patienter.

— Attends un peu, Anakin. Continue, Tekli.

Celle-ci releva la tête et passa ses doigts dans ses longues moustaches.

— C'était au Vert-Feuillu, en fait. Deux Rodiens parlaient d'un des employés de l'établissement, disant que, si celui-ci était humain, il mangerait son... Je n'ai pas pu entendre la suite. Nous connaissons tous l'existence des Grimages Ooglith et comment les Yuuzhan Vong parviennent à se faire passer pour des humains. C'est peut-être de la paranoïa, Maître Skywalker, mais il serait plus facile pour... Pour l'un de vos Jedi les plus doués, d'aller vérifier...

— Tu ne veux pas y retourner ? demanda Luke doucement.

— Je ne suis pas un guerrier, Monsieur, dit Tekli en secouant la tête.

Du coin de l'œil, Mara observa Anakin. Celui-ci souleva un sourcil interrogateur à son intention. Elle se contenta de pincer les lèvres.

Luke regarda son épouse puis Anakin.

— C'est bon, Tekli, je dispose de deux volontaires très capables. Les Jedi seront toujours les plus forts, ajouta-t-il, si tout le monde utilise ses talents à bon escient. Peu importe ce qu'on te donne à faire, fais-le toujours au maximum de tes aptitudes.

Les larges narines de Tekli semblèrent vibrer de plaisir.

— Tu te sens d'attaque pour ça ? demanda Luke.

Mara marchait à ses côtés. Ils descendirent de la mezzanine à ciel ouvert. Le long d'un grand édifice, un droïde jardinier, accroché au tronc d'un figuier chantant, finissait de ramasser les maigres fruits de l'année.

Le manteau de Luke flottait derrière lui et attirait les regards. Ces regards gênaient Mara. Après toutes ces années passées en tant qu'agent secret, elle préférait ne pas porter de tenue de Jedi quand ce n'était pas absolument nécessaire.

— Bien sûr que je me sens d'attaque. Je ne me suis pas sentie aussi incroyablement en forme depuis... (Sa voix traîna.) Eh bien... Depuis un bon moment.

— Tu veux que j'appelle quelqu'un d'autre pour t'accompagner ?

Mara éclata de rire.

— Anakin fera parfaitement l'affaire.

Elle avait demandé à rester tranquille avec son mari pendant quelques minutes. Leur neveu les suivait donc à une distance polie. Sans pour autant chercher à approfondir sa perception de la Force, Mara devina qu'Anakin se maintenait en état d'alerte mentale permanent. Il prenait son rôle de sentinelle avec autant de sérieux que n'importe laquelle de ses autres activités.

— Il s'en veut toujours pour Centerpoint, ajouta Mara. Ça fait un sacré poids sur les épaules, quand tu penses qu'il se sent aussi responsable de la mort de Chewie. Ça va un peu mieux mais il se traîne un drôle de boulet...

Luke le savait, bien entendu. Luke percevait les sentiments des gens aussi facilement et aussi rapidement qu'il devinait ce que son épouse avait en tête.

— Il se sent mal d'avoir écouté Jacen, remarqua Luke. Cette fracture entre eux deux me préoccupe.

— C'est plutôt Jacen qui me préoccupe, l'interrompit Mara.

Le jeune homme n'avait pas quitté Coruscant dans le meilleur des états d'esprit et cela faisait deux mois qu'ils n'avaient plus de nouvelles de lui.

Ils croisèrent un passage transversal. Une brise fraîche, émise d'un système de ventilation proche pour le confort des Talz, la fit frissonner. Luke ouvrit la bouche pour dire quelque chose mais se ravisa et serra les dents. Il souleva un sourcil en signe de compréhension. Il avait encore failli déraper et demander – encore – à son épouse si elle se sentait bien.

N'exagère pas, mon cher époux, songea Mara à l'adresse de Luke. Elle atténua son sarcasme en l'accompagnant d'un clin d'œil.

Les lèvres de Luke se tordirent en esquisse de sourire. Ils avaient eu ce type d'échange combien de fois ? Des centaines ? Cela faisait à présent partie de la myriade de petits rituels réconfortants de leur mariage. Sept années au cours desquelles le dévouement absolu de Luke avait apaisé l'amertume de Mara.

Elle regarda en arrière. Anakin les suivait toujours sans rien dire, raclant la semelle de ses bottes marron qui lui montaient aux genoux à chacun de ses pas, comme il le faisait à chaque fois qu'il voulait paraître détaché et détendu. Trois jeunes humaines, ainsi qu'une sinueuse Falleen, probablement de petites employées gouvernementales, s'arrêtèrent, presque en plein mouvement, pour le regarder passer.

Anakin avait belle allure et attirait tous les regards au milieu de la foule. Coruscant avait besoin d'un jeune héros vigoureux. Anakin semblait autant plaire à ceux qui plébiscitaient les Jedi renégats comme Kyp Durron qu'à ceux qui étaient partisans des préceptes Jedi traditionnels, de la recherche de la puissance dans la discipline. Entre deux missions de son escadron, Kyp avait longuement essayé de rallier Anakin à sa cause.

Mara pinça les lèvres. Elle se faisait autant de souci pour Anakin que pour son frère, aussi découragé soit-il. Le cadet serait tenté, un jour ou l'autre. Doué d'un talent précoce, il ne pouvait pas prétendre à la même éducation que son oncle Luke, parvenu à son niveau actuel à force de travail intensif et de dévouement. Mara avait perçu les souvenirs de Luke, ses regrets les plus amers et ses peines les plus profondes. Elle savait que le Côté Obscur l'avait pourchassé à de nombreuses reprises.

Comme il pourchasserait bientôt Anakin, élevé par un ancien contrebandier qui adorait enfreindre les règles, une mère attentive mais souvent absente, une assistante talentueuse, un droïde protocolaire et, tout cela, surtout du temps de l'Académie des Jedi, dans l'ombre de son frère et de sa sœur. Si Anakin ne succombait pas au Côté Obscur de la Force, alors, d'avoir su résister ainsi à la tentation ne pourrait que le rendre plus fort et faire de lui le Jedi le plus puissant de sa génération.

— A propos de cet agent Yuuzhan Vong... murmura Mara. En admettant que Tekli en ait effectivement repéré un. Je veux le capturer vivant. On apprendra beaucoup plus de choses d'un individu vivant que d'un énième cadavre. (Les xénobiologistes disposaient de quelques corps récupérés sur des champs de bataille et préservés sur différentes planètes.) Par exemple, j'aimerais connaître les effets des fléchettes Trank sur leur métabolisme...

— C'est contre l'éthique de pratiquer des expériences sur les prisonniers, dit Luke en plissant légèrement les yeux.

— Comment allons-nous...

— Il serait également intéressant de savoir si on peut les assommer, dit-il, interrompant sa femme qui était sur le point d'émettre une objection.

— C'est vrai...

L'armure vivante des Yuuzhan Vong pouvait détourner une rafale de blaster, mais un rayon à basse fréquence pouvait-il la pénétrer ? Si on parvenait à toucher le crabe

Vondunn, peut-être pourrait-on immobiliser le guerrier dissimulé à l'intérieur.

Se livrer à cette petite expérience sur quelqu'un d'autre qu'un prisonnier signifiait qu'il fallait s'approcher très, très près. Quelque chose que seul un Jedi était capable de faire. Et Luke n'avait pas demandé à s'occuper personnellement de cette mission. Il s'était simplement contenté de faire part de son point de vue à son épouse. Cela, sans la contrarier, avait-elle remarqué.

Mara lui toucha le bras. Il posa la main sur la sienne. Leur union si profonde avait considérablement souffert pendant ces journées noires au cours desquelles elle se pensait condamnée. A cette époque, elle s'était écartée d'elle-même, elle s'était écartée de Luke.

Quel soulagement de pouvoir ainsi redonner libre cours à leur relation. Leur mariage avait subi tellement d'épreuves qu'il pourrait résister éternellement à l'usure du temps, qu'il y ait, ou non, de petits rêves à pourchasser.

La foule du dîner commençait à se disperser quand Mara et Anakin descendirent du train à répulsion à la station Allée de Joko. Elle s'avança jusqu'à un balcon, agrippa la rambarde à deux mains et regarda vers le bas.

Dans le lointain, les couches lumineuses des différents étages de la cité inférieure étaient de plus en plus ténues. Une chauve-faucon frôla de ses ailes un mur de durabéton et s'empara au passage d'une limace granit ou d'un autre représentant de la faune urbaine qui vivait sur les parois. Un turbo-élévateur cubique, d'un jaune étincelant, semblait faire la course sur le mur d'en face avec un de ses collègues, un module d'un bel orange. Tous deux, apparemment, ramenaient des visiteurs vers les hauteurs les mieux famées de Coruscant.

Le quartier se trouvait à un niveau si peu élevé que Mara, de l'endroit où elle se tenait, ne pouvait même pas voir les colonnes de trafic aérien au-delà de la zone de Centre Dôme contrôlée par les militaires. Seul le trafic local, plus épars, était autorisé à ce niveau. Une unité de patrouille, bardée d'avertisseurs lumineux bleus clignotant doucement, glissa au-dessus de sa tête.

— La soirée est plutôt calme, non ? dit Anakin en venant s'accouder, le dos à la rambarde, juste à côté d'elle.

Satisfaite de ses premières observations, Mara se détourna de l'abîme qui séparait les immeubles pour détailler la foule. Avec un peu d'hésitation, elle s'ouvrit – juste un peu – à la Force. Des pulsations émotionnelles éclatèrent çà et là comme des bulles. Elles provenaient en général de jeunes gens de l'âge d'Anakin. Une paire de Quarrens plus âgés, serrés l'un contre l'autre, passa précipitamment devant elle, la tête baissée. Mara remarqua chez eux une certaine tension dans la façon qu'avaient leurs tentacules faciaux de se tortiller. Le plus grand des deux individus ne cessait de regarder de tous côtés et ils veillaient en permanence à entretenir un vide tout autour d'eux.

Alors, on transporte quelque chose de trop grande valeur, ce soir ? songea Mara.

Deux humains arrivèrent en paradant de la direction opposée. L'un d'eux avait les bras ballants et son visage brillait sous l'effet d'une trop grande consommation de chopes de lhum. Quand ils passèrent devant elle, Mara saisit quelques mots au vol : « ... sur les Brigades de Paix. Ainsi, si les Vong vont jusque-là... »

La voix se perdit dans la foule et Mara fronça les sourcils. Coruscant, connue depuis longtemps comme le berceau glacé d'un inextricable réseau d'intrigues, se transformait petit à petit en un autocuiseur alimenté par la peur. Les Brigades de Paix, des humains qui avaient décidé de collaborer avec les Yuuzhan Vong, ne portaient pas encore leur insigne représentant des mains jointes, mais ce n'était plus qu'une question de temps.

Elle glissa une main sous sa longue veste noire. Là, par-delà la poche où elle rangeait sa carte de crédit et son communicateur, elle avait accroché son blaster à une ceinture passée par-dessus une vieille combinaison de pilote brun orangé. Elle avait également accroché le sabrolaser que Luke lui avait donné. Mara avait pris, depuis fort longtemps, l'habitude de garder les épaules à une certaine hauteur pour que ses amples vêtements dissimulent son armement dans leur drapé. La large tunique d'Anakin et ses pantalons bouffants produisaient également la même illusion. Une curieuse bosse apparaissaient cependant au niveau de sa ceinture. Il devait probablement s'agir d'une matraque Sabrashi. N'importe lequel des passants devait la prendre pour une femme escortant son jeune fils vers une soirée en ville.

Son fils. Mara fronça à nouveau les sourcils. Au fil des mois qui passaient, alors que l'invasion ou le destin des Jedi la préoccupaient, l'envie de serrer entre ses bras son propre enfant la tenaillait de plus en plus. Mais cela paraissait de moins en moins plausible. Chaque mois, elle et Luke repoussaient leur décision.

D'après Cilghal, Oolos et les autres soigneurs, il était fréquent de constater que la maladie qui l'avait rongée tuait ses victimes en éliminant les protéines qui entouraient les noyaux de chaque cellule. Mara avait de temps en temps l'impression qu'une chose pareille était en train de lui arriver, que ses os ou bien tel ou tel organe s'atrophiaient. Une infection s'attaquant ainsi à l'intégrité cellulaire pouvait sans problème détruire un enfant en gestation ou bien altérer ses cellules pour produire... Pour produire quoi, au fait ? Elle réfléchit un instant. Si jamais elle avait un jour un enfant, serait-il au moins humain ?

Non. Elle se contenterait de sa nièce, de son apprentie si douée, et de ses deux neveux si talentueux. Elle et Luke parrainaient également une jeune orpheline de Bakura âgée de treize ans, Malinza Thanas, et ils lui rendaient visite dès que l'occasion se présentait. Le père de Malinza avait succombé aux suites d'une longue maladie et sa mère avait été tuée lors d'un précédent incident survenu à Centerpoint, quelques années auparavant. Luke se sentait encore profondément responsable de la jeune fille, pourtant adoptée par une bonne famille de Bakurans. Sur cette planète lointaine, Malinza semblait au moins relativement à l'abri des Yuuzhan Vong.

Evoquer ainsi Bakura incita Mara à imaginer comment les Ssi-ruuk, en pleine déconfiture, avaient bien pu faire face aux Yuuzhan Vong. Est-ce que ces nouveaux envahisseurs, visiblement insensibles à la Force, disposaient d'énergies vitales susceptibles d'être drainées dans le but d'alimenter la technologie Ssi-ruuvi ?

Ce serait une belle humiliation...

Anakin avisa un kiosque transparent. A hauteur des yeux était affichée une représentation holographique animée des cinq niveaux de ce secteur.

— On dirait que le Vert-Feuillu se trouve à deux corridors vers le nord, dit-il. Tu veux qu'on prenne un autre train ?

— Non, allons-y à pied, répondit Mara. Reste sur tes gardes.

Elle se mêla à la foule des passants et sentit que son neveu avançait juste derrière elle, sur sa gauche. Avec le maître en tête, c'était une bonne formation de défense pour deux personnes.

Mara tourna légèrement la tête.

— La leçon de ce soir, dit-elle à Anakin, c'est l'observation.

Anakin n'apprendrait jamais la ruse par son oncle. Ce dernier était aussi voyant dans une foule qu'un prédicateur Sunesi.

— Hum... dit Anakin.

Il aperçut une guirlande lumineuse, installée dans les flancs du trottoir roulant, invitant les passants à essayer un nouveau restaurant.

— Evalue constamment ce qui t'entoure, reprit Mara. Plus tu pourras réunir d'informations avant de passer à l'action, plus tu auras de choix. De la même façon, ton ennemi disposera de moins d'options pour te surprendre.

Il croisa ses mains devant lui en maintenant ses pouces l'un contre l'autre.

— Je sais, dit-il.

Ils passèrent devant une porte d'où s'échappaient une curieuse nuée rougeâtre et de drôles d'odeurs.

— Qu'est-ce qui t'est arrivé la semaine dernière sur les simulateurs ? demanda-t-elle. Et pendant que tu réfléchis à cette question, laisse tomber ta pose de Jedi, tu veux ?

Il laissa tomber ses bras le long de son corps.

— Tu veux dire quand j'ai volé contre toi ? Je n avais aucune chance.

— Tu attaques trop prématurément. C'est ta manière d'agir. Connaître ses propres faiblesses est un premier pas vers leur conquête.

Et je sais ce que tu penses, Anakin Solo. Tu crois que je suis en train de perdre l'avantage sur toi.

Mara s'écarta légèrement de son chemin devant trois jeunes Twi'lek, visiblement éméchés, qui titubaient sur la promenade. Anakin maintint sa position, en dehors de leur passage. Il apprenait vite. Il appartenait à une génération de Jedi qui était obligée de progresser rapidement. Cela dit, la galaxie n'était pas plus en paix du temps de l'adolescence de Mara...

D'autres enseignes lumineuses dominaient le passage, projetant de curieux reflets sur les vêtements, cheveux, fourrures et peaux des nombreux passants. Dans ces corridors piétonniers, la foule était beaucoup plus compacte. Par endroits, Mara remarqua des plaques boursouflées de champignons jaunes et tachetés. Un mycologue Ho'Din avait travaillé à leur développement pour aider à l'oxygénation des zones les plus reculées de la cité inférieure.

Quelques mètres plus loin, les plafonniers se parèrent de flèches vertes en forme de feuilles d'arbres. Mara jeta un coup d'œil dans le passage transversal. Les lumières à l'intérieur du bar ne semblaient pas aussi tamisées que celles des autres établissements devant lesquels ils étaient passés. De l'autre côté du corridor se trouvait un salon de tatouage à la devanture criarde.

— Eh bien, murmura-t-elle. L'ami de Tekli a bon goût.

Mara pénétra à l'intérieur du Vert-Feuillu. Anakin lui emboîta le pas, conservant son épaule droite dans le prolongement de l'épaule gauche de sa tante.

Le districafé était organisé autour d'une colonne centrale qu'on avait sculptée et peinte pour qu'elle ressemble à un tronc d'arbre. Les yeux de Mara s'ajustèrent à la lumière ambiante. Le plafond semblait soutenu par un ramage de branches et des feuilles artificielles se balançaient dans la brise des aérateurs.

Un véritable repaire d'assassins, analysa Mara d'un point de vue professionnel. Surtout vers le centre, là où les branches étaient les plus grosses.

— Bonsoir, estimables amis. Une table pour deux ?

Mara baissa les yeux sur un jeune Drall, probablement émigré récemment de Corellia.

— Oui, répondit-elle. Plutôt près de la porte. (Elle releva le regard vers le haut de la colonne centrale.) Et pas trop loin du mur extérieur.

Là, elle pourrait surveiller l'établissement dans son intégralité.

— Par ici, je vous prie.

Le Drall leur fit signe de le suivre. Ils s'avancèrent sur un curieux tapis un peu élastique et le serveur s'arrêta devant une alcôve visiblement adaptée à la taille des humains. Mara s'installa sur le siège qui faisait face à l'entrée, laissant le soin à Anakin de scruter le fond de la salle. Elle posa le coude sur le dessus de la table et eut la surprise de s'y enfoncer. Le plateau était recouvert d'une sorte de mousse. Le tapis élastique était en fait jonché de feuilles mortes. Elle espéra simplement que la nourriture qu'on servait dans cet endroit était saine.

— Alors, aimeriez-vous boire quelque chose avant de commencer, estimables amis ?

Le serveur pianota sur le bord de la table et des menus holographiques se matérialisèrent dans l'air sous leurs yeux.

— Aqua d'Elba, dit Mara.

Anakin hocha la tête.

— Deux...

Le jeune Drall à la voix rauque s'en alla en glissant sur le tapis de feuilles mortes.

Une source artificielle jaillissait des pieds de l'arbre et devait certainement servir d'humidificateur d'air. Mara nota mentalement de conseiller l'établissement à Luke. Discrètement, elle passa en revue les autres clients. Elle ne vit rien de plus dangereux qu'un couple de jeunes Dug en train de se disputer au-dessus de leurs desserts. Anakin et elle choisirent leurs plats en passant la main sur les boutons holographiques qui clignotaient sur le menu

Puis Mara se tourna légèrement de biais et s'adossa à la paroi interne de l'alcôve.

— Tu vois quelque chose ? demanda-t-elle.

— Rien qui vaille le coup. (Ses yeux continuaient cependant d'aller et venir sur la salle. *Bien, Anakin.*) Si je détestais vraiment la technologie, c'est certainement l'endroit sur Coruscant où je pourrais me sentir vaguement à l'aise.

— Tout juste.

Il n'y avait aucun droïde de service en vue. Ce seul et simple fait incitait à suspecter le patron de l'établissement. A long terme, il était prouvé que les droïdes étaient considérablement meilleur marché et beaucoup plus fiables que du personnel vivant.

Leur serveur revint avec leurs verres d'Aqua d'Elba et deux assiettes recouvertes de cloches. Une famille de Whiphids, le père en tête, balançant ses défenses de droite à gauche, quitta bruyamment le restaurant. Mara repéra un autre employé qui sortait de ce qui ressemblait à une caverneuse cuisine. Marchant le dos voûté, celui-ci s'arrêta devant une table pour la débarrasser et déposer les différents ustensiles sur le grand plateau qu'il portait.

Il devait certainement s'agir de l'employé dont leur avait parlé Tekli. Sa posture était toute tordue. Peut-être souffrait-il d'une vieille blessure, mais...

— Celui-ci... chuchota Anakin.

— Sers-toi de la Force pour l'ausculter.

Elle s'enfonça un peu plus dans l'alcôve, se rapprochant un peu d'Anakin, histoire de voir à la fois le serveur d'allure humaine et son neveu sans avoir à trop tourner la tête. Anakin plissa les yeux. Il se pencha légèrement en avant et une mèche de cheveux lui tomba sur le front. Il fronça les sourcils.

— Tu ressembles au champion de la galaxie, chuchota Mara.

Anakin serra les lèvres, l'air contrarié. Puis il se redressa et recula de quelques centimètres.

Mara glissa une main sous son manteau et empoigna son sabrolaser.

— Rien ? murmura-t-elle.

— Rien.

Mara projeta à son tour les ondes de la Force, histoire de vérifier l'estimation de son neveu. L'humain ressemblait à une ombre, un point mort, un vide...

Anakin était déjà en train de se lever de table.

— Non, dit Mara vivement. Pas au milieu d'un restaurant bourré de témoins.

— Qu'est-ce qu'on fait, alors ? demanda Anakin. Il va finir par s'en aller.

— Je ne pense pas. Il doit d'abord terminer son service. Finissons notre dîner. (Mara s'appuya sur le dessus en mousse de la table.) Et avant de passer à l'action, assurons-nous qu'il n'a pas de copains dans la cuisine.

5

Randa pénétra lourdement dans l'abri occupé par les Solo. Han, ce jour-là, était au réservoir en train de bricoler quelque chose sur la station de pompage. Jacen était revenu chercher un communicateur de rechange.

Le Hutt avait toutes les peines du monde à se tenir entre les deux lits de camp, mais il s'avança tout de même.

— C'est déjà un malheur, fulmina-t-il, tordant sa queue pour éviter la pile d'affaires qui se trouvait au pied de la couchette de Jacen, de ne pas pouvoir retourner sur ma planète natale pour aider mes semblables. Mais là, en plus, s'entendre dire que je suis obligé de subsister sur la même ration journalière que l'un de ces Ryn... (Il se redressa aussi haut qu'il pouvait, bombant sa section médiane.) On ne peut même pas dire que ma corpulence soit vaguement similaire à celle de ces petites pestes en fourrure. Mon métabolisme a besoin...

— Ce n'est pas une question de quantité. (Jacen glissa le communicateur dans une poche et s'assit sur son lit en appuyant son dos avec précaution contre la paroi de l'abri. Certains de ces baraquements s'étaient dernièrement écroulés en raison des jeux turbulents des enfants Ryn.) Mais de pourcentage en éléments nutritionnels. Si ton métabolisme est trois fois supérieur à celui des Ryn, eh bien on te fournira...

— Ce n'est pas assez. Je vais dépérir, me rider, m'atrophier. Déjà que je suis plutôt petit pour mon âge...

Dans la lumière pénétrant par la porte ouverte de l'abri, Jacen vit les iris de Randa, pareils à des soleils, s'élargir et ses pupilles se rétracter pour ne plus former que des fentes étroites.

— Tu as reçu des nouvelles de Nal Hutta, Randa ? Est-ce que ta parente est en danger ?

Dans le mille. Les mains à quatre doigts du Hutt s'ouvrirent et se crispèrent sous l'action de la colère.

— Je n'ai aucune nouvelle de ma chère parente, gronda-t-il.

— Je suis désolé, commença Jacen. Nous...

— La Nouvelle République ne veut pas défendre Nal Hutta ! s'époumona Randa. Elle veut sacrifier notre monde, tout comme elle a sacrifié Tynna et Gyndine. On nous a abandonnés. Les flottes de défense sont actuellement rapatriées vers Coruscant. (Sa queue puissante se mit à battre l'air.) Et vers ces précieux chantiers de construction de Bilbringi.

— Bothawui risque également d'être menacée, dit Jacen d'un ton terne. (Randa venait de lui faire part de ses inquiétudes. Il avait peur. Et la peur menait souvent à l'agressivité.) Nous sommes tous en danger, Randa. Les effectifs militaires sont de moins en moins nombreux...

— Alors, Jedi, pourquoi ne prends-tu pas les armes ? demanda Randa en serrant le poing. J'ai vu un Jedi talentueux tuer un puissant Yammosk. Tes dons sont bien trop importants pour venir ainsi les gaspiller ici. Ta famille a fait de grandes choses...

— J'ai mes raisons, Randa, dit Jacen en secouant la tête.

La flatterie de Randa venait d'éveiller ses soupçons. Il était impossible de dire quand un Hutt était sincère. Quant à sa famille ayant effectué de grandes choses... Randa devait certainement connaître l'identité de la personne qui avait étranglé Jabba.

Le Hutt avança en se dandinant jusqu'à l'unique fenêtre de l'abri, percée dans le mur face à la porte.

— Si nous pouvions retourner à Coruscant, toi et moi pourrions frapper un grand coup. Les Yuuzhan Vong regretteraient alors le jour où ils se sont aventurés dans cette galaxie. Mon clan dispose de ressources réparties sur une douzaine de mondes. Nous avons les moyens d'équiper notre propre escadron mais, malheureusement, les chasseurs stellaires ne sont pas conçus pour les gens de mon espèce.

Jacen essaya d'imaginer un Hutt en pleine force de l'âge dans le cockpit d'une Aile-X. On n'arriverait même pas à refermer la verrière pressurisée !

Le jeune homme adorait se trouver aux commandes d'un chasseur X. Cet appareil lui donnait l'impression d'être agile, puissant, presque invincible.

— On m'a dit que tu étais un pilote d'exception.

Les grands yeux noirs de Randa se fermèrent à demi et le Hutt s'éclaircit la gorge.

— Ma sœur est bien meilleure que moi. (*Jaina !* Trois jours s'étaient écoulés et les gens de l'Escadron Rogue ne les avaient toujours pas rappelés pour leur faire part de leur diagnostic.) Mon frère aussi, admit Jacen, rendant à son frère tous les honneurs pour ses exploits dans la Folie de Lando, le champ d'astéroïde d'entraînement, et lors de la bataille de Dubrillion.

— Mais ton frère et ta sœur, aussi honorables soient-ils, ne sont pas là, avec nous. Le destin a présidé à notre rencontre, Jedi Solo. Je pourrais faire en sorte que ton nom soit bien plus important qu'il ne l'est déjà.

Jacen étendit ses bras et fit craquer ses jointures. *Mon nom ?* A l'heure actuelle, s'il était avec les Jedi ou dans les rangs militaires de la Nouvelle République, son nom pourrait bien être « Petit Déjeuner de Bantha »...

— Je dois trouver le moyen de quitter Duro afin de rejoindre le plus vite possible Nal Hutta pour y proposer mon aide. Même si j'arrive trop tard. Même si la seule action que je sois capable de mener à bien soit de faire écraser mon vaisseau au beau milieu du banquet donné par nos envahisseurs pour célébrer leur victoire. A moins que je n'arrive à retrouver la trace de Kyp Durron, que je n'offre à son escadron tout le soutien de mon clan dans la lutte contre l'ennemi...

Le Hutt glissa lourdement vers la porte.

— Randa, dit Jacen d'un ton calme. On a besoin de ton aide ici même.

— Oh ? (Randa s'arrêta devant la porte.) Dis-moi,

jeune Solo : à quoi puis-je bien être utile ici, à part m'occuper de la manœuvre des vasques hydroponiques ? A part m'occuper des pompes à eau ? A part...

Le communicateur de Jacen se mit à sonner.

— Un instant, l'interrompit le jeune homme, levant une main en signe de supplique. Randa, ne pars pas. (Il sortit le communicateur d'une des poches de sa ceinture porte-outils.) Jacen Solo, dit-il.

— Ici Piani, des Communications, annonça une petite voix. On a finalement reçu le message. Vous devriez venir jusqu'ici.

Abasourdi, Jacen changea le canal de transmission de son communicateur.

— Papa ? T'as entendu ça ?

La voix de son père lui parvint au milieu des parasites. Même à courte distance, les transmissions à basse fréquence étaient perturbées par l'étrange atmosphère de la planète Duro.

— J'arrive, dit Han.

La même personne que précédemment salua Jacen. La communication était uniquement sonore.

— Sa vue va s'arranger avec le temps, sans intervention médicale. Cependant, il est nécessaire qu'elle reste à l'abri pendant plusieurs semaines.

Han poussa brusquement la porte et pénétra en trombe dans la salle de contrôle.

— Sa vue ? Qu'est-ce qui s'est passé ?

— Les radiations ont obscurci ses cornées, Capitaine, répéta le Major Harthis. Cela va s'arranger, mais leur régénérescence risque de prendre un peu de temps. (La voix du Major hésita.) Heu. Chez quelqu'un de plus âgé, on pourrait implanter des yeux artificiels ou bien un amplificateur Traxes à ultrasons. Mais elle est encore jeune et un Jedi est capable de se soigner lui-même très efficacement. (Il marqua une pause plus longue). Et puis nous, heu... nous sommes en temps de guerre, nous manquons de fournitures...

Han secoua la tête.

— C'est bon, je comprends. Si vous estimez que ses yeux vont guérir, laissez-les à leur place dans leurs orbites.

— C'est bien ce que nous pensions. En revanche, nous ne pouvons pas nous permettre d'affecter du personnel militaire pour prendre soin d'elle. Nous sommes obligés de la rendre à sa famille. (La voix très officielle finit par s'adoucir.) Nous aimerions, heu, vous la renvoyer, à vous, sur Duro, Capitaine. Cela nous éviterait de perdre trop de temps à rechercher sa mère.

Mara se leva de la table en mousse.

— Reste ici, murmura-t-elle.

Leur suspect venait de disparaître dans la cuisine du Vert-Feuillu.

Anakin jeta un regard morose à son steak de gomt à moitié fini.

— Sois prudente.

Merveille des merveilles, le garçon n'avait pas insisté pour la suivre. Elle se tirerait bien mieux toute seule de cette mission de reconnaissance.

— Si je ne suis pas revenue quand tu auras fini ton scrimpi, viens me chercher.

Anakin posa son couteau sur le steak et se coupa une longue et fine tranche.

L'entrée de la cuisine n'était pas très éloignée de celle des toilettes et Mara repéra une table vide à proximité. Elle avait déjà procédé au recensement des serveurs du Vert-Feuillu et avait ausculté chacun d'entre eux via la Force. Seul leur suspect semblait complètement absent.

Il était temps de contrôler le personnel de la cuisine, au cas où l'employé incriminé disposerait de renforts, voire d'un supérieur.

Le visage dissimulé dans l'ombre de sa capuche, elle marcha d'un pas déterminé vers la table inoccupée et s'y installa. Elle attendit que tous les serveurs soient affairés dans la salle et se glissa silencieusement vers la porte de l'office. Imitant le geste machinal du personnel qu'elle venait consciencieusement d'étudier, elle pressa la commande d'ouverture et le panneau pivota.

Personne ne s'interposa. Gardant une main près de son blaster – déjà réglé pour paralyser ses victimes –, elle progressa discrètement le long du mur de gauche, à bonne distance de la zone la plus bruyante. Elle découvrit alors une station de travail où une colonne de petits droïdes équipés de quatre bras chacun – les premiers signes mécaniques dans l'enceinte du Vert-Feuillu – étaient occupés à disposer des garnitures de légumes sur des assiettes. Programmés pour réagir uniquement aux configurations alimentaires, ils ignorèrent totalement l'intruse.

Mara distingua alors quatre présences aux autres postes de travail. Une équipe d'êtres vivants. Le patron essayait certainement de conserver un caractère humain à son établissement. L'endroit idéal pour un Yuuzhan Vong soucieux de se noyer dans l'anonymat.

Elle se concentra et écouta ce que les ondes de la Force avaient à lui apprendre. L'être vivant numéro un se tenait près d'une table de cuisson, sa présence était claire, forte et imbibée de sueur. L'être vivant numéro deux se tenait juste à côté du numéro un. Le numéro trois courut vers le fond de la salle. Glissant sans bruit entre les ustensiles de cuisine, Mara se lança à sa suite. Elle ressentit sa présence dans la Force. Numéro trois quitta les lieux et Mara remarqua alors une porte de service s'ouvrant sur l'arrière du restaurant. Le quatrième individu projetait également une présence dans la Force. Une présence pas bien plaisante, mais qui n'avait absolument rien à voir avec les Yuuzhan Vong.

Derrière elle, la porte de la cuisine s'ouvrit. Mara se raidit. Elle serra les pans de sa cape autour d'elle. Des pas se précipitèrent dans sa direction. Elle baissa la tête et avança à grands pas vers la porte.

— Je suis désolé, madame, mais vous ne pouvez pas... Madame ? Madame ?

Elle releva brusquement la tête.

— *Plevay isobabble !* s'exclama-t-elle avec véhémence *Dekarra do-jui !*

La serveuse humaine plissa le front sous le coup de l'étonnement.

Mara improvisa à nouveau, mimant, cette fois-ci, une fausse urgence.

La serveuse écarta les mains et sourit. Elle venait de comprendre. Elle conduisit Mara jusqu'à la salle de restaurant et lui indiqua la porte des toilettes.

Mara lui saisit les mains, en hochant vivement la tête.

— *Jeeaph wentz !* s'exclama-t-elle, improvisant toujours.

Elle traversa précipitamment le couloir. Dans les toilettes des dames, elle repoussa prestement une de ses mèches rousses sous sa capuche, tira la chasse, ouvrit un robinet et le ferma puis compta jusqu'à dix avant de ressortir et de regagner sa table. Anakin était en train d'éponger son reste de sauce glockaw avec sa dernière bouchée de scrimpi.

— Juste à temps, murmura-t-il.

Mara se glissa dans l'alcôve.

— Il est seul, d'après ce que j'ai réussi à percevoir. L'un des cuisiniers ne lui fait pas confiance, apparemment. Attendons que notre proie rentre chez elle pour intervenir.

Anakin haussa les épaules.

— C'est toi qui commandes.

Elle fit une grimace amusée.

Pour le moment, Solo, pour le moment. Dans cinq ans, c'est probablement toi qui me donneras des ordres.

— Ton blaster est réglé pour paralyser, n'est-ce pas ?

Anakin approuva d'un hochement de tête.

Repérer une cible qui n'existait pas dans les voies de la Force allait nécessiter un peu plus d'attention que d'habitude. Mara posta Anakin près de la porte arrière du Vert-Feuillu et entra dans le salon de tatouage, noir de monde, de l'autre côté de la coursive piétonnière. Quand prit fin le service et que les premiers employés de l'équipe de nuit commencèrent à arriver, elle détecta du mouvement du coin de l'œil. Leur cible pâle et voûtée venait de se mêler à la foule.

— Merci, dit-elle à la vendeuse du salon.

Celle-ci avait roulé sa manche le plus haut possible pour que, sous une loupe éclairante, Mara puisse projeter des motifs abstraits sur son épaule nue et procéder à son choix.

— Une autre fois, peut-être, dit Mara.

— Aucun contact corporel ! lui assura la vendeuse. Tout est entièrement fait au laser !

Mara passa la porte et ajusta le col et la capuche de son vêtement. Dans la Force, elle repéra Anakin et lui fit signe de se mettre en route. Simultanément, elle vérifia à nouveau leur proie. L'individu était bien là, sous ses yeux, mais il était complètement absent des ondes psychiques. Mara, qui était assez grande pour voir au-dessus de la tête de la moitié des êtres qui marchaient devant elle, lui emboîta le pas. Au gré des mouvements de la foule, elle pouvait l'apercevoir distinctement. Le serveur avançait d'un pas décidé, ne regardant à droite ou à gauche que lorsque cela était nécessaire.

— Tu l'as en vue ? entendit-elle Anakin lui demander juste derrière son épaule gauche.

— Droit devant, légèrement sur la gauche.

— Où ça ? Ah oui... s'exclama Anakin. Il ne porte pas d'armure. Juste le Grimage.

— D'après moi, il n'est pas évident qu'on parvienne à le paralyser.

— On va bien voir, dit Anakin. Je vais passer par le côté.

Il s'écarta vers la gauche. Mara conserva son allure dans le flot des passants. Le serveur du restaurant atteignit une station de trains à répulsion et se dirigea vers les transports qui quittaient le Centre Dôme. Mara se rapprocha, ne le perdant pas des yeux, suivant une trajectoire parallèle à celle de sa cible jusqu'à ce que celle-ci choisisse un quai d'embarquement. Mara passa le portillon juste derrière une famille de Psadans en armures. Elle glissa une fausse carte d'identité dans le lecteur automatique puis fit mine d'attendre le train en conservant la tête baissée. Du coin de l'œil, elle vit Anakin passer le tourniquet. Elle fut heureuse de constater que, lui aussi, il se servait d'une fausse carte. Peu de temps auparavant, il se serait contenté de passer la main sur l'appareil. Plus il apprenait à se débrouiller sans l'aide de la Force et plus il pouvait rester en alerte par rapport à tout ce qui l'entourait. Il commençait ainsi à maîtriser ses capacités. De la même façon, la... retraite de Jacen – faute d'autre mot – avait quelque chose de bénéfique et d'honorable.

De temps en temps, Mara imaginait Jacen quarante ans dans le futur. Elle le voyait enseignant à l'Académie ou bien reclus sur sa petite planète, à l'instar de Yoda. S'il parvenait à survivre jusque-là.

Le train à répulsion jaillit de son tunnel d'approche, émergea au beau milieu du canyon des immeubles et freina en silence. Mara s'y introduisit avec le reste des passagers. Elle avait eu le temps de tous les cataloguer par espèce, sexe et niveau potentiel de menace. Ce qui l'intrigua bien plus que les autres voyageurs, c'était le fait que ce transport les ramènerait directement à leur point de départ, en plein dans la zone gouvernementale.

Le train se mit en route en douceur. Son bruit imperceptible fut vite couvert par les conversations des voyageurs présents dans ce compartiment prévu pour trente personnes. Quand ils approchèrent de la station Avenue des Ambassades, où se trouvaient les bureaux de SELCORE, elle vit sa cible se frayer un chemin vers la porte entre les passagers restés debout. Mara saisit au vol le regard d'Anakin et lui indiqua la sortie. Le jeune homme hocha la tête et suivit le serveur. Mara attendit une station de plus avant de descendre du train, puis elle emprunta un transport en sens inverse pour revenir sur ses pas. Elle perçut la présence d'Anakin comme un cri dans le silence de la Force.

Leur proie progressait plus rapidement à présent, le long d'une voie bordée de logements que Mara savait occupés par des employés des ambassades aux salaires peu élevés. Elle força l'allure, attentive à tout avertissement que son sens du danger, incroyablement aiguisé, pourrait lui fournir.

Le serveur s'arrêta et tourna sur lui-même. Mara, l'air de rien, continua d'avancer. Anakin, lui, s'arrêta également et se mit à regarder sur le côté, l'air faussement innocent. Leur cible s'introduisit alors dans un étroit passage transversal. Anakin s'élança à sa suite.

Mara, irritée par la réaction brusque de son neveu, secoua la tête avant de se mettre à son tour à courir. En dépit de son potentiel, Anakin était aussi subtil qu'un Hutt se prélassant dans une piscine de méditation Mon Calamari.

Il a à peine seize ans, songea-t-elle. *Il est encore suffisamment jeune pour démarrer, comme ça, au quart de tour.* Au moins avait-il abandonné provisoirement l'idée de faire payer la mort de Chewie à tous les Yuuzhan Vong de la galaxie.

Le cul-de-sac qui serpentait entre les édifices administratifs de Coruscant était bordé de parois grises. Quelques fenêtres, sans rebord, s'ouvraient çà et là dans les hauteurs. Au niveau du troisième étage luisait faiblement un éclairage public d'un jaune standard. L'étranger s'approcha d'une porte et se pencha vers son panneau de commande d'ouverture.

Anakin bondit en avant, dégaina son blaster et fit feu. Des marbrures d'énergie bleue se mirent à sinuer autour de la silhouette voûtée. Le serveur se retourna et leva un bras.

Apparemment, ce n'est pas assez près ! D'après Mara, même le Grimage Ooglith ne semblait pas affecté par le tir. Elle s'avança et dégagea son sabrolaser de l'intérieur de sa veste. Une forme noire coula de la manche du serveur. De sa main libre, il lança quelque chose en direction d'Anakin. Dans le mouvement, il fut impossible de voir de quoi il s'agissait, mais la chose produisit un bruit strident en s'envolant. D'une main, Anakin activa son sabrolaser. Le cul-de-sac fut soudainement inondé d'une pâle et effrayante teinte rose-pourpre.

Mara n'avait plus le temps de s'occuper d'Anakin. Son sens du danger la sollicitait de plus en plus. Le serveur empoigna son étrange bâton mou à deux mains puis se raidit en assurant sa prise. Ses yeux vitreux se mirent à étinceler, réfléchissant la lame bleutée de l'arme de Mara. Celle-ci balaya l'air de son sabre, espérant faire tomber l'agent ennemi.

Lequel abaissa son Bâton Amphi, bloqua le coup puis essaya en force de redresser les deux armes jointes. Mara lui laissa du terrain pendant quelques instants, changea de direction et abattit son sabre à nouveau. Du coin de l'œil, elle vit Anakin entamer une manœuvre d'esquive devant la petite chose noire, toutes griffes dehors, qui cherchait son visage et ses yeux.

Mara s'écarta de son adversaire, fit un pas de côté et plongea sa lame en direction de la tête du Bâton Amphi. *Finissons-en, Solo ! Paralyse-le !* Tant qu'elle n'avait pas éliminé l'Amphi, elle ne pouvait se permettre de libérer une de ses mains pour s'emparer de son blaster. Anakin, lui, tenait son arme à feu dans la main gauche.

Le Bâton Amphi redevint soudainement inerte et faillit tomber des mains de son adversaire. Au même instant, le serveur abandonna sa posture voûtée. Son visage et son torse se redressèrent, évoquant une créature sortie d'un affreux cauchemar.

Mara refusa de se laisser distraire. Elle essaya d'infliger un nouveau coup vers le bas et parvint à trancher dans la jambe du pantalon de son opposant, au niveau du genou. Un liquide blanchâtre vint éclabousser le ciment du passage. Elle était donc parvenue à toucher le Grimage. A ce moment, le Bâton Amphi se raidit à nouveau et la surprit en crachant un puissant jet de venin. Le poison atteignit le dessus de sa main gauche. Son opposant éclata de rire et releva son arme dans l'espoir de frapper Mara à la gorge. Celle-ci esquiva le coup.

Sa main lui faisait mal. Avec l'aide de Cilghal, elle s'était entraînée à maîtriser ses biotoxines. Elle concentra donc le flot de ses globules blancs, à l'efficacité renforcée par les larmes de Vergere, vers sa main blessée.

Apparemment convaincu d'avoir terrassé son adversaire, le guerrier fit un geste vers une bourse accrochée à sa ceinture. Mara se raidit et recula prestement. L'extraterrestre lança la bourse dans sa direction. Quelque chose tomba aux pieds de Mara en produisant un bruit mouillé

Un pseudopode jaillit du sac et tenta de lui agripper la cheville.

Encore ! Lançant un regard mauvais, elle sauta par-dessus le Blorash. Elle fit passer son sabrolaser dans sa main gauche et plongea son autre main dans sa veste pour saisir son blaster.

Anakin s'approcha par-derrière, hors du champ de vision de leur ennemi. Son sabrolaser avait repoussé l'attaque de la créature volante. Il sortit alors une autre arme de sa ceinture. Cela n'avait rien d'une matraque ordinaire. L'objet évoquait un vaporisateur Stokhli, en plus court et moins épais.

Mara décida de laisser son blaster dans sa gaine et empoigna le pommeau de son sabrolaser à deux mains. Elle fit à nouveau fouetter sa lame. Encore une fois, le guerrier para de son Bâton Amphi.

Il était probable que l'aptitude à la guérison de la créature la rende presque indifférente aux coups. Mara donna un coup violent et rapide vers le crâne du serpent tout en s'écartant. La moitié de la tête de la créature vola et s'écrasa contre le mur de pierre le plus proche en produisant un craquement satisfaisant. Le Bâton Amphi devint mou.

Oui ! A ce moment, Anakin fit feu. Une nuée d'un bleu pâle jaillit en sifflant de son arme.

Aveuglé par le résidu gluant, le Yuuzhan Vong parvint tout de même à lancer deux autres disques volants aux tranchants acérés. L'une des créatures piqua vers la tête de Mara en tourbillonnant. L'autre vola en direction d'Anakin. Mara élimina prestement le parasite. Le guerrier tomba à terre, empêtré dans la gelée paralysante. Mara dégaina enfin son blaster. Elle décocha à bout portant un puissant rayon au son strident destiné à assommer son adversaire.

Le coup sembla sans effet. Il était évident qu'on ne pouvait pas facilement les maîtriser. Elle éteignit son sabrolaser, l'empoigna fermement et abattit brutalement le pommeau de l'arme contre la tempe du guerrier. Celuici s'écroula.

Anakin se précipita.

— Laisse-moi le démasquer ! s'exclama-t-il.

Mara fit un pas en arrière, les mains toujours soudées à son sabrolaser, histoire de laisser son neveu, avec toute la détermination de sa jeunesse, prendre la suite des opérations. Elle ouvrit et referma sa main gauche avec précaution. Elle avait toujours mal, ce qui était un bien meilleur signe que de ne rien ressentir du tout.

Le visage du guerrier saignait d'un liquide blanc, là où elle l'avait frappé. Avec précaution, Anakin passa un doigt sur une ligne ténue, visible juste à côté du nez de la créature. Sa peau se mit à onduler – comme si quelque chose s'était mis soudainement à bouger sous sa surface – puis se rétracta du visage immobile, faisant disparaître au passage la blessure à la tempe. Le Grimage Ooglith disparut dans le col de l'uniforme de serveur du Yuuzhan Vong, produisant d'affreux bruits de succion au fur et à mesure qu'il libérait les pores de l'épiderme de son hôte.

Sous le déguisement vivant, l'extraterrestre arborait un visage très osseux, à la peau très pâle. Des poches bleuâtres pendaient sous ses yeux. L'une de ses pommettes était brûlée et la plaie béante laissait entrevoir l'os. Des tatouages aux motifs d'éclats concentriques barraient son front. Sur l'os saillant de la joue, on distinguait les traces de nombreuses fractures plus ou moins bien soignées.

Le Grimage se roula en boule et glissa vers la jambe du guerrier. Le fluide d'entrave du Stokhli resserra son étreinte et emprisonna la créature au niveau des genoux.

— Pas mal, le coup de la matraque Stokhli, murmura Mara.

— Nouveau modèle à courte portée. Difficile à détecter, dit Anakin en rangeant l'arme dans sa ceinture.

— Je suis épatée, admit-elle.

Ce qui l'embêtait le plus, c'est qu'il était parvenu à se procurer un exemplaire de ce nouveau modèle avant même qu'elle en ait appris l'existence.

Mara empoigna son communicateur.

— Contrôle ? ici Mara. On tient un de nos espions.

6

Le guerrier Yuuzhan Vong était étendu sur une table d'examen. On avait enfermé le Grimage blessé dans un réservoir d'acier transparent. Mara, les bras croisés, était appuyée contre le mur. Elle savait pertinemment que les services de contre-espionnage de la Nouvelle République allaient bientôt prendre le relais, mais elle préférait retarder son départ encore un peu. Anakin n'était d'ailleurs pas très loin non plus.

Joi Eicroth, la doctoresse en exobiologie, avait attaché en arrière ses longs cheveux blonds. Elle étala une incroyable panoplie d'outils et de flasques contenant des produits chimiques sur un plateau près de la table.

— Nous en savons suffisamment sur leur physiologie, dit-elle en se redressant et en secouant la tête, pour savoir que nous n'en savons pas suffisamment !

Mara s'écarta du mur.

— On a au moins découvert une chose. Les rayons paralysants n'ont aucun effet sur eux, même tirés de très près.

— Je doute, répondit Eicroth, qu'il y ait autant de gens que cela qui souhaitent, justement, s'approcher aussi près.

On avait recouvert le corps du Yuuzhan Vong d'une couverture de survie. Les médecins avaient confirmé qu'il s'agissait d'une femme. Des mèches de cheveux noirs poussaient de façon éparse à la surface de son crâne et la moitié de son corps était couverte des mêmes motifs concentriques ornant déjà son front. Eicroth leur indiqua ce qui lui apparaissait comme un autre parasite vivant. Des griffes acérées dépassaient des articulations de ses doigts. L'exobologiste avait bouclé des sangles sur les jambes, les bras et le torse de la guerrière.

Cilghal se tenait près de Mara. Elle avait examiné la main blessée de la Jedi et prélevé des échantillons de sang et de peau à l'intention des autres médecins. Elle essaya de ranimer la Yuuzhan Vong. Les sels à inhaler ne furent d'aucune efficacité. Les petits électrochocs non plus. Elle décida donc, comme Mara, de rester encore un peu dans le laboratoire.

Belindi Kalenda, du contre-espionnage – récemment promue à la va-vite au rang de lieutenant-colonel –, pénétra dans la pièce à grands pas. Eicroth se redressa. Le Lieutenant-Colonel Kalenda était une petite femme à la peau sombre. Ses cheveux crépus étaient attachés en chignon sur l'arrière de sa tête.

Elle examina attentivement la table puis fronça les sourcils.

— Je suis impressionnée, dit-elle. (Malgré la découverte de cette espionne et la feinte des Yuuzhan Vong à Corellia, Kalenda avait tout de même conservé son poste.) Je n'aurais jamais imaginé qu'il soit possible d'en capturer un vivant. (Elle releva les yeux vers le Dr Eicroth.) Vous enregistrez ? On ne doit rien laisser passer...

— Si on arrive à obtenir quoi que ce soit, ajouta Mara.

Elle s'était suffisamment frottée à ces extraterrestres pour savoir qu'on pouvait, à chaque fois, s'attendre à une nouvelle surprise de leur part.

Au-dessus de la table était accroché un scanner médical. Cette fois-ci, on procéderait à des analyses de fluides corporels, à des études des fonctions organiques, et avec un peu de chance on réussirait à obtenir un schéma des champs microélectriques du corps de ces créatures. Une analyse chimique pourrait même donner des indices sur les types de drogues susceptibles de les affecter. Pour son information personnelle, Mara souhaitait en savoir plus sur leur système nerveux et sur ce qui était à même de les rendre inconscients. Un coup sur la tempe n'était probablement pas l'unique moyen.

Elle observa la guerrière extraterrestre et se laissa aller

à penser qu'elle aurait peut-être aimé lui parler de femme à femme, plutôt que de prédateur à proie ou de geôlier à prisonnier... Mara savait parfaitement ce qu'on pouvait ressentir quand, lentement, on se rendait compte qu'on avait été élevé dans le mauvais environnement.

La guerrière ouvrit les yeux. Elle découvrit toute la machinerie installée au-dessus d'elle et fit une grimace hideuse.

— On ne veut pas vous faire de mal, attaqua Mara en levant une main rassurante. Je sais que vous parlez le Basique. Je vous ai vue travailler au Vert-Feuillu. Laissez-nous vous aider. Nous vous rendrons à votre peuple si...

La prisonnière l'interrompit en hurlant de longues phrases inintelligibles. Peut-être était-ce une prière à l'intention de ses dieux. Son corps s'arc-bouta sur la table et elle se mit à tirer sur les sangles d'entrave. Le Dr Eicroth préféra s'écarter. Anakin, lui, se rapprocha, la main posée sur son sabrolaser.

De la main droite de la guerrière, une griffe se déploya et atteignit une longueur quatre fois supérieure à sa taille initiale. La griffe trancha sans peine dans la sangle d'acier qui retenait l'avant-bras comme s'il s'agissait d'une vulgaire feuille de filmplast. Ayant libéré son bras, la guerrière serra le poing.

Anakin activa la lame de son sabre. Celle-ci produisit un sifflement vif.

— Non ! cria Mara.

La Yuuzhan Vong se trancha la gorge d'un unique coup de griffe. Cilghal bondit en avant. Elle appliqua, d'une main palmée, une compresse de synthéchair sur la blessure tout en cherchant, de l'autre main, à attraper une poche de sérum. Un assistant parvint à maîtriser la main libre de la prisonnière. Un droïde chirurgical, que Cilghal avait installé en dehors du champ de vision de la prisonnière, roula jusqu'à la table et se mit au travail.

Mara poussa un soupir, espérant que les analyses lui fourniraient des informations utiles. Elle savait déjà une chose : ces étonnantes griffes de combat méritaient le respect. Elle devait s'assurer que cette information ne serait pas omise dans le rapport du Dr Eicroth.

Une heure plus tard, quelque temps après minuit. Mara était attablée devant ce fameux rapport et les analyses médicales de Cilghal. La prisonnière était parvenue à se saigner à blanc. Après le décès de celle-ci, Mara avait renvoyé Anakin chez lui. Luke se tenait à côté d'elle, suivant, de la pointe de son index, les lignes des multiples fractures du crâne de la victime. Mara l'observait, légèrement en retrait, cherchant à deviner ses réactions. Le visage de son époux avait été balafré pas mal d'années auparavant par un Wampa, une créature des glaces. Ces Yuuzhan Vong accepteraient-ils le traitement au Bacta dans la mesure où la technologie employée impliquait un simple réservoir contenant l'organisme curatif ?

Probablement pas, leurs cicatrices étant pour eux un objet de fierté.

— Les griffes rétractiles sont également des créatures vivantes, observa Mara à voix haute. (Il était fort tard et elle se moquait bien de tenir un discours décousu face à son mari.) Des sortes de parasites qu'on implante dans les os. Ça doit faire mal.

— Ils chérissent la douleur, murmura Luke.

Mara secoua la tête. Maintenant qu'elle avait rabattu sa capuche, ses longues boucles d'un roux flamboyant lui tombaient sur les épaules.

— En tout cas, ça ne valait pas les risques que nous avons pris pour parvenir à ce résultat...

— Tu as sorti un agent Yuuzhan Vong du circuit, remarqua Luke. Et tu as découvert un moyen de tuer leurs Bâtons Amphi.

— Ce n'est pas suffisant.

— Mara ! s'exclama-t-il. (Elle perçut une pointe d'exaspération dans sa voix.) Le simple fait que tu te tiennes debout est déjà un miracle. Est-ce que tu ne pourrais pas avoir un peu de reconnaissance pour chaque nouveau progrès, aussi petit soit-il ?

En dépit de ses années d'entraînement au sabrolaser et de pratique de la gymnastique, Luke arborait, çà et là, quelques cicatrices. Sa main droite était artificielle. En raison de sa nature déterminée, il était parvenu à donner à ses deux mains la même puissante sensualité.

— Tu me connais mieux que ça, marmonna Mara en faisant de nouveau face aux données médicales. Regarde leur système nerveux. Les champs microélectriques sont complètement dédoublés. Ils aiment la souffrance ? On peut dire qu'ils sont conçus pour...

— C'est certainement pour cela qu'on ne peut pas les assommer.

— Tu marques un point...

Souriant à demi, Luke se pencha un peu plus sur les rapports.

— Apparemment, elle a moins de fractures et de cicatrices que l'individu qu'ils ont analysé sur Bimmiel !...

— C'est assez facile de comprendre pourquoi. Ils donnent aux plus jeunes, à ceux qui sont moins gradés, des missions secrètes de ce type afin de les laisser faire leurs preuves.

Mara se retint de bâiller.

Luke regarda la femme Yuuzhan Vong, l'air de rien.

— Merci, dit Mara sèchement. Pas la peine de faire semblant. J'ai de bonnes raisons d'avoir sommeil. Viens, rentrons nous coucher.

Luke avait parqué un glisseur sur l'aire aménagée du toit. Il s'installa sur le siège du pilote. Mara le laissa faire. Du bâtiment des services d'espionnage, regagner leur appartement du Palais Impérial ne représentait qu'un saut de puce. Au cours du vol en plein air, Mara laissa son regard dériver sur les balises des autres appareils qui, à cette vitesse, semblaient former un mur de lumière solide.

— Tu as l'impression de faire une rechute ? demanda Luke.

Elle resserra le col de sa veste, espérant que le frisson soudain qui l'avait parcourue n'était dû qu'à la fraîcheur de la brise nocturne. A plusieurs reprises, le contact prolongé avec les Yuuzhan Vong avait semblé redonner un coup de fouet à sa maladie.

— Non, je ne crois pas, répondit-elle.

Luke avait appris à respecter les silences de son épouse, ces moments où elle préférait s'abstenir d'expliquer quoi que ce soit. Elle ne dit plus rien et Skywalker engagea le glisseur dans une baie de parking avec toute l'habileté et le savoir-faire d'un pilote de chasseur de combat. Il avait dernièrement repassé les tests et s'était, bien entendu, à nouveau qualifié. Légalement, il était toujours capable de piloter tous les types d'appareils que la Nouvelle République pouvait envoyer contre les Yuuzhan Vong. Excepté les navires de guerre en provenance de Mon Calamari. On pouvait toujours compter sur Skywalker pour faire les choses dans les règles.

Les murs des coursives de l'aile du palais qu'ils habitaient étaient couverts de boiseries exotiques, sculptées en motifs complexes et destinées à étouffer le bruit des pas sur les dalles de marbre de Wayland. Mara marchait en arrière, les deux mains enfouies dans les poches de sa veste. Elle laissa Luke ouvrir la porte.

Mara jeta son long manteau sur un droïde de service. Depuis le terminal logistique, un petit gargouillis électronique amical leur souhaita la bienvenue. Luke salua son vieil ami mécanique avec le même enthousiasme.

— Salut, R2 !

Leur suite était petite mais élégante. Mara appréciait le fait de vivre dans une zone centrale. Dans le salon, trois marches en contrebas, une fenêtre en transparacier s'ouvrait sur Coruscant. Les tours inachevées d'un nouveau bâtiment en construction se découpaient dans le disque pâle de la lune.

Mara laissa échapper un bâillement. Appuyée contre le mur, elle observa le large disque lunaire qui, dans la brume de la cité, semblait grossir, descendre sur l'horizon et perdre de son éclat. Ces temps derniers, même un simple coucher de lune avait quelque chose de menaçant. Si leurs ennemis s'emparaient de Coruscant comme ils l'avaient fait avec Beldakan, de quelle couleur serait alors l'astre nocturne ?

Des bras chaleureux l'enlacèrent.

— On va au lit ? murmura Luke à l'oreille de Mara.

Elle referma ses mains sur celles de son époux.

— Dans une minute...

— Qu'est-ce qui ne va pas ?

— Rien.

C'était une simple réaction de défense. Luke le savait bien mais, pour une raison ou pour une autre, il s'était tout de même permis de lui poser la question.

— Je me sens presque odieusement bien.

— Tu es pourtant... mal à l'aise, dit-il. Et non, je ne me suis pas servi de la Force pour m'en rendre compte. Je te connais, c'est tout.

— Bien joué, murmura-t-elle, peu désireuse de le contredire. Mais il ne s'agit pas de moi. Regarde là, dehors. Combien de milliers de maisons peux-tu apercevoir ? Combien de gens sont réellement à l'abri ?

Il posa son menton sur son épaule. Il ne répondit pas mais resserra son étreinte autour de sa taille.

— Le long de la Bordure, des foyers ont disparu. Des mondes entiers, même. A bien y réfléchir, leur seule préoccupation doit être de survivre et rien d'autre. C'est une vie, ça ?

La question était purement rhétorique et il ne dit rien. *Tu apprends vite, Skywalker !* songea Mara, amusée. Puisqu'il n'avait pas relevé, elle insista.

— Nous sommes des Jedi. Nous protégeons la vie. C'est honorable, mais cette vie que nous sommes supposés protéger n'a pas grand-chose à voir avec la vie qu'ils connaissent.

— On ne peut pas choisir à leur place. Ça fait combien de temps que tu me répètes ça, hein ?

— Des années. Et j'ai raison, je le sais. Mais les gens qui vivent dans une terreur et une peine permanentes sont-ils réellement meilleurs que ces esclaves qui se laissent pousser du corail sur tout le corps ?

Luke se contenta de la serrer un peu plus fort dans ses bras. Encore une fois, elle se sentit obligée de répondre elle-même :

— Bien sûr qu'ils sont meilleurs... admit-elle. Ils ne sont pas à l'agonie. Mais tu ne te demandes jamais... Enfin, est-ce que tu peux me dire quels effets toute cette violence et tout ce désespoir peuvent avoir sur la Force ? La menace d'une invasion fait rejaillir les peurs et les colères. Le Côté Obscur n'en est que plus puissant. Qu'est-ce qui peut s'opposer à cela ?

— De petits espoirs, répondit Luke. De petites joies.

Mara observa la lune disparaître à l'horizon.

— C'est comme pour nous, donc... acquiesça-t-elle. Mais répercuté à l'échelle galactique.

Luke leva une main pour lui caresser l'épaule. Elle laissa sa tête tomber de côté.

— Se contenter de protéger ceux qui sont encore en vie me fait l'effet d'être dans une impasse. Mais quel choix avons-nous ?

— Le choix de continuer à nous mettre au service des autres, tant que, chaque jour, nous sentirons encore une étincelle de vie brûler en nous. (La voix de Luke lui parut plus douce encore que le plus paisible des clairs de lune.) Le choix de défendre des gens qui ne savent pas se défendre eux-mêmes. De mourir pour eux, s'il le faut. Comme Chewie l'a fait.

Mara se laissa aller contre la poitrine de son époux.

— J'ai survécu à l'Empire, murmura-t-elle. J'ai perdu mon gagne-pain et un homme que j'admirais et que je servais. Je pourrai bien survivre à la Nouvelle République. J'aime la stabilité et le confort... Incidemment, je t'aime aussi.

Il lui serra les épaules.

— Mais rester tout simplement en vie n'est pas une finalité en soi. Tu ne vois pas ce qui se passe ? Ce que nous essayons d'accomplir, en fait, c'est de veiller à ce que la vie ne soit pas soustraite aux gens...

— Tu as ajouté ta vie à la mienne, Mara, dit Luke doucement mais fermement. Viens te reposer.

7

Rassemblés autour de l'écran radar du bâtiment qui servait de centre de contrôle, Jacen, Han et Piani la Ryn observaient un petit témoin lumineux en train de grossir sur le moniteur. Randa boudait dans un coin de la pièce et Droma regardait par la baie vitrée. Jacen, dans son esprit, ressentit soudainement une manière de picotement.

— C'est bien Jaina, confirma-t-il.

— Comment va-t-elle ? demanda Han en croisant les bras et en fronçant les sourcils.

— Elle est furieuse, répondit Jacen après avoir analysé la sensation.

L'une des passerelles pressurisées flexibles de Trente-Deux fut amarrée au sas de la corvette médicale. Jacen et Han vinrent se poster au pied de la rampe d'embarquement. Le panneau s'ouvrit. Le pilote, une femme Mon Calamari qui portait l'insigne aux trois cercles des services médicaux de la Nouvelle République, fut la première à descendre. Elle avait de longues mains palmées très féminines.

— Capitaine Solo ?

Han fit un pas en avant.

— Je crois que vous me ramenez ma fille, c'est ça ?

Dans le confinement de la passerelle escamotable, sa voix résonnait curieusement.

— Un assistant médical est en train de l'aider à descendre. Signez ici, s'il vous plaît, dit le pilote en tendant un databloc.

— Non, dit Han. Pas avant de l'avoir vue.

Regardant par-dessus l'épaule de son père. Jacen aperçut une silhouette vêtue d'une combinaison gris foncé, surmontée d'une touffe de cheveux noirs coupés étonnamment court. Le visage de sa sœur était en partie recouvert d'une sorte de masque.

Jaina repoussa le bras du droïde assistant.

— Je peux descendre la rampe toute seule ! Salut, Papa, salut, Jacen ! C'est gentil d'être venu ramasser les morceaux...

Elle emprunta la passerelle en boitant légèrement. Han la serra dans ses bras, la souleva de terre et la fit balancer de gauche à droite. Jacen se contenta de lui passer un bras autour des épaules. Il ne connaissait pas encore la nature exacte de ses blessures et il ne préférait pas la serrer trop fort.

— Hé, je ne suis pas une petite chose fragile ! gronda-t-elle.

Elle enlaça son frère et enfonça ses doigts dans ses triceps.

— Voici vos instructions, dit le droïde médical en tendant un second databloc à Han.

Jaina se détourna. Deux optiques noires incurvées lui couvraient les yeux. Elles étaient attachées à un serre-tête souple et reliées à toutes sortes de connecteurs dont les fils couraient le long de ses tempes. Jacen espérait que les chirurgiens n'avaient pas été obligés de lui implanter quoi que ce soit sous le cuir chevelu pour faire fonctionner cette curieuse prothèse.

— Tu arrives à voir suffisamment pour nous reconnaître, dit-il. C'est déjà pas si mal.

— J'arrive à vous distinguer grâce à la Force. Ce que je vois, ce sont des ombres, dont certaines plus foncées ! Mais ça va mieux. (Elle pinça les lèvres quelques instants.) J'arrive à présent à discerner les formes sur un tableau de bord. Me renvoyer ici n'était qu'un gaspillage de carburant. A moins que vous ne soyez au courant de quelque chose que je ne sais pas. (Elle croisa les bras et toisa son frère.) Mes jours sont comptés ou quoi ? On n'a pas osé m'en parler ?

— Non ! s'exclama Jacen. (Il ne put s'empêcher de projeter les ondes de la Force. La présence de sa sœur luisait, comme chauffée à blanc. Elle évoquait plus des braises que des flammes.) Non, ce n'est pas ça. Tu es sur la voie de la guérison. C'est simplement qu'ils ne veulent pas te voir risquer ta vie au combat. Ou risquer la vie de quelqu'un d'autre, ajouta-t-il en essayant d'apaiser la colère de sa sœur jumelle.

Rester ainsi, juste à côté d'elle, le rendait nerveux, comme si le sol s'était soudainement mis à trembler.

— Tu ne vas pas t'y mettre aussi, dit Jaina en ôtant son masque et en approchant son visage du sien.

Ses yeux semblaient brumeux et ses pupilles avaient viré au gris pâle.

Leur père venait de régler les derniers détails avec l'équipe médicale. Il passa un bras autour des épaules de sa fille.

— Allez, viens à l'intérieur, mon cœur. Je veux m'assurer que tu es bien installée avant de retourner à la station de pompage.

Ils lui trouvèrent un lit de camp dans une hutte occupée par une vieille femme Ryn. Le mari de celle-ci était mort à bord de la *Roue du Jubilé*, lors du conflit d'Ord Mantell, et elle accepta avec joie cette nouvelle compagnie. Han repartit précipitamment. Jacen entreprit de ranger les affaires de sa sœur sous le lit de camp. Jaina le laissa faire et tourna la tête vers la petite fenêtre de l'abri.

— J'arrive à voir quand il y a assez de lumière.

— C'est bien le problème, ici, à Trente-Deux, admit Jacen. La couche nuageuse ne laisse pas passer grand-chose, ces abris SELCORE ne sont équipés que d'une porte et d'une fenêtre, mais il y a un peu de luminosité qui tombe par la lucarne du toit, conclut-il en faisant un geste vers le plafond.

Ces huttes n'étaient prévues que pour être édifiées dans les cités dômes. Un gros coup de vent emporterait le toit et la pluie diluerait le mortier et les briques de boue qui maintenaient les cloisons de synthéplast.

— Combien de temps faut-il pour s'habituer à l'odeur ?

Jacen sentit son visage s'empourprer. Il jeta un coup d'œil à la vieille femme assise sur l'autre couchette. Jaina n'avait pas simplement humé l'atmosphère de Duro. Les Ryn avaient cette odeur particulière...

— C'est ma faute, dit brutalement la Ryn.

— Il faut moins d'une journée, intervint rapidement Jacen. Et, Clarani, tu sais bien que ce n'est pas ta faute. Les représentants de ton espèce ont une physiologie différente, c'est tout.

Jaina secoua doucement la tête.

— Je suis désolée, bredouilla-t-elle. C'est très généreux de votre part d'accepter ma présence ici. Vous n'avez vraiment pas besoin d'une gamine ingrate sous votre toit...

— Ne t'inquiète pas, dit Clarani. J'en avais assez de rester toute seule, ajouta-t-elle en faisant un large geste, de droite à gauche, englobant la petite fenêtre, la porte restée ouverte pour la lumière et l'armoire primitive de l'abri.

Jaina leva une main pour ajuster son masque. Jacen remarqua qu'elle tremblait un peu.

— Bon, si tu me mettais un peu au jus, dit-il d'un air détaché. Que fait l'Escadron Rogue en ce moment ? Qui a pulvérisé ton Aile-X ?

— Moi. C'est ça le pire.

— Toi ?

Elle soupira.

— Je pourchassais un skip. A Kalarba, ajouta-t-elle.

— Oui, c'est ce qu'on nous a dit. Je suppose que Drunckenwell est tombé...

Jadis, Drunckenwell avait été l'une des grandes manufactures de l'Empire.

— Et Falleen, aussi. Et puis ils ont atteint Rodia. C'est comme des coups de boutoir. Ils avancent, ils avancent...

— Incroyable, murmura Jacen, se demandant si les Falleen s'étaient battus jusqu'à la dernière goutte de leur sang verdâtre ou bien s'ils avaient utilisé leurs phéromones tristement célèbres pour s'acheter un semblant de liberté.

Jaina ne préféra pas rentrer dans les détails et l'heure était mal choisie pour la presser de questions.

— Je suis restée un peu trop près d'un croiseur qui subissait une attaque massive, dit-elle. Quand il a explosé, j'ai... été bombardée de radiations. Ça devrait aller mieux d'ici une semaine ou deux, insista-t-elle. Aucun dégât permanent...

— Bon.

En retour, Jacen lui présenta brièvement le projet de purification de l'eau à Trente-Deux. Il évoqua l'ancien puits de mine rempli d'eaux polluées, le semblant de partenariat qui existait avec Narthex, l'autre dôme installé par-delà les basses collines devastées de la planète, et les problèmes de ravitaillement. Cor-Duro Expéditions, la société sous contrat avec SELCORE pour la livraison du matériel aux réfugiés, avait déjà annulé deux convois ce mois-ci.

— Il y a plein de boulot, ici, ajouta-t-il. Des tas de trucs mécaniques. Ta spécialité.

Jaina renifla de façon dédaigneuse.

— Garde tes salades pour quelqu'un qui ne sait pas comment désintégrer un skip, Jacen. Ils sont en train de nous piquer toute la galaxie. La flotte a besoin de tous les pilotes possibles. C'est là que tu devrais être. Et Papa aussi.

Curieusement, le ton de sa voix évoquait Randa. Elle semblait anxieuse, furieuse. Encore une fois, Jacen repensa à sa vision et aux répercussions potentielles s'il faisait un pas dans la mauvaise direction.

— Tu veux dire au lieu de rester ici, à aider tous ceux qui sont sans défense ? intervint Clarani. Réfléchis bien, jeune fille. Pour qui vas-tu te battre, là-haut, hein ? Tu ne vas pas jouer à cache-cache avec la mort pour le simple plaisir de l'excitation, si ?

— C'est vrai. (A la grande surprise de Jacen, la voix de sa sœur adopta un ton presque effacé.) Et puis, j'ai peur... Enfin, un peu peur... De ne pas être à la hauteur lorsque je remonterai à bord de mon Aile-X.

— Non, pas toi, dit Jacen.

— Tout est différent, maintenant. (Elle croisa ses doigts sur les genoux de sa combinaison gris foncé.) Ils t'ont dit que j'avais perdu Sparky ?

— Non. (Jacen se tourna vers la Ryn.) Sparky, c'était son droïde personnel. Elle l'avait...

— Depuis un sacré moment, dit Jaina. Suffisamment longtemps pour commencer à dépendre de lui. Je sais qu'il n'était qu'une mécanique mais... Il était génial.

Ses épaules s'affaissèrent. Jacen secoua la tête.

— Je n'ai jamais possédé de droïde, dit la vieille Ryn. Je peux avoir l'air, comme ça, de ne pas compatir. Mais nous avons tous perdu tellement de choses et nous risquons d'en perdre encore tellement avant que tout ceci ne soit terminé...

— Tu t'es éjectée dans l'espace ? demanda Jacen.

Jaina hocha la tête.

Il pinça les lèvres. Perdre ainsi un appareil et être obligé de s'éjecter dans le vide du cosmos ébranlait sérieusement les illusions réconfortantes qui poussaient les pilotes à prendre le manche. Dans l'esprit de la plupart de ces têtes brûlées, cela n'arrivait qu'aux autres, à ceux qui n'étaient pas assez rapides, à ceux qui manquaient de réflexe ou d'instinct. Jacen regarda le masque de Jaina.

— Tu veux dîner ? demanda-t-il. Une bonne dose de la puanteur que tu sens ici provient certainement de ce que nous allons manger ce soir.

Jaina secoua la tête.

— Non, je suis complètement décalée. Là où je me trouvais, il est déjà plus de minuit. Je veux juste me coucher. Une petite faveur, cependant, ajouta-t-elle en le regardant droit dans les yeux. (Jacen perçut un subtil changement dans ses émotions.) Je voudrais passer la nuit en transe de soin. File-moi un coup de main. Sans toi, je n'arrive pas à aller aussi profond que je le voudrais.

Il hésita.

— Je sais, reprit-elle. (Il eut l'impression que son regard, au travers des lentilles, n'avait pas vacillé.) La galaxie tout entière est au courant du fait que tu essaies de ne plus utiliser la Force. Mais, c'est moi, là, ta frangine. Et j'ai besoin de me remettre.

— Tu as raison, dit-il un peu gêné, mettant son appréhension de côté. Je vais t'aider. Mais il faut que tu saches que les choses ont empiré.

— C'est-à-dire ? demanda-t-elle.

Quand elle relevait la tête ainsi, en fronçant les sourcils, c'est fou ce qu'elle ressemblait à leur mère.

— J'ai eu. Cette vision...

Et il lui en fit la description.

Elle écouta en hochant la tête. Mais elle persista à lui demander tout de même son aide. Il ne pouvait refuser. Quelques instants plus tard, elle était étendue, plongée dans un profond sommeil réparateur. Sa poitrine se soulevait et s'abaissait si lentement que quelqu'un passant par là aurait très bien pu croire qu'elle ne respirait plus.

Mais Jacen, regardant avec son esprit, vit que ses jambes, son flanc droit et sa main gauche étaient la cible d'efforts incroyables. Tout autour des yeux de Jaina, l'énergie circulait avec une rare intensité. Le Bacta, ce miraculeux organisme guérisseur microscopique, avait réalisé du si bon travail sur ses tissus cutanés qu'elle n'aurait certainement pas de cicatrices visibles. Sa claudication ne durerait plus très longtemps non plus.

Je ferais un bon soigneur, se lamenta Jacen intérieurement. Mais il connaissait la suite de la phrase. Le fait qu'il soit doué dans ce domaine ne signifiait pas nécessairement qu'il ait la vocation. Tous les gens qui lui disaient qu'il avait de la chance d'avoir autant de talent n'avaient pas à prendre de décisions à sa place.

Le matin suivant, Jacen vit sa sœur avancer lentement dans une allée, la main posée sur le mur rugueux de la hutte la plus proche. Il lui saisit l'autre main et la conduisit jusqu'au réfectoire. Des Ryn de tous âges étaient rassemblés autour de cinq femmes, elles-mêmes occupées devant des marmites probablement fabriquées sur place. Jaina huma l'air.

Jacen lui toucha l'épaule et lui fit prendre place dans la file d'attente.

— On dirait du... (Il regarda la première marmite.) Mm... Du phraig au petit déj' ! (Il baissa la voix pour parler à l'oreille de Jaina.) Apparemment, SELCORE a signé un contrat avec je ne sais quelle planète pour récupérer toute une récolte de phraig...

Ils avancèrent doucement jusqu'à ce que la cuisinière la plus proche les repère.

— La pilote Rogue ! s'exclama-t-elle.

Le long de la file, les Ryn tournèrent la tête. Deux Vors aux ailes de cuir tendirent un museau pointu. Les membres d'une famille d'humains posèrent leurs plateaux et applaudirent.

Les lèvres de Jaina se tordirent en un sourire gêné.

— Allez, ma petite demoiselle, passez à l'avant de la file, dit la cuisinière. On ne peut pas faire grand-chose ici pour vos équipiers mais dites-leur bien – quand vous les retrouverez – que Camarata les remercie.

Jaina voulut protester, mais Jacen lui donna un coup d'épaule.

— Ces réfugiés ne peuvent pas faire grand-chose d'autre que de te réserver un traitement de faveur. C'est tout ce qui leur reste. Si tu ne veux pas rendre hommage à l'Escadron Rogue, laisse-leur la possibilité de le faire.

Il guida Jaina jusqu'à l'avant de la file et l'aida à tenir son bol pendant qu'une cuisinière le remplissait d'une mixture constituée de céréales à la vapeur et de fruits secs. Il se fit servir un bol pour lui-même et attrapa deux tasses de café de synthèse.

Ils allèrent s'asseoir à une longue table de durabéton. Jaina empoigna sa cuillère par le milieu du manche et avala une bouchée.

— Insipide, dit-elle. Mais pas mauvais. Je suis désolée de t'avoir faussé compagnie la nuit dernière.

— C'est vrai que ce n'est pas très facile pour toi.

— C'est tout mon petit frère, ça. Toujours à comprendre le point de vue de l'autre.

Il sourit. Petit frère. Depuis deux ans, elle était plus grande que lui.

Elle secoua la tête et se tourna de côté. Dans le reflet de ses lentilles oculaires, Jacen aperçut une famille de Ryn qui les regardait.

— Je déteste ça, dit-elle. Je suis l'aînée. La pilote d'élite. Tu sais que j'ai abattu tant d'ennemis, au cours des trois dernières semaines, qu'à moi toute seule, cela représente plus de dix pour cent des victoires de l'Escadron. Tu réalises ce que cela signifie pour moi ?

— Oui. Que tu es l'un des meilleurs pilotes de tous les temps.

— J'ai peur de perdre tout ça, Jacen.

— C'est normal. Mais j'ai lu le databloc de ton diagnostic, hier soir. Tu vas guérir. Et vite.

— Alors pourquoi m'a-t-on envoyée ici ?

Sa voix se transforma en chuchotement.

— Je te l'ai dit hier. Les centres médicaux ne savent plus où donner de la tête.

— Ah ouais ? dit-elle. Et tu sais qu'ils n'ont pas réussi à contacter Maman ?

— Ça, je ne comprends pas pourquoi.

— Ils n'ont pas essayé très à fond, ni assez longtemps. J'espère qu'il ne lui est rien arrivé.

— On le saurait, si...

Jacen ne termina pas sa phrase.

— Alors, où est-elle ?

Il haussa les épaules.

— Elle doit certainement aider des réfugiés. Elle pourrait bien être ici, sur Duro, sans qu'on le sache. On n'arrive pas à maintenir de communications correctes, la brume est bien trop épaisse pour les transmissions hertziennes. De plus, SELCORE ne nous a pas encore livré d'antenne correcte...

Jaina termina son bol et tâtonna sur la table de durabéton à la recherche de sa tasse.

Jacen poussa le récipient en direction de la main de sa sœur. Du coin de l'œil, il détecta un mouvement. Une masse brune en mouvement...

— Oh oh... murmura-t-il.

— Quoi ? demanda-t-elle en tournant vivement la tête.

— Randa, dit-il prestement. Notre Hutt local. Il veut

se venger des Yuuzhan Vong. Il va essayer de te faire adhérer à son plan de bataille. Il a déjà essayé avec moi.

— Dis-lui que je ne peux pas.

— Tu vas pouvoir lui dire ça toi-même, répondit Jacen. Le voilà qui vient vers nous...

8

Deux jours plus tard, Jacen était appuyé au montant en durabéton de la porte de Trente-Deux, à attendre la navette de ravitaillement de Cor-Duro. Le sommet du dôme gris disparaissait dans les brumes de l'atmosphère. Il ajusta son masque à oxygène. SELCORE ne pouvait se permettre d'équiper les réfugiés de dispendieuses combinaisons environnementales. On leur avait donc fourni des tenues de protection bon marché et d'encombrants respirateurs comme celui que portait Jacen. Il y avait des fois où le jeune homme se demandait s'il ne préférerait pas repartir dans l'espace.

L'offre de Randa rejaillit dans son esprit. Il repoussa l'idée immédiatement. S'il se laissait aller à devenir agressif, cela trahirait tout ce qu'il s'était promis de défendre, cela donnerait raison à sa vision. Existait-il un moyen de se battre sans avoir à se servir de la Force ?

Sur sa droite, une passerelle flexible rétractable, à l'embouchure scellée, reposait le long d'un cratère. Le tube pouvait être relié au sas d'embarquement ou à la soute d'un cargo. On avait promis à Trente-Deux des tonnes de fertilisants chimiques pour ses opérations hydroponiques. Sans ces produits, la nouvelle récolte de végétaux consommables mourrait sur pieds dans les réservoirs.

Pourtant, il n'était pas nécessaire d'être Maître Jedi pour se rendre compte que la navette ne viendrait pas. Jacen fronça les sourcils, retourna vers la porte et pénétra dans le sas spécial. Il laissa quelques instants les courants à haute pression chasser les saletés accumulées sur sa combinaison. Il trempa ensuite ses bottes dans une pataugeoire antiseptique et se dirigea enfin vers le bâtiment du centre de contrôle.

— Elle ne vient pas, c'est ça ? marmonna une voix grave.

Randa avait casé son ventre impressionnant contre l'une des consoles. Deux humains étaient assis sur le sol en tailleur, lancés dans une partie de métominos. Derrière eux s'ouvrait la baie vitrée sphérique qui donnait sur le cratère transformé en aire d'atterrissage.

— Des nouvelles de Nal Hutta ? demanda poliment Jacen.

— Le Glorieux Joyau, fulmina Randa, est la proie de bombardements intensifs. Les missiles canardent son atmosphère. Mes semblables, installés sur des stations distantes, ne disposent pas de capteurs assez puissants pour arriver à savoir si les dégâts sont importants. Enfin, on sait bien ce que l'ennemi a fait d'Ithor...

Jacen fronça les sourcils.

— Est-ce que tes semblables, comme tu dis, ont été évacués ?

— La plupart de mes Kajidics ont déjà rejoint Gamorr, Tatooine... Et Rodia. (La large bouche de Randa se tordit.) Mais Rodia est attaquée, à présent...

Jacen secoua la tête. Randa poursuivit :

— J'ai reçu de nobles nouvelles de Kubindi. De tragiques nouvelles, mais de nobles nouvelles.

— Ah oui ?

Jacen posa son bras sur la console de communication pour s'y appuyer. Les informations en provenance des autres systèmes se raréfiaient de plus en plus et même celles relayées par le Hutt étaient dignes d'attention.

— On prétend que les Apôtres de Kyp Durron (Jacen serra le poing en entendant le nom mais se garda d'interrompre son interlocuteur) ont repoussé une attaque Yuuzhan Vong pendant suffisamment longtemps, ce qui a permis aux Kubaz de faire décoller de leur planète tous les vaisseaux en état de prendre l'air. Ça, c'est de l'héroïsme ou je ne m'y connais pas !

Stupéfiant fut le terme qui vint à l'esprit de Jacen, mais le jeune homme se retint d'en faire part à Randa.

— Je croyais que Kyp était sur Bothawui...

— Exactement. Il a tout de même entrepris le long voyage...

— Ecoute, Randa, dit Jacen en fronçant les sourcils. Je ne suis pas aussi admiratif que toi devant les exploits de Kyp Durron. (*Et Kyp n'a aucune patience pour les Hutts*, mais ça, Jacen s'abstint de le dire.) Il a tué des millions de gens.

Randa fit un geste vague de son bras boudiné.

— C'était il y a longtemps. Il était jeune...

— Oui, eh bien moi aussi je suis jeune et je n'approuve pas ses méthodes.

— C'est tragique, dit Randa tout doucement, de constater comment les Jedi se divisent. Normalement, les Jedi sont supposés protéger les autres, non ? Je ne vois rien de tout cela chez toi, Jedi Solo. Prends Wurth Skidder, par exemple. Lui, au moins, c'était un guerrier...

Et Randa de recommencer la même histoire : la bravoure de Skidder à bord du vaisseau-mère Yuuzhan Vong ; comment Skidder avait tenté de communiquer avec l'abominable Yammosk, Grand Instigateur de Guerre ; comment Skidder était mort, en sommant l'équipe de sauvetage de s'enfuir sans lui...

Jacen se demanda ce que cherchait réellement le jeune Hutt.

— D'après moi, conclut Randa, Durron est le seul Jedi qui soit capable de tenir tête aux Yuuzhan Vong.

— C'est à moitié vrai, dit Jacen avec précaution. Les Jedi basés sur Coruscant travaillent aussi durement que Kyp. Mais ils le font sans attirer l'attention. Sans fanfare, sans partir au combat tels des matamores.

Randa cracha vers un récipient qu'il avait installé dans le coin le plus sombre de la pièce. Les joueurs de métominos relevèrent brusquement la tête, étonnés, puis retournèrent à leur partie.

— Combien de temps pourront-ils tenir à Coruscant en cas d'attaque Yuuzhan Vong ? gronda-t-il.

— Les flottes feront tout leur possible pour qu'ils ne s'emparent pas de la planète. (Jacen s'était déjà posé la même question. Si la capitale tombait, ce serait vraiment la fin. Dans sa vision. Oncle Luke se tenait près de Coruscant...) Ecoute, Randa, Maître Skywalker a raison. Il faut être très prudent lorsqu'on utilise la Force. Il faut résister à la colère, à la haine, à l'agression. Ces trois sentiments sont susceptibles de générer quelque chose d'au moins aussi dangereux que les Yuuzhan Vong.

Randa grommela en Huttais.

— Je pense que c'est nécessaire de réunir des informations sur nos ennemis, insista Jacen. C'est vital de protéger et d'aider les autres. C'est l'essence même du bien, Randa. Les hommes de Kyp... n'ont peut-être pas encore basculé vers le Côté Obscur, mais ils en prennent le chemin.

Randa serra ses petits poings et bomba le torse.

— Epargne-moi tes histoires d'ombre et de lumière ! Si tu es un Jedi, comporte-toi comme un Jedi, ou bien laisse les autres Jedi faire ce qu'il faut faire en temps de guerre, à savoir protéger les autres !

— J'y travaille, Randa, j'y travaille, dit Jacen.

Brusquement, Randa devint conciliant.

— Bien sûr que tu y travailles, dit-il d'un ton aimable.

Jacen se rappela qu'il fallait faire attention aux flatteries de Randa Besadii Diori. En un instant, elles pouvaient virer à la méchanceté. Après tout, le Hutt était un marchand d'épices, un manipulateur professionnel.

— Voilà ce que je vois, dit Randa. Mes espoirs ont mûri et, en m'aidant à les concrétiser, tu pourrais en retirer une grande gloire.

— Vas-y, je t'écoute, soupira Jacen en levant les yeux au ciel.

Randa s'humecta les lèvres de sa grosse langue pointue.

— Je me vois bien, dit-il, en chef des pirates, semant la pagaille chez les Yuuzhan Vong. Avec Kyp Durron pour modèle.

Jacen se demanda comment Kyp réagirait s'il apprenait qu'un Hutt le citait en exemple.

— Et qui de mieux, pour diriger mon escadron, qu'un Chevalier Jedi ? Voilà que le destin a placé un Jedi sur mon chemin, un Jedi qui a préféré s'écarter de ses homologues. Tu vois, Jacen, tout ce qu'il me faut, c'est suffisamment d'influence sur toi pour te convaincre de faire ce que j'ai prévu.

Voilà qui était d'une franchise surprenante de la part du Hutt.

— Mais il n'y a pas un seul vaisseau, ici à Trente-Deux, qui soit adapté à ton projet.

— C'est vrai, admit le Hutt. En revanche, à Narthex, il y a des appareils bien plus rapides qui n'attendent que nous...

— Non, Randa, je ne déroberai pas de vaisseau. Je ne veux pas devenir un pirate et je ne crois pas à ta vision des choses. Je suis désolé. Maintenant, excuse-moi, j'ai besoin d'une ligne de communication sol-orbite...

Randa s'écarta de la console en poussant un long soupir. Jacen s'installa devant l'unité de communication. Il se mit à tambouriner sur le bord de la table avec le bout de ses doigts en attendant que son appel soit transmis. Il se demanda si Randa en viendrait à des tentatives d'intimidation quand il se rendrait compte que la flagornerie ne lui permettrait pas d'obtenir les résultats qu'il escomptait.

Comme d'habitude, le premier appel de Jacen fut à l'intention des militaires Durosiens. Ces derniers temps, la nervosité allait bon train dans les rangs des Forces de Défense de Duro. L'équipe des communications de l'Amiral Wuht était de faction ce matin-là. Les négociations de routine pour obtenir le bon correspondant, à grand renfort de réponses évasives, occupèrent Jacen pendant plus d'une heure. Au cours de ce laps de temps. Randa passa son énorme tête par la porte par trois fois pour vérifier s'il y avait du progrès.

— J'attends de pouvoir contacter l'Amiral Dizzlewit, murmura Jacen à chaque fois.

Finalement, le jeune homme parvint à remonter la ligne suffisamment loin pour communiquer avec un préposé aux expéditions acceptant de vérifier les rapports. Oui, la navette attendue était bien arrivée à Bburru. CorDuro Expéditions avait bien procédé au transfert. Un pilote avait décollé avec cette cargaison pour rejoindre Urrdorf, la plus petite des cités orbitales de Duro.

La navette avait donc été détournée !

— Je sais combien ces vérifications de routine sont fastidieuses pour vous, dit Jacen d'un ton ferme. Vous avez fait de l'excellent boulot en me fournissant tous ces renseignements. Merci beaucoup.

Il coupa la transmission et sortit son communicateur.

— Papa ?

Après quelques secondes, il reçut enfin une réponse :

— Tu l'as trouvée, Junior ?

— Les Durosiens l'on détournée. (La monstrueuse tête de Randa s'encadra à nouveau dans le chambranle de la porte. Jacen fit pivoter sa chaise de côté et, tout en parlant à son père, fit signe au Hutt d'approcher.) Papa, je crois que ça vaut le coup de gaspiller un peu de carburant pour que j'aille leur rendre une petite visite...

Han Solo avait déjà emprunté, deux fois cette semaine, la vieille navette 1-7 Howlrunner de Trente-Deux pour aller rencontrer l'Amiral Wuht.

— Non, répondit Han d'un ton ferme. Ils ne veulent pas discuter. Il va falloir penser à autre chose. Emprunter du ravitaillement à Narthex, peut-être.

Jacen savait pertinemment ce que son père entendait par « emprunter ».

Un appel inattendu obligea Tsavong Lah à s'absenter de la chambre du *Sunulock* qui abritait le chœur de Villips. Dans cette pièce spéciale, les créatures tissaient une sorte de trame optique qui représentait diverses vues du cosmos relayées par des Villips postés un peu partout dans la galaxie. Des images en provenance de Nal Hutta montraient la progression des microbes qui, bientôt, purifieraient cette planète – et sa terrible lune couverte de monstruosités technologiques – ravagée par la vermine pour la transformer en un monde agréable et fertile. Certains organismes, élevés par des maîtres généticiens, digéreraient lentement le métal et le transparacier de Nar Shaada. Leurs déjections produiraient une poussière qui se déposerait lentement dans les couches inférieures de l'écorce. D'autres microbes réduiraient le durabéton des deux mondes en un sable à même de nourrir une nouvelle terre arable. D'autres bactéries, encore, s'attaqueraient à la matière organique, y compris les corps bouffis des Hutts, et les résidus iraient également enrichir ce sol. Enfouis sous ce nouveau terrain naturel, la planète et son satellite revivraient enfin.

Il y avait aussi le problème de Mujmai Iinan, le lieutenant qui avait proposé de lancer l'attaque sur Kubindi avec la moitié des effectifs de coraux skippers initialement prévus. Tombé en disgrâce à cause de l'évacuation massive de la planète, Iinan attendait dans une chambre de méditation. Dans moins d'une heure, les dieux seraient prêts à le recevoir.

Tsavong Lah n'était guère content de délaisser ses occupations en cours, mais les rapports de l'Exécuteur valaient toujours la peine d'être écoutés. Assis dans son alcôve privée, aux murs recouverts de Villips, il posa les yeux sur la créature qui venait de matérialiser le visage de Nom Anor.

— Pas un *Jeedai* mais trois ?

Les yeux de Nom Anor s'écarquillèrent un peu plus. Il était rare d'entendre un Maître de Guerre répéter ainsi une information.

— Oui, Maître. Trois ont été repérés.

Le Maître de Guerre se redressa de toute sa formidable stature, mettant ainsi en évidence ses épaules couvertes de pointes acérées.

— Pas par vous, bien sûr.

— Non, par mes agents. Vous savez que j'évite scrupuleusement leur présence.

— Leurs noms, ordonna Tsavong Lah en se détendant quelque peu.

— Leia Organa Solo reste superviseur de ce dôme. Mes assistants me préviennent à chaque fois qu'elle approche du laboratoire.

— Vos assistants s'approchent eux-mêmes d'une honorable valeur.

— J'aimerais pouvoir leur transmettre le compliment.

— Vous leur annoncerez vous-même quand nous aurons libéré Duro.

Le Villip représentant la tête de Nom Anor s'inclina respectueusement.

— Vous nous honorez tous. On n'a signalé les deux autres Jedi à mon attention que ce matin même. Mes agents sur Bburru ont intercepté un certain nombre d'appels hors système lancés par l'installation Trente-Deux. Ils ont finalement réussi à identifier le passager qui était arrivé par le vaisseau d'évacuation sanitaire. Il s'agit de Jaina, la fille d'Organa Solo. Un agent à Cor-Duro Expéditions a également eu en ligne l'autre individu, également réfugié à Trente-Deux. C'est le frère de Jaina, ce Jedi, ce lâche qui a disparu de Coruscant...

Perplexe, Tsavong Lah interrompit l'Exécuteur :

— Que se passe-t-il ? Un conflit familial ? ils essaient de s'éviter ou quoi ?

— Je ne trouve aucune explication. Il semble possible, bien que ce soit peu crédible, même de la part de cette race sans dieux, que les enfants n'aient aucune idée de l'endroit où se trouve leur mère. Même chose pour la mère vis-à-vis de ses enfants. Le nom du lâche est...

— Je n'ai que faire du nom d'un couard. Il ne représente aucune valeur qui mérite mon attention.

— Puis-je me permettre alors une suggestion ?

Tsavong Lah hocha la tête, incitant Nom Anor à poursuivre :

— J'ai créé un nouvel organisme.

Le Maître de Guerre fronça les sourcils. Nom Anor se targuait d'être aussi doué qu'un maître généticien. Il avait le culot d'empiéter sur les sacro-saints territoires de ses congénères.

— Lorsque nous aurons besoin de détruire ces abominables dômes afin de laisser rentrer l'atmosphère vivante de la planète, continua Nom Anor, il pourrait bien se révéler fort utile. En attendant, j'aimerais pouvoir le tester sur le dôme des deux plus jeunes Jedi. *Bruk tukken nom canbin-tu.*

Il venait de citer le vieil adage : « Il faut affaiblir les charnières des portes du fort ennemi. »

— Et pourquoi pas sur votre propre dôme ? demanda Tsavong Lah.

Le geste serait considéré comme un honorable sacrifice.

— *Belek tiu*, Maître de Guerre, s'excusa Nom Nor. Ce complexe scientifique sert notre cause à long terme, continua l'Exécuteur. La Jedi Organa Solo aide les autres chercheurs à tirer le maximum de leurs ressources. Pour cette raison, la destruction de ce dôme devrait être retardée.

Tsavong Lah ne put que donner raison à son interlocuteur.

— Certes, tant qu'Organa Solo ignorera votre présence. Allez savoir comment, ces *Jeedai* arrivent à nous reconnaître malgré nos Grimages Ooglith. Je doute que votre nouveau Grimage Gablith soit susceptible de la duper. (La magie des Jedi fonctionnait sans le moindre sacrifice à un dieu quelconque. Pour les Yuuzhan Vong, il s'agissait là d'un acte infidèle aussi abominable que toutes les technologies réunies.) Les prêtres, ajouta-t-il sèchement, changent d'opinion tous les jours. Certains identifient ces *Jeedai* comme des abominations trop malfaisantes pour être sacrifiées. D'autres pensent qu'ils ont suffisamment de valeur pour être offerts à nos dieux individuellement. Evitez de rencontrer cette Organa Solo en personne.

— Ma vie et ma mort sont à votre service, répondit Nom Anor.

Tsavong Lah posa la main sur le Villip. Le visage de l'Exécuteur se troubla, rétrécit et disparut, englouti dans la cavité buccale de la créature.

Tsavong Lah resta assis pendant une minute, à tapoter ses lèvres gercées de ses longs doigts griffus. Détruire les chantiers de construction de Duro priverait définitivement ses ennemis de vaisseaux et de matériel. Couper leurs voies marchandes déclencherait un chaos économique.

Et sur Duro, il pourrait créer un exemple que les derniers survivants de la galaxie n'oseraient plus ignorer.

9

Mara était assise, près de Luke, à une longue table de réunion. La pièce qu'ils occupaient était verrouillée et protégée par un bouclier de confinement sonore. Au bout de la table, Ayddar Nylykerka – chef de l'espionnage de la Flotte – se tenait à côté d'une carte galactique tridimensionnelle, qui luisait dans les modulasers. La plupart des champs d'étoiles apparaissaient en bleu, mais une portion substantielle, dans les environs de Belkadan, avait été reprogrammée pour clignoter en rouge. Il s'agissait des systèmes envahis par les Yuuzhan Vong.

Nylykerka balaya ce secteur de son pointeur laser.

— Comme vous pouvez le constater, nos sondes hyperspatiales ne nous renvoient que des informations très limitées. Kalarba, Druckenwell et Falleen sont perdues. Même si nous réussissons à ne pas leur abandonner Rodia, dit-il en levant les yeux vers le Conseiller Rodien Narik, les voies d'accès à Corellia sont coupées. (De son pointeur, il mit cette zone en évidence.) Les rapports de nos éclaireurs indiquent encore, en de nombreux points sensibles, les barrages de mines des Basals Dovin...

Les oreilles du Conseiller Narik pivotèrent vers le Chef d'Etat Fey'lya.

— Encore une fois, c'est un monde de la Bordure Médiane qui est sacrifié sous prétexte de protéger le Noyau... Le Noyau ou Bothawui, dit Narik, en colère.

Mara fronça les sourcils. Le chef d'Etat Bothan avait réussi à conserver les restes de la Cinquième Flotte déployés autour de sa planète natale. Il avait l'air cependant très tendu, sur la défensive. Des ondulations parcouraient régulièrement son visage couvert de fourrure.

— Avec les dégâts subis à Fondor, l'une de nos principales préoccupations est de protéger les chantiers d'assemblage de propulseurs de Kuat, déclara le Conseiller Triebakk, de Kashyyyk, dans son droïde de traduction.

Il fit un geste à l'intention du nouveau membre du Haut Conseil, le Sénateur Viqi Shesh, de Kuat. Celle-ci hocha la tête en retour.

— La station de Centerpoint, dit Fyor Rodan (de Commenor), occupe actuellement une position idéale pour défendre Kuat. Mais quel est l'état actuel de Centerpoint ? Est-ce qu'on peut compter sur Corellia ?

Chelch Dravvad se tortilla sur son fauteuil, visiblement mal à l'aise. Mara ne l'enviait guère. La planète Corellia avait servi de piège, de cible, pour attirer les Yuuzhan Vong dans la ligne de mire de Centerpoint. Depuis, les Corelliens étaient animés d'un esprit de revanche.

— Mon rapport n'est pas très bon, répondit Dravvad. Après le tir de Centerpoint vers Fondor, il y a eu une sorte de dysfonctionnement interne, dû probablement à une mauvaise manipulation de Sal-Solo. Cette information ne doit en aucun cas parvenir aux Yuuzhan Vong. Tant qu'ils considèrent Centerpoint comme opérationnelle, nous disposons d'une puissance de dissuasion pour ce secteur tout entier.

Mara perçut un malaise autour de la table. Plusieurs Conseillers hochèrent tristement la tête.

Fey'lya croisa ses bras par-dessus sa tunique.

— Et voilà que Corellia menace de faire cavalier seul en faisant de l'arme de Centerpoint leur point de ralliement, dit le chef d'Etat en baissant les yeux vers le Conseiller Dravvad.

— Sans les chantiers de Fondor, répondit le Corellien, les forces de la Nouvelle République n'auraient pas pu utiliser Centerpoint comme ils l'avaient prévu, de toute façon. Les systèmes de boucliers spéciaux, qui auraient normalement permis à nos appareils d'aller et venir dans le champ de protection, y étaient fabriqués.

L'Amiral Sien Sovv, pivot Sullustain des Forces de Défense de la Nouvelle République, s'était vu menacé de perdre l'entière confiance du Sénat après la catastrophe de Centerpoint. Il se remettait à peine de l'incident.

— Chef Nylykerka, demanda-t-il. Quelles nouvelles de Kubindi ?

Le Tammarien à l'impressionnante carrure secoua la tête.

— Les seuls messages qui nous arrivent de là-bas sont ceux du Jedi Kyp Durron. Je pense que vous avez dû voir tout ça sur HoloNet, non ?

Les bajoues de Sovv tressaillirent de dégoût.

— Il faudrait être aveugle pour ne pas avoir vu. Je suppose qu'à présent le Jedi Corran Horn est retourné à ses actes héroïques, lui aussi, hein ? fit-il en se tournant vers Luke.

Assis à côté de Mara, Skywalker secoua la tête.

— Corran est toujours emprisonné sur Corellia.

Histoire de faire profil bas après la catastrophe d'Ithor, se dit Mara.

Sovv renifla bruyamment.

Cal Omas, originaire d'Alderaan, prit la parole :

— Je trouve tout de même curieux que l'ennemi se soit attaqué à Kubindi sans pour autant s'en prendre à Fwillsving ou à Kessel...

— Les spécialistes en biologie, dit Nylykerka, croient que les Yuuzhan Vong ont été attirés par ce monde en raison de la longue tradition Kubaz qui vise à modifier génétiquement certaines espèces d'insectes.

— Qu'en est-il de la campagne de désinformation ? demanda Fey'lya en se tournant vers une grande femme svelte qui se tenait derrière le Chef Nylykerka.

Mara ne connaissait le Major Hallis Saper que de vue. L'ancienne documentaliste, employée aujourd'hui par les services secrets de la Nouvelle République, prit la parole.

— Nous savons que les Yuuzhan Vong sont superstitieux. Malheureusement, tant que nous ne serons pas parvenus à définir quels sont les paramètres qu'ils considèrent comme portant chance et ceux portant malheur, nous ne pourrons pas faire grand-chose pour les convaincre que tout ce qu'ils découvrent ici risque de leur apporter la poisse.

L'Amiral Sovv secoua lentement la tête.

— Merci, Major Saper. Nous vous ferons part de ces informations dès qu'elles seront disponibles.

Fey'lya appuya sur un variateur et la lumière dans la pièce se fit un peu plus vive. Nylykerka effaça la carte holographique et le Major Saper quitta la salle de réunion.

Borsk Fey'lya s'éclaircit la gorge en produisant un son strident.

— Conseiller Pwoe ? demanda-t-il au Quarren au visage couvert de tentacules assis en face de lui. Vous avez demandé à intervenir dans l'ordre du jour ?

Le Conseiller Pwoe inclina la tête et ses appendices faciaux tombèrent délicatement sur sa poitrine.

— Maître Skywalker, dit-il. Je suis content que le sujet du Jedi Horn et du Jedi Durron ait été soulevé. Tant que vous ne serez pas en mesure d'exercer un meilleur contrôle sur les Jedi, il faudra vous attendre à de nouvelles persécutions.

Luke releva la tête mais ne répondit rien.

— Vos neveux, continua Pwoe, ont aidé Sal-Solo à déclencher la mise à feu de l'arme de Centerpoint, n'est-ce pas ?

— C'est vrai, dit Luke. (Mara tourna les yeux vers le vieil humanoïde à tête de poulpe.) A la demande de la Nouvelle République, insista Luke à l'intention du Conseil.

— Ce qui nous gêne, dit Pwoe, c'est que les Jedi, ainsi que d'autres groupes d'autodéfense renégats, sont de plus en plus actifs. La justice doit être appliquée conformément à la loi, pas par une poignée de tyrans minables embarqués à bord d'Ailes-X...

Mara tourna les yeux vers Fyor Rodan qui, depuis le début, ne cachait pas son opposition à la formation d'un nouveau Conseil des Jedi.

Rodan s'ébroua.

— A une époque, dit-il, la présence de vingt Jedi à Coruscant nous garantissait une certaine sécurité. Aujourd'hui, nous avons l'impression que vous êtes à la tête de vingt éléments incontrôlables et de quatre-vingts bons à rien.

— Maître Skywalker, acceptez mes excuses, dit Cal Omas. Mais vous voyez bien que les Jedi sont de plus en plus l'objet de controverses.

Les yeux sombres de Rodan se plissèrent.

— *Maître Skywalker*, dit-il, sans chercher à masquer son mépris, il devient évident que les Jedi ont choisi d'aider certains peuples et pas d'autres. Pourquoi ?

Luke secoua la tête et Mara perçut que l'humeur de son mari venait de prendre un ton résolument ferme.

— Les Jedi ont des responsabilités vis-à-vis de la Force. Pas vis-à-vis de moi. J'ai essayé de coordonner leurs actions. J'ai vraiment essayé, ajouta-t-il en lançant un regard en biais au Conseiller Rodan, d'établir à nouveau un semblant d'organisation. Mais il y a des gens qui persistent à croire qu'en étant organisés nous représenterions un plus grand danger encore pour la Nouvelle République...

— Et vous leur en voulez ? demanda Rodan. Nous sommes déterminés à tenir les Jedi, et leur philosophie pittoresque, à l'écart de ce gouvernement.

— Et vous iriez jusqu'à sanctionner nos actions, Conseiller ? Jusqu'à proférer des menaces de persécution ?

La fourrure crémeuse du Chef d'Etat Borsk Fey'lya ondula de plus belle.

— Vos agents nous ont mal informés à propos des dangers qui pesaient sur Corellia et Fondor. Cette erreur a grandement contribué a la catastrophe de Centerpoint.

— Les Yuuzhan Vong sont parvenus à semer le trouble en faisant croire à un changement dans les habitudes d'expédition des Hutts, répondit Luke. Nous ne nous laisserons pas berner une nouvelle fois. Et je doute que nous puissions revoir les Hutts se livrer à la contrebande avant un bon moment.

Bien vu, observa Mara. Les Hutts étaient actuellement bien trop occupés à sauver leurs vies.

Fey'lya resta assis, à se caresser la barbe.

— Lorsque la paix et la justice sont menacées, dit

Luke, notre obligation de défendre les peuples se transforme en obligation de défendre des planètes entières. Il est vrai que certains Jedi ont dévoyé cette obligation pour justifier leurs comportements excessifs. En dépit de ce que vous pensez, j'ai fait de mon mieux pour les corriger. Leur liberté à faire des choix signifie aussi qu'ils peuvent faire de *mauvais* choix.

Le Commodore Brand, qui avait gardé jusque-là le silence, se manifesta :

— Ecoutez-le, écoutez-le...

— Ce n'est jamais facile de se servir du pouvoir, dit Luke, secouant la tête et regardant longuement Rodan. Vous avez tous, un jour ou l'autre, eu à faire face à ce problème, être confronté aux questions d'éthique qui impliquent le gaspillage inutile des vies en temps de guerre...

— Et c'est pour cela que les gouvernements ont créé les Hauts Conseils, dit Rodan. Pour tenir les individus trop puissants en respect.

— Et c'est pour cela que ce groupe ici présent, Conseiller Rodan, a choisi précisément de défendre certains systèmes aux dépens d'autres.

Rodan, de Commenor, lui lança un regard noir.

Luke posa un coude sur la table.

— Certains Jedi ont préféré ne plus faire appel à la Force de peur de mal s'en servir. Mon neveu Jacen, par exemple.

A ce moment-là, Mara regardait Viqi Shesh. Le sénateur de Kuat souleva un sourcil parfaitement dessiné.

— Les Jedi sont éparpillés un peu partout, continua Luke. Ça, j'en fais mon affaire. Mais nous sommes tous responsables devant vous...

— Tiens donc, marmonna Narik, de Rodia.

Luke se tourna vers le Rodien.

— Oui, dit-il, c'est vrai. Tant que ce groupe représentera la paix et la justice.

Mara retint une envie folle d'adresser à Narik un sourire sucré. Ledit Narik abattit ses poings sur la table.

— Ma planète natale est sur le point de subir les plus terribles déprédations...

— Et la mienne, ajouta Luke, est juste derrière sur la liste.

C'était on ne peut plus vrai. Tatooine se trouvait dans l'axe de Rodia dans la direction du Noyau.

Le teint vert de Narik s'assombrit.

— Cela ne me concerne pas.

— Tous les mondes me concernent, conclut Luke.

Dans un salon des docks flottants de Coruscant, Mara se laissa tomber sur les coussins d'un canapé antigrav. Elle poussa un bref soupir. Toutes ces différences d'opinions pourraient anéantir la République sans que les Yuuzhan Vong envoient un seul de leurs vaisseaux.

A l'autre bout du dock, une navette de desserte locale décolla. Mara détecta un mouvement à l'entrée opposée du salon. Une grande femme aux cheveux blonds comme les blés s'avança vers eux. Mara laissa la Force affluer en elle. Avant qu'elle ait pu projeter ses ondes vers la nouvelle venue, elle ressentit quelque chose – de primitif mais de bien vivant – s'accrochant à son corps au niveau de ses hanches. Machinalement, elle se brossa le ventre d'une main.

— Tresina Lobi, murmura Luke à l'intention de Mara.

Celle-ci avait déjà rencontré la femme en question, la première de son peuple – les Chevs – à faire preuve d'un minimum de maîtrise de la Force. Tresina n'avait pas son pareil pour se mêler incognito aux foules.

— Tu attendais sa visite ? demanda Mara.

Elle se passa à nouveau la main sur l'estomac. Les limaces de granit se décrochaient souvent des murs. Peut-être que l'une de ces petites bestioles était tombée sous les pans de sa longue veste. Elle préféra retenir son dégoût pour ne pas distraire Luke. Les limaces de granit étaient aussi affreuses que les Hutts mais parfaitement inoffensives.

— Oui, enfin depuis quelques minutes seulement, dit Luke en soulevant un sourcil.

La Chev s'arrêta à deux mètres devant lui.

— Maître Skywalker. Mara. (Sa voix était grave et

mélodieuse.) Je vous prie de pardonner cette intrusion, mais il s'agit d'une affaire urgente.

— Aucun problème, dit Luke aimablement. Asseyez-vous, Tresina. Reprenez votre souffle.

Il regarda Mara subrepticement. Son épouse secoua la tête. *Ce n'est rien*, pensa-t-elle à son intention avant de reposer les yeux sur la Chev.

— Non, ça ira, dit Tresina. (Mara se souvenait de Tresina comme d'une personne toujours souriante en dépit des efforts réclamés par la discipline Jedi. Ce n'était pas le cas aujourd'hui.) Je reviens juste de Duro, dit-elle. J'y étais avec mon apprentie Thrynni Vae.

Mara hocha la tête. Au cours de l'année passée, Luke avait dépêché des émissaires Jedi, des informateurs, dans la plupart des systèmes majeurs ainsi que dans certains systèmes, plus petits, occupant une position stratégique. Elle croisa les mains par-dessus sa veste, juste au niveau de son bas-ventre, et appuya discrètement. Elle ne sentit rien sous le vêtement. Pas de bosse, pas de gigotement.

Tout cela ne présageait rien de bon.

— Thrynni et moi avons étudié les problèmes concernant les expéditions de ravitaillement des Durosiens, dit Tresina. La situation, là-bas, est tout doucement en train de se... compliquer.

— Comment cela ? demanda Mara.

Cela ne pouvait tout de même pas être une rechute de sa maladie. Non, tout de même pas.

— Eh bien, je ne sais pas par quoi commencer. (Tresina secoua la tête.) Le Haut Conseil de Duro ne semble guère enthousiaste devant les propositions de partage des ressources faites par SELCORE. Bien évidemment, les problèmes d'expédition ont fait tiquer pas mal de représentants haut placés et c'est SELCORE qui a soumis la proposition aux votes.

— Quel est le rapport avec les problèmes d'expédition ? demanda Luke.

Pendant ce temps, Mara se livrait à un rapide diagnostic de sa condition. Elle se sentait étrangement fatiguée. Plus faible encore qu'à l'habitude, au sortir de ces réunions passées à écouter tous ces pompeux conseillers. Elle n'avait jamais été à même de percevoir la maladie au travers de la Force elle-même, mais elle sentait à présent une étrange métamorphose de ses cellules au creux de son ventre.

Le mal s'était déjà attaqué à son système reproducteur. *Non, il ne recommencera pas*, s'était-elle juré. Dans leur chambre, il lui restait encore quelques précieuses gouttes des larmes de Vergere.

Luke fronça les sourcils. A nouveau, Mara fit doucement « non » de la tête puis se tourna vers Tresina.

Les rayons du soleil couchant vinrent caresser les cheveux blonds de la femme Chev.

— Thrynni et moi pensions tenir une piste, dit-elle. Cor-Duro Expéditions, la société sous contrat avec SELCORE pour le convoyage du ravitaillement, a intercepté des transports. Ils laissent courir la rumeur folle qu'ils revendent les marchandises à d'autres groupes de réfugiés, mais j'ai eu vent de rumeurs, plus plausibles, qui prétendent que les marchandises sont stockées discrètement dans une autre station orbitale.

— La ruse est intéressante, dit Mara, déterminée à se concentrer. *Toi aussi, Skywalker, sois un peu attentif à ce qui se passe !*

— C'est alors que Thrynni a entendu un mécanicien raconter qu'il était en train de travailler sur les unités de propulsion et de navigation de l'une des stations spatiales. Ils auraient, paraît-il, plusieurs fois centuplé la puissance des propulseurs...

— Ce qui signifie qu'ils veulent être en mesure de quitter l'orbite, conclut Mara. Ils pourraient mettre les voiles si les Yuuzhan Vong décidaient d'attaquer les réfugiés installés à la surface de la planète. (*Y compris Han, Jacen et Leia*. Sans oublier Jaina, puisque le semblant de rapport médical qu'avait reçu Luke spécifiait que leur nièce était récemment arrivée sur Duro.) Quel est l'équipement défensif de la planète ?

— Un Croiseur Mon Calamari, *Poésie*. Des escadrons de chasseurs, type Aile-E et Aile-B, et une poignée de vaisseaux, les Dagues-D, appartenant à la police locale et affectés au *Poésie* et aux autres cités. (Tresina finit par s'asseoir.) Thrynni et moi étions en train de collecter des informations dans la cité capitale, celle que les Durosiens appellent Bburru. Nous avons retrouvé la trace de la marchandise détournée d'un quai de débarquement à un autre. Celle-ci aurait été envoyée sur une autre station, Urrdorf, qui est justement celle dont parlait le mécanicien et qui serait en cours de modification.

— Et ? demanda Mara doucement.

Les mains de Tresina empoignèrent avec force les bras du fauteuil.

— Onze jours avant mon départ de Bburru, répondit Tresina, Thrynni a disparu.

Luke n'eut pas l'air très content quand Mara s'excusa pour le laisser en compagnie de Tresina au bureau du contre-espionnage de la Nouvelle République. Il eut l'air presque inquiet lorsqu'elle lui déclara qu'elle avait besoin de retourner à leurs appartements pour y faire quelque chose. Mais il ne discuta pas. Cela n'était pas nécessaire. Elle savait parfaitement qu'il la rejoindrait aussi vite que possible.

Lorsqu'elle entra, R2-D2 quitta son terminal d'ordinateur, installé près de la cuisine, et émit un sifflement interrogatif.

— Non, merci, R2, je n'ai pas besoin de toi pour le moment.

Le droïde pivota sur ses roues et retourna à son poste.

Mara tira à elle un fauteuil qui tournait le dos à la large fenêtre, s'y installa confortablement et se concentra. Avant d'utiliser la dernière dose de larmes curatives et miraculeuses de Vergere, autant en savoir plus sur ce qui était en train de lui arriver. Elle était déterminée à faire, toute seule, le nécessaire. Elle et Cilghal avaient mis au point une technique de diagnostic personnel. C'était le seul moyen de surveiller une maladie en perpétuelle mutation.

Concentrant la Force avec application, elle eut la confirmation que la curieuse sensation irradiait l'un des côtés de son utérus. Les cellules de cette zone avaient épaissi, presque comme une tumeur, et se multipliaient bien plus rapidement que ses autres cellules. Elle sonda plus profondément encore, pour atteindre leur essence même. Mara raffermit son contrôle de la Force, déterminée à détruire le flot sanguin qui les alimentait.

C'est alors qu'elle ressentit quelque chose de vaguement familier. En plus de l'écho, évoquant une tumeur, de ses propres cellules – une sensation qu'elle connaissait par cœur après son long combat contre la maladie –, elle perçut la signature génétique d'une autre entité humaine. Celle de Luke.

Par tous les dragons stellaires qui ont jamais traversé le cosmos, cela ne pouvait signifier qu'une seule chose !

Mara ouvrit brusquement les yeux. Ses bras et ses jambes se raidirent. *Enceinte ?* Ce n'était pas possible ! Elle avait pris toutes les précautions. Son étrange maladie avait transformé ses molécules et ses cellules, elle s'était attaquée à ses organes les plus intimes. Cela pourrait entraîner pour le bébé la mort, une malformation ou une quelque autre horreur inimaginable. Elle serra le poing. Que pouvait-elle faire ? Bien sûr, il y avait toujours des options médicales.

Comme une mère ours-garou défendant son petit, elle refoula instantanément cette pensée. Elle ne laisserait aucune assistante médicale faire du mal à son enfant... Une fois encore, ses pensées assombrirent sa vision. Son enfant ? Que portait-elle ? L'assurance de la postérité ou bien la mort ?

La grande porte de l'appartement s'ouvrit. Luke pénétra précipitamment à l'intérieur. Avant même qu'il se soit suffisamment approché, Mara sentit l'esprit de son époux qui essayait de la couver, de la protéger.

— Qu'est-ce qui ne va pas ? demanda-t-il. Mara, qu'est-ce qui se passe ?

— Il faut vraiment que tu accoures toujours tête baissée pour sauver la vie de quelqu'un, toi, hein ? demanda-t-elle, essayant, vaguement, de prendre un air narquois et supérieur.

Mais sa voix tremblait.

Luke tomba à genoux juste à côté du fauteuil, il prit les mains de sa femme dans les siennes.

— Mara, qu'est-ce que c'est ? Ta maladie ?

Elle prit une main de Luke et la posa sur son abdomen.

— Tiens, regarde ça, dit-elle doucement. Utilise la Force et explique-moi ce qui s'est passé.

Il écarquilla les yeux et, perplexe, plissa le front en la regardant.

— Ne discute pas, dit-elle. Fais-le. J'ai besoin d'un second avis.

Elle observa les yeux de son mari. Ceux-ci se plissèrent et la ligne de ses arcades sourcilières s'adoucit. Il était prêt à la réconforter, à faire tout ce qui était en son pouvoir.

Il ouvrit à nouveau grands les yeux et Mara sentit l'éclair bleu des pupilles de son mari se relever vers son visage.

— Ce n'était pas mon idée, dit Mara en déglutissant, la gorge sèche. Ce bébé est en danger. La maladie pourrait l'attaquer, causer des mutations...

— Mara, l'interrompit Luke en prenant ses mains dans les siennes. Mara, n'importe quoi peut tuer l'un d'entre nous. Aujourd'hui, demain. Les Yuuzhan Vong pourraient faire tomber les lunes de Coruscant de leurs orbites. Nous pourrions tous deux basculer par la fenêtre...

Elle hocha la tête et ne dit rien, frappée à nouveau par l'espoir inébranlable que Luke avait placé dans le bien, par sa foi en la lumière. Il changea légèrement la position de ses mains et secoua la tête, incrédule.

— La vie est un risque, murmura-t-il. Je ne sens rien... de dangereux au sujet de ce bébé.

— Pas encore, chuchota Mara. Mais une chose pareille n'était pas censée se produire.

— Je sais, répondit-il.

Ses mains changèrent à nouveau de position. Il ferma les yeux. Son épouse perçut sa profonde inquiétude. Se détendant un peu, Mara dégagea une de ses mains pour la poser sur celle que Luke avait appliquée sur son ventre. Tout bien réfléchi, elle osait envisager le fait de mettre un enfant au monde. Elle osait imaginer de poser les yeux sur un visage qui évoquerait le sien et celui de son mari. Tout comme les visages de ses neveux et de sa nièce qui, affichant tout de même une personnalité propre, évoquaient à la fois un peu de Han et un peu de Leia. Elle avait, à de nombreuses reprises, imaginé ce visage, cette abstraction.

C'est alors qu'elle pensa au pire, à ce petit assemblage de cellules sans défense que sa maladie ne tarderait pas à transformer en monstre. *Sans défense ? Pas tant que j'en aurai la garde !* Là, au plus profond de son esprit, quelque chose poussa un cri strident de terreur. Mais quelque chose d'autre se mit à danser avec frénésie, s'abandonnant totalement à l'esprit et à la joie, à une responsabilité nouvelle et absolue.

— Peut-être que le médicament de Vergere t'a rendue vulnérable à certaines ondes de la Force, dit Luke tout doucement. Qu'il t'a transformée en agent de la vie.

Elle se redressa.

— Tu voulais que ça arrive. Tu es heureux, l'accusa-t-elle.

— Jusqu'à cet instant précis, dit son mari, je ne me rendais pas compte de l'intensité de mon désir qu'une chose pareille se produise. Je m'étais préparé à demeurer stoïque, à abandonner tout espoir...

— Pourquoi ? Pour me sauver la vie ?

Il releva la tête. Elle sentit dans son esprit comme une caresse silencieuse.

Puis elle fit une grimace en biais.

— Pour deux êtres qui sont supposés se connaître si bien, j'ai l'impression qu'on a raté un truc, là.

— Non, dit-il. Quelque chose a changé. En moi, peut-être. Ou en toi. A moins que ce ne soit dans la Force elle-même. Tout ce que je sais, c'est... qu'il s'agit d'un bon risque à prendre. Et effectivement, conclut-il en secouant la tête, ça me rend heureux. (Il releva son visage vers le sien et Mara vit aux coins de ses lèvres ce sourire un peu enfantin qu'elle n'y avait pas vu depuis très, très longtemps.) Ça pourrait me rendre très heureux, même...

— Ecoute, Skywalker, dit Mara en serrant les poings. Personne ne doit être au courant. Tu entends ? Personne.

Toujours agenouillé près du fauteuil, Luke passa les mains autour de la taille de son épouse.

— Je suis d'accord, Mara. A une exception près. Tu devrais au moins être suivie par un bon médecin. Ils...

— Non. Regarde, même Cilghal n'a pas vraiment réussi à m'aider à combattre la maladie. Si elle n'a pas réussi, elle ne pourra en aucun cas protéger notre enfant. Ça, c'est mon boulot, maintenant.

— Il pourrait y avoir des complications...

Elle le réduisit au silence d'un simple regard.

Il fronça les sourcils puis hocha solennellement la tête.

— Oh, je te vois venir. Oublie ça ! s'exclama-t-elle. Il est hors de question que je garde le lit, que je passe mon temps à observer les symptômes en attendant que quelque chose aille de travers...

Elle s'émerveilla soudainement de sa propre volonté à protéger totalement cet enfant qui ne ressemblait même pas encore vaguement à un bébé. Peut-être, lui chuchota sa conscience, que cet instinct soudain de protection ressemblait au sentiment que Luke éprouvait pour elle. Un amour si farouche, si incontrôlable qu'il pouvait de temps en temps menacer l'indépendance de l'être cher. Mais peut-être que la véritable indépendance n'existait pas. Pas de cette façon, en tout cas.

Ce bébé était probablement déjà sous l'influence de la technologie des Yuuzhan Vong. Cette petite chose... Non, un enfant n'était pas une chose... Ce bébé pourrait mourir avant de voir le jour. Ce petit garçon pourrait subir des milliers d'atroces transformations. Cette petite fille pourrait...

— Est-ce que ça va ? (Luke caressa doucement les épaules de sa femme.) Mara, nous devrions quand même demander à Cilghal de procéder à quelques tests élémentaires...

— Non, marmonna-t-elle. Personne ne doit savoir, Luke. Pas même Leia, pas même les enfants Solo.

— Et comment comptes-tu dissimuler cela à Anakin ? demanda-t-il.

Elle laissa échapper un bref éclat de rire.

— La dernière chose qui puisse intéresser un garçon de son âge, c'est bien une vieille femme enceinte. Garde tes sentiments pour toi et il ne suspectera rien.

— Il s'attend tout de même à ce que je me fasse du souci pour toi...

— Eh bien, je suis certaine que tu ne le décevras pas.

Luke soupira longuement et Mara sentit qu'il se détendait un peu.

— Tu as raison, dit-il. Il y a des tas de gens qui miseraient tous leurs espoirs, pour peu qu'ils en aient encore, dans cet enfant. Celui-ci... Ou celle-ci... Tu sais déjà ?

Mara laissa affluer la Force en elle, à l'écoute de tout ce qu'elle pourrait lui apprendre. Elle disposait d'une aptitude extraordinaire à communiquer avec certaines personnes. Jadis, elle était à même de percevoir la présence de Palpatine de n'importe où dans la galaxie. Pour l'instant, cependant, la sensation était encore trop primitive. Caressant psychiquement cette petite forme de vie, elle sentit à nouveau les faibles échos de sa présence – et de celle de Luke – dans la Force.

Une nouvelle pensée germa en elle. Son esprit se mit à compter à rebours, égrenant les jours, se demandant... quand ?

Elle sourit à demi et répondit à la question de Luke :

— Non, je ne peux pas encore dire. Mais ce n'est pas une chose...

— Alors, qu'est-ce qu'on dit ? *Elle ?*

— Non, lui, dit Mara d'un ton ferme, même si, pour l'instant, elle était incapable de deviner. (Elle termina alors la phrase qu'elle avait commencée lorsqu'il l'avait interrompue pour poser sa question.) S'il survit, cet enfant sera certainement formidable. Ou formidablement maléfique. A moins qu'il ne soit formidablement affligé par cette maladie. Je ferai en sorte que cela ne se produise pas, Luke. Je le jure.

— C'est aussi mon enfant, dit-il en prenant son autre main. Mara, il va falloir que tu trouves une petite place dans ta tête pour y loger cette idée. Si je deviens trop protecteur, je t'en prie, ne le prends pas mal.

— T'as intérêt à ce que ça n'arrive pas, gronda-t-elle.

Puis elle passa ses bras autour de Luke et embrassa ses épaules. Il se remit péniblement debout et l'invita à se lever. Il passa ses mains dans son dos et lui serra la taille. Ses lèvres se posèrent avec passion sur les siennes. Sa bouche était douce et musquée. Tout au fond d'elle-même, Mara le sentit se réjouir.

Quelques heures plus tard, Mara était assise devant la fenêtre de transparacier, à regarder les scintillements des balises du trafic traverser la ligne d'horizon. Les brumes de l'aurore voilaient en partie les signaux lumineux. Elle venait de passer un bon moment à repenser à Duro et à la station de Centerpoint, qui était de nouveau en panne. Elle eut l'impression qu'un schéma était en train de se dessiner. Qu'on lui donne une heure ou deux et elle découvrirait ce qui se tramait.

Si elle parvenait à se concentrer.

— Tu crois que Leia arrive à se dépêtrer de ses histoires de ravitaillement ? demanda-t-elle.

La voix de Luke s'éleva dans la pénombre, depuis le sol juste à côté du fauteuil dans lequel elle était assise :

— A l'heure actuelle, soit elle a résolu le problème, soit elle a prié Han de s'en charger. Je suis certain qu'ils sont en contact l'un avec l'autre.

— Mais je parie que tu aimerais bien aller faire un saut sur Duro pour vérifier.

— Tu veux bien sortir de mes pensées, Mara Jade ?

Sans même se forcer, elle perçut sa jubilation. C'était elle qui d'habitude le rembarrait ainsi.

— Je préférerais y aller moi-même plutôt que de faire courir le moindre danger à n'importe qui, dit Luke. Il faudrait que j'aie une petite conversation avec Jacen. J'emmènerais bien Anakin avec moi, si ça ne...

Mara le foudroya du regard dans les ténèbres.

— Hum. D'accord. Ça t'ennuie. (Sa main entra dans la zone faiblement éclairée par l'aube et lui caressa les cheveux.) Mara, je ne veux pas te voir prendre de risque maintenant, je...

— Et qui, de nous deux, possède un meilleur instinct du danger, hein ?

Mara appuya sur un bouton. La fenêtre perdit de son opacité et les lumières nocturnes de la ville illuminèrent le visage préoccupé de son mari.

Luke décroisa les jambes et se pencha en avant.

— Tu ne peux pas délibérément risquer la vie de cet enfant.

L'intensité de son regard rappela à Mara les jours difficiles de sa maladie, lorsque Luke avait perdu courage.

— Est-ce que tu crois, répondit-elle, que je puisse un jour désirer risquer ma vie ? Sois réaliste, Skywalker. Si les Yuuzhan Vong s'approchent de Coruscant, je saute dans le premier vaisseau d'évacuation ! Je vais te dire, c'est même moi qui le piloterai ! Mais nous n'en sommes pas encore là.

Luke pinça les lèvres. Elle sentit qu'il se préparait à la contredire, à enterrer ses objections sous une nouvelle manifestation d'affection patriarcale ou bien à abuser de sa supériorité hiérarchique. Mara adorait sa sincérité de garçon de ferme, mais elle refusait qu'on la couve de cette manière. Elle se demanda si les choses étaient plus simples pour ces épouses qui n'avaient pas la possibilité de prédire ce que leur mari allait leur annoncer.

— Mes instincts sont en train de changer, admit-elle, détournant ainsi la conversation à son avantage. Je me suis livrée à un diagnostic. Je ressens déjà la présence de nouvelles hormones sur le point de passer à l'action. Je suis déjà en train de devenir protectrice, Luke.

Il s'écarta d'elle, les yeux grands ouverts. Elle eut soudainement peur de devoir anéantir ses espoirs.

— Mais je sais pertinemment qu'au plus profond de moi, expliqua-t-elle, être protectrice signifie être active. Je pars avec toi. En fait, peut-être que je devrais emmener Anakin avec moi, suggéra-t-elle. Comme ça, tu pourrais rester ici, en contact avec le Haut Conseil. Ils commencent à employer des termes comme « persécution » et je crois qu'il est de notre devoir d'être extrêmement prudents...

Il souleva ses sourcils. Lui non plus ne voulait pas rester en arrière !

— Nous avons Thrynni Vae, qui a disparu, et quatre membres de notre famille éparpillés dans une zone à risque.

— Qu'en est-il du Haut Conseil ?

— Kenth Hamner est un excellent stratège. Il peut parfaitement tenir son rôle de conseiller en cas de crise.

— Mais les amiraux apprécient quand tu restes auprès d'eux, dit-elle, le poussant dans ses derniers retranchements, juste pour le taquiner un peu.

Comme s'il venait de lire dans ses pensées, comme s'il venait de détecter le ton amusé de sa femme, Luke se laissa tomber dans un fauteuil en souriant.

— Arrête, je t'en prie.

— Je crois que ça nous ferait du bien de partir d'ici, dit Mara après avoir éclaté de rire. Je pense qu'on pourrait emmener Anakin avec nous.

— A ton avis, quel est le problème que Tresina et Thrynni ont bien pu rencontrer ?

— Ça, dit-elle, on a intérêt à vite le découvrir !

10

Randa Besadii Diori lança un regard mauvais en direction du Ryn qu'on avait assigné à la garde de la console de communication. On avait également demandé à ce dernier de surveiller le Hutt. La créature semblait dormir profondément.

Silencieusement, Randa activa une fréquence privée. Pousser le bouton de transmission ne suffirait malheureusement pas à activer le réseau de transmission de son kajidic. L'une des cités orbitales de Duro se trouvait dans l'axe du faisceau émetteur. Randa décida donc d'être patient.

Puisque Jacen Solo était si farouchement déterminé à ne rien faire, Randa s'était donc tourné vers sa sœur. Jaina était un pilote bien plus expérimenté. Le Hutt avait été, selon lui, plus que poli et plein de sollicitude. Il avait félicité la jeune femme pour ses efforts constants à recouvrer la santé et ses aptitudes au combat. Randa avait laissé planer le fait qu'il pourrait tout à fait lui confier une mission avant même que l'Escadron Rogue ne prenne la peine d'envoyer une corvette médicale pour la reconduire sur le front.

Les nouvelles du jour en provenance de Nal Hutta étaient effrayantes. Des nuées de créatures inconnues avaient été lâchées à la surface de la planète et les Hutts avaient été massacrés dans leurs palais. S'il existait un moyen de se servir du jeune Jacen, un garçon si satisfait de lui-même, l'enfant d'une tueuse de Hutts notoire, Randa le découvrirait. Les Yuuzhan Vong avaient fait subir un entraînement à Randa lorsque celui-ci était enfermé à bord du vaisseau-prison.

Il activa à nouveau l'émetteur. Cette fois-ci, une série de tonalités lui répondit. Splendide ! Il se rapprocha de la console.

— Ici Randa, dit-il tout doucement en conservant un œil sur le Ryn endormi. Qui est de garde ?

Pendant un long moment, il n'entendit que des parasites, puis on lui répondit enfin :

— Randa, c'est toi ?

La voix de sa parente !

— Je vais bien, lui dit-il. Je suis sur Duro. Je n'ai que quelques instants. Je pense avoir trouvé un moyen d'obtenir la clémence des Yuuzhan Vong pour notre peuple. (A bord du vaisseau-mère, il avait découvert que ses geôliers cherchaient désespérément à capturer un Jedi afin de l'étudier.) Il y a deux jeunes Jedi sur cette planète. Il se peut que je réussisse à leur en livrer un. S'ils sont intéressés, dis-leur de me contacter ici, au camp Trente-Deux. On est installés près d'un vaste puits de mine qui a été transformé en réservoir d'eau.

— Bien joué, Randa, dit Borga. Voilà une excellente monnaie d'échange. C'est rare, en ce moment. Les envahisseurs ne semblent guère se contenter de nos marchandises habituelles. Nous sommes en pleines négociations pour qu'ils épargnent Tatooine. Je vais voir ce que je peux faire.

Au moment où il éteignit le communicateur, Randa se demanda s'il avait bien agi. Leur livrer Jacen était peut-être une erreur. Le jeune homme accepterait probablement de rallier la cause du Hutt si sa sœur lui montrait l'exemple. Peu importe, Randa pourrait toujours prétendre à l'évasion du Jedi. Il restait au Hutt deux options envisageables : son rêve de constituer une force d'intervention et la possibilité de négocier un havre de paix pour son peuple. L'une ou l'autre tournerait bien à son avantage. Ou peut-être les deux.

Il posa les yeux sur le Ryn. Le garde inefficace dormait à poings fermés.

Départager une équipe de scientifiques qui se chamaillaient en permanence pour des ressources limitées rappela à Leia le temps où elle devait nourrir des jumeaux de deux ans, animés par la Force, à partir de la même assiette. Seuls ses espoirs de voir un monde renaître et de créer une terre d'accueil pour les réfugiés lui permettaient de tenir le coup.

Une femme tapa du poing sur la table de conférence de fortune que Leia avait fait installer.

— Notre meilleure chance, dit-elle en lançant des regards noirs alentour, est de développer une matrice. Sans un réseau d'organismes interdépendants à même de se reproduire entre eux, tout ce que nous entreprenons risque de tomber à l'eau en moins d'une génération, voire d'entraîner un surdéveloppement sans aucun contrôle naturel. Nous...

— Un surdéveloppement ? (Plee, le Ho'Din, croisa ses longs bras vert pâle par-dessus sa blouse de laboratoire.) Pour l'instant, tant qu'ils n'auront pas commencé à se développer, comment, par tous les vents de Kessel, comptez-vous que nous réalisions des progrès ? On nous a confié une planète et cette planète, nous parvenons à la contrôler... Et puis, on ne peut pas dire que ce Cree'Ar soit d'un très grand secours !

Un surdéveloppement ? Une surpopulation ? Les Yuuzhan Vong devaient se reproduire plus vite que la lumière, se dit Leia. Sinon, comment parvenaient-ils à gaspiller la vie d'autant de leurs guerriers ?

Puis elle posa les yeux, fronçant les sourcils, sur la seule chaise vide de l'assistance. Dassid Cree'Ar avait signalé son absence par l'intermédiaire de son communicateur. La première fois, Leia ne s'était souciée de rien. Au bout de trois fois, cela ne lui avait guère plu. Mais cela faisait cinq réunions qu'il manquait. Sur cinq. On comprenait que les collègues de Cree'Ar soient amers à son égard.

— Il réagit quand c'est nécessaire, dit la météorologue. Il ne répond aux situations de crise que lorsque nous lui mettons le nez dessus.

Le microbiologiste leva un doigt.

— Mais il a trouvé une solution à chaque fois. Je crois

que nous l'avons tellement sollicité pour qu'il trouve des réponses à nos problèmes qu'il n'a pas eu le temps, dernièrement, de travailler à quelque chose d'original.

— Alors, mettez-le donc au travail sur votre histoire de matrice, gronda le Dr Plee. Cultivez ce monde, nettoyez son atmosphère, qu'on puisse enfin démonter ces dômes. Ce n'est pas que je sois claustrophobe, mais...

— Par les Sith, bien sûr que vous l'êtes ! (Aj Koenes, le grand Talz, déploya un puissant bras velu en direction du Ho'Din.) J'ai vu votre...

Leia se releva avec lassitude.

— L'un d'entre vous aurait-il un progrès quelconque à me signaler ?

Sidris Kolb se leva à son tour.

— L'ensemencement des nuages a du mal à démarrer, mais...

— Du mal à démarrer ? s'exclama Cawa, un Quarren qui avait manqué la réunion précédente. Je vous ai demandé un délai supplémentaire de six semaines. Les progrès sont déjà difficiles avec l'eau existant à la surface. Les derniers échantillons de pluie que nous avons relevés nous ont indiqué la présence, à six cents fractions par millions de...

Et c'était reparti.

Cette fois-ci, Leia les laissa faire. Malheureusement, les projets de chacun semblaient menacer ceux des autres. Et pourtant, ils dépendaient tous les uns des autres. Il fallait qu'elle trouve un moyen de les faire coopérer, sinon, elle les renverrait tous chez eux et recommencerait avec une nouvelle équipe. Duro représentait un enjeu beaucoup trop important. Ils ne pouvaient pas se permettre de sacrifier la planète sur l'autel de leurs disputes.

Quelques heures plus tard, Leia fut appelée d'urgence au dépôt de ravitaillement. Là, elle passa sa colère sur le malheureux préposé aux expéditions.

— Comment ça, « le reste ne sera pas livré avant la semaine prochaine » ? On a besoin de ces marchandises ! Sans le potash soluble, ou je ne sais quoi d'autre, les cultures hydroponiques sont en rade. Ces fichus Durosiens...

L'employé resta assis sans rien dire et attendit que Leia reprenne son souffle.

— Je suis désolée, dit-elle. Ce n'est pas de votre faute. Je crois qu'on a tous tendance à péter les plombs, en ce moment. Enfin, je suis contente d'avoir récupéré ce laser de forage. Vous pouvez me mettre en contact avec Bburru ?

Dix minutes plus tard, elle procédait à un nouvel inventaire par le truchement de l'unité de communication sol-orbite.

— Ecoutez, dit-elle, serrant les dents pour se retenir de crier, je veux cette marchandise. C'est ici qu'elle devrait être. Il y a une immense population à la surface de cette planète...

— Désolé, madame, répondit la voix à l'autre bout du fil. Cor-Duro a livré cette cargaison au camp Trente-Deux. Ils en avaient besoin pour leur usine de traitement de l'eau. Ils se sont approprié les rations pour un mois. Ce sont bien eux qui vous fournissent en...

— Pour un mois ? (Incrédule, Leia observa l'unité de transmission.) Ils pensent qu'on va faire quoi, nous, hein ? Vivre sur nos réserves ? Qui est ce type, d'abord ?

L'employé secoua la tête.

— Cette personne a eu l'impression que, puisque le système de purification de l'eau est plus utilisé par votre installation que par la sienne, vous ne vous opposeriez pas à cette ponction. Vous voulez lui envoyer un message ?

— Je suis trop occupée pour gaspiller mon temps à cela. Contactez SELCORE, voyez s'ils peuvent envoyer une nouvelle cargaison.

Ainsi qu'un nouvel administrateur pour le camp Trente-Deux, aurait-elle ajouté, si elle avait estimé que cela puisse servir à quoi que ce soit. Peut-être que SELCORE pourrait faire muter Lando et Tendra.

Au fond d'un tunnel creusé à même le roc, à mi-chemin entre les laboratoires de Narthex et les marais toxiques, Nom Anor avait installé un petit bureau clandestin. Les ouvriers de Leia Organa Solo avaient creusé le long couloir souterrain. L'Exécuteur s'était ménagé un passage parallèle au moyen d'organismes susceptibles de digérer la pierre. Au fur et à mesure que les créatures s'étaient boursouflées, il était allé jeter leurs cadavres par milliers dans les marais. En se décomposant, les bactéries digestives réalisaient les « miracles » qui semblaient tant satisfaire les équipes d'Organa Solo.

Nom Anor entra dans l'antichambre et appuya sur le point de décrochage de son Grimage Ooglith. Pore après pore, la créature se détacha de son corps. Il serra les dents. A l'inverse du Maître de Guerre Tsavong Lah et de ses congénères, il ne croyait pas au fait que la douleur puisse nourrir les dieux. Il prétendait servir Yun-Harla, Déesse de la Supercherie – et si une telle divinité existait, elle devait certainement apprécier les efforts qu'il déployait à duper son entourage ! –, mais, en fait, Nom Anor ne servait que ses intérêts et ses chances de monter en grade. Il avait dit la vérité au Maître de Guerre. A une exception près. Leia Organa Solo n'était pas vraiment une Jedi et sa fille n'avait pas encore fait ses preuves. Mais Tsavong Lah pensait qu'elles représentaient toutes deux une certaine valeur. Il n'en serait que plus impressionné quand Nom Anor les éliminerait.

Dès que Trente-Deux se serait écroulé, Organa Solo lui demanderait certainement de se mettre au travail pour analyser les causes de la catastrophe. Il espérait simplement qu'il n'aurait pas à passer son temps à éviter la Princesse. Il souhaitait être présent pour observer sa réaction quand elle apprendrait que ses enfants avaient péri au cours du désastre.

Il secoua la masse gélifiée du Grimage encore accroché à l'une de ses jambes et s'étira langoureusement, dégustant la sensation de l'air libre sur sa peau. Il avait une heure à perdre. Il pouvait se détendre. Il décrocha l'une de ses petites créatures de l'un des murs et la soupesa dans le creux de sa main. Elle n'avait pas encore atteint son taux de croissance maximal. Elle était donc parfaitement adaptée à un autre usage. S'étirant sur la pointe des pieds, il introduisit la chose grouillante au fond d'une fissure du plafond. Il avait ainsi affaibli plusieurs sections de la voûte rocheuse et introduit dans les crevasses d'autres créatures de ce type. A son signal, les choses se gonfleraient comme des cognées à bois et feraient s'écrouler d'imposantes portions du plafond.

Une simple précaution.

Jacen était accroupi à l'entrée d'un abri à ramasser de petites choses, semblables à des vers, qui rampaient sous l'avancée du toit en synthéplast.

— Elles sont peut-être comestibles, avança Mezza en rajustant la taille de son espèce de jupe-culotte. (Un membre de sa communauté avait découvert l'existence de ces créatures un peu moins d'une heure auparavant.) Peut-être qu'on pourrait les élever ? Ça ferait un apport de protéines non négligeable pour le ragoût de phraig...

Jacen retint un haut-le-cœur et scella son sac à échantillons.

— C'est une idée comme une autre. Mais regarde, là, sous le toit, il y a un trou maintenant. (Il passa la main à l'endroit où il avait ramassé les vers longs comme des doigts.) Elles dévorent le synthéplast.

— Eh bien, tu n'as qu'à les transporter dans autre chose que ce petit sac ridicule.

Jacen n'avait, de toute façon, pas l'intention de les emmener très loin.

— Demande à ton équipe de vérifier s'il n'y en a pas d'autres. (Il regarda de part et d'autre dans la ruelle.) Cette section est proche de la zone de déchargement. Ces bestioles sont probablement arrivées sur l'un des vaisseaux de ravitaillement.

Au poste hydroponique numéro deux, Jacen retrouva Romany, l'autre chef de clan. Romany était biologiste et travaillait avec Han et Jaina.

— Ce n'est pas ma spécialité, insista le Ryn quand Jacen lui présenta le sac grouillant de petits vers.

Une des créatures s'attaqua au rabat de synthéplast et commença à le mastiquer.

Han eut un regard mauvais. Jaina reposa son hydrovrille et ajusta les lentilles de son masque facial.

Du bout du doigt, Jacen fit retomber la créature au fond du sac.

— Peut-être pas, Romany, mais tu es probablement le plus calé sur la question. Je préférerais, pour l'instant, ne pas envoyer d'échantillon à Narthex.

— Oui... Je comprends... (Romany passa ses longs doigts dans sa crinière broussailleuse.) Ils nous mettraient immédiatement en quarantaine. Et si les Durosiens ont vent de cette histoire, il se pourrait bien qu'ils cessent de nous envoyer du ravitaillement. Nous sommes déjà bien contents d'avoir reçu cette cargaison supplémentaire...

Han et lui échangèrent un regard entendu.

Jacen repensa alors aux Durosiens.

— Je me demande si l'un des appareils de Cor-Duro a pu apporter les œufs desquels ont éclos ces machins-là, dit Jacen en secouant le sac.

Le corps gris de chaque ver était constitué de neuf segments et doté du double de pattes. A une extrémité se détachaient de grands yeux noirs et d'impressionnantes mandibules qui semblaient disproportionnées par rapport au reste du corps.

Jaina secoua la tête.

— Tu n'arrives pas à les voir ? demanda Han gentiment.

Elle cligna des yeux.

— Ça va mieux, les flous commencent à avoir des contours, maintenant.

— Nous voilà bien, dit le Ryn en scrutant les créatures. Tous réfugiés sous un dôme de synthéplast...

— Génial, gronda Han. Il ne manquait plus que ça...

Jacen resserra les pans de son manteau autour de lui.

— Romany ? Toi et Mezza, vous devriez demander aux enfants d'organiser une chasse. Il nous reste un peu de sucre de synthèse qu'on pourrait transformer en bonbons. On pourrait les récompenser pour chaque ver qu'ils nous ramènent...

— Hé ! Droma ! cria Han par-dessus le couvercle d'un évaporateur hydroponique. Je suppose que les gars de ton espèce ne bouffent pas ce genre de petits machins gigotants...

Une tête couronnée d'une crinière blanche surgit par l'ouverture.

— Avec le bon assaisonnement, dit Droma d'un ton grave et digne, presque tout est comestible. Et...

— ... Randa en raffolera probablement !

Cette fois-ci, Jacen avait terminé la phrase de Droma. Puis il détourna le regard. Han observa Jaina en levant les sourcils. Ses yeux étaient doux et tristes.

Jacen détailla les visages de son père et de sa sœur, comparant leurs profils. En général, les gens prétendaient que Jaina ressemblait à Leia en plus jeune mais, sous ses touffes de cheveux ébouriffés, son front et ses joues dessinaient les mêmes angles que les traits de Han. Jacen eut soudainement pitié du pauvre gars qui briserait un jour le cœur de Jaina. Il aurait intérêt à mettre suffisamment de distance, disons l'équivalent d'une bonne galaxie, entre lui et Han Solo.

Jaina se mit en route avec Romany pour aller trouver Mezza. Jacen se tourna vers son père.

— Tu crois que tout ceci risque d'émousser ses aptitudes au combat ?

— Si elle ne se laisse pas faire, cela n'arrivera pas. (Han changea de position et fronça les sourcils.) Elle ressemble bien trop à sa mère.

Jacen releva vivement la tête, détectant chez son père l'aveu d'une solitude dont il ne parlait jamais.

— Tu as raison, dit-il à Han, pour éviter de préciser sa pensée.

Puis il se lança derrière Jaina. Il la retrouva juste devant la hutte de Mezza.

— Je crois qu'il est temps de partir à la recherche de Maman, annonça-t-il à sa sœur jumelle.

Lenya, opératrice en poste à la console de communication ce matin-là, observait, interdite, le transmetteur.

Randa lui-même avait l'air abasourdi. Jaina venait de découvrir le point faible de l'Amiral Dizzlewit : il éprouvait de la compassion pour le personnel militaire blessé au combat. On avait alors donné à Jaina un accès immédiat au relais de communication hors système.

— Ici SELCORE. (Un humain portant un uniforme bleu à haut col et une courte cape apparut sur l'écran, au milieu du brouillard habituel de parasites. Les relais spatiaux tombaient en panne tous les jours, détruits par les bombardements des Yuuzhan Vong ou par les collisions avec les débris cosmiques. Ils nécessitaient théoriquement une maintenance permanente, mais personne n'osait se rendre sur place pour se livrer aux réparations. Depuis quelque temps, les diffusions de la chaîne commerciale HoloNet avaient complètement cessé.) A qui souhaiteriez-vous parler ?

Jaina se redressa sur son fauteuil et Jacen s'empressa de retirer la main qu'il avait posée sur l'épaule de sa sœur.

— Nous cherchons l'Ambassadrice Organa Solo, dit Jaina.

— S'agit-il d'une requête officielle ?

Oh non, encore ! gronda intérieurement Jacen. Il allait falloir passer un temps infini en palabres et la communication serait relayée de bureau en bureau.

— Oui, annonça Jaina. Nous appelons d'une section locale de SELCORE.

— Etant donné la situation, c'est plutôt bien envoyé, murmura Jacen quand l'écran s'éteignit.

— Qu'est-ce que tu crois ? Que tu es le seul capable de rendre la vérité suffisamment impressionnante ?

— Demande des nouvelles de Nal Hutta, insista Randa.

Comme prévu, ils demeurèrent en ligne pendant que des sous-fifres de la bureaucratie se renvoyaient l'appel. Une femme élégante, au visage tout en longueur et aux cheveux noirs attachés en arrière pour mettre en valeur ses oreilles délicates, apparut enfin à l'écran.

— Jedi Solo, dit-elle calmement. Mais... Quelle agréable surprise, deux Jedi Solo ! Comment puis-je vous aider ?

Jacen se pencha vers l'oreille de sa sœur, mais celle-ci avait déjà identifié sa correspondante.

— Sénateur Shesh, dit Jaina, nous avons besoin de contacter notre mère. J'ai eu un accident, j'ai été blessée. La dernière fois que nous avons eu de ses nouvelles, elle était encore sur Coruscant. Est-ce que votre équipe peut retrouver sa trace ?

— J'en suis certaine, dit le sénateur. C'est merveilleux de vous voir tous les deux en si grande forme.

Quelque chose sonnait faux dans le ton de sa voix. Jacen s'approcha du moniteur...

Mais Randa s'interposa :

— Sénateur, gronda-t-il. Je vous en prie, il est de la plus haute importance d'envoyer du renfort sur...

— Je suis désolée, dit le Sénateur Shesh en penchant la tête de côté. Mais nous ne devons pas conserver cette ligne ouverte à des communications qui ne soient pas essentielles. Je vais demander à mon équipe de reprendre contact avec vous.

— Attendez ! s'exclama Jacen en se penchant pardessus l'épaule de sa sœur. Il nous a fallu une heure pour obtenir la communication et...

L'image du sénateur disparut, cédant la place à un réseau de petites lignes diagonales.

Jaina ravala des larmes de colère.

— Randa ! C'est moi qui suis parvenue à décrocher l'appel, c'était à moi de lui parler ! Tu as tout foutu en l'air !

Randa recula de la console en se dandinant. Jacen fut tenté de dire que SELCORE allait certainement rappeler, mais il préféra s'abstenir. La réponse prendrait peut-être des jours, voire des semaines à leur parvenir, si elle leur parvenait un jour.

— Tiens, à propos de traitre... dit-il, ne pouvant s'empêcher de suivre Randa des yeux tandis qu'il quittait l'abri. J'ai un mauvais pressentiment sur ce Sénateur Shesh.

Jaina fronça les sourcils.

— Mais c'est elle qu'on a assignée auprès du Haut

Conseil. On peut dire qu'elle est pratiquement à la tête de SELCORE...

— Je sais, répondit Jacen. Et on peut aussi dire que SELCORE ne tient pas vraiment ses engagements. Repense à sa façon de se tenir. Au ton de sa voix, qui sonnait faux... Sa posture et son drôle de petit sourire. Ça me rappelle les enregistrements holographiques d'un autre sénateur...

— Tu sais que j'ai horreur des devinettes, dit Jaina en tortillant les boucles de son masque posé sur ses genoux.

— Palpatine. Avant l'Empire, expliqua-t-il. Quand il était en pleine ascension et qu'il se moquait bien de qui il aurait à éliminer et de ce qu'il aurait à détruire pour parvenir à ses fins.

Jaina fronça les sourcils.

— Et elle... dit-elle. Et elle s'occupe de nous faire livrer ce qui devrait nous permettre de survivre.

— C'est également elle, enchaîna Jacen, qui a décidé de nous installer ici. C'est elle qui a décrété que Duro était un endroit sûr.

— Je comprends où tu veux en venir, Jacen. Et ça ne me plaît pas.

— A moi non plus, dit-il doucement. Ça ne me plaît pas du tout.

11

Tsavong Lah passa la main sur le dessus du Villip installé dans sa chambre privée. Ses agents avaient récemment livré à leur contact sur Coruscant un Villip fraîchement issu de leurs élevages. C'était sa première communication et le Maître de Guerre comprit qu'il faudrait peut-être quelques minutes avant que son contact ne réalise qu'on était en train de l'appeler. A l'avenir, il demanderait à ses agents d'appliquer les mesures nécessaires afin d'éviter tout retard.

En moins d'une minute, l'épiderme du Villip s'adoucit et la créature se mit à vibrer sur son support. Des bosses se formèrent sur sa surface pâle. Un nez aristocratique émergea en premier, puis un menton décidé, un front hautain, des pommettes saillantes et des lèvres sévères. Tsavong Lah avait étudié suffisamment l'espèce humaine pour reconnaître que les narines tremblantes et les yeux écarquillés de sa correspondante représentaient des signes de dégoût. Il s'agissait probablement d'une réaction face au Villip. En raison de son travail de diplomate, cette femme devait certainement avoir l'habitude de faire face à toutes les créatures possibles et imaginables. Apparemment, elle contrôla rapidement sa réaction.

— Sénateur Shesh, dit Tsavong Lah, s'adressant à elle dans sa propre langue grâce au Tyzowyrm de traduction qu'il s'était glissé dans l'oreille. (Il prit un malin plaisir à voir les narines de sa correspondante vibrer et ses yeux s'écarquiller à nouveau face au Villip qui, devant elle, avait pris la parole.) J'attends votre rapport.

Le Villip pivota légèrement vers l'avant. La femme

avait dû certainement incliner la tête. Une marque de respect.

— Maître de Guerre, merci de répondre à ma proposition d'engager des négociations.

— J'attends votre rapport, répéta-t-il.

Comparée à lui, elle était encore jeune. Il devait donc faire preuve d'une certaine indulgence.

Les yeux de la femme s'ouvrirent un peu plus.

— Nous nous retirons de Kubindi, dit-elle. Ainsi que de Rodia. Nous souhaitons vivre en paix avec votre peuple.

Paix. Traduit par le Tyzowyrm, le terme signifiait une soumission volontaire appropriée.

— Excellent, répondit-il. Nous acceptons votre... paix.

— En retour, reprit-elle, nous aimerions obtenir de votre part l'assurance que vos opérations d'invasion sont sur le point de s'achever. Nous sommes persuadés que vous disposez à présent de suffisamment de ressources et de planètes pour votre peuple. Laissez-nous les mondes qui restent. Nous devons apprendre à vivre les uns avec les autres, en... paix.

Tsavong Lah plissa les yeux. Il se demanda si le Tyzowyrm n'avait pas commis une quelconque erreur de traduction. La paix était l'expression d'un sentiment de soumission entre un dominé et son conquérant. Le concept n'incluait aucune réciprocité.

— Notre besoin essentiel, dit-il, c'est ce système que vous avez préparé. Pour cela, acceptez nos remerciements. (Depuis Duro, il pourrait aisément neutraliser les fameux chantiers de construction de Kuat, planète natale de sa correspondante, ainsi que l'arme monstrueuse qui se trouvait près de Corellia. Evidemment, elle ne savait rien de ses plans.) Vous m'avez assuré que vos agents travaillaient au sabotage de Centerpoint...

Le Villip s'inclina à nouveau.

— Cela sera fait dès que l'occasion se présentera. Je vous remercie également pour le Grimage Ooglith que vous m'avez offert. Je dois avouer que c'est très plaisant de se promener incognito. J'espère seulement, ajouta-t-elle d'une petite voix, que le processus de grimage et de déshabillage devient moins... inconfortable avec le temps.

Il ne vit aucune raison de lui mentir. La vive sensation procurée par les pseudopodes perçant les pores de la peau était un élément essentiel de la fonction du Grimage.

— Non, dit-il.

L'œil gauche du sénateur cilla. Elle n'avait pas encore accepté la discipline de la douleur.

— Vous devez être louée, lui dit-il, pour apporter ainsi une *paix* durable à votre peuple. Votre rôle sera largement honoré par les miens et par vos semblables.

— Certes, mais pas avant que la paix ne soit signée. (Elle souleva l'un de ses sourcils étonnamment mobiles.) Promettez-le-moi.

Etait-elle en train d'apprendre l'humilité ou bien avait-elle tout simplement peur de se laisser trahir par son exaltation ? Elle avait toutes les raisons d'avoir peur. Tsavong Lah aurait assurément besoin de natifs pour diriger ses futures populations d'esclaves, mais les dieux auraient besoin de sacrifices de valeur. La grande prêtresse du *Sunulock*, Vaecta, parlait en leur nom et semblait assoiffée de sang.

Peut-être que cette femme ne voulait pas que son peuple découvre que sa loyauté avait radicalement changé de bord.

— Votre Villip va retrouver son état inerte initial. Souvenez-vous d'en prendre bien soin.

Terminer sur ces quelques mots frisant l'insulte était un bon moyen de la châtier.

Mais le Villip s'anima encore.

— Attendez. Maître de Guerre, j'ai de nouvelles informations...

Il attendit.

— Cela concerne mon travail avec SELCORE sur Duro. J'ai entendu aujourd'hui qu'un Jedi installé dans l'un des campements avait juré de ne plus se servir de ses pouvoirs. Il pourrait certainement vous être d'une certaine utilité.

Cela corroborait bien ce qu'il avait appris de Nom Anor et des autres agents. Le jeune homme avait sciemment abandonné ses compagnons d'arme. Tsavong Lah ne pouvait imaginer pire traîtrise. Certes, un tel individu ne méritait pas que l'on mentionne son nom, mais, sur une table de dissection, il pourrait effectivement se révéler utile.

— Avez-vous entendu autre chose dont vous souhaiteriez me faire part ?

Le Villip resta silencieux pendant quelques secondes. Puis :

— J'ai horreur de livrer les gens comme ça mais, comme je le disais à votre agent Pedric Cuf, je suis une femme d'affaires...

Cela n'était d'aucun intérêt pour Tsavong Lah. Il posa une main sur son Villip pour le réduire au silence.

12

Jacen se réveilla en sursaut. Il avait serré les poings si fort que ses mains lui faisaient mal. Il roula sur lui-même, se décolla du mur de l'abri et, à tâtons dans le noir, chercha le communicateur de son père, posé sur la pile de briques entassées au pied de sa couchette. Le cadran du chrono mural avait été recouvert d'un vêtement quelconque et tout ce que le jeune homme pouvait voir était une vague lueur rouge pâle. La nuit semblait étrange. Menaçante et mortelle.

Jacen se redressa, ferma les yeux et essaya d'évaluer correctement la situation. Sous la supervision de son oncle, il avait appris à développer son sens du danger. L'entraînement lui avait sauvé la vie à plusieurs reprises. Si, par le passé, son instinct ne s'était manifesté que sous la forme de vives et brèves décharges, là, la sensation tenait plus de la déflagration. Le jeune homme s'aperçut qu'il n'avait pas le moins du monde hésité à se servir de la Force dans ce cas précis.

Je me contente d'écouter. Il n'y a rien d'agressif à cela. Il enfila les vêtements qui lui étaient tombés sous la main et se glissa à l'extérieur. S'engageant dans le passage poussiéreux, il jeta un coup d'œil à la hutte voisine pour tenter de repérer les mystérieux vers. Cela faisait quelques jours que les enfants du dôme avaient cessé de les rapporter. On n'en trouvait plus nulle part. C'était déjà un souci de moins.

Quelques mètres plus loin, Jacen s'arrêta devant l'abri de Jaina. Rien ne semblait la menacer. Une préoccupation à rayer de la liste potentielle qui défilait dans sa tête. Silencieusement, il ouvrit la porte et regarda à l'intérieur.

Le ronflement de la vieille femme Ryn se terminait en un sifflement haut perché qui évoquait les turbines du *Faucon* en phase de préchauffage. Jaina dormait sur le dos, d'un sommeil paisible qui n'avait rien d'une transe curative. Jacen eut du mal à distinguer sa silhouette dans la faible lumière diffusée par l'éclairage de service à l'extérieur de la hutte. Les cheveux légèrement bouclés de sa sœur formaient une houppe au-dessus de son front. Il arrivait à Jacen, le matin au réveil, d'être coiffé de la même façon.

Il avança à pas de loup jusqu'à la couchette et posa la main sur l'épaule de sa jumelle.

— Jaina, chuchota-t-il.

Elle ouvrit les yeux en clignant plusieurs fois des paupières et tourna la tête vers lui.

— Jacen ? Qu'est-ce qui se passe ?

— Désolé de te réveiller, murmura-t-il. Viens dehors, il faut que je te parle.

Il la conduisit au milieu de l'allée qui séparait les abris. Les grandes rampes lumineuses accrochées sous le dôme grisâtre luisaient faiblement et donnaient l'illusion d'un pâle clair de lune. Dans l'air flottait l'odeur des Ryn mélangée à un reste de ragoût de phraig et de bedjie.

Jaina se tenait à côté de lui. Dans la pénombre, son masque facial évoquait l'un de ces accessoires que les soldats utilisaient pour voir dans l'obscurité.

— Inutile de me dire quoi que ce soit, dit-elle brusquement. Je sais que quelque chose ne va pas.

— Tu l'as senti, toi aussi ?

Il scruta les alentours. Les huttes aux toits bleus, les réservoirs hydroponiques... le bâtiment principal, dont les arêtes montaient vers le dôme... Tout semblait pourtant normal.

Jaina hocha la tête.

— Je sens un danger. Un danger qui menace toute la colonie.

Elle ferma les yeux et s'appuya au mur de la hutte la plus proche en fronçant les sourcils.

Regarde-la ! tonna une voix dans la tête de Jacen. *Voilà que tu te fies à quelqu'un d'autre susceptible d'utiliser la Force. Quel hypocrite tu fais...*

Mais j'ai bien trop peur de faire un faux pas, répondit Jacen à la voix. *C'est moi qui ai reçu l'avertissement, pas Jaina.*

Elle secoua la tête et ajusta une mèche de cheveux derrière son masque.

— Je ne perçois rien d'anormal, dit-elle. Nom d'une larve de Sith, j'espère que cela ne veut pas dire que les Vong vont nous tomber dessus...

— Il n'y a qu'un seul moyen de le savoir, dit-il en se tournant vers le bâtiment du poste de contrôle.

Randa était affalé contre le mur du fond et ronflait doucement. Jaina fit part de ses craintes au technicien de l'équipe de nuit.

— Nous ignorons encore de quoi il s'agit, conclut-elle, mais nous ressentons la même chose. Restez bien sur vos gardes.

— A vos ordres, répondit le jeune humain en lui adressant un salut informel.

De retour à l'extérieur, Jaina s'arrêta à l'intersection de deux allées.

— O.K., petit frère, tu es le seul de nous deux à avoir des yeux en état de marche, alors regarde bien.

Elle s'avança vers le panneau de commande des éclairages. Jacen fut tenté de l'interrompre. Si elle allumait les lumières générales, elle réveillerait toute la colonie. Peut-être pour rien. Son pressentiment lui affirmait que ce ne serait pas pour rien. Jacen alla jusqu'au hangar où était entreposé le matériel et décrocha du mur une paire de jumelles macrobinoculaires. Serrant celle-ci contre sa poitrine, il escalada ensuite les barreaux de l'échelle de secours qui menait jusqu'au toit. Les lumières s'allumèrent et il observa la colonie.

Il n'y avait rien. Rien de rien. Pas de rôdeur, pas d'agresseur, pas de brèche visible, pas de... Une petite minute. Un essaim de grosses mites, à moins que ce ne soient des petits oiseaux, s'était assemblé autour d'une des rampes d'éclairage. Ajustant le contrôle de résolution de ses jumelles, il regarda de plus près. Oui, cela ressemblait effectivement plus à des mites qu'à des oiseaux, décida-t-il. Leurs petites ailes noires étaient anormalement fractionnées. Les créatures portaient des cornes en guise d'antennes et de larges taches blanches, probablement des yeux, ornaient leur dos d'ébène.

Il fit un zoom arrière et balaya la structure d'un large mouvement panoramique. Il repéra un autre groupe d'insectes, collés contre la paroi interne du dôme, tout près de la clé de voûte.

— Qu'est-ce qu'il y a ? demanda Jaina, qui était restée en bas.

— Je ne sais pas. Enfin, pas vraiment... On dirait, heu... On dirait presque des petits Mynocks ou bien...

Il perçut un mouvement en bordure de son champ de vision. Il fit pivoter ses jumelles vers le bas et vers la gauche. Là, pas très loin, une créature s'envola de sous l'avancée du toit bleu d'une hutte.

Il descendit les échelons précipitamment.

— Je reviens tout de suite ! lança-t-il à Jaina.

Il remonta en courant l'allée en direction de l'abri d'où la créature avait pris son envol. Il regarda en haut, en bas, tout autour et... Là ! Sous l'avancée du toit, quelque chose de parcheminé pendait entre les tuiles de synthéplast. Jacen décrocha l'objet et l'examina dans le creux de sa main.

— C'est quoi ? demanda Jaina juste derrière lui.

L'esprit de Jacen fit un brusque retour en arrière... jusqu'à la quatrième lune de Yavin, jusqu'à la petite ménagerie qu'il conservait dans sa chambre, jusqu'à sa collection de chrysalides... Ses larves de Peggelars, après une longue période d'hibernation, avaient déployé, le printemps venu, leurs exquises ailes roses.

Ses entrailles se figèrent.

— Réveille Papa, dit-il. Et en vitesse. Je m'occupe de mettre en route les droïdes RUD-PC.

L'infestation avait cessé tout simplement parce que les vers avaient atteint l'âge adulte. Ils s'étaient transformés en créatures ailées. Jacen était prêt à parier que, quel que soit leur régime alimentaire, ces insectes seraient bientôt sur le point de pondre une nouvelle série d'œufs qui marqueraient le début d'un nouvelle période de destruction. Le camp Trente-Deux ne disposerait peut-être que de quelques semaines pour retrouver et éliminer ces œufs. Mais le sens du danger du jeune homme lui affirmait autre chose. Les créatures étaient *déjà* en train de se nourrir. Leur population devait *déjà* atteindre un nombre bien trop élevé pour que les droïdes de réparation d'urgence puissent y faire quelque chose.

Il équipa les droïdes RUD-PC – des engins porte-charge élévateurs dotés de segments télescopiques – avec les seules armes qui lui tombèrent sous la main, à savoir des fouets et des batteurs ramassés à la va-vite sur le plan de travail d'une cuisine. Deux Ryn, encore endormis, émergèrent d'une hutte en se soutenant l'un l'autre. L'un d'eux cligna des yeux pour s'habituer à la lumière pendant que l'autre observait, stupéfait, le droïde RUD-PC le plus proche. L'engin, à grands coups de fouet, délogea un groupe de créatures aux yeux blancs. Papillonnant un instant autour du droïde, celles-ci retournèrent se poser contre la paroi interne du dôme.

Jacen alluma son communicateur et composa un numéro d'identification.

— Hé ! gronda une voix de Ryn. Qui a perdu la notion du jour et de la nuit, hein ?

— Romany ? appela Jacen. On a besoin de vous. C'est urgent !

Jaina revint vers lui en petites foulées.

— Papa arrive.

— Excellent. Va réveiller les Vors et fais l'inventaire des masques respirateurs.

Pour les Vors, une brèche dans le dôme serait à tout coup mortelle. Ce peuple ailé était superbement adapté à sa propre atmosphère, mais les poumons des Vors étaient particulièrement délicats.

Jaina partit en courant dans l'allée. Jacen appela alors Mezza. Il la retrouva, elle et Romany – qui avait convié son lieutenant R'vanna –, au centre de la place du quartier des huttes occupées par les Ryn. Han les rejoignit très rapidement.

— Bon, dit Han. Calmement, sans semer la panique, demandez à tout le monde de se préparer. Au cas où.

Jacen l'interrompit :

— A l'heure actuelle, j'ai plus peur d'une bousculade que d'une brèche dans le dôme. Cela fait bien trop longtemps que nous n'avons pas procédé aux entraînements à l'évacuation d'urgence. Essayez de leur faire avaler qu'il s'agit d'un exercice. En espérant qu'ils vous croiront.

Mezza laissa échapper un sifflement méprisant et partit en trottinant. Romany se précipita vers la hutte la plus proche.

— O.K., les enfants, venez avec moi.

Han emmena Jacen jusqu'au centre du dôme. Là, il s'empara d'un gros réservoir bleu équipé d'une lance de pulvérisation.

— Quand je pense que j'ai dit à SELCORE qu'on n'avait pas besoin de ce machin-là, qu'on ne s'en servirait pas pour nettoyer le plafond... Eh bien, je me trompais !

Jacen aida son père à traîner le pulvérisateur jusqu'aux réservoirs hydroponiques. Un droïde RUD tentait vainement d'en chasser les insectes aux yeux blancs.

— Viens là ! appela Han. Redescends !

Les segments télescopiques de l'engin s'abaissèrent jusqu'au sol. Han attacha le pulvérisateur à l'un des bras de métal du droïde et s'agrippa à un autre.

— File-moi un coup de main pour grimper, ordonna-t-il.

Jacen s'avança, mais une silhouette broussailleuse s'interposa entre son père et lui.

— Laissez, je m'en occupe, annonça Droma en escaladant le droïde avec agilité.

— C'est à cette heure-là que tu te pointes, touffe de poils ? demanda Han en époussetant ses manches. Tu crois que tu peux...

— Allez hop, en route ! tonna Droma.

Les segments du RUD s'élevèrent à nouveau. Le Ryn, très agile, s'agrippa à un anneau de métal qui dépassait du centre de la pince du droïde. Il assura ses pieds, ses chevilles et sa queue préhensile à une tige d'acier rigide qui pointait de l'avant-bras de l'engin.

— Qu'est-ce qu'il y a dans le pulvérisateur ? demanda Jacen, se doutant que le liquide allait bientôt pleuvoir sur la tête de tout le monde.

— Je n'en sais rien, admit Han. Je crois que ce n'est pas toxique, même pour les Vors.

Six minutes plus tard, ils découvrirent que cela ne l'était pas non plus pour les insectes. Les créatures, de plus en plus nombreuses, jaillissaient des toits du campement. Des Ryn arpentaient les allées à la recherche des chrysalides intactes qu'ils s'empressaient de détruire. Mais, pour chaque cocon écrasé, dix autres échappaient à l'inspection et les insectes s'envolaient en masse vers le dôme afin d'en dévorer avidement les structures.

Jaina revint en courant.

— Les Vors auraient besoin de trente-huit respirateurs supplémentaires, Papa !

Han se tourna vers Jacen.

— Tu penses parvenir à convaincre trente-huit Ryn ou humains de céder leur masque ?

— Heu, je crois... dit Jacen en ravalant un hoquet de surprise.

— Regardez ça ! cria Droma, se laissant glisser le long des segments télescopiques du RUD-PC tout en serrant quelque chose dans une main.

Jacen, Han et Jaina l'encerclèrent. Droma leur montra une section translucide qu'il avait arrachée au tuyau de son pulvérisateur. Emprisonné à l'intérieur, un insecte aux yeux blancs se délectait de la matière plastique. Vues en transparence, ses mandibules évoquaient de petites râpes jumelles. Elles érodaient la paroi interne du tuyau et, dans un mouvement rotatif, avalaient les résidus de plastique.

— C'est encore pire que les Mynocks, grogna Han. Bon, c'est décidé. Jacen, contacte Narthex. Je vais faire embarquer les Vors à bord des glisseurs. On se tire d'ici.

Jacen courut jusqu'au centre de contrôle, procédant à un rapide décompte mental des jours. Normalement, les techniciens de Narthex avaient dû réparer les liaisons terrestres la veille. Si les lignes étaient toujours endommagées, le seul espoir de Trente-Deux était de faire embarquer tout le monde à bord des caravanes de vaisseaux-cargos. Il fallait espérer que leurs filtres à air seraient encore en état de fonctionner ou que les répulseurs seraient capables de les faire décoller afin d'évacuer les réfugiés vers des campements voisins. La plupart de ces appareils avaient eu grand-peine à rejoindre Trente-Deux et de nombreux réfugiés avaient été largués près du dôme par des navettes qui avaient ensuite mis le cap vers d'autres destinations.

Randa se releva brusquement. Il éructa tout en clignant lentement de ses gros yeux globuleux.

Jacen l'ignora et avança à grands pas vers le technicien des communications.

— Appelez-moi Narthex. Assistance d'urgence intercolonies.

Le technicien pressa une série de boutons. Au grand soulagement de Jacen, une voix rauque retentit instantanément dans les haut-parleurs :

— Ici Narthex.

— Narthex ? Ici Trente-Deux. Nous avons une alerte de rupture du dôme. Une grosse. On a immédiatement besoin des chenillettes d'évacuation.

— Je vous les envoie tout de suite. Quel type de brèche ? Pas moyen de réparer ?

— Je ne sais pas. Nous avons une sorte d'infestation.

— Bien compris. Les chenilles seront chez vous... (Il y eut une pause.) Dans vingt-six minutes. En attendant, demandez aux gens de rester calmes. Faites-leur passer des combinaisons de protection et des masques respirateurs, si c'est possible. Essayez d'en faire monter le plus possible à bord des engins dont vous disposez.

— Narthex, nous n'avons ici qu'un petit tout-terrain.

C'était l'appareil qu'ils utilisaient pour remorquer les vaisseaux du cratère d'atterrissage jusqu'aux zones protégées de parking.

— Bien noté. Une seule chenillette. Chargez-la au maximum. (Jacen entendit une autre voix. Apparemment, quelqu'un d'autre était en train de s'adresser à son correspondant.) Trente-Deux ? demanda à nouveau la voix. Quel type d'infestation ?

Jacen hésita.

— Nous avons, heu... la situation en main de ce côté-là. Merci, Narthex.

— Trente-Deux ? répéta la voix avec fermeté. Décrivez l'infestation.

— C'est quelque chose que nous n'avons encore jamais rencontré, admit Jacen. On vous en garde un échantillon.

Une autre voix résonna dans le haut-parleur.

— Trente-Deux, assurez-vous que la contamination est maîtrisée.

— Je m'en occupe, dit Jacen.

Il se tourna et vit Randa se redresser sur sa longue et puissante queue.

— Qu'est-ce qui se passe ? demanda le Hutt.

— Nous évacuons le dôme, lui dit Jacen. Ces espèces de petits vers se sont transformés en des créatures semblables à des mites. Elles ont envahi les parois internes et sont en train de les dévorer.

— Utilise la Force ! lui lança Randa. Ecrase-les, élimine-les !

Jacen essaya de s'imaginer en train de saisir des centaines de petites créatures afin de leur arracher jusqu'à la plus petite étincelle de vie.

— Non, dit le jeune homme. Elles sont bien trop nombreuses.

— Tu n'as même pas essayé, dit Randa en s'avançant vers lui.

— Ecoute, Randa. (Jacen n'avait vraiment pas besoin de ça.) Tu peux rester à ne rien faire ou bien filer un coup de main. Prends ton respirateur et va rejoindre le service d'ordre. Il va falloir faire passer mille deux cents personnes terrifiées par une seule petite porte en un temps record...

— Tu me demandes de régler la circulation ? (Randa bomba le torse.) A moi, Randa Besadii Diori, tu oses...

Jacen bouscula le Hutt et se dirigea vers la porte de sortie.

— Bon, d'accord. Contente-toi de ne pas te mettre dans nos pieds. Reste ici, ajouta-t-il en se tournant. Dès que les chenillettes de Narthex seront là, prêtes pour l'embarquement, contacte-moi.

Ce secteur du dôme grouillait de réfugiés. Certains portaient des masques, d'autres des combinaisons de protection. Une famille de Vuvriens passa en titubant, hochant leur lourde tête pour pointer un œil pédonculé, puis un deuxième, puis un troisième vers la voûte de la structure. Leurs visages, avec leurs tentacules pendantes et leur bouche perpétuellement plissée, évoquaient des ballons dégonflés.

Juste devant le jeune homme, un Ryn brandit un blaster vers le sommet du dôme.

— Rangez ça ! hurla Jacen.

Il était sur le point de projeter les ondes de la Force pour désarmer le Ryn, mais celui-ci fit feu. Une décharge d'énergie bleutée monta vers la structure mais se dissipa avant d'atteindre la colonie de mites.

— Bien essayé, dit Jacen d'un ton sinistre. Mais vous savez bien que les armes à feu sont interdites ici.

Il s'empara de l'arme du Ryn et la glissa dans sa ceinture.

Perchés aux extrémités des bras d'un droïde RUD-PC, deux Ryn battaient l'air pour éliminer les insectes au moyen d'ustensiles de cuisine à long manche. Quelques mites, touchées en plein vol, tombèrent sur le sol. D'autres se ruèrent alors en masse sur les Ryn. L'un d'entre eux lâcha sa spatule et entreprit de chasser les créatures qui virevoltaient autour de lui et de son partenaire.

Si le dôme avait été plus vaste, les Vors ailés auraient été d'une grande utilité. Malheureusement, Trente-Deux était bien trop petit pour qu'ils puissent manœuvrer correctement en vol. Sans oublier qu'une seule nuée de l'atmosphère nauséabonde de Duro était à même de les tuer. Les pauvres Vors allaient et venaient à la surface du sol, occupés à protéger leur progéniture.

Jacen s'empara de son communicateur et appela Han.

— Vingt-deux minutes, annonça-t-il. Ils veulent qu'on enfile des respirateurs et des combinaisons de protection.

— Passe le message à Mezza et Romany. J'ai là un droïde qui donne des signes de fatigue.

Jacen repéra alors Randa en train de se frayer un chemin au travers de la foule rassemblée près des réservoirs hydroponiques.

Il se précipita pour intercepter le Hutt.

— Qu'est-ce que tu fais ? demanda-t-il doucement. Retourne à la porte et reste à ton poste.

— Je voulais mettre nos rations alimentaires sous clé, en attendant notre retour.

— Mon père a une équipe de Vuvriens qui s'occupe déjà de ça. Allez, retourne à la porte.

— Si tu essayes de me donner des ordres, jeune Jedi, tu risques de le regretter.

Jacen décida de changer de tactique.

— Ce ne sont pas des ordres, Randa. Nous avons besoin de toi. Je t'en prie, essaie de t'en tenir à ce que nous te demandons. Fais en sorte que tous ces gens ne s'éloignent pas du portail. S'ils s'éparpillent, on risque une bousculade quand les chenillettes arriveront.

Marmonnant une vague réponse, Randa se retourna en faisant fouetter sa queue et rampa jusqu'à la porte.

Jacen laissa échapper un profond soupir puis jeta un coup d'œil en direction de la zone occupée par les Ryn. En dehors de la réaction imprévisible de Randa, l'alerte se passait plutôt bien. Les dernières familles étaient en train de se préparer et s'avançaient calmement vers la porte. Seules les équipes d'intervention étaient encore au travail avec les droïdes RUD-PC. Près du quartier des Vors, une nuée grisâtre commença à s'échapper de la paroi du dôme, là où étaient rassemblées le plus grand nombre de mites. Les sirènes d'alarme de la colonie, un mugissement électronique signalant l'ouverture d'une brèche, se mirent à retenir. Les Vors restés en arrière, les derniers à sortir de leurs huttes, poussèrent des cris d'effroi et se précipitèrent. La cavalcade se mua en un capharnaüm de membres souples et de longs visages apeurés. Jacen courut à leur rencontre.

Les premiers individus du contingent en train de charger le bousculèrent violemment et Jacen fut projeté contre la rugueuse surface d'un mur de briques. La respiration coupée, il marqua une pause pour reprendre son souffle. Il avisa un Vor qui ne portait pas de masque respirateur.

— Tenez ! cria-t-il en lui lançant son propre équipement.

La créature d'allure délicate aplatit le masque sur son visage et fonça de plus belle.

C'est alors que le jeune homme aperçut un second nuage gris. Des mites s'envolèrent de la nouvelle brèche et allèrent se poser près d'un pilier de support avant de reprendre leur travail de destruction.

Jacen espéra un instant que l'atmosphère fétide de Duro aurait raison de ces redoutables insectes. Il s'empara de son communicateur.

— Papa ?

— Les gars de Narthex sont là, Junior. Fais avancer tout le monde.

Du pouce, Jacen interrompit la communication et se rabattit brusquement contre le mur. Une jeune Vor passa devant lui en trombe avant de tituber et de s'écrouler au sol. Un Ryn se précipita et souleva la délicate femelle dans ses bras. Deux autres Vors se retournèrent, crièrent quelque chose, revinrent sur leurs pas et prirent leur congénère inanimé des bras de son sauveteur.

— Merci, dit Jacen en donnant une tape amicale sur l'épaule du Ryn. Allez-y, partez devant, je m'occupe de ceux qui seraient restés en arrière.

Il se hissa sur le toit d'un abri et observa les environs. La colonie tout entière avait vidé les rues et se massait devant les portes du dôme comme du champfizz prêt à faire sauter le bouchon d'une bouteille. Quelques traînards se retournèrent, montrant du doigt les deux – non, les trois – brèches béantes du dôme. Ils poussèrent des cris et cherchèrent à se mettre à l'abri, comme des enfants de dix ans qui auraient découvert des serpents de cristal dans leur chambre. Un nuage gris tomba sur les huttes des Vors. Jacen eut alors vent de l'odeur nauséabonde de l'atmosphère de Duro, de la puanteur concentrée de milliers d'usines d'armement abandonnées par l'Empire.

Il posa un pan de sa veste contre sa bouche et partit en petite foulée vers la porte.

Un Ryn vint à sa rencontre. Il portait un masque et une combinaison de protection.

— Tu as besoin d'autre chose ? siffla la voix de Romany à travers le respirateur.

— Est-ce que quelqu'un a vérifié les abris de ton peuple ? Si on oublie qui que ce soit, s'il y en a qui dorment encore, ils pourraient rater la navette.

Romany fit signe à deux adultes de bonne constitution qui attendaient dans la file des réfugiés puis réquisitionna deux combinaisons auprès de deux des siens sur le point d'embarquer dans le vaisseau d'évacuation.

— Allez, on y retourne ! lança-t-il. Il se peut que cela prenne un peu de temps. Embarquez, ne nous attendez pas.

Les autres protestèrent. Jacen les abandonna à leur dispute et retourna au bâtiment de contrôle.

Randa et le technicien chargé des communications étaient partis. Jacen passa un œil par la baie vitrée. A l'extérieur du dôme, cinq énormes véhicules s'étaient rangés. Ils ressemblaient à des réservoirs hydroponiques alignés côte à côte et montés sur trois jeux d'essieux dont les roues sphériques dépassaient le volume de cinq huttes de réfugiés. Des couloirs d'embarquement flexibles avaient été reliés à trois d'entre eux. Des colons portant des combinaisons intégrales s'avançaient vers les tubes d'accès dans le brouillard perpétuel de Duro avant d'embarquer dans le véhicule le plus éloigné, près duquel se tenaient des membres du personnel de SELCORE.

Le jeune homme sortit du bâtiment et se mêla à la foule. Les équipes de SELCORE avaient pris le contrôle de la zone d'embarquement et dirigeaient le flux des réfugiés. A son grand désarroi, Jacen vit Randa bousculer des Ryn et des humains en se précipitant vers le portail.

— Hé ! (C'était la voix de Han. Jacen l'aperçut, perché sur une pile de caisses.) Mollo, Randa ! Continue comme ça et tu seras le dernier à bord !

Le Hutt ne s'arrêta pas et s'avança en écartant la foule

de réfugiés, pareil à l'un des navires de croisière de Lando fendant l'écume.

Han dégaina son blaster.

— Ne bouge plus, Randa. Si je te laisse faire, il sera impossible de maintenir le calme.

Randa stoppa net et regarda par-dessus son épaule. Des réfugiés allèrent aider ceux qui avaient été renversés par le Hutt puis passèrent devant celui-ci en le foudroyant du regard.

Jacen vit alors un impressionnant tas d'effets personnels près de la porte. Un Twi'lek à l'allure très officielle, vêtu d'une combinaison intégrale SELCORE, obligeait les réfugiés à déposer leurs affaires avant de les laisser partir.

Jacen se glissa jusqu'à l'employé de SELCORE.

— Ecoutez, murmura-t-il. Ces gens n'ont presque plus rien à eux. Evitez de leur enlever le peu qui leur reste.

Le Twi'lek écarta ses mains pâles.

— Nous enverrons une nouvelle expédition pour récupérer les effets. Pour l'heure, sauver des vies est notre priorité. Hé, attendez ! Qu'est-ce que c'est que ça ?

Une vieille femme humaine serrait quelque chose d'une main contre sa poitrine et, de l'autre, soutenait son mari par le bras. Une forme noire, couverte de fourrure, dépassait du col de son manteau. Le Twi'lek saisit le revers du vêtement et en écarta les pans. Une petite boule de poils était accrochée, par quatre petites pattes décharnées, à la tunique de la femme. Jacen vit immédiatement qu'il s'agissait d'un Whisperkit. Le petit animal avait les oreilles qui tremblaient.

— Désolé, grogna le Twi'lek. Je ne sais pas comment vous avez réussi à garder un animal de compagnie jusqu'à maintenant, mais il est hors de question qu'il monte à bord.

Les yeux bleu-gris de la femme se durcirent.

— Monsieur, nous le gardons, il appartient à notre petit-fils. Celui-ci s'est engagé dans la Cinquième Flotte et nous lui avons fait cette promesse.

Sauver des vies. Une priorité. Le sort de la galaxie

reposait en équilibre sur un point de la taille d'un Whisperkit terrifié.

Jacen fit un bond en avant et obligea le Twi'lek à lâcher le manteau de la vieille femme.

— Si on ne le voit pas, c'est qu'il n'est pas là. (Il se tourna et dévisagea l'employé de SELCORE.) A votre avis, murmura-t-il, que représente la quantité d'air et de nourriture que consomme un Whisperkit comparée à l'effet que cela pourrait avoir sur le moral de cette femme si on abandonnait son compagnon ici ?

Le Twi'lek releva le menton.

— Quel Whisperkit ?

Jacen s'écarta de la foule. La puanteur de Duro se faisait de plus en plus écœurante à chaque respiration. Les derniers groupes de Ryn et de Vuvriens passèrent la porte, abandonnèrent leurs balluchons et se précipitèrent vers les corridors d'embarquement. Les derniers réfugiés se prirent les pieds dans les affaires qui traînaient au sol.

Droma adressa un signe de la main à Han.

— Voilà, tout le monde est là, Solo.

Han baissa son blaster.

— C'est bon, Randa. Jacen ? Assomme-le s'il te cause des ennuis, mais évite de l'abandonner ici.

Jacen suivit le Hutt, qui fulminait, jusqu'à la rampe d'accès à la chenillette la plus proche. Han quitta son poste et partit en courant. Randa se posta juste à l'intérieur du sas, bloquant le passage à Jacen.

Trois équipiers de SELCORE s'arrêtèrent juste derrière le jeune homme.

— Allez ! cria l'un d'eux. Il faut qu'on dégage d'ici.

— Randa, cria Jacen, tu vas rentrer, oui ou non ?

Le Hutt tourna la tête et répondit avec colère :

— Ton père a dit que je serais le dernier à embarquer. Puisque je suis le dernier, il n'y a donc plus de place à bord de cette chenillette.

Quelque chose poussa violemment Jacen par-derrière. Il s'écroula sur le corps étonnamment solide du Hutt. La queue très musclée de ce dernier fit un mouvement tournant et renversa quelques Ryn au passage. L'un d'eux s'écroula, inconscient.

Du pouce, Jacen programma la commande du blaster qu'il avait confisqué. Il leva l'arme vers le Hutt et fit feu. Randa, assommé, s'affaissa. Des hurlements, des sifflets et des applaudissements fusèrent de toute part.

Jacen sentit quelque chose lui cogner les côtes.

— Bien joué, murmura Jaina.

Jacen soupira.

— Ravi de te voir à bord.

— C'est quoi, déjà, ton histoire de ne plus te montrer agressif ?

— Il était en train de faire du mal aux gens, dit Jacen en rangeant le blaster dans sa ceinture. Et puis, je ne me suis pas servi de la Force.

— Et les Yuuzhan Vong, tu ne crois pas qu'ils font du mal aux gens, eux ? Tu ne crois pas qu'on devrait essayer de les arrêter par tous les moyens possibles ?

Ignorant les propos de sa sœur, Jacen s'appuya contre la cloison du véhicule tout terrain. La chenillette se mit en mouvement.

— Accrochez-vous ! cria-t-il à la cantonade. La promenade risque de pas mal secouer !

13

La chenillette progressait lentement. La chaleur et l'odeur combinée de centaines de corps plus ou moins propres – mélangée à la sueur de la peur – obligèrent Jacen à froncer le nez à maintes reprises. Il s'estimait heureux de se trouver près du sas de sortie. Il serait parmi les premiers à l'extérieur.

— Exquis le parfum, murmura Jaina. Qu'est-ce que j'ai foutu de mon masque à oxygène ?

A l'autre bout de la soute, quelqu'un se mit à chanter. Les Ryn, par groupes, joignirent leurs voix à la mélodie pendant que d'autres se mettaient à siffler en harmonie au travers des perforations de leurs becs. Jacen n'eut pas besoin de comprendre les paroles pour reconnaître qu'il s'agissait d'un chant de voyage. Ces éternels bannis étaient condamnés à voyager sans répit.

Le communicateur de Jacen émit un sifflement.

— Excusez-moi, dit le jeune homme au Ryn à qui il venait accidentellement de donner un coup de coude en portant le communicateur à sa bouche. Pardon, dit-il à celui qu'il venait de bousculer en se redressant. Ici Jacen Solo, annonça-t-il dans le micro.

— Ici l'équipe de pont. C'est vous qui nous avez appelés tout à l'heure ?

— Affirmatif.

— Vous voulez bien m'expliquer à nouveau ce qui a pu causer ces brèches dans le dôme ? Tout ce que j'ai, c'est un rapport parlant de Mynocks miniatures...

— On ne vous a pas confié d'échantillon ?

— Non. A moins que vous n'en ayez un avec vous...

— Malheureusement, non.

Jacen essaya de rester aussi succinct que possible. Quand il en vint à parler des créatures accrochées aux toits des huttes de réfugiés, qui s'étaient métamorphosées en mites, il y eut un long silence à l'autre bout du fil.

Il vérifia l'état de la communication :

— Equipe de pont ? Avez-vous entendu ce que je viens de dire ? Il y a des tas de gens en train de chanter ici et...

— Bien compris, répondit une voix qui ne s'était pas manifestée jusqu'à présent. On appelle la base pour préparer la décontamination.

Les réfugiés qui se trouvaient suffisamment près de Jacen pour entendre le communicateur tournèrent tous la tête.

— Je vous prie de me croire, dit Jacen. Personne ici ne porte de parasite avec lui.

— Personne n'en porte délibérément, j'en suis certain, dit la voix dans le communicateur. Mais un seul œuf, une seule larve, accrochée accidentellement dans la crinière d'un Ryn, pourrait faire redémarrer le cycle. Et notre dôme est bien plus grand que le vôtre. Amenez-y une poignée de mites et vous pouvez dire au revoir à toute l'installation !

Jacen serra le poing sur son appareil. Balancé par le mouvement du véhicule, il s'appuya à Jaina. En dehors de Randa, la plupart des passagers dans ce secteur de la soute semblaient être des Ryn. L'odeur qui régnait dans la cale ne laissait aucun doute sur le sujet. Pour le jeune homme, c'était relativement supportable. Pour les Ryn, en revanche, savoir que leur odeur corporelle risquait d'incommoder leurs voisins était insupportable. La plupart d'entre eux levèrent les bras au ciel et se mirent à tourner sur eux-mêmes pour exécuter une sorte de danse.

— Les Ryn sont obsédés par leur hygiène, murmura-t-il dans son communicateur. Vous pouvez être certain qu'ils ne portent aucune mite sur eux, aucun parasite...

— Vous, vous en êtes peut-être convaincu, dit l'officier de pont, mais une espèce à fourrure représente un vrai problème de décontamination. Nous disposons d'une zone hermétique de quarantaine à l'intérieur du dôme de Narthex. Le seul souci, c'est que nous manquons cruellement d'Uni-Fumi. SELCORE nous expédie une cargaison de produits désinfectants avec chaque nouveau contingent de réfugiés. L'irradiation à haute fréquence pourrait marcher, mais elle risque de causer des lésions cutanées. Quant aux lampes à basse fréquence, elles ne pénètrent pas suffisamment profondément les fourrures. Deux choix s'offrent à eux. Soit on les déshabille et on les plonge dans un grand bain de produits chimiques. Mais je ne peux pas vous garantir que cela ne les rendra pas malades. Soit on rase et on irradie...

Le Ryn qui se tenait juste à côté de Jacen émit un faible barrissement. Il se tourna pour converser avec trois de ses congénères.

— Il n'existe pas d'autre solution ? demanda Jacen, très mal à l'aise, conscient du fait qu'il était entouré de plusieurs centaines de Ryn, tous privés de sommeil et qui venaient, encore une fois, d'abandonner tout ce qui leur restait.

— On peut séparer les Vuvriens et les Vors, continua la voix. Les gens sans fourrure peuvent passer à l'irradiation rapide et quitter le bloc de décontamination.

Jacen se recroquevilla contre la cloison de la chenillette.

— Mais pourquoi me demandez-vous de prendre la décision ? Où est le Capitaine Solo ?

— Il semblerait qu'il ait égaré son communicateur. Vous êtes donc le responsable suivant sur la liste.

D'un coup de pouce, Jacen arrêta le communicateur, en espérant que l'administration de SELCORE aurait une meilleure idée. Le moteur, sous ses pieds, se mit à vibrer en cadence. Certains Ryn commencèrent alors à battre la mesure en suivant le rythme de la machine et d'autres entonnèrent un nouveau chant. Jacen fléchit les genoux et se pencha vers Jaina.

— Tout ça ne se présente pas très bien, murmura-t-elle.

Le communicateur sonna de nouveau.

— Solo ?

Jacen appuya sur le bouton.

— J'écoute.

— Nous avons eu une discussion avec quelqu'un qui s'appelle Mezza. Ils refusent d'être plongés dans un bain antiseptique. Remarquez, je les comprends...

— Oui, moi aussi, répondit Jacen. Et puis, ne séparez pas les Ryn des autres réfugiés. Ce qui s'applique à eux doit aussi s'appliquer aux Vors, aux Vuvriens et aux humains. Et aux Hutts... ajouta-t-il en baissant les yeux sur Randa qui dormait, lové sur lui-même en une spirale bulbeuse.

La chanson prit fin. Quelqu'un en entonna une nouvelle. Deux couplets plus tard, Jacen reçut un autre message sur son communicateur :

— Nous avons finalement retrouvé l'autre Solo. Il est d'accord : même traitement pour tout le monde.

Bien joué, Papa.

— Moi, je m'en fous si on me rase la tête, murmura-t-il à Jaina.

— Moi aussi, répondit-elle. J'ai déjà croisé pas mal de femmes pilotes avec la boule à zéro.

Les vibrations et les ballottements de la chenillette cessèrent. Quelque chose résonna contre l'écoutille. Jacen essaya de s'écarter de la porte, mais la foule derrière lui le poussa dans l'autre direction. Il tenta de s'arc-bouter contre la cloison. Fort heureusement, le personnel au sol avait amarré une rampe au sas de la soute. Quand le panneau s'ouvrit, le jeune homme ne tomba donc pas la tête la première. Des membres d'équipage prirent la direction des opérations. Ils dirigèrent les réfugiés qui débarquaient, les invitant à se mouvoir en un flot continu. Les Ryn passèrent de part et d'autre du Hutt inconscient.

Les véhicules tout terrain avaient été conduits à l'intérieur d'une halle de métal aux proportions colossales, plus grande encore que plusieurs aires d'atterrissage réunies, et isolée du reste du dôme. Un employé en combinaison intégrale fit un signe à Jacen et à Jaina. Ceux-ci se dirigèrent vers une plate-forme élevée, un peu à l'écart. Ils aperçurent leur père, en pleine discussion avec Droma, qui s'avançait vers le même point. Des techniciens de Narthex guidèrent les réfugiés vers une sorte d'enclos où d'autres employés en combinaison allaient et venaient, occupés à étaler quelque chose sur le sol. Le volume sonore monta rapidement. Les Vors, les Vuvriens, les humains et les Ryn parlaient tous en même temps.

Une porte du hangar s'ouvrit et se referma instantanément, le temps de laisser passer un petit engin aux couleurs de l'administration. Quatre silhouettes y étaient installées, portant des combinaisons de protection orange vif et des casques assortis. Jacen évalua la situation. Tout comme les autres membres du personnel au sol, toute personne qui pénétrait la zone de quarantaine aurait à passer par la décontamination. Mais pourquoi donc les administrateurs ne s'étaient-ils pas contentés de faire livrer un projecteur holographique sur les lieux ?

C'est alors qu'il eut une drôle de sensation au sujet de l'un des occupants du véhicule. Incrédule, il donna un coup de coude à Jaina. Pendant tout ce temps, elle était donc restée ici, à Narthex ! Jaina lui rendit son coup de coude. Ils se tournèrent l'un vers l'autre, histoire d'observer discrètement la réaction de leur père.

Trois des silhouettes en combinaison orange sautèrent de l'engin. La plus petite s'avança. Son visage était dissimulé derrière le masque, mais sa démarche déterminée ne laissait aucun doute sur son identité. Jacen sentit sa présence dans la Force. La silhouette qui l'accompagnait de si près ne pouvait être que l'un des Noghris.

Han et Droma se dirigèrent vers les nouveaux arrivants. Solo était sur le point d'envoyer balader son partenaire.

— Non, ils ne disposent pas de peignes à répulseurs. Il va falloir faire ça...

— A la dure ? l'interrompit Droma. Qu'est-ce que ça peut te faire, à toi, hein, qu'on te rase ce petit carré de fourrure qui pousse au sommet de ton crâne vide ? Tu as la moindre idée du froid qu'on va endurer ?

La silhouette en combinaison orange s'arrêta juste devant eux.

— Salut, dit Han, s'empressant d'afficher un petit sourire histoire d'égayer son visage couvert de crasse. Merci pour les chenillettes. On a juste un petit problème. L'un de vos équipiers a découvert quelque chose qu'il a identifié comme un œuf. Je suis d'accord sur le fait qu'il faille absolument découvrir d'où viennent ces foutus insectes, mais les gens qui sont avec moi méritent tout de même d'être traités avec un peu plus de respect...

— On va faire de notre mieux.

Jacen tendit l'oreille. La voix était un peu éraillée mais si familière.

— Traitement égal pour tout le monde. SELCORE est très reconnaissant pour ceux qui s'occupent des réfugiés.

Han tendit la main.

— Je suis ravi de voir que nous nous comprenons. Han Solo.

Au lieu de lui serrer la main, l'administrateur déverrouilla les fermoirs de son masque.

— Hé, attention ! s'exclama Han. Vous allez être obligé de passer à la décontamination.

La personne ôta son masque d'une main agile. Une très longue tresse de cheveux bruns tomba en cascade sur ses épaules.

— Ce n'est pas grave, dit-elle sombrement.

Leia observa le visage de son époux, creusé par la lassitude, ses yeux noisette grands ouverts, sa mâchoire déterminée ombrée de poils gris. Luke et Mara devaient bien savoir que Han était ici. Ils devaient donc penser qu'elle-même était au courant. Combien de personnes pensaient la même chose ? Pourquoi ne lui avait-on rien dit ?

Elle savait à présent qu'elle ne disposait que d'un bref moment pour lui parler avant qu'il ne se souvienne de la dernière fois qu'elle s'était adressée à lui. Cette fois où elle avait tenu des propos qu'elle regrettait tant.

— Si toi et tes congénères devez passer à la décontamination, dit-elle à Droma, je vais vous prouver que Narthex et SELCORE sont de tout cœur avec vous. Pas contre vous. (Pour l'heure, Abbela, son assistante, pouvait bien s'occuper des problèmes de gestion en cours. Avant que les yeux de Han ne se durcissent, avant qu'ils ne perdent leur éclat, il fallait que Leia parvienne à communiquer avec lui. Elle se rapprocha.) En plus, je ne me doutais pas que tu étais là. J'aurais peut-être pu le savoir mais... Je crois que tu ne nous as jamais envoyé de rapport.

— Nous, heu... non, c'est vrai. (Un sourire un peu gêné apparut sur le visage de Han.) Je croyais que SELCORE était déjà trop occupé avec l'administration de Narthex pour pouvoir s'en rendre compte.

Leia regarda par-dessus son épaule. Olmahk était juste derrière elle, montant la garde. C-3PO assistait les réfugiés. Qu'allait-elle bien faire de tout ce monde ? Avec un peu de chance, elle pourrait accueillir tous ces pauvres gens de Trente-Deux dans l'enceinte de ce dôme permanent et mieux aménagé, elle pourrait organiser de nouvelles équipes de travail hebdomadaire. Il y avait encore pas mal de place à Narthex, mais les équipements de construction étaient déjà réservés pour les semaines à venir et les nouveaux appartements déjà attribués avant même d'être achevés. Bien sûr, il restait des tentes, qu'on avait soigneusement rangées dès que les réfugiés avaient pu s'installer dans des abris plus solides. Et puis, il y avait encore le problème de la décontamination...

On verrait cela plus tard ! Pour l'instant, les quatre cinquièmes de sa famille se trouvaient là, enfin réunis. Tous sauf Anakin. Cela ne s'était pas produit depuis des mois !

Elle glissa ses mains autour de la taille de Han. Le corps de ce dernier conserva une certaine rigidité, mais Han passa tout de même un bras sur ses épaules.

Elle fit un pas en arrière.

— Salut, Maman, dit Jacen en ouvrant les bras avant d'hésiter quelque peu.

Leia laissa choir son masque de tissu. Puisqu'elle était de toute façon condamnée à la quarantaine, elle s'empressa d'ôter sa combinaison pour aller enlacer son fils.

— La Force soit louée. Mais tu es aussi grand que ton père, maintenant...

Jaina, restée jusqu'à présent en arrière, s'avança.

— Qu'est-ce que tu fais là, toi ?

La jeune fille fit nerveusement tourner une paire de lunettes de protection entre ses doigts.

— Je suis en convalescence. On a essayé de te retrouver, tu sais ?

Leia sentit son estomac se serrer.

— Tu es blessée ?

— Cécité partielle temporaire. Rien de sérieux. (Jaina baissa la voix.) Tu devrais régler les choses avec Papa, Maman. C'est le plus important.

Elle tourna les talons et rejoignit le groupe des Ryn.

En souriant tristement, Jacen posa les mains sur les épaules de sa mère. Doucement il la fit tourner sur elle-même pour l'amener en face de Han. Celui-ci enfonça ses mains au fond de ses poches.

— Ça, c'est le plus important, murmura Jacen.

Après un instant d'hésitation, Leia projeta une onde de la Force, une caresse mentale destinée aux jumeaux. Jacen sourit, heureux de voir les siens réunis. Jaina laissa, quant à elle, planer une amertume réprimée. Une sensation à laquelle il faudrait pourtant faire face. Mais plus tard.

— Bon, je crois qu'il est temps que je me trouve quelque chose à faire, dit Droma en vissant sur sa tête sa vieille casquette de toile. Ravi de vous avoir revue, Princesse Leia, ajouta-t-il en partant rejoindre Jaina.

Leia prit son mari par le bras.

— Viens, je vais te faire visiter nos installations de quarantaine, dit-elle d'un ton léger.

Dans une cale sèche reconvertie en abri, des familles se pressaient les unes contre les autres. Leia évita de les regarder. Il fallait d'abord qu'elle mette les choses au point avec son mari. Etait-elle responsable ? Etait-ce lui ? Cela n'avait guère d'importance. En dépit de sa force et de son indépendance, elle ne se sentait heureuse qu'avec l'homme susceptible de la soulager de ses peines.

Mais cela signifiait qu'elle devait en contrepartie soulager ses peines à lui.

— Oui, admit-elle. SELCORE et Narthex ont un peu agi en circuit fermé, trop occupés à reconquérir cette planète. Tu te souviens d'Honoghr ? Là-bas, on n'a pas pu faire grand-chose. Ici, c'est différent, il reste de l'espoir. Les Yuuzhan Vong ne veulent pas de ce monde. Cette planète pourrait représenter un havre de paix pour des millions de gens.

— Je me demande si tu as bien compris les Durosiens, dit Han en fronçant les sourcils. Ils...

— Oui, je sais, ils nous tolèrent à peine, admit Leia. Mais c'est vrai que nous ne leur avons pas donné grand-chose en échange. Enfin, pour l'instant. Cette planète, c'est la clé d'un nouveau futur. Un futur où tous les peuples pourront vivre les uns avec les autres. Attends un peu d'avoir vu ce que nos équipes de scientifiques sont parvenues à accomplir...

— Et qu'est-ce que tu as fait de Bouton d'Or ? demanda Han en passant une main sur son menton pas rasé. Il aurait été vachement utile avec nous. Tout ce qu'on nous a filé, c'est une paire de droïdes transpalettes hors d'âge et vaguement modifiés. Il a fallu que je pique un droïde médical.

Leia laissa échapper un petit sourire.

— C-3PO ? C'est sûr, voilà quelqu'un qui aurait eu parfaitement sa place à tes côtés. Quelqu'un susceptible de te mettre *vraiment* en colère !

Han devait être bien distrait, songea-t-elle, pour ne pas avoir reconnu C-3PO qui travaillait, à quelques mètres de là, engoncé dans une combinaison intégrale destinée à le protéger de la vermine.

Les yeux de Han se durcirent.

— Et tu as des nouvelles d'Isolder ?

Leia s'écarta brusquement de son époux, se sentant soudainement trahie.

— Quoi ?

— Dix personnes, au moins, m'ont repassé l'enregistrement pris sur HoloNet où l'on te voit, toi et Sa Splendeur, débarquer ensemble sur Yald de ce vaisseau Hapan. Tu avais l'air plutôt à ton aise.

Leia inspira profondément.

— Et toi, toi qui souhaites obtenir la confiance de tout le monde, es-tu donc incapable de me faire confiance ? Les réseaux se sont servis de ces images pour faire un coup publicitaire. Je ne pouvais pas abandonner sous peine de risquer de perdre le soutien des Hapans. Nous avions besoin de ces vaisseaux.

— Ouais, dit Han. (Son expression s'adoucit.) C'est vrai, on en avait besoin. Dommage que tout ait mal tourné.

Un premier abcès était crevé ! Il fallait passer au suivant.

— Comment va Jacen ? demanda-t-elle. J'ai cru comprendre qu'il prenait les choses plutôt à cœur...

— Je suppose qu'il est encore en train de ruminer tout cela. (Il lui prit la main.) Ecoute, tu m'as accusé de te tromper avec mon propre passé. Regarde. Regarde tous ces gens. Tu crois que ça ressemble à une amourette ?

— Non, dit-elle. Han, je suis désolée. Dernièrement, les choses ont été plutôt dures. Très dures, même.

— Ouais, je vois. (Il pinça les lèvres, déglutit et regarda à nouveau vers le plafond.) Il y a certaines choses que tu n'oublieras probablement jamais. J'espérais simplement que tu les pardonnerais.

Leia repassa ses bras autour de lui. Cette fois-ci, il se laissa faire et lui rendit son étreinte. Il la serra contre lui, son haleine avait la douceur de... D'un Wookiee mouillé. Elle retint sa respiration en l'embrassant.

Mais le temps de la réconciliation était terminé. Ils allèrent jusqu'aux cales où étaient rassemblés des individus de toutes les espèces. Leia avait ordonné qu'on installe des couchettes.

Han fronça les sourcils.

— Ça m'a l'air pas mal, tout ça. J'espère que cela ne te gêne pas si les Ryn changent ta petite organisation tous les soirs.

— Pourquoi ?

Il resta, les bras ballants, à observer la foule.

— Ils ont des tabous assez surprenants. L'un d'entre eux est de ne jamais dormir à la même place deux soirs de suite.

— Je me moque pas mal de savoir s'ils dorment en cercle ou empilés les uns sur les autres. Mon problème est plutôt de les nourrir.

— Tu n'as qu'à leur donner ce que tu avais prévu

d'expédier à Trente-Deux. Moi, ce qui m'inquiète, c'est l'eau.

— On a creusé un puits. Sous le bâtiment de l'administration.

Pendant dix minutes, ils discutèrent des différentes façons de suppléer aux besoins élémentaires des réfugiés. Pour quelqu'un qui prétendait ne rien y entendre aux problèmes administratifs, Han se débrouillait merveilleusement bien. Elle le lui fit remarquer.

— Parfois, dit-il d'une voix traînante, je me surprends encore moi-même ! Mais Droma a pas mal déblayé le terrain. Il a travaillé avec les chefs de clans, Mezza et Romany. Jacen, lui, s'est chargé de maintenir l'ordre. Quant à moi, eh bien je représente le gars en qui on peut mettre tous ses espoirs...

Elle passa un bras autour de sa taille. Ils venaient juste de grimper sur le toit de la guérite d'un contrôleur. Olmahk les suivait toujours discrètement, à une certaine distance. Au milieu de la foule des Ryn, Leia repéra Jaina en train de s'occuper d'un groupe de femelles à la crinière grisonnante. La jeune fille portait à nouveau son masque.

— Han ? Que lui est-il vraiment arrivé ?

— Elle a dû s'éjecter dans l'espace.

A l'idée de sa fille dérivant dans le vide glacé du cosmos, Leia sentit son estomac se retourner à nouveau.

— Nos installations médicales sont plutôt bien équipées. Je pourrais la faire passer à la décontamination dans les premiers et...

— Non, dit Han. Seul le temps peut y faire quelque chose. Aucun traitement de faveur pour les humains. Et surtout pas pour les membres de notre famille. Cela fait des siècles que ces Ryn se font botter le train d'un bout à l'autre de la galaxie. Ils ne représentent pas forcément le plus important des groupes, mais ils sont loyaux envers ceux qui les traitent avec décence.

Deux brancardiers passèrent sous leurs yeux en poussant un chariot flottant sur lequel était allongé un jeune Hutt.

— Qu'est-ce qu'il fait ici, celui-là ? demanda Leia.

Han laissa de nouveau échapper un petit sourire gêné. Leia se dit qu'elle ne s'en lasserait jamais.

— Il prétend avoir faussé compagnie à ses geôliers, histoire de se venger des Vong et de frapper un grand coup. Mais tu as déjà vu un Hutt capable de coopérer en cas de panique ?

Leia réfléchit un moment.

— Si c'était le cas, je crois que je te l'aurais signalé. Dis-moi, Han, j'ai une idée. Combien as-tu dénombré de malades ou de blessés chez tes réfugiés ?

Il serra la mâchoire et scruta les alentours. Elle observa son profil et dressa l'inventaire de ses traits. Des traits qu'elle aimait depuis maintenant la moitié de son existence. Qu'est-ce qu'il avait encore fait à son nez ? Se l'était-il à nouveau cassé ?

— En dehors de Jaina, juste quelques bleus et quelques égratignures attrapés par ceux qui ont tenté d'éliminer ces espèces de mites. Pourquoi ?

— On va faire passer les malades et les blessés en priorité. Comme ça, on pourra y inclure Jaina. A moins qu'elle ne préfère rester indéfiniment en quarantaine avec la tête rasée. Elle est à cet âge, tu sais, où les jeunes gens la regardent...

Han tendit la main et caressa la longue mèche de cheveux bruns de son épouse qui tombait par-dessus son uniforme bleu.

— Et les vieux, ils peuvent regarder aussi ?

Elle posa sa main sur la sienne.

— Je crois que... Eh bien, il va falloir que je les coupe, moi aussi.

— Ne t'inquiète pas, dit-il en haussant les épaules. Ça va repousser. Ça mettra un peu de temps, voilà tout.

— Et tu as l'intention de rester dans le coin, le temps qu'ils repoussent ? demanda-t-elle, essayant de ne pas avoir l'air de l'implorer, même si elle en mourait d'envie.

Han passa une main dans ses cheveux mal coiffés.

— Hé, un jour je risque de perdre les miens pour de bon. On n'a qu'à dire que c'est un galop d'essai.

Il lui adressa alors un clin d'œil et elle se sentit fondre.

Leia descendit ensuite du toit de la guérite et entraîna

Han jusqu'à la salle où se trouvait l'équipement sonore du hangar. Elle appuya sur un bouton et une sirène stridente interrompit le brouhaha des conversations extérieures.

— Votre attention, s'il vous plaît, dit-elle. Ici l'administrateur de Narthex. Soyez les bienvenus. Nous allons essayer de vous installer du mieux que nous pouvons afin de pouvoir répondre à vos besoins aussi vite que possible. Restez à l'écoute, le gestionnaire de votre colonie va vous parler.

Elle tendit le micro à Han.

— Eh bien quoi ? demanda-t-il.

— Que les blessés et les malades rejoignent la zone de débarquement, souffla-t-elle. *Arrête de jouer avec mes nerfs !*

Il hocha la tête et répéta l'annonce.

Quinze minutes plus tard, le responsable sanitaire délégué par Leia expliquait, au travers du masque de sa combinaison de protection, les procédures de décontamination à une assemblée constituée de Ryn, de Vors et de quelques humains.

Leia s'écarta du groupe. Elle n'avait pas vu Jaina. Han était reparti auprès des Ryn. Fronçant les sourcils, elle escalada à nouveau les marches qui menaient à la plateforme d'observation. Il lui fallut plus de temps que prévu pour repérer sa fille, qui se tenait près du mur sud.

Leia descendit de son poste et se dirigea dans cette direction. L'étrange odeur des Ryn semblait monter de partout. Elle nota mentalement de ne pas oublier de mettre en place des bains traditionnels. Et de fournir des vêtements chauds à ces pauvres Ryn, une fois que les équipes de décontamination les auraient débarrassés de leurs fourrures.

Heureusement, le vaisseau de ravitaillement chargé de lui livrer son laser de forage avait réussi à passer les barrages. Elle avait tout de suite mis ses équipes au travail, avec le nouvel outil de précision, pour agrandir le puits creusé sous le bâtiment administratif. Fournir une eau fraîche et potable à la colonie serait un facteur déterminant pour la poursuite des opérations.

Jaina était appuyée contre le mur qui se dressait au sud du hangar de quarantaine.

— Tu n'as pas entendu l'annonce ? demanda Leia à sa fille. Nous nous occupons en priorité de ceux qui sont malades ou blessés afin de les diriger vers les unités médicales. Viens, je vais t'accompagner.

— Merci, répondit Jaina. Mais si les médecins de Coruscant ne peuvent rien faire pour moi, je doute que ceux d'ici le puissent.

— J'ai besoin de toi, dit Leia. J'ai personnellement besoin de toi. Je patauge, ici. J'ai une assistante, mais le temps que tout le monde sorte de quarantaine, j'aurai pris bien trop de retard...

Quelque chose de solide lui tapa sur l'épaule. Leia se retourna et se trouva face à une silhouette revêtue d'une combinaison intégrale.

— Qu'est-ce qu'il y a, C-3PO ?

— Je vous prie de m'excuser, mais il y a une transmission prioritaire en provenance de Bburru qui vous attend sur la ligne six, lui dit-il. Et le rapport que vous avez demandé au Dr Cree'Ar...

— Ça peut attendre, répondit-elle. Dis bonjour à Jaina.

— Bonjour, Maîtresse Jai...

— Contente de te voir, C-3PO. (La jeune fille tourna les talons.) Tu ne rattraperas jamais ton retard, dit-elle brusquement. Même avec mon aide. Même avec une douzaine d'assistants. Pas tant que tu n'abandonneras pas l'idée de te pencher sur les problèmes de tout le monde. Tu n'étais même pas là pour t'occuper de mon problème, Maman. Même les militaires n'ont pas réussi à retrouver ta trace quand on avait besoin de toi. J'ai cru que tu avais été capturée par je ne sais quel terroriste nostalgique de l'Empire ou bien que les Yuuzhan Vong t'avaient largué une lune sur le sommet du crâne. Jacen et moi, on a essayé, depuis Trente-Deux, de te retrouver. Tu parles d'une blague ! D'abord, on n'a jamais réussi à obtenir une ligne de communication vers les systèmes extérieurs. Ensuite, quand nous sommes enfin parvenus à contacter SELCORE, nous sommes tombés sur Viqi Shesh. Un sacré numéro, celle-là, tiens...

— Je n'ai pas signé mes rapports, certes, mais si Shesh voulait me contacter, elle savait où me trouver.

Les mots de Jaina l'avaient blessée, mais Leia se dit qu'il était préférable de laisser sa fille éliminer son trop-plein d'agressivité. Il était vrai que le Sénateur Shesh n'avait pas fait grand-chose pour tenter de résoudre les problèmes de ravitaillement.

— Je m'en moque, dit Jaina. Je ne veux pas faire l'objet d'un traitement de faveur. Je veux aider tous ces gens. Qu'en est-il des vieillards ? Il n'y a rien qui puisse guérir leurs peines ou leurs blessures. Avant, au moins, ils avaient leurs coutumes, ils disposaient de méthodes et de médecines traditionnelles. A présent, ils n'ont plus rien. Est-ce que tu vas les faire passer à la décontamination en premier aussi ?

— Oui, lui dit Leia. Immédiatement après le...

— Tu vas les faire *raser*, Maman ? Même les vieillards ?

— Maîtresse Jaina, intervint C-3PO. Je suis certain que vous serez fort satisfaite de nos installations médi...

Leia sentit sa gorge se serrer et la colère lui monter au visage.

— Jaina, j'essaie de les aider. J'essaie de t'aider.

— Peut-être, fit Jaina entra ses dents. Il est possible que je ne veuille plus qu'on m'aide. Tu m'as prouvé qu'il fallait que j'apprenne à me débrouiller sans toi. Eh bien, c'est ce que je fais.

Sur ce, elle fit volte-face et s'en alla.

Leia se lança à ses trousses.

— Tu sembles oublier quelque chose ! dit-elle. Je vais, moi aussi, devoir passer à la décontamination pour pouvoir sortir d'ici. Comme toi. Comme tout le monde. Réfléchis bien à cela.

Jaina détailla les longues mèches de cheveux de sa mère.

— Tu plaisantes ? demanda-t-elle doucement. Maman, si tu... Enfin, combien de temps a-t-il fallu pour qu'ils soient aussi longs ?

— Cela n'a pas d'importance. Mais toi, tu en as. Je

pense que, dorénavant, il nous sera difficile à toutes les deux de cohabiter, c'est cela ? Nous sommes bien trop semblables.

— Moi ? demanda Jaina en souriant. Moi, une tête de pioche, une obstinée, une perfectionniste ? Comment peux-tu m'accuser de...

— C'est une question d'hérédité, répondit Leia. Et d'environnement. C'est ton fardeau. Enfin, tu as au moins hérité de la chance de ton père.

Le sourire de Jaina s'estompa.

— Avant que je n'oublie, Maman, il faut que tu parles à Jacen. Tu sais qu'il est assez doué pour percevoir la personnalité des gens...

— Eh bien ? la pressa Leia, visiblement troublée.

— Eh bien, pendant que nous étions à ta recherche, il a eu l'occasion de bien étudier ta Viqi Shesh. Il a perçu une réaction très puissante. Une réaction négative.

Leia réfléchit quelques instants aux rapports qu'elle avait eus avec Shesh sur Coruscant. En public, le sénateur avait fait preuve de loyauté envers SELCORE et les Jedi, cela en dépit de tous leurs problèmes d'image. Pourtant, on ne comptait plus les ruptures inexpliquées de ravitaillement, les soucis de communication et les défaillances des systèmes de défense. De là à suspecter le Sénateur Viqi Shesh de jouer un double jeu, il n'y avait qu'un pas. Un pas que Leia n'hésiterait certainement pas à franchir.

— Tu as raison, il vaudrait mieux que je parle à Jacen, dit-elle.

14

— Donc, dit Droma en frémissant des moustaches, si je comprends bien, elle aurait pu épouser une tête couronnée et c'est toi qu'elle a choisi, c'est ça ?

Han fit un geste menaçant vers son ami avec sa cuillère pleine de ragoût synthétique. Droma eut un mouvement de recul et faillit tomber de son tabouret.

Jacen avait toutes les peines du monde à rester éveillé. La journée avait été particulièrement longue. La plupart des Ryn étaient étendus sur leurs couchettes.

— Randa a été le premier à sortir de quarantaine, juste après les malades, annonça Han. (Il fit tourner sa cuillère dans son bol et adressa à Droma ce que Jacen et Jaina appelait « le Regard ».) L'équipe de Leia l'a déjà mis sous les verrous.

— Qu'est-ce qu'il a encore fait ? demanda Droma.

— Comme d'habitude. Il a essayé de sortir du dôme, histoire d'aller jeter un coup d'œil aux vaisseaux spatiaux. *Histoire d'aller jeter un coup d'œil...* répéta Han pendant que Droma se réinstallait sur son siège.

Le Ryn regarda son bol de ragoût et sa cuillère. Jacen, soupçonnant que le copilote de son père était en train de calculer la trajectoire et l'élévation d'un éventuel projectile alimentaire, fit glisser son tabouret de quelques centimètres vers l'arrière.

Jaina et Leia étaient également passées à la décontamination. Han était parvenu à convaincre Jaina qu'il avait besoin d'une liaison à l'extérieur, pour garder le contact avec les colons sortant de quarantaine, et, également, pour ne pas perdre Randa de vue. Leia avait enfin compris qu'elle avancerait mieux dans son travail si elle quittait le hangar. Elle avait donc laissé Olmahk sur place pour qu'il aide à la sécurité.

Jacen avait pris la chose avec philosophie. Il espérait que ses parents passeraient un peu plus de temps ensemble après une si longue séparation.

— Vingt-trois Ryn ont suivi Jaina à l'extérieur, dit Han. Leia leur a trouvé des vieilles combinaisons de vol. Au moins, ça les maintiendra au chaud le temps que leurs poils repoussent. Ça ne leur va pas mal, d'ailleurs.

— C'est cela, oui ! dit Droma en se hérissant. Tu deviens myope ou quoi ?

— En tout cas, tu as toujours une aussi grande gueule !

Jacen repéra alors une petite étincelle dans le regard de son père, accompagnant son sourire satisfait. Après tout, ses parents avaient peut-être eu l'occasion de passer un peu de temps ensemble. D'après lui, ils avaient largement profité des circonstances présentes pour éviter toute forme de friction. L'univers avait quelque chose de merveilleux quand un père et une mère s'aimaient.

— Il faut que quelqu'un retourne à Trente-Deux, dit le jeune homme. Pour récupérer nos affaires.

Le Ryn se lissa les moustaches.

— Nos possessions ? Ce ne sont que de simples objets qu'il est si facile de perdre. Non, ce qui m'intéresse le plus, c'est de savoir s'il y a là-bas des vaisseaux encore susceptibles de décoller.

— Ouais, dit Han. Débrouille-toi pour trouver un moyen de les ramener jusqu'ici. Si on doit quitter Narthex précipitamment, je doute qu'on puisse le faire à bord des chenillettes.

Jacen serra les poings en découvrant les ruines désolées de Trente-Deux. Des fragments de synthéplast pendaient entre les structures comme des lambeaux de chair accrochés aux côtes d'une carcasse dévorée par des prédateurs. Par-delà la carcasse, de son poste d'observation près de ce qui restait du portail d'entrée, Jacen vit les rangées de huttes aux toits bleus jonchées de gravats tombés du dôme de protection.

Le chauffeur de Narthex secoua la tête.

— C'est une bonne chose que vous n'ayez pas été là quand les brèches se sont formées, dit sa voix au travers de la plaque transparente de son masque.

— En fait, nous étions là... marmonna Jacen.

Le jeune homme enfila sa combinaison intégrale équipée d'un respirateur. Par-dessus, il enfila un blouson orange auquel était accrochée une paire de gants. Curieusement, ceux-ci ne le gênèrent pas quand il ajusta le masque souple et qu'il en serra les fermoirs. SELCORE avait certainement dû obtenir ces combinaisons chez un fournisseur militaire, se dit-il.

— Prêts ? demanda-t-il aux membres de son équipe.

Droma avait revêtu, lui aussi, une combinaison orange. Mezza, plus âgée et plus corpulente, était en train de se démener pour ajuster la sienne. Six autres silhouettes, pareillement harnachées, s'avancèrent vers le sas de la chenillette.

— J'enclenche les scanners pour repérer des traces de vie, annonça le copilote de l'engin. (Il appuya sur des boutons du panneau de contrôle.) D'ici, je ne détecte rien. Mais soyez tout de même prudents.

Jacen accrocha son sabrolaser à la ceinture de sa combinaison. Les scarabées Fefze mutants étaient les seules créatures connues à avoir survécu à la destruction de l'écosystème de Duro. Il descendit la rampe de l'engin tout terrain. Les autres suivirent, par groupes de deux, en poussant des chariots antigrav. Leur mission était simple : rassembler le plus possible d'effets personnels et revenir avant que la nuit tombe. Jacen avait été nommé responsable de l'expédition. Il irait aider ses compagnons puis ramènerait le *Faucon* vers Narthex. Droma le suivrait à bord de la vieille navette 1-7 Howlrunner de Trente-Deux.

Il s'avança en compagnie de deux grands Vors très minces. Ceux-ci s'étaient portés volontaires pour une tâche qui pouvait se révéler fort dangereuse pour eux, en raison de leurs poumons si délicats. Mais les Vors étaient des êtres fiers. Ils avaient pourtant l'air bien frêles dans leurs combinaisons orange. Seules leurs manches, dans lesquelles ils avaient roulé tant bien que mal leurs ailes parcheminées, paraissaient surdimensionnées.

Le jeune homme s'engagea dans la première ruelle. Sous ses bottes, il écrasa des cadavres de mites. De toute évidence, l'atmosphère de Duro avait eu raison d'elles. L'infestation ne se propagerait donc pas aux autres campements.

Heureux de constater ce semblant de rémission, Jacen escorta les Vors jusqu'à la première hutte. Il monta la garde, vaguement mal à l'aise, pendant que les deux extraterrestres pénétraient à l'intérieur. Ceux-ci ressortirent quelques instants plus tard, les bras chargés de vêtements et d'objets divers. Jacen les aida à accrocher le matériel sur le chariot puis les Vors allèrent tranquillement jusqu'à la hutte suivante. Probablement pour économiser leur souffle, se dit le jeune homme.

Ils avaient déjà ratissé un bon nombre d'abris quand le communicateur de Jacen siffla.

— Solo ? aboya la voix de Mezza. Viens ici, vite !

Jacen courut jusqu'à l'allée principale et prit la direction du quartier des Ryn. Il repéra finalement un chariot abandonné dans une voie transversale. Il changea précipitamment de direction, plaquant de sa main droite son sabrolaser contre sa hanche pour éviter que celui-ci ne rebondisse.

Jacen pénétra dans l'abri. Deux silhouettes en combinaison orange étaient plaquées contre le mur du fond. Juste devant elles se tenait un insecte qu'il n'avait jamais vu qu'en hologramme ou dans ses pires cauchemars. Les scarabées Fefze, éparpillés à la surface de la planète depuis l'époque à laquelle les Durosiens avaient découvert le voyage spatial, avaient la particularité d'être dotés de deux squelettes, l'un interne et l'autre externe. Les mutations, diverses et nombreuses, pouvaient leur faire atteindre des proportions énormes. L'insecte mesurait plus d'un mètre de long et ses antennes aux multiples segments battaient l'air dans la direction du jeune homme comme pour flairer quelque chose dans la puanteur de Duro. Visiblement, la créature s'était approprié cette hutte et l'avait transformée en nid. Les ailes déchiquetées de centaines de mites aux yeux blancs jonchaient les restes d'une couchette à moitié dévorée. Sous la zone de ses propres élytres scintillants, l'abdomen de l'énorme insecte était anormalement distendu. Il s'était apparemment gavé de mites, s'était certainement délecté des maigres possessions des Ryn et semblait prêt à pondre des œufs.

Malencontreusement, Mezza et son partenaire avaient pénétré dans l'abri et étaient passés devant lui sans le voir. Ils étaient tous deux recroquevillés contre le mur du fond, brandissant une vieille chemise et des jambières en piteux état. A chaque fois que les antennes de la bête se tournaient dans leur direction, ils battaient l'air de leurs haillons.

Jacen décrocha son sabrolaser et l'activa. Le scarabée se tourna et leva deux de ses puissantes pinces au-dessus de lui. Des reflets verts, bleus et violets parcoururent les sillons de sa carapace irisée. Ses mandibules, assez grandes pour happer la jambe d'un Ryn, se mirent à claquer de façon menaçante.

— Ramassez les affaires et sortez, dit Jacen.

— Tue-le ! tonna la voix de Mezza depuis l'intérieur de la combinaison de protection la plus proche.

Jacen ne se tourna pas.

— Pourquoi ? Ils sont des milliers comme celui-là à la surface de cette planète...

— Tue-le ! hurla-t-elle à nouveau. Un scarabée mort, ça fait cent scarabées de moins à la saison suivante. Il va pondre des œufs !

Ça tombait sous le sens, mais Jacen ne percevait chez l'animal aucune intention de nuire. La femelle scarabée s'était trouvé un excellent nid, une provision de nourriture, et ne ressentait pas le besoin de tuer inutilement.

— Contentez-vous de charger le chariot et de dégager, dit-il à Mezza. Je ne pense pas qu'elle veuille vous courir après.

— Elle ? demanda Mezza. Tu crois que c'est une *fille* ?

— Tu penses que les mâles pondent des œufs, toi ?

— Solo ! cria une voix dans le communicateur rangé dans sa poche. On a des ennuis !

— J'arrive, dit-il. Prenez vos affaires et tirez-vous, ajouta-t-il à l'intention de Mezza.

Il s'interposa devant le scarabée aux mâchoires cliquetantes pour permettre aux Ryn de sortir. Puis il quitta la hutte à reculons juste derrière eux. L'insecte ne les suivit pas.

Debout au milieu de l'allée, Jacen éteignit son sabrolaser et enclencha la commande de son communicateur. La voix qui s'était élevée ressemblait à un chant d'oiseau. On aurait dit un Vor. Etait-ce dû aux distorsions sonores provoquées par les respirateurs ou bien aux défaillances de la transmission ?

— Où êtes-vous ?

— Par ici, sur le toit !

Des grognements et des coups résonnèrent dans le petit haut-parleur. Jacen se précipita vers l'abri le plus proche et se hissa sur la toiture.

A une vingtaine de mètres de là, deux silhouettes aux bras disproportionnés - des Vors, indubitablement — se tenaient perchées sur les tuiles bleues d'un abri. A leurs pieds, cinq scarabées aux carapaces luisantes tendaient vers eux leurs pinces terrifiantes. Côte à côte, les deux silhouettes en combinaison orange balançaient à la volée les possessions de quelqu'un d'autre vers les insectes. Les créatures évitaient les jets et reprenaient inlassablement l'ascension du mur de la hutte. Leurs mandibules grinçaient et glissaient les unes contre les autres, pareilles à des ponceuses plus grosses que la main.

Jacen sauta à terre, essayant de ne pas penser à ce qui arriverait si l'un des scarabées réussissait à grimper sur le toit et à déchirer un pan de la combinaison de l'un des Vors. Cette fois, il serait bien obligé de tuer les insectes. Dans ce cas précis, les créatures ne se contentaient pas de défendre leur nid, elles s'attaquaient à des proies. Jacen se mit en position d'attaque, un pied en arrière, et activa à nouveau son sabrolaser. Il n'avait jamais eu l'occasion de manier sa lame sans faire appel à la Force. Il se demanda alors si sa tâche n'en serait que plus difficile. Il se précipita.

Ces scarabées, à la recherche de nourriture fraîche, ne

semblaient pas vouloir lâcher le morceau. Jacen fouetta l'air de son sabre vers celui qui se trouvait le plus proche de lui. La lame trancha l'animal entre l'abdomen et le thorax. L'insecte s'écroula.

Le jeune homme pivota et plongea son arme vers les yeux à facettes d'une autre créature. Deux des scarabées se tournèrent alors pour lui faire face. Se dégageant du mur, ils libérèrent ainsi une possibilité de retraite pour les deux Vors.

— Retournez à la chenillette ! hurla Jacen. Signalez aux autres qu'on décampe !

Les Vors sautèrent sur le sol et partirent en courant. L'un d'eux essaya de saisir au vol la poignée de son chariot antigrav. Deux scarabées, toutes mandibules dehors, tentèrent de l'attraper par les pans flottants de la combinaison entourant ses jambes maigrelettes. Le Vor poussa un cri strident et se lança à la suite de son congénère.

Une demi-douzaine d'autres insectes accoururent et escaladèrent les cadavres de ceux que Jacen venait de tuer. Le jeune homme fit des moulinets avec son sabre pour créer un cercle de protection tout autour de lui. Sans l'aide de la Force, ses mouvements étaient hésitants, sans coordination. Mais il ne s'arrêta pas pour autant. Une autre vague de scarabées fonçait sur lui.

Sur Yavin Quatre, se souvint-il, certains coléoptères, écrasés ou blessés, libéraient des phéromones destinées à rameuter leurs congénères. Que ce soit, ou non, le cas ici, quelque chose semblait tout de même les attirer. Cinq autres insectes se rapprochèrent et un sixième apparut à l'angle du bâtiment le plus proche.

C'est alors qu'une silhouette drapée d'orange jaillit devant Jacen.

— En arrière ! hurla celui-ci.

La silhouette leva une vibrolame.

— Je vais te dégager le passage !

La voix de Droma.

Le Ryn passa à l'attaque, perforant les carapaces des insectes tout en faisant des bonds de droite à gauche afin d'éviter leurs pinces et leurs mâchoires. Les créatures ne semblaient pourtant pas aussi intéressées par Droma qu'elles l'étaient par Jacen.

C'est alors que le Ryn et l'humain eurent exactement la même pensée au même moment.

— Ils sont attirés par la lumière... cria Jacen.

— ... du sabrolaser ! tonna la voix de Droma en écho.

Que faire ? Jacen abattit son arme, fit un pas en arrière, se retourna et frappa à nouveau. Les insectes continuaient d'avancer inexorablement vers lui en agitant leurs antennes. Le communicateur de Jacen, rangé au fond de sa poche, se mit à sonner.

— Solo ? fit une voix. A part vous et Droma, tout le monde est revenu à bord de la chenillette. Dépêchez-vous !

— Eteins-moi cette fichue lumière, Solo ! cria Droma. Tu es au moins aussi fou que ton père !

Eteindre le sabrolaser ? Un pas en arrière. Une parade. Les scarabées se montaient les uns sur les autres. Certains s'arrêtaient en pleine course pour se repaître des entrailles des créatures tuées par Droma et Jacen. Le plus massif de la bande, doté d'antennes plus grosses encore que les lekkus d'un Twi'lek, enjamba le tas et se précipita vers Jacen. Ce dernier fit un pas de côté, abattit sa lame sur son assaillant et le trancha en deux. Au même moment, il sentit quelque chose d'aiguisé se refermer autour de sa jambe.

— Va chercher le Howlrunner ! cria Jacen à Droma.

Le Ryn se servit d'un insecte à la carapace irisée comme d'une planche d'appel, sauta et retomba à côté de l'humain. Hors d'haleine – bien plus encore que n'importe quel Jedi maniant le sabre –, Jacen plongea sa lame dans le thorax de la créature qui lui avait saisi la cheville. L'animal se décrocha et le jeune homme repéra une déchirure dans la jambe de sa combinaison orange.

— Débarrasse-toi du sabrolaser ! s'exclama Droma en s'accroupissant pour donner un coup de vibrolame. Je vais nous frayer un chemin. Tu pourras toujours le récupérer en pratiquant la lévitation.

— Mais enfin, tu sais bien que j'évite d'employer la Force !

Coup de fouet. Pas de côté. Parade.

— Bon, très bien, alors abandonne-le. Mais dépêche-toi de le jeter sinon c'est moi qui le ferai !

Jacen bloqua le bouton d'amorçage du sabrolaser et d'un vif mouvement du poignet envoya son arme au loin. Celle-ci virevolta dans l'air et le jeune homme se remémora sa vision... un sabrolaser volant dans l'espace, disparaissant dans le cosmos...

— En route ! grogna Droma.

La horde de coléoptères se rua derrière la traînée de lumière laissée par le sabre. Jacen se dirigea vers les réservoirs hydroponiques, obligé, à chaque pas, de sauter par-dessus des insectes de plus en plus nombreux. La terrible puanteur de Duro lui monta aux narines. Effectivement, sa combinaison avait bien été entaillée.

Droma trancha l'antenne d'un scarabée qui s'était approché d'un peu trop près. Ils parvinrent à se dégager du tumulte.

— Par ici ! (Jacen s'engagea par une brèche d'un mur de synthéplast au lieu d'emprunter la porte.) J'ai laissé le 1-7 à côté du *Faucon*.

— Je suis juste derrière toi ! lança Droma.

Jacen sortit son communicateur de sa poche et appela le pilote de la chenillette :

— Ici Solo. Mettez-vous en route, mais ne vous éloignez pas tant que nous n'aurons pas décollé !

Le jeune homme se retourna. Derrière lui, les scarabées ne formaient plus qu'une masse grouillante de carapaces et d'antennes noires. Quelque part sous la mêlée gisait son sabrolaser. S'il l'abandonnait ainsi, cela correspondrait à perdre une jambe ou une main. Mais s'il utilisait la Force pour le rappeler à lui, il renierait ses résolutions. Dans un cas comme dans l'autre, il se sentirait misérable. Il lui fallait prendre une décision. Et vite. Tourner le dos à la Force à tout jamais ou bien se laisser à nouveau couler au gré de ses ondes. Perdre constamment du temps à peser le pour et le contre finirait par mettre les autres en danger.

Jacen ferma les yeux, rassembla le semblant d'énergie qui lui restait et appela le sabrolaser. L'arme s'éleva au milieu de la cohue des insectes. Elle décrivit un arc étincelant et atterrit solidement au creux de sa main.

Jacen l'éteignit prestement en soupirant.

Droma se tenait juste à côté de lui et l'observait.

— Rien qu'à te regarder, j'ai mal pour toi, dit-il.

— Parce que tu comprends ce que je ressens, je suppose, répondit Jacen. Si je me sers de la Force, je me sens misérable. Si je ne le fais pas, je suis perdu.

Le Ryn hocha la tête puis escalada une pile de gravats tombés du dôme.

— Allez, gamin en route !

Jacen passa à la décontamination l'après-midi suivant et se rendit immédiatement au bâtiment de l'administration centrale. D'après l'assistante de Leia, Jaina était sortie à l'extérieur du dôme et avait rejoint le parc de vaisseaux spatiaux pour filer un coup de main à l'équipe d'inspection. Leia était assise derrière le grand bureau que lui avait fourni SELCORE, ignorant la conversation maussade entre C-3PO et un quelconque interlocuteur, à l'autre bout du communicateur, à propos de spiro-gazon, de marécages et de modifications des conditions météorologiques.

Leia rajusta le turban blanc qu'elle avait enroulé autour de sa tête.

— Je suis contente que tu sois là, Jacen. Un cargo de Cor-Duro que nous venons de décharger a égaré un tiers de sa cargaison. Tu crois que tu pourrais essayer de régler ça avec l'administration de la compagnie d'expédition ?

Jacen déglutit.

— Je n'ai pas vraiment d'expérience en matière de négociations...

— Non, c'est vrai, dit Leia en secouant la tête. Mais tu es un Solo. Et ça devrait suffire à les impressionner. Je n'ai pas le temps d'aller sur Bburru et ton père m'a confié que tu voulais essayer de t'impliquer dans des activités moins, comment dire ? moins Jedi. Je sympathise avec ce sentiment. (Sa joue gauche tressaillit.) Bien plus que tu ne le crois.

— Oui, je m'en doute, admit Jacen.

Sa mère était à même de comprendre que tous les individus doués de la Force ne choisissaient pas nécessairement de devenir des Jedi. Elle lui avait prouvé que certains modes de vie, le sien en particulier, ne pouvaient aller de pair avec la discipline requise par la Chevalerie.

Jacen avait essayé de s'entretenir avec son père au sujet de sa vision et de lui expliquer comment cette vision lui avait confirmé qu'il avait fait le bon choix en renonçant à ses talents. Han, décontenancé, avait tourné les talons et était reparti la tête basse.

— Tu veux essayer quelque chose de nouveau ? demanda Leia.

Jacen passa une main sur son crâne rasé, anormalement lisse et doux.

— Droma a ramené la vieille navette Howlrunner de Trente-Deux jusqu'ici. Je pourrais l'emprunter, aller jusqu'à Bburru et voir ce que je peux faire...

— Ça me rendrait service. Sois prudent, Jacen.

— Je suis toujours prudent, Maman.

— Que la Force soit avec toi... Même si tu...

— Oui, je sais. Qu'elle soit avec toi aussi.

Randa Besadii Diori se lança à vive allure dans la rue principale de Narthex, bien trop heureux d'abandonner derrière lui le bâtiment administratif et ses cellules de détention sèches, inconfortables et beaucoup trop éclairées. Il avait bien essayé d'expliquer à la Jedi Jaina Solo qu'il souhaitait simplement jeter un coup d'œil aux vaisseaux spatiaux de Narthex, mais la jeune femme était au moins aussi têtue que son frère. Jusqu'ici, il était parvenu à éviter leur mère.

Il passa devant un couple de Ryn. Ceux-ci se tenaient à l'extérieur de leur tente, tous deux vêtus d'une combinaison de vol d'un bleu passé. Leurs vestes et culottes pendaient misérablement par-dessus leurs jambières trop grandes.

Même après avoir purgé sa détention – une brimade qu'il ne manquerait pas de contester –, on lui interdisait toujours l'accès aux consoles de communication, le seul endroit où il serait susceptible de trouver un équipement de transmission digne de ce nom. Il était impératif qu'il contacte Borga. Il trouverait bien un moyen de quitter cette planète terne et appauvrie pour la rejoindre.

Il s'humecta les lèvres. Bien entendu, il avait besoin d'un pilote. Peut-être parviendrait-il à convaincre la jeune femelle Solo. Comme on disait chez les Hutts, « quand la persuasion échoue, la corruption est de rigueur ». Ses Kajidics avaient amassé toutes sortes de richesses sur des mondes que les Yuuzhan Vong n'avaient pas encore atteints. La jeune Jedi devait bien avoir une faiblesse... les bijoux... les étoffes... Ou encore mieux : un vaisseau spatial bien à elle !

Encouragé par ses pensées, il força l'allure le long de l'allée sablonneuse vers l'abri que SELCORE lui avait alloué : une pitoyable tente bleue plantée au milieu des ruines du quartier de Tayana. Dans les sous-sols, il sentit les vibrations des engins de forage de Narthex.

Ayant franchi le seuil de sa tente, il perçut une odeur étrangère. Il serra ses petits poings, furieux qu'on ait pu impunément pénétrer dans son abri. Il renifla bruyamment, suivant l'odeur jusqu'à sa couche. Il s'était servi des couvertures de filmplast comme d'un rembourrage supplémentaire sur le matelas. Sous le tissu synthétique, il remarqua une bosse anormale. D'un agile coup de queue, il souleva les draps.

Une sphère de cuir, un peu plus petite qu'une tête humaine, reposait sur la couchette. C'était un Villip Yuuzhan Vong, pareil à ceux qu'il avait déjà vus à bord du vaisseau-mère. Borga avait donc retrouvé sa trace très rapidement.

Il se mit à trembler de la tête à la pointe de la queue. Trop rapidement, peut-être. Si ce Villip était arrivé si tôt dans son repaire, cela signifiait que les Yuuzhan Vong avaient posté un agent dans le dôme de Narthex et que celui-ci se faisait passer pour un humain. Un agent qui savait exactement où le retrouver.

Sans se laisser intimider. Randa s'empara de la créature parcheminée et s'installa sur son matelas. Son plan, attirer les Yuuzhan Vong jusqu'ici pour que la Nouvelle République puisse les capturer, manquait encore un peu de préparation. Mais il avait promis à Borga qu'il tenterait de marchander. Echanger la vie d'un Jedi contre la clémence envers Tatooine ? L'idée éveilla en lui une impression qu'il ne comprenait pas, qu'il n'avait jamais ressentie. Une vague sensation de douleur. Comme s'il s'apprêtait à faire quelque chose à une personne qui ne tenterait jamais quoi que ce soit contre lui. Peut-être était-ce là ce que les humains appelaient la culpabilité... Il chassa l'idée de sa tête. Sa loyauté était envers Borga. Même si Jacen avait renoncé à utiliser la Force, il ne se laisserait pas attraper facilement.

Randa passa la main sur le Villip puis le reposa sur le matelas, s'interrogeant sur l'identité de son futur correspondant. En attendant la réponse, il s'empressa d'aller refermer les panneaux de sa tente. La lumière de Narthex était bien trop vive à son goût. Il songea à Nal Hutta et aux incroyables efforts d'aménagement, réalisés par ses semblables, que les Yuuzhan Vong étaient en train de réduire à néant. La pensée lui fit monter les larmes aux yeux. Une humidité soudaine qu'il apprécia grandement.

Des traits se formèrent à la surface du Villip : des arcades sourcilières proéminentes, un nez noueux, des pommettes saillantes et d'épaisses poches tombant en cascade sous les yeux.

— Randa Besadii Diori, dit l'individu. Tu daignes enfin te manifester.

Le Hutt ne reconnut ni les traits férocement ciselés ni le timbre de baryton impérieux. Il inclina respectueusement la tête à l'intention du Villip.

— Vous avez au moins l'avantage de me connaître, Monseigneur.

— Je suis le Maître de Guerre Tsavong Lah. Peux-tu réellement me fournir un Jedi ?

— C'est exact. (*Maître de Guerre ?* Quelle belle prise ! Il fallait l'attirer jusqu'à Duro pour que la Nouvelle République puisse l'intercepter.) Son nom est...

— Misérable Hutt, dit le Maître de Guerre. Ta parente m'a fait part de ce que tu souhaites obtenir en retour. Sache bien ceci. Les Hutts nous ont trahis. Seul un service exemplaire pourra vous faire regagner notre confiance.

— J'apprécie et je respecte votre avertissement, Maître

de Guerre. Je crois me souvenir de la fascination exercée par Wurth Skidder sur vos semblables, à bord du vaisseau-prison sur lequel je n'ai que trop brièvement voyagé. Je serais très heureux de vous livrer ce Jedi. A vous, personnellement, Maître de Guerre. Quant à ma requête... Quel intérêt peut avoir pour vous un monde comme Tatooine ? C'est une planète désolée, à peine vivable...

Les yeux du Maître de Guerre, interprétés par le Villip, se transformèrent en deux abîmes noirs et insondables.

— Pourquoi, demanda-t-il, devrais-je accorder suffisamment de valeur à votre sens de l'honneur pour venir en personne jusqu'à Duro ?

Randa fut obligé d'admettre qu'il s'agissait là, dans son plan, d'une question à laquelle il n'avait pas encore trouvé de réponse.

— Vous m'honoreriez grandement, commença-t-il. Et seriez honoré en retour...

— Tu n'es pas digne des honneurs, dit le Maître de Guerre. Quoi qu'il en soit, j'accepte ce Jedi. Arrange-toi pour me le livrer et je pourrai peut-être alors étudier ta requête. Echoue, essaie de trahir, et je t'écorcherai vif de mes propres mains.

Le Villip se lissa, les traits disparurent. Randa resta seul, à repenser à ce qui venait de se passer. L'agent des extraterrestres en poste à Narthex pourrait très bien s'emparer lui-même de Jacen ou massacrer Randa pendant son sommeil. Venait-il de commettre la plus irréparable des erreurs ? Etait-il réellement capable de livrer Jacen ? S'il ratait son coup, l'autre dégainerait son sabrolaser et se défendrait farouchement. Ce dont Randa avait assurément besoin, c'était d'une protection supplémentaire. Duro n'était défendue que par un croiseur, quelques chasseurs stellaires et les écrans déflecteurs émis par les cités orbitales. Ceux-ci protégeaient également tout ce qui se trouvait dans leur champ d'action à la surface de la planète. Si la Nouvelle République décidait d'envoyer un nouveau groupe de combat vers Duro, Randa serait bien plus à l'abri. Mais il faudrait alors mettre fin au marchandage.

Il jaillit de sa tente et retourna au bâtiment administratif. Là, il trouva deux techniciens chargés des communications – un humain et un petit Tynnan à la gueule pleine de dents – en grande conversation avec la projection holographique réduite d'une très belle femme aux cheveux sombres.

Profitant de la chance qui lui était donnée, Randa bouscula le petit Tynnan couvert de fourrure.

— Sénateur Shesh, annonça-t-il hors d'haleine, j'ai découvert un traître sur Duro. Les Yuuzhan Vong ont réussi à infiltrer un de leurs agents jusqu'ici. Il s'agit certainement d'un éclaireur pour une future invasion. Vous devez doubler nos défenses, sinon tous ces réfugiés mourront. Vous êtes en position d'obtenir une aide militaire. Envoyez des renforts.

Le Sénateur Viqi Shesh tourna légèrement la tête de côté.

— Nous connaissons-nous, monsieur ?

Randa s'inclina respectueusement.

— Je suis Randa Besadii Diori et...

— Vous dites que vous avez démasqué un agent Yuuzhan Vong dans le dôme de Narthex ?

— Pas démasqué, dit-il, très sûr de lui. Mais j'ai découvert des preuves irréfutables de sa présence.

— Soyez remercié, Randa Besadii Diori. Allez confier vos preuves à l'administrateur de Narthex, l'Ambassadeur Organa Solo. On vient de me confirmer sa présence. Ses services de sécurité pourront se livrer à une enquête.

— Je vous remercie pour votre attention et le temps que vous avez bien voulu m'accorder, Sénateur. Je vous repasse les personnes avec qui vous étiez en train de converser.

Randa sortit précipitamment de l'immeuble. Il ferait exactement ce que le Sénateur lui avait conseillé : donner le Villip à Leia Organa Solo pour que celle-ci puisse tirer les choses au clair. Sa prompte réaction, après s'être rendu compte de son erreur, venait de le sauver, et probablement tous les habitants de Narthex avec lui, d'un funeste destin. Comme il était intelligent.

Le Sénateur Viqi Shesh, de Kuat, éteignit le projecteur holographique et posa la main sur la texture repoussante de son Villip. Ceci ne pouvait pas attendre. Les affaires, comme la diplomatie, nécessitaient un certain nombre de concessions. Elle n'avait donc aucun scrupule à rapporter la traîtrise d'un jeune Hutt.

Elle caressa le dessus répugnant de l'objet extraterrestre et détacha son regard de sa main droite pour le poser sur le rideau qui séparait son centre de communication de son bureau personnel. Trois fois par jour, ses assistants y passaient les détecteurs à la recherche de mouchards. Il arrivait qu'ils ne referment pas correctement les pans de tissu, une fois leur travail terminé. Il fallait qu'elle communique à nouveau avec *eux*.

Pour Viqi Shesh, il ne faisait aucun doute que les Yuuzhan Vong arracheraient cette galaxie à la Nouvelle République, tout comme cette dernière l'avait arrachée à l'Empire. Un changement rapide créait toujours des occasions. Il y avait un millier de mondes à gouverner et Kuat ferait certainement l'objet d'un meilleur traitement si une Kuati conservait une position haut placée sous le régime Yuuzhan Vong. Il était évident qu'elle serait toute désignée pour cette tache.

La réaction du Maître de Guerre, lorsqu'elle lui fit son rapport, fut tout à fait prévisible.

— Mais il n'a pas encore réussi à découvrir l'identité de cet agent, n'est-ce pas ?

— C'est en tout cas ce qu'il prétend, monsieur.

Le visage de l'extraterrestre, reproduit sur le Villip, tordit ses lèvres tuméfiées en un sourire sardonique.

— Notre expérience avec les Hutts n'a été qu'une succession de trahisons, dit-il. Nous nous occuperons de Randa et de son clan. Vous avez eu raison de me faire part de ses agissements.

Viqi inclina la tête silencieusement. L'espace d'un instant, elle envisagea de lui parler de Centerpoint. Mais non. Si les Yuuzhan Vong apprenaient que Centerpoint était hors service, ils ne manqueraient pas de s'attaquer à Coruscant. Elle avait encore beaucoup de choses à accomplir avant que cela ne se produise.

15

C'était inhabituel, pour des Kubaz, de se rendre à Bburru, la plus grande cité orbitale du système Durosien. Ces derniers temps, les docks grouillaient d'ouvriers venus des quatre coins de la galaxie, de propriétaires de vaisseaux et de badauds en tous genres. L'arrivée du trio tout de noir vêtu, suivi d'un droïde astromécanicien de couleur bronze, n'attira finalement que peu d'attention dans la zone de débarquement.

L'agent de la Capitainerie de Bburru étudia leurs autorisations. D'après le databloc, ces individus n'étaient pas de simples réfugiés ayant échappé à la récente invasion de la planète Kubindi. Cette famille possédait des biens sur les Mondes du Noyau et ses représentants étaient à la recherche de partenaires commerciaux. Cela expliquait donc la présence du splendide yacht stellaire qu'ils avaient amarré dans la baie 18-L.

— Tout cela me semble dans l'orrrdrrre, mes seigneurs.

Le grand Durosien appliqua momentanément son propre databloc sur le leur afin d'y télécharger un plan qui leur permettrait de se rendre de Port Duggan aux bureaux de Cor-Duro Expéditions, situés à Duggan Station. Curieusement, une minute après leur arrivée, l'employé n'avait plus aucun souvenir de leur passage.

Mara trouvait le lourd manteau à capuche, le masque doté d'une trompe et les épaisses lunettes de protection parfaitement inconfortables. Cependant, elle profita du déguisement pour observer les réactions des Durosiens à bord du transporteur qui leur permettait de quitter les docks pour gagner Duggan Station. Elle repéra des yeux injectés de sang, des fronts bas, de longs regards accusateurs. Si les Durosiens avaient eu un nez, ils l'auraient certainement froncé de dégoût. Tresina Lobi avait pressenti que les habitants de Duro, tout comme les natifs des mondes que les Yuuzhan Vong n'avaient pas encore envahis, verraient d'un mauvais œil l'affluence en masse des réfugiés. Dans le cas précis de Duro, cela ne ferait qu'amplifier le sentiment de nervosité générale dû aux tensions politiques survenues sur Corellia.

Ils étaient arrivés de Coruscant à bord du tout nouveau vaisseau de Mara. C'était un yacht que Lando avait « récupéré » – du moins le prétendait-il – et fait modifier dès qu'il avait compris que sa vaste soute pouvait aisément être adaptée au transport discret d'une Aile-X. D'autres intervenants y avaient également mis leur grain de sel. L'épouse de Lando, Tendra, de retour d'un long voyage auprès des siens sur Saccoria, l'avait baptisé *Ombre de Jade* en raison de sa splendide coque grise non réfléchissante. Talon Karrde et ses multiples contacts avaient fourni les canons laser rétractables, les lance-torpilles camouflés dans la structure et les générateurs de boucliers déflecteurs. L'*Ombre* était presque de taille à rivaliser avec le *Feu de Jade*, l'appareil que Mara avait été obligée de sacrifier à Nirauan.

Transportant le chasseur de Luke dans sa cale et accompagnée par Anakin à bord de sa propre Aile-X, Mara avait amené l'*Ombre* autour de Duro en passant par le pôle sud et en employant les codes transpondeurs universels de Ghent. Une fois posés, ils avaient amarré le vaisseau d'Anakin. R2-D2 s'était alors chargé de modifier les écrans déflecteurs du chasseur stellaire afin qu'un minimum d'énergie, puisée dans des batteries de réserve, le protège de l'atmosphère de la planète en leur absence. Ils étaient tous repartis à bord de l'*Ombre*. Avec Luke comme copilote, Mara avait exécuté un très bref saut dans l'hyperespace pour quitter le système. Puis ils avaient remis le cap sur Duro avec l'intention de se faire passer pour une famille de riches Kubaz.

Des réfugiés Drall et Seloniens, ayant quitté Corellia pendant qu'ils bénéficiaient encore du statut de citoyens de première classe, se mêlaient à la foule des ouvriers travaillant dans les docks. Il y avait là une bonne demi-douzaine d'espèces extraterrestres et tous s'employaient à transformer les chantiers civils en installations militaires. Un Devaronien, à la tête hérissée de cornes, jouait des coudes pour se frayer un chemin au milieu d'un groupe de natifs Durosiens à la mine grise et triste. Un Wookiee de belle corpulence, au pelage tacheté de reflets argentés, passa devant lui, marchant dans la direction opposée. Mara perçut les fragrances d'un parfum exotique et repéra une fort jolie Trianii, débouchant d'une coursive, qui se mouvait avec une grâce féline en jetant des regards inquiets alentour.

Mara ne ressentait, pour l'instant, rien d'anormal ou de dangereux au niveau des cellules qui se divisaient et se transformaient en s'accrochant au plus profond de ses entrailles. Il n'y avait aucun signe avant-coureur laissant présager d'une quelconque monstruosité pareille à celle qui l'avait précédemment rongée. Mara était désormais déterminée à accepter chaque nouvelle journée dénuée de problème de santé comme un don du ciel. Elle préférait ne pas s'appesantir sur le fait que chaque nouvelle journée était peut-être la dernière qu'elle vivait. Cela ne l'empêcherait pas, cependant, de faire des cauchemars.

Elle observa Anakin, affalé contre l'une des parois du transporteur. Elle lui avait enseigné les caractéristiques de base de l'accent ronronnant de la langue Kubaz. Elle lui avait donné quelques notions essentielles de conversation, ainsi que des indications sur leur manière de s'exprimer et de se tenir. Luke avait proposé qu'ils se déguisent en Durosiens. L'idée avait été rejetée. Il était toujours difficile de se faire passer pour le natif d'une planète qu'on visitait.

Ils débarquèrent du transport et débouchèrent sur une place très vaste. Leur databloc leur signala qu'il s'agissait de Duggan Station.

— Là, de l'autre côté, marmonna Luke à son intention en poussant devant lui un vieux chariot à bagages très élégant.

A l'autre bout de la place, une Durosienne s'était perchée sur une petite estrade haute d'une quarantaine de centimètres. Elle s'adressait, par l'intermédiaire d'un très puissant amplificateur, à un auditoire de cinquante ou soixante personnes. Il y avait principalement des Durosiens, mais Mara repéra un Bith et deux Sunesi à la peau turquoise.

Luke, qui marchait devant, s'arrêta et tourna son visage – enfin, ce que Mara pouvait en voir – vers l'oratrice.

— Ecoute ça, murmura-t-il, se tenant un peu plus près de son épouse qu'à son habitude.

Une autre femme n'aurait probablement pas fait attention à cela, mais Mara avait particulièrement à cœur qu'on respecte son espace personnel.

La Durosienne sur la plate-forme ponctuait son discours véhément en agitant un doigt noueux.

— L'indépendance est une verrrtu ! criait-elle. A une époque dangerrreuse, dépendrrre ainsi d'une puissance extérrrieurre pour le ravitaillement ou la défense pourrrait tous nous tuer. Si vous êtes incapable de nourrrrir votrrre famille, vous leur causez du torrrt. Si vous êtes incapable de les défendre, vous les condamnez à morrrt. Etes-vous des pourrrvoyeurrrs de ressourrrces ou bien des assassins ?

— Anakin, murmura Mara. Avance avec R2. Mais reste en contact visuel. Va faire un tour dans la foule. Si tu sens le moindre danger, reviens ici immédiatement.

— D'accord... Maman, dit-il.

Exactement dans la peau de son personnage.

— On nous prrrêche la symbiose, continuait la Durosienne, depuis des temps immémorrriaux. Est-ce que ça nous rrrend plus librrres ? Est-ce que ça améliorrre nos défenses ? Ils prétendent que nous dépendons les uns des autrrres. (Elle se mit à minauder.) Ils prétendent que nous avons besoin les uns des autrrres. Nom d'une rrraclurrre de Hutt !

Plusieurs Durosiens applaudirent.

— Nous devons êtrrre forrrts. Nous devons êtrrre nous-mêmes. Celui qui implorrrera l'aide de qui que ce soit ne surrrvivra pas. Tous... autant... que... nous... sommes, cria-t-elle en ponctuant chacun de ses mots d'un grognement, nous devons êtrrre suffisamment forrrts pour obtenir ce qui nous est dû ! Sinon, nous mourrrrons. Tous !

Sur sa gauche, Mara aperçut un groupe de Durosiens qui la regardaient. Ils s'écartèrent prestement en chuchotant. Elle ne détecta aucune intention belliqueuse et son intuition ne lui signalait pour l'instant aucun danger. Par sécurité, elle gardait tout de même la main posée sur le pommeau de son sabrolaser dissimulé sous son manteau sombre.

L'oratrice leva les bras vers les rampes lumineuses qui donnaient à Duggan Station l'apparence d'être plongée dans une lumière du jour jaunâtre.

— Nous sommes indépendants de cette planète qui se trrrouve sous nos pieds...

— Oui ! cria quelqu'un dans la foule.

— Nous sommes indépendants de toutes ces planètes distantes !

Le « oui » qui lui répondit se fit plus sonore.

— La symbiose, hurla-t-elle, c'est la dépendance ! La dépendance, c'est pourrr les faibles. Les faibles doivent se rrréunirrr pour espérrrer tenirr le coup !

Les Durosiens l'acclamèrent.

Elle tomba à genoux et joignit les mains.

— Comme dans la pointe d'une lance duha, comme dans la lame d'un couteau, la puissance de l'arrrme rrréside uniquement dans la solidité du métal. Quand un peuple est capable de se défendrrre seul, sans la moindre interrrvention extérrrieure, c'est là que réside le pouvoirrr. Chacun d'entre nous, conclut-elle en adressant à la foule un large mouvement des bras, doit êtrrre forrrt. Suffisamment forrrt pour obtenirrr ce qu'il désirrre, suffisamment forrrt pour le défendrrre !

La foule se mit à applaudir à tout rompre.

Mara se rapprocha de Luke et tourna légèrement de côté sa tête masquée.

— Ce sont des discours comme celui-ci qui pourraient anéantir tout ce qui reste de la Nouvelle République.

Elle sentit une vague d'énergie de la Force, qui enveloppait son époux, s'étendre afin de la protéger elle aussi.

Il était évident que Luke ne faisait pas entièrement confiance à leurs déguisements. Adopter ainsi une position défensive de base leur permettait de dissimuler leurs visages aux yeux de l'oratrice Durosienne.

— J'en ai assez entendu, dit-il.

Anakin ne s'était pas trop éloigné. R2-D2 était incapable de rouler sur le côté dans la foule. Quand Mara attira son attention et lui fit un signe de sa main gantée, Anakin hocha la tête. Il fit demi-tour et quitta le podium en ligne droite pour permettre au petit droïde astromécanicien, paré de sa toute nouvelle couche de peinture cuivrée, de le suivre sans encombre.

L'avenue qui quittait Duggan Station était plantée de végétaux remplissant la double fonction d'ornements et de générateurs d'oxygène. Le trafic local était majoritairement constitué de motojets mono ou biplaces ainsi que de petits transports antigrav personnels pareils à des capsules.

Ils trouvèrent une pension bon marché, où Luke réserva un petit appartement de deux pièces doté de trois couchettes intégrées à des unités de rangement et d'une salle de bains. L'un des murs était un panneau programmable qui pouvait afficher au choix, d'après le tableau de commande, des images bidimensionnelles de l'extérieur de Bburru flottant majestueusement dans l'espace au-dessus de la sphère brune de la planète Duro, une vue nocturne de Coruscant, avec ou sans effet d'aurore boréale, ou bien encore des images en provenance de Yag'Dhul, à l'intersection des voies marchandes de Corellia et de Rimma, point de départ et d'arrivée des vaisseaux faisant le saut dans l'hyperespace. Mara préféra ne pas allumer le panneau.

R2-D2 roula directement jusqu'à un terminal d'ordinateur et s'y connecta. Mara ôta ses lunettes, son masque, ses gants et son manteau et passa une combinaison de vol, beaucoup plus confortable.

Le déguisement d'Anakin était déjà complètement éparpillé sur sa couchette. Le jeune homme s'assit au bord de son lit et étira ses doigts engourdis.

— Après tout ce que la Nouvelle République a fait pour eux, comment peuvent-ils réagir ainsi ?

— Ce n'est qu'un simple fauteur de trouble, répondit Mara. Mais, souvent, un seul suffit. Rappelez-vous Rhommamool et Nom Anor. Pire qu'un tisonnier, celui-là !

— Heureusement, dit Anakin, que je n'ai jamais eu l'occasion de le rencontrer.

Pour Mara, Rhommamool avait été le lieu de sa deuxième rencontre avec l'individu en question. Alors qu'elle était employée comme garde du corps d'un diplomate de moindre importance lors des festivités de Monor II, elle avait eu à subir sa rhétorique. Même l'employeur de Mara, un paisible natif de Sunesi, en était arrivé à ne plus le tolérer et Anor avait été prié de quitter les lieux.

— La révolte attisée par Anor sur Rhommamool s'est transformée en révolution. La plupart de ceux qui croyaient en ses propos, lui le premier, y ont trouvé la mort. Mais il est toujours possible de parler avec un fauteur de trouble.

— On peut au moins essayer de lui faire entendre raison, dit Luke en hochant la tête. J'espère que la situation n'est pas aussi dramatique ici que...

R2-D2 se mit à couiner avec insistance.

Luke, qui était en train d'ôter une de ses bottes, s'interrompit en plein mouvement.

— Qu'est-ce qu'il y a, R2 ?

Mara ne parvint pas à suivre la succession de sifflements et de sonneries.

Apparemment, Luke non plus.

— Attends, attends...

Il se leva de sa couchette et rejoignit R2-D2 à la console d'ordinateur. Mara perçut un changement soudain d'humeur chez son époux.

— Rien de bien sérieux, lui annonça-t-il. Tout le monde va bien, mais le dôme où résidaient Han et Jacen a dû être évacué. Tous se sont réfugiés chez Leia. Une sorte d'infestation.

— C'est probablement la faute de Jacen et de ses fichues collections, déclara Anakin.

— Ce n'est pas drôle, murmura Mara. Je ne crois pas qu'il y ait la moindre forme de vie à la surface de Duro.

Les yeux de Luke se perdirent quelques instants dans le vague.

— C'est bon, ils sont tous sains et saufs, dit-il. Et Jacen vient même de débarquer ici, sur Bburru.

— Génial, marmonna Anakin.

— Anakin, dit Luke tout doucement, Jacen doit trouver sa voie. Ça fait partie de la maturité. Il arrive que cela prenne du temps.

Anakin renifla dédaigneusement. Mara se demanda si, pour peu qu'elle ait un jour un enfant, celui-ci s'entendrait avec son neveu.

— Bon, dit-elle. On finira bien par le croiser, à un moment ou à un autre. Pour l'instant, nos priorités sont de retrouver l'apprentie disparue de Tresina et d'en apprendre plus sur la situation politique à Duro. La première dépendant certainement de la seconde.

— Exact, dit Luke. Je vais aller m'entretenir avec les gens de Cor-Duro Expéditions. Si je ne me trompe pas, c'est là que Jacen a dû se rendre.

— Fais-le.

Une idée germa dans l'esprit de Mara. Elle avait apporté avec elle d'autres déguisements. D'autres gens étaient probablement venus jusqu'à Duro dans l'espoir d'y découvrir de bonnes raisons de ne pas ouvrir les portes de leur monde aux réfugiés. Viqi Shesh, sénateur de Kuat, ne s'était pas précipitée pour établir le camp principal de SELCORE sur sa planète natale. Peut-être que Mara réussirait à en apprendre un peu plus sur l'identité de ceux qui ne semblaient guère prêts à offrir leur aide aux réfugiés. Elle empoigna l'un de ses sacs et passa dans la salle de bains.

Lorsqu'elle en ressortit, une demi-heure plus tard, Anakin s'agrippa des deux mains aux rebords de sa couchette. Il écarquilla tellement les yeux que ses sourcils disparurent presque sous sa frange de cheveux noirs.

Riant intérieurement, Mara releva le menton et toisa son neveu.

— Vous pouvez nous baiser la main, dit-elle d'un ton indolent, imitant à la perfection l'accent Kuati.

— Wow ! s'exclama le jeune homme en s'étranglant de stupeur.

Luke croisa les bras et s'appuya contre le panneau générateur d'images accroché au mur. Il avait eu l'occasion de la voir passer de nombreux déguisements mais, cette fois-ci, la transformation était réellement spectaculaire. Elle avait teint sa longue chevelure rousse en auburn et attaché ses mèches de façon très serrée en une tresse qui partait du sommet de la tête, retenue par un fermoir serti de fausses émeraudes. Quelques grammes de pâte spéciale lui avaient permis de rehausser l'arête de son nez et un gel assombrissant lui creusait faussement les joues. D'autres émeraudes pendaient à ses oreilles et tombaient en cascade sur son cou. La tunique couleur d'améthyste, tenue par une ceinture faite d'un matériau que l'on pouvait confondre avec de l'or, était agrémentée de gemmes vertes sur l'une de ses épaules. Le décolleté plongeait de façon vertigineuse. Les chaussures à semelles compensées donnaient réellement l'illusion que Mara était plus grande qu'elle ne l'était en réalité. En cas de fuite, les talons pouvaient être arrachés afin de faciliter la course.

Elle posa une main sur l'épaule d'Anakin.

— Arrête de baver sur la moquette, dit-elle. Je suis surprise de te voir encore ici.

— On ne va pas tarder, dit Luke en se décollant du mur.

Mara sourit un peu tristement, comprenant que son mari aurait tellement aimé qu'elle passe encore une heure ou deux avec lui. En fait, elle aurait bien aimé cela, elle aussi. Mais, après avoir apporté autant de soin à son déguisement, il valait mieux qu'elle s'abstienne.

— Nous avons rendez-vous, dit Luke. Enfin, deux Kubaz de notre connaissance ont rendez-vous...

Anakin fronça les sourcils pour essayer d'assouplir ses

muscles faciaux encore engourdis par le port du masque de caoutchouc.

— Je vais aller faire un petit tour, dit Mara. Voir ce que je peux apprendre dans la foule de Port Duggan, voir si le petit spectacle a toujours lieu...

Dans les yeux de son époux, elle lut *Sois prudente*. Respectant sa retenue, elle ne lui promit pas en retour de suivre le conseil à la lettre. Elle se contenta de hocher la tête. Ses lèvres tressaillirent. Etre capable de communiquer sans un mot et sans faire appel à la Force représentait un exercice dont elle était particulièrement friande.

— J'enverrai un message à R2 si jamais je décide de changer de quartier, promit-elle.

Puis elle se rendit compte qu'elle avait aussi envie de dire « Vous deux aussi, soyez prudents », histoire d'apporter une touche finale de gentillesse à la conversation. Elle avait vraiment tendance à se radoucir, ces derniers temps.

Elle offrit sa paume à Luke. Ce dernier prit sa main et l'embrassa. Puis il se rapprocha suffisamment d'elle pour lui chuchoter à l'oreille :

— Reviens vite...

16

Un assistant introduisit Luke dans le somptueux bureau de Durgard Brarun, Vice-Directeur de Cor-Duro. Eclairée par un croisillon de bandeaux lumineux accroché aux murs et au plafond, la pièce s'articulait autour d'une grille d'aération décorative s'ouvrant en son centre. D'autres grilles noires, décoratives elles aussi, montaient du sol au plafond et formaient des motifs abstraits. A l'avant de la salle se trouvait une sorte de comptoir étroit, comme dans les districafés. Un Durosien solitaire y était assis. L'insigne triangulaire de Cor-Duro qui ornait sa poche de poitrine était bordé d'or. Des plis de peau d'un vert grisâtre pendaient sous son menton. Au-dessus de ses oreilles, son crâne dépourvu de cheveux était d'une pâleur extrême.

Il se leva pour accueillir les deux faux Kubaz.

— Mes seigneurrrs, comment puis-je vous êtrrre utile ?

Luke avait encore des doutes sur la quantité et le type d'informations qu'il recherchait. Il avait l'intention de convaincre le Vice-Directeur Brarun que lui-même et Anakin ne représentaient aucun danger, pour s'avancer ensuite sur des territoires plus dangereux.

Il était de la plus haute importance qu'il y parvienne. Tout était, à bien y réfléchir, de la plus haute importance. Il apporterait sa contribution pour forger le futur dans lequel son enfant évoluerait.

Adoptant son plus bel accent ronronnant de Kubaz, il s'adressa à l'officier en Basique :

— La plupart de nos congénères sont aujourd'hui sans abri. Nous avons mis en place une colonie sur Yag'Dhul, mais nous avons besoin de fournitures. Je me suis laissé dire qu'on pouvait acheter ici, à condition d'y mettre le prix, un certain nombre de ces denrées essentielles.

Le Durosien passa la main sur le dessus de son comptoir.

— Il se peut que le prrrix soit bien plus élevé que vous ne le pensiez, mes seigneurrrs, dit-il.

Deux humains de belle carrure sortirent de derrière un paravent mural tendu de tissu brun. Luke décela de la détermination dans leur regard. Mais il y repéra également une certaine forme de désespoir. Il avait déjà eu l'occasion de discerner cette association de sentiments chez tous les collaborateurs des Brigades de Paix, ces humains qui semblaient déjà convaincus que les Yuuzhan Vong gagneraient cette guerre à coup sûr.

Cette complication n'était pas la bienvenue. La société Cor-Duro était-elle donc corrompue à ce point ? Thrynni Vae avait-elle disparu parce qu'elle avait découvert les ramifications d'une trahison à plus grande échelle ?

Une seconde suggestion le frappa de plein fouet, comme le rayon d'un canon à ions, chassant par là même toutes ses autres pensées. Et si les Yuuzhan Vong s'apprêtaient déjà à envahir Duro ? Et si ces individus, ces agents, faisaient office d'éclaireurs ?

Il se secoua mentalement pour recouvrer sa prestance.

— Nous sommes prêts, ronronna-t-il, à offrir des crédits de la Nouvelle République, des titres Kubindi échangeables sur les autres planètes du système ou bien...

Une sonnette retentit dans la pièce et leur hôte se redressa.

— Un instant, mes seigneurrrs...

Brarun toucha une commande juste devant lui, étudia son moniteur et laissa échapper un petit sourire. Luke perçut chez l'officier un besoin urgent de chasser ses visiteurs étrangers. Il contra subtilement la sensation en suggérant à Brarun que les deux représentants Kubindi n'étaient que des témoins neutres. Après tout, leur planète était déjà rayée de la carte.

Brarun donna l'impression de méditer quelques instants cette nouvelle pensée.

— Mes seigneurrrs, dit-il enfin, je vous en prrrie,

patientez quelques minutes. On vient de me rrrappeler la prrrésence d'un visiteurrr que mes collaborateurrrs garrr-daient en salle d'attente, histoire de bien lui faire comprendrrre son rrrang. Je vais le rrrecevoir. Ne faites pas un brrruit ou bien je serrrai alors obligé de vous fairrre escorrrterrr vers la sorrrtie...

— Certainement, gronda Luke. Pour le salut de mon peuple...

Il fit un geste à Anakin et ils se glissèrent derrière le paravent. Au passage, Luke en profita pour sonder les deux gardes humains. Ils étaient certes d'une taille fort respectable, mais l'intelligence semblait cruellement leur faire défaut. Pour les deux Jedi ils ne représenteraient aucune difficulté s'il fallait en venir aux mains. Mais il espéra qu'il ne leur faudrait pas en arriver là.

Luke perçut la présence de Jacen quand celui-ci pénétra dans le bureau. Il portait une combinaison de vol de couleur brune et une casquette de tissu bleu. Au grand désarroi de Skywalker, Jacen ne prépara pas son arrivée en sondant les alentours au moyen de la Force. En fait, Luke sentit une absence totale, un vide dans la Force, entourant son apprenti le plus âgé. Un abîme qui n'avait fait qu'empirer.

Il avait déclaré à Anakin que Jacen devrait trouver sa propre voie. Il en était persuadé. Au plus profond de son âme, au plus profond de son cœur, Luke avait commis des erreurs. Il savait combien les conséquences pouvaient en être douloureuses. Surtout ici et maintenant.

Luke projeta une onde de la Force et adressa un signe mental à Jacen.

Le jeune homme venait de passer près d'une heure dans l'antichambre, à attendre que le Vice-Directeur veuille bien le recevoir. Il avait fait tout son possible pour rester patiemment assis, à réfléchir à sa vision. La diplomatie n'était peut-être pas son fort, mais Jacen avait eu l'impression qu'il ne s'était pas engagé sur la mauvaise voie.

Comme un écho surgi de sa vision, il ressentit la présence de son oncle. Là, l'un des deux Kubaz restés dans l'ombre, derrière les deux gardes du corps patibulaires. L'autre Kubaz était Anakin.

Provenant de son oncle, il perçut une onde lui suggérant de faire parler le Durosien. Se raidissant, Jacen fit face au Vice-Directeur Brarun. Quelle chance ! Il allait enfin pouvoir montrer à son oncle *et* à son frère la direction vers laquelle sa vision, sa conscience et ses expériences étaient en train de le pousser.

— Jedi Jacen Solo. (Le Vice-Directeur, comme tous les employés de Cor-Duro, portait une combinaison de vol marron bordée de gallons rouges.) Voilà qui est inattendu.

— Merci de... commença Jacen en s'avançant vers le bureau.

— Stop ! lança le Durosien. Vous êtes bien assez prrrès.

Jacen s'arrêta. Brarun souhaitait-il qu'il se tienne exactement à cet endroit précis ? En guise de test, il fit un pas de côté. Le Vice-Directeur ne s'y opposa pas.

Il en conclut donc que le Durosien ne tentait pas de le faire tomber dans un piège quelconque, mais qu'il était simplement effrayé par les Jedi et qu'il cherchait à se protéger.

— Monsieur, je me présente à vous au nom d'un peuple dans le besoin. Les réfugiés qui se trouvent sous le dôme de ma mère...

— Leia Orrrgana Solo, corrrrect ?

Jacen avait une bonne oreille pour les accents et les langages. Il s'habitua très rapidement à la tendance qu'avaient les Durosiens à rouler les *R*.

— Oui, monsieur. Ces réfugiés vivent dans des conditions incroyablement primitives. Ils...

— Où est votre tenue de Jedi, Jacen Solo ? Seriez-vous en train d'essayer de nous espionner ?

— Non, dit Jacen en écartant les bras. Pas du tout.

Le Durosien tendit une longue main noueuse vers Jacen.

— Votre problème de ravitaillement ne nous concerne pas. C'est probablement SELCORE qui vous rationne.

— Et pourquoi feraient-ils une chose pareille ?

Le Durosien eut un haussement d'épaules éloquent.

— Et pourquoi pas ? C'est SELCORRRE qui a décidé, à notrrre place, que nous n'avions plus besoin de notre planète. (Il leva une main avant que Jacen puisse répondre.) Nous avons bien été consultés mais uniquement pour la forrrme.

— Et pourquoi s'agit-il d'un problème ? Vous ne voulez pas que votre monde, là, en bas, redevienne habitable ?

— Nous sommes trrrès contents de nous êtrrre libérrrés de nos rrracines, dit le Vice-Directeur. Cette sphèrrre de pierrre était un vérrritable boulet pour nous. Ses usines n'étaient devenues que des endrrroits où l'on pouvait envoyerrr les mécontents et les rrraclurrres de caniveau. A prrrésent, ces citoyens rrregagnent les cités orrrbitales si bien gérrrées et menacent notre bel équilibrrre social. (Il pencha sa longue tête de côté.) Sachez que si vous parrrvenez à rrrendre cette planète vivable, il y a de forrrtes chances pour que les Yuuzhan Vong décident de l'attaquerrr. Si c'est le cas, ce serrra uniquement à SELCORRRE de porrter le chapeau.

Il jeta un coup d'œil aux deux Kubaz.

Jacen changea de position et sentit ses pieds s'enfoncer dans l'épais tapis.

— Monsieur, les navettes de ravitaillement ne parviennent pas jusqu'à nous. Les gens commencent à avoir faim. Nous avons besoin de votre aide. C'est urgent.

L'officier s'appuya sur le bord de son comptoir. Une sonnerie stridente retentit. Une porte s'ouvrit en chuintant derrière Jacen et deux Durosiens armés pénétrèrent dans la pièce.

Que se passait-il ? Jacen préféra garder les bras le long du corps.

— Monsieur, tout ce que je vous demande, ce sont des fertilisants chimiques pour que nous puissions subvenir à nos besoins agricoles. Je n'ai absolument pas l'intention de vous menacer...

— Vrrraiment ? demanda le Vice-Directeur. Centerrrpoint, la station que vous avez mise en rrroute chez nos cherrrs voisins, a bouleverrrsé l'équilibrrre du pouvoirrr dans ce secteurrr. Les Jedi me rrrendent nerrrveux. Surrrtout les plus jeunes, ceux qui utilisent des mots comme *urrrgent*. Bien souvent, ils ne sont pas assez mûrrrs et rrréfléchis pour savoirrr quand s'arrrêter.

On peut remercier Kyp Durron, songea Jacen. Il espérait cependant qu'Anakin suivait la conversation.

— Monsieur, ce n'est pas un Jedi qui a enclenché la mise à feu de Centerpoint...

— Un nouveau sentiment anime la Nouvelle RRRépublique, dit Brarun. Vous avez cerrrtainement entendu parler du fait qu'on rrremettait la philosophie Jedi en question, non ?

— Effectivement, admit Jacen. Pas plus tard que tout à l'heure, à Port Duggan, quand je suis arrivé.

— Ah, répondit Brarun. Vous avez rrrencontré ma sœurrr, Ducilla...

— Une oratrice fort éloquente, dit Jacen.

Il était probable que les idées avancées par la femme en question proviennent tout droit du bureau de la propagande des Yuuzhan Vong. Non. A bien y réfléchir, ce n'était pas leur genre d'employer ce type de subterfuge.

Cela dit, si Maître Luke souhaitait tant que cela obtenir des informations, cette conversation lui en avait certainement fourni.

Jacen avait besoin d'affirmer ses positions.

— Vous n'avez rien à craindre de moi, Vice-Directeur. Vous m'avez demandé où était ma tenue de Jedi ? Pour l'instant, je vous annonce que j'ai renoncé à mon apprentissage dans les rangs de la Chevalerie.

Le Durosien se pencha vers lui et laissa échapper un petit rire amer.

— Tout Jedi dont la mère apparrrtient à la lignée des Skywalkerrr ne peut rrrenoncer à son destin. C'est impossible. (Ses yeux rouges étincelèrent.) Il est grrrand temps que vous vous en rrrendiez compte.

Jacen serra les poings le long de ses cuisses.

— J'essaie d'être un homme à part entière et pas simplement le fils de ma mère.

A ce moment-là, les deux gardes du corps et les deux soldats éclatèrent de rire à leur tour.

— Comme il vous plairrra, monsieur, dit le Vice-Directeur. Qu'avez-vous à offrrrir à Corrr-Duro Expéditions en échange des marchandises disparrrues ?

— Vous ne comprenez pas, insista Jacen. Ces provisions nous appartiennent. Elles ont été envoyées par Coruscant.

— Donc, si je vous comprrrends bien, dit Brarun, vous êtes venu jusqu'ici pour accuser mon peuple de vol ?

A nouveau, au fond de son esprit, Jacen vit la galaxie basculer un peu plus vers les ténèbres. Il écarta les mains et fit un pas en arrière.

— Je n'ai pas grand-chose à offrir, admit-il.

Le Durosien croisa ses longues mains noueuses sur la surface du comptoir.

— Voilà qui est bien dit, Jedi Solo. Laissez-moi à prrésent vous rrraconter quelque chose. Je suis assez âgé pour me souvenirrr de l'Emperrreur Palpatine. Voilà un humain qui savait maintenirrr l'orrrdre. Peut-êtrrre a-t-il poussé cerrrtains de ses prrrogrrrammes un peu loin, comme l'idée d'éliminer totalement les individus de votrrre espèce, mais je doute que les Yuuzhan Vong aurrraient osé intrrroduirrre ne serrrait-ce qu'un simple orrrteil tatoué dans cette galaxie s'il était encorrre au pouvoirrr...

Jacen ne broncha pas, se demandant où le Durosien voulait en venir.

Brarun semblait avoir totalement oublié la présence des deux Kubaz.

— Cerrrtaines de nos cités spatiales sont encorrre équipées d'unités de propulsion datant de l'époque à laquelle nos ancêtrrres les ont placées sur orrrbite, dit-il. Nos foyers ne sont plus ancrrrés à Duro. Nous pouvons, à tout instant, décider de quitter les lieux.

Dans ce cas, Jacen se doutait qu'ils avaient dû détourner et stocker des marchandises destinées aux réfugiés en se gardant bien de l'avouer publiquement.

— Face à une invasion possible, dit-il doucement, il faut songer au bien de son peuple...

Le Durosien releva la tête et lui lança un regard surpris.

— Exactement. Quel usage les Yuuzhan Vong pourrraient bien avoir d'un habitat arrrtificiel ?

Jacen se raidit. Enfin le Vice-Directeur montrait des signes qu'il l'écoutait. Alors qu'il aurait dû encore pousser ses exigences, Jacen éprouvait à présent de la sympathie pour lui.

— Je suis d'accord, dit-il. Mais les Yuuzhan Vong détruisent ce qu'ils ont en horreur. Il y a encore certaines choses que vous ignorez à leur sujet. J'ai été retenu prisonnier chez eux. J'ai...

— Comment vous êtes-vous échappé ? demanda Brarun.

Jacen poussa un profond soupir. Il baissa la tête puis releva seulement les yeux.

— Mon oncle est venu me chercher.

L'opération avait été spectaculaire. Luke perçut une vague de gratitude.

— Ah, vous voyez ? lança Brarun en se redressant. Tout enfant dont la mère apparrrtient à la lignée des Skywalkerrr ne peut rrrenoncer à son destin de Jedi !

— J'essaie, dit Jacen. J'essaie de découvrir ce que je suis réellement en dehors de tout cela.

Brarun frotta ses deux pouces d'un vert grisâtre l'un contre l'autre au-dessus de ses mains croisées.

— J'ai assisté à des choses terribles, continua Jacen. (Il relata certains événements : la capture des esclaves, l'omniprésence de la douleur.) J'ai vu la mort en face, conclut-il. Des vaisseaux entiers, chargés de prisonniers, ont été sacrifiés. Il s'agit bien de sacrifices et pas d'éliminations pures et simples. J'ai eu l'occasion de parler avec une femme qui était également prisonnière. (Le visage de Danni Quee resurgit dans son esprit. Il espéra qu'elle était en sécurité, là-bas, à Coruscant.) Je pense que vous ne seriez pas à l'abri de Yuuzhan Vong, même en déplaçant vos cités orbitales vers d'autres systèmes. Ils vous tireraient dessus dans le but d'anéantir totalement votre technologie.

— Est-ce une menace, Jedi ?

— Non ! s'exclama Jacen. J'essaie seulement de vous

aider, Vice-Directeur. J'essaie de vous prévenir, pas de vous menacer. Nous devons nous serrer les coudes.

— Ah, le vieux dogme de la symbiose ! Saviez-vous que, pendant que votrrre dôme trrravaillait à un système de purrrification de l'eau dans l'espoirrr d'une symbiose avec Narrrthex, les gens de Narrrthex, eux, trrravaillaient à une façon de puiser l'eau par leurrrs prrroprrres moyens pour ne plus dépendrrre de vous ? Leurrrs prrrogrrrès sont mentionnés dans les rrrapporrrts hebdomadairrres de votre mèrrre. (Il pencha la tête de côté et adopta une pose triomphante.) Elle, une Skywalkerrr, ne semblait guèrrre vouloirrr trrravailler à cette symbiose, aprrrès tout.

— Mais nous sommes vraiment indépendants, insista Jacen. Le travail fourni par chaque colonie est destiné à rendre la surface de cette planète habitable à nouveau. (Une idée bizarre lui traversa l'esprit... Il n'avait pas l'autorisation... Mais bon...) Vice-Directeur, si nous, les colons, les premiers habitants de la nouvelle Duro, nous proposions de vous payer un pourcentage sur les futures marchandises, est-ce que cela en faciliterait les livraisons ? Disons, deux pour cent...

L'offre semblait généreuse. Le Durosien dévisagea Jacen par-dessus ses mains jointes. Le jeune homme retint son souffle. Tous deux savaient fort bien que Jacen n'était absolument pas habilité à prendre ce type de décisions. Si d'autres campements s'en apercevaient, ils crieraient à la trahison. Mais c'est après Jacen qu'ils en auraient, pas après le Vice-Directeur.

— Vingt pourrr cent !

Brarun fit un signe de la main. Du coin de l'œil, Jacen vit les deux gardes du corps humains se détendre.

— C'est beaucoup trop. (Jacen se sentait de plus en plus mal à l'aise. Sa mère lui avait demandé de faire preuve de diplomatie, mais cela ne voulait pas nécessairement dire qu'il lui fallait abandonner du ravitaillement.) SELCORE a négocié avec Cor-Duro pour la livraison de ces marchandises, insista Jacen. Cela signifie que vous avez déjà été payés.

— Et vous, dit le Vice-Directeur, vous avez été envoyé

jusqu'à moi en tant que négociateurrr. Fascinant. (Il leva un doigt et fit signe à l'un de ses musculeux assistants de quitter son poste, près des deux Kubaz inoffensifs, et de s'approcher.) Jedi Solo, je serrrai rrravi de rrreprrrendre ces négociations plus tarrrd. Pour l'heurrre, considérrrez-vous comme mon invité en attendant que je puisse contacter votrrre mèrrre et le siège à Corrruscant.

Cela signifiait-il que le Durosien souhaitait le retenir en otage ? Qu'il voulait exiger une rançon ? Ou bien Brarun était-il réellement prêt à négocier ? Jacen était heureux qu'il y ait eu des témoins dans la pièce. Cela dit, aucun d'entre eux ne pouvait être véritablement impartial. Il avait hâte de faire part de sa vision à Maître Skywalker. Finalement, peut-être obtiendrait-il l'aide nécessaire pour retrouver sa tranquillité d'esprit.

— A une condition, cependant, dit Jacen.

Brarun releva la tête.

— Je ne pense pas que vous soyez en position de poser quelque condition que ce soit.

— Attendez, écoutez-moi. Tant que je suis votre invité... Livrez les marchandises pour lesquelles vous avez signé un contrat.

Son oncle apprécierait l'initiative. Anakin était bien trop jeune pour comprendre.

— Vous n'avez aucun moyen de le vérrrifier, Jedi.

— Vraiment ? (Jacen regarda le Durosien droit dans les yeux. En fait, c'était vrai. Mais Brarun, lui, ne le savait pas.) Vous devez nous aider à repousser les Yuuzhan Vong. Si nous sommes incapables de leur tenir tête, ils nous élimineront tous, système après système. C'est ce qu'ils sont déjà en train de faire, d'ailleurs.

— Je ne vois pas de quoi vous voulez parler, dit le Durosien. (Il fit signe au second garde de s'avancer.) Escorrrtez le jeune Solo jusqu'aux apparrrtements de mes invités. RRRestez avec lui, montez la garrrde dans le couloir. Je m'entrrretiendrrrai avec lui à nouveau un peu plus tarrrd.

Jacen jeta un coup d'œil vers le paravent brun en regagnant la sortie. *J'espère que tu as obtenu ce que tu cherchais, Oncle Luke*, songea-t-il, sachant très bien que son oncle n'aurait aucune difficulté à capter cette phrase pour laquelle il n'avait pas eu besoin de formuler le moindre mot.

L'un des Kubaz hocha très discrètement la tête. L'autre détourna le regard.

Mara jeta son databloc sur la console en entrant dans l'appartement qu'ils avaient loué. Une rapide vérification des deux pièces lui confirma qu'elles étaient vides, son œil exercé lui indiquant que personne ne s'était introduit chez eux en leur absence.

Ayant porté son nouveau déguisement dans les allées de Bburru, elle n'avait eu aucun mal à trouver un Durosien désireux de se confier, surtout lorsqu'elle avait expliqué à celui-ci qu'elle avait peur de se réveiller un matin pour découvrir qu'on avait installé des camps de réfugiés sur Kuat.

Le marchand Durosien avait parlé librement, sentant chez elle une nouvelle convertie à sa cause. Elle avait enregistré ses préceptes sur son databloc, elle avait insisté pour qu'il lui explique en détail certains points obscurs de sa doctrine. Finalement, détectant chez la jeune femme une certaine forme d'impatience, il lui avait promis de lui faire part, deux jours plus tard, des toutes dernières « paroles de sagesse » qui lui parviendraient.

A l'écoute de cette information, sa fibre d'espionne avait réagi au quart de tour. Comment, avait-elle demandé négligemment, pouvait-il être sûr de la date ? Il avait haussé les épaules. Les paroles lui parvenaient toujours le même jour. Mara l'avait remercié. Le marchand lui avait livré bien plus d'informations qu'il ne l'imaginait.

Sans prendre la peine de quitter son costume, Mara s'assit à la console d'ordinateur de leur appartement de location et y connecta son databloc. Quelques minutes plus tard, grâce aux codes que Ghent avait développés des années auparavant pour le compte de Talon Karrde, elle parvint à s'introduire dans les réseaux de communication de Bburru.

Des douzaines de transmissions « parvenaient toujours » le même jour. Parmi celles-ci, elle concentra ses efforts sur trois d'entre elles en provenance d'autres systèmes et sur une en provenance de la surface. C'était un rapport émis par Narthex, le dôme de SELCORE, qui informait de la progression des recherches. Dans leur grande sagesse, les gens de SELCORE essayaient continuellement d'impressionner les Durosiens avec leurs procédés d'assainissement de la planète.

Elle pouvait aisément retrouver la source de cette transmission précise. Elle passa rapidement en revue les communications récentes. De la surface ne provenaient qu'une série de rapports sur les progrès réalisés. Deux marais toxiques avaient été ensemencés d'organismes destinés à les rendre fertiles. Trois zones avaient été asséchées et transformées en terres arables. De petits mammifères avaient été lâchés sur une prairie. Mais cette dernière expérience n'avait guère été couronnée de succès. La moitié des animaux étaient morts et l'autre moitié ne donnait pas l'impression de vouloir se reproduire.

Elle avait chargé les programmes de déchiffrage de Ghent sur son propre databloc. Il ne lui fallut que quelques minutes pour copier la transmission et lancer le décodage. Elle attendit pendant que le petit appareil égrenait les différents langages et codes, affichant sur son écran toute une série de signes illisibles... Jusqu'à ce que quelque chose attire son attention. Sa longue tresse de cheveux lui tomba sur les yeux quand elle se pencha sur son databloc. L'un des scientifiques installés sur la planète s'était servi d'un vieux code militaire Rhommamoolien.

Mara se rappela alors l'antagonisme passionné, voire illogique, de Nom Anor, le leader spirituel de Rhommamool jadis assassiné. Vers la fin du texte, elle repéra quelques phrases prononcées par l'oratrice Durosienne à Duggan Station.

Elle se redressa et inclina la tête pour que sa tresse de cheveux pivote à nouveau vers l'arrière. Quelqu'un, là, en bas, à Narthex – un Durosien ou bien une tout autre personne animée de la volonté de causer le trouble sur Duro –, avait des connexions avec Rhommamool, là où Mara avait déjà eu l'occasion d'entendre ce genre de rhétorique.

L'*Ombre de Jade* avait appartenu à un marchand d'épices avant que les droïdes de modification de Lando n'y installent son armement camouflé. L'appareil passerait sans problème pour la navette personnelle d'une représentante de la noblesse. En tant que noble de Kuat, Mara avait besoin au moins d'une servante. Mais il n'était pas toujours possible d'obtenir ce qu'on voulait...

Par l'intermédiaire de R2-D2, elle laissa un message à Luke.

La représentation tridimensionnelle du buste de Han scintillait dans le faisceau du projecteur holographique de l'un des bureaux du bâtiment administratif de Narthex.

— C'est du Randa tout craché, ça, de débarquer à l'improviste dans la salle des communications, dit Han. Tu n'as qu'à le menacer, si c'est nécessaire. Il te respecte.

— Il me respectait, le corrigea Jaina. Mais ça lui a passé.

Elle secoua la tête. Tout ce qu'elle souhaitait, c'était que le Hutt lui fiche la paix.

— Je pense qu'on n'aurait pas dû le laisser dormir dans notre salle de contrôle. Je n'aurais même pas dû le ramener avec nous !

— Non, tu as bien fait, dit Jaina en haussant les épaules.

— Bon, eh bien, va lui signaler qu'il risque de se retrouver en prison pour un long moment et garde un œil sur lui. Débrouille-toi pour qu'il ne croise pas le chemin de Leia. J'ai entendu dire que quelqu'un avait saboté son laser de forage la nuit dernière.

— J'ai donc intérêt à ne pas croiser son chemin non plus !

Jaina tira sur sa casquette SELCORE de tissu bleu pour se couvrir plus chaudement les oreilles et sortit.

Elle trouva rapidement la tente de Randa. De curieux

chuintements s'élevaient de derrière ses panneaux d'étoffe bleue. Jaina souleva le volet de fermeture. Randa était affalé sur sa couchette et tenait une sphère de cuir dans l'une de ses petites mains. Il eut un geste brusque, comme pour dissimuler cette main derrière son dos, avant de la tendre vers Jaina avec insistance. Les chuintements et les gémissements cessèrent.

— Prends-le ! tonna-t-il. J'attendais la visite de l'Ambassadeur Organa Solo ou bien de l'un de ses responsables de la sécurité...

Jaina reconnut le Villip. Elle sentit un nœud se former dans son estomac. Randa ? Un espion ? Voilà pourquoi il traînait si souvent au centre de communication !

— Ça fait combien de temps que tu collabores avec eux ? demanda la jeune femme, se tenant prête à parer la moindre attaque.

— Je ne collabore pas ! grogna le Hutt. J'ai demandé à m'entretenir avec eux, espérant négocier un peu de clémence envers mon peuple. Ils ont rejeté ma requête.

— Et quand ? dit Jaina en faisant un pas en avant. Quand les as-tu contactés ?

— Hier.

— Une fois seulement ?

— Je te jure sur la tête de...

— D'accord, d'accord, je te crois, dit-elle, dubitative. C'est donc pour cela que tu as essayé de dire au Sénateur Shesh que les Yuuzhan Vong étaient en route. C'est parce que tu as découvert un Villip à l'intérieur du dôme de Narthex.

— Le sénateur m'a assuré que les renforts arriveraient très prochainement.

Jaina gratta l'extrémité de son pouce avec le tranchant de l'ongle de son index. Si Jacen avait raison, si, effectivement, on ne pouvait pas faire confiance à Shesh, il semblait évident que le sénateur ne ferait *aucun* effort pour envoyer des renforts. A l'heure qu'il était, elle avait peut-être déjà fait part du message de Randa aux Yuuzhan Vong.

— J'ai commis une erreur, lui assura le Hutt. Vraiment. Mais j'ai tout réparé, maintenant...

— Et tu penses que les gens vont croire ça ? Allez, donne-moi ce machin...

Jaina s'empara du Villip parcheminé. Dans le mouvement, elle frôla l'estomac du Hutt et sentit les effluves de son odeur corporelle fétide. Elle cala le Villip inanimé sous l'un de ses bras, sortit de l'abri et se dirigea vers le bâtiment grisâtre de l'administration.

17

On ordonna à Mara de ne pas se poser à la porte principale de Narthex.

— La zone de décontamination qui se trouve juste à l'intérieur est officiellement en quarantaine, lui dit-on.

C'était probablement en raison de l'évacuation du dôme Trente-Deux après l'infestation. Une voix assez jeune lui indiqua une aire d'atterrissage plus petite, située au nord-est et bordée de plantes vertes en pleine croissance. Les scientifiques étaient réellement en train de faire des progrès. Ce monde revenait lentement à la vie. En revanche, sa survie dépendrait certainement de ce que Mara découvrirait ici.

Des ramifications de tubes d'accostage hermétiques et souples étaient reliées à la porte nord-est de Narthex. Mara attendit tranquillement dans le poste de pilotage que le personnel au sol en ait relié une à l'écoutille bâbord de l'*Ombre*. Elle passa une cape légère sur sa tenue et s'engouffra dans le conduit de synthéplast.

A l'intérieur du dôme de Narthex, dans la zone sud-ouest, elle repéra un bâtiment gris de deux étages, entouré de constructions plus basses. De la vapeur s'élevait de l'une des bâtisses secondaires. Sur une aire dégagée qui s'ouvrait sur sa gauche, elle vit que le sol sablonneux avait été ratissé sur de courtes sections. Les colons étaient probablement en train de se créer des petits jardins privatifs. Sur sa droite, derrière une vaste étendue plantée de tentes aux toits bleu délavé, elle aperçut des ruines basses qui se détachaient du paysage. Elle perçut alors un bourdonnement lointain. Certainement un engin de forage en plein travail.

Pas mal, pour une cité de réfugiés. Elle inspira profondément. L'air y était tout à fait respirable, alors qu'en général les campements de ce type n'étaient que des trous boueux et nauséabonds. L'administration locale avait donc de la sympathie pour les habitants.

Mara décida d'aller s'entretenir avec Leia avant de prolonger son enquête. Si son mystérieux contact lui attirait le moindre ennui, elle aurait à quitter les lieux dans les plus brefs délais.

Au centre du rez-de-chaussée du bâtiment administratif s'élevait un escalier en lieu et place des turbo-élévateurs habituels. Par endroits, les marches de durabéton s'effritaient. Elle monta à l'étage, découvrit une porte marquée ORGANA SOLO et l'ouvrit.

La silhouette familière d'un droïde de protocole apparut.

— Bonjour, la salua-t-il. Je suis C-3PO, relations humains/Cyborgs...

— Je vois ça. (Demeurant dans la peau de son personnage, elle jeta sa cape sur le dossier d'une chaise de métal et détailla la pièce d'un regard hautain. Un grand bureau, une couchette, une cuisinière à rayons, des placards. Une seule pièce remplissant plusieurs fonctions. Mais pas de Leia.) Je suis la Baronne Muehling, de Kuat. Je souhaite m'entretenir avec l'administrateur.

Le droïde écarta les bras.

— Je suis sincèrement désolé, Baronne, l'Administrateur Organa Solo est pour l'instant en rendez-vous à l'extérieur. Nous venons d'être victimes d'une malencontreuse série de problèmes d'approvisionnement. Peut-être pourriez-vous me charger d'un message à lui transmettre ?

Mara secoua la tête, préférant mettre fin à la mascarade.

— Certainement, C-3PO. Dis à Leia que sa belle-sœur souhaiterait la voir deux minutes.

Le droïde tourna la tête. Mara faillit éclater de rire. Il avait l'air perpétuellement perplexe et son attitude, à ce moment précis, était on ne peut plus appropriée.

— Je... Je vais voir si elle peut se libérer... Baronne, dit-il d'une voix hésitante. Attendez ici, je vous prie.

— Je n'ai pas l'intention de bouger.

C-3PO s'avança vers la porte en grinçant. Il avait besoin d'une bonne lubrification. Si Leia en venait à oublier de petits détails comme l'entretien de son précieux droïde de protocole, cela signifiait qu'elle était *réellement* occupée.

La porte s'ouvrit à nouveau quarante secondes plus tard et Leia pénétra dans la pièce. Sa tête était parée d'une écharpe blanche en guise de turban et ses joues semblaient beaucoup plus creuses, ses yeux beaucoup plus sombres qu'à l'habitude. Elle dévisagea Mara longuement.

— C'est bien toi, conclut-elle.

Elle s'avança et embrassa sa belle-sœur. Avec dignité. Comme le ferait une ambassadrice en saluant une autre. C-3PO retourna dans un coin de la pièce en secouant la tête.

Mara enlaça les épaules de Leia.

— Il faut que je te parle.

— Je ne savais pas que tu étais dans ce système.

— Je viens juste d'arriver.

— Luke est avec toi ?

— Oui, et Anakin aussi.

— Pose-toi. J'ai besoin de m'asseoir quelques instants.

Mara prit la chaise de métal et s'assit face à la grande fenêtre. La vapeur qui s'élevait du bâtiment en contrebas formait une sorte de rideau extérieur.

Leia s'écroula sur une autre chaise derrière le bureau massif. Il provenait certainement des stocks de SELCORE. Sur le mur opposé, face à la cuisine et à la couchette, Mara repéra deux chandeliers incongrus, forgés dans un métal noir et arborant des formes fantastiques.

— Je peux t'offrir quelque chose ? demanda Leia. On n'a que l'essentiel, ici...

— Juste un verre d'eau.

Leia envoya C-3PO à la cuisine. Pendant que le droïde préparait les verres et la carafe, Mara parla à sa belle-sœur de la situation militaire sur Coruscant. Elle s'abstint de mentionner ce petit point chaud, inondé de Force, qui battait dans ses entrailles. Au lieu de cela, elle lui confia ce qu'elle avait entendu sur Bburru et lui fit part de ses découvertes.

— Un code Rhommamoolien ? (Les sourcils de Leia se soulevèrent sous le turban immaculé.) J'espère qu'on ne va pas voir débarquer ici les Chevaliers Pourpres de la Vie. (Elle tapota le bord de son bureau avec un stylet d'écriture et sa voix se fit plus amère.) Entre dix et trente pour cent des marchandises qui nous sont envoyées ne nous parviennent pas. J'ai envoyé Jacen pour essayer de tirer cela au clair.

Mara leva un sourcil hautain.

Leia éclata de rire.

— Toujours dans la peau de ton personnage, pas vrai ?

— C'est un instinct de survie, chez moi.

— Je t'en prie, ne change rien !

C-3PO rapporta la carafe et deux verres. Mara but une longue gorgée et Leia finit de lui dresser l'inventaire de ses problèmes récents. L'eau avait un vague goût de moisi. Et Leia termina sur une triste conclusion : elle et Han se trouvaient à quelques kilomètres l'un de l'autre pendant tout ce temps et aucun d'entre eux ne s'en était rendu compte.

— On doit oublier ça, insista-t-elle, mais cela risque de prendre du temps. Pour eux, j'étais retournée sur Coruscant. Je n'étais pas là pour m'occuper de Jaina.

— Jaina a bien grandi, tu sais...

— Elle n'a pas manqué de me le rappeler. Avoir une fille, c'est compliqué. Elle peut être à la fois ta meilleure amie et ta plus farouche concurrente, le tout emballé dans une seule et même personne qui n'est là que pour te remémorer ce à quoi tu ressemblais quand tu avais son âge...

Mara faillit lui faire part de son état. Mais elle se ravisa et demanda :

— Qui a rédigé le rapport de la semaine dernière, destiné à SELCORE, dans lequel il est fait mention de l'ensemencement des marais toxiques ?

— Le Dr Cree'Ar. (Leia se tourna vers la console

posée sur son bureau. Elle pianota sur quelques touches et hocha la tête.) Il dirige nos recherches. Il fait des miracles. Pourquoi ?

Ce n'était pas la réponse à laquelle Mara s'attendait.

— Qu'est-ce que tu penses de lui... enfin, sur le plan personnel ?

Leia haussa les épaules.

— Je crois que C-3PO a essayé de te décourager, lorsque tu es arrivée, en te disant combien j'étais occupée, non ? Eh bien, c'est la stricte vérité. Et je n'ai jamais eu l'occasion de rencontrer le Dr Cree'Ar. Il...

La porte s'ouvrit. Jaina pénétra dans la pièce. Elle portait une combinaison de vol grise, une casquette à bords étroits bien enfoncée sur la tête et un curieux masque facial. Mara sentit une vague d'énergie l'entourer.

— Tante Mara ! s'exclama Jaina.

— Excellent, moi qui étais justement en train de me dire que j'avais besoin de quelqu'un pour me présenter à ta mère !

Le sourire de Jaina s'estompa.

— Avant que tu ne me poses la question, autant t'expliquer. Je me trouvais près d'un vaisseau qui a explosé. Je devrais recouvrer une vision parfaite d'ici quelques semaines. Tu portes certainement quelque chose de très élégant mais, pour moi, ce n'est qu'un flou artistique non identifiable.

Mara laissa fuser un rire.

Jaina ôta sa casquette pour révéler un duvet brun naissant à la surface de son crâne.

— Décontamination, expliqua-t-elle. Ici, c'est un peu considéré comme une marque de reconnaissance.

— Etait-ce vraiment nécessaire ? demanda Mara en posant les yeux sur le turban blanc de sa belle-sœur.

— Peut-être pas, dit Leia. Mais il semblerait que le geste ait été apprécié. Un grand nombre de réfugiés ont oublié que mon propre monde a été détruit il y a vingt-cinq ans de cela. Ça leur plaît de me voir comme ça. Ça leur rappelle que, moi aussi, je suis une réfugiée. Nous commençons déjà à avoir quelques petits problèmes avec les Ryn.

— Qu'est-ce qu'ils font ?

— Eux, rien. Le problème vient des autres peuples. Tous ont grandi en pensant que les Ryn étaient des kidnappeurs d'enfants, des voleurs chroniques. Tout le monde les évite. C'est stupéfiant de voir avec quel stoïcisme ils prennent cela.

— Hum, dit Mara dont l'esprit était déjà passé à un autre sujet. J'ai besoin de m'entretenir avec ton fameux Dr Cree'Ar, mais je ne vais pas te demander de me le présenter vu que vous ne vous êtes jamais rencontrés.

— Je vais aller avec toi, dit Jaina. Je n'ai rien d'autre de particulier à faire en ce moment.

— Tu y vois assez clair ? demanda Mara. Si ce Durosien a, d'une façon ou d'une autre, un rapport avec Rhommamool, je doute qu'il soit le plus accueillant des hôtes. Tu te rappelles comment on nous a reçues là-bas ?

Jaina laissa échapper un petit rire bref.

— Ne te fais pas de bile. Je peux me servir de la Force pour amplifier ce que j'ai du mal à discerner. Et ne va pas me dire que ce type d'utilisation est indigne et injustifié !

— Si, si, murmura Mara, il est très justifié. Et j'ai vraiment besoin de toi. Vois-tu, une vraie noble de Kuat ne se déplace jamais sans au moins une servante. J'ai quelques bricoles à bord de l'*Ombre* pour que tu puisses te déguiser. (Elle lança un coup d'œil à Leia.) Si cela ne te gêne pas que je t'emprunte ton assistante pour quelques heures...

Leia fit un geste de la main.

— Je ne la tiens pas en laisse, Mara. Tu sais, même quand tes enfants reviennent auprès de toi, ce ne sont plus vraiment tes enfants...

Le bâtiment alloué aux recherches était stupéfiant, des batteries d'instruments et d'équipements scientifiques – tous fabriqués sur les Mondes du Noyau – paraient ses murs lisses, d'un blanc stérile, du sol jusqu'au plafond, lui-même recouvert d'isolant acoustique. L'étage principal était divisé en six laboratoires. Chacun ressemblait à n'importe quel autre laboratoire sur n'importe quelle autre planète, grâce aux bons soins de SELCORE. Dans chaque salle, des expériences de toutes sortes étaient en cours.

Mara trouva enfin le laboratoire du Dr Cree'Ar et s'y introduisit. Deux assistants étaient assis à une longue table de travail. L'un d'entre eux semblait superviser une réaction chimique qui se produisait dans une série de six rangées de dix tubes à essais. L'autre versait quelques gouttes d'un liquide visqueux d'une flasque dans des réceptacles plats.

Mara fit signe à Jaina de s'avancer.

— Bonjour dit cette dernière. Le docteur est-il là ?

Le technicien qui se trouvait près d'elles, un jeune homme un peu costaud à la moustache rousse, reposa sa flasque contenant un liquide brumeux.

— Il est sorti. Il a dit qu'il se rendait dans le Secteur Sept.

Mara détailla l'installation d'équipements scientifiques. D'après le dossier qu'elle venait d'étudier, le Dr Cree'Ar était parvenu à synthétiser des plants et des protozoaires susceptibles de créer des zones arables en dévorant les toxines du sol, des toxines qui, normalement, n'auraient épargné que les scarabées Fefze.

— Très bien, dit Mara en posant une main sur l'épaule de Jaina.

Celle-ci, vêtue de la robe traditionnelle en tissu grossier des servantes de Kuat, croisa ses mains sous ses longues manches. Sa tante lui avait même déniché une perruque tressée.

— Nous attendrons, dit-elle enfin.

Deux heures plus tard, Mara s'appuyait toujours d'un bras contre la table du laboratoire, occupée à tenir tête aux regards impérieux que lui lançaient les deux assistants – un humain et un Sullustain – du Dr Dassid Cree'Ar. A l'inverse de Leia, Mara avait tout son temps pour chercher à rencontrer le savant. Comme elle l'avait répété à maintes reprises aux deux techniciens, elle était on ne peut plus prête à attendre toute la journée, s'il le fallait. Elle décida de tuer le temps en déambulant dans le laboratoire. Elle souleva des flasques et examina des gels de culture, ce qui ne fit qu'augmenter la nervosité des deux laborantins.

Finalement, l'un d'entre eux, occupé jusqu'alors à centrer une rangée de tubes à essais sous de minuscules goutte-à-goutte, pivota sur son tabouret. Il balaya la mèche de cheveux qui lui tombait sur le visage.

— Baronne, dit-il d'un ton las, pourquoi n'iriez-vous pas, vous et votre servante, vous munir de respirateurs à l'intendance de l'étage en dessous ? Vous pourriez ensuite emprunter les tunnels jusqu'aux marais pour essayer d'y retrouver le Dr Cree'Ar...

— Mais enfin, vous voyez bien que je ne suis pas habillée pour me promener dans les marais !...

— Le sol est bien sec autour des zones marécageuses. Je suis sûr que le docteur sera ravi de s'entretenir avec un visiteur aussi distingué.

Mara souleva un sourcil.

— S'il revient en mon absence, lança-t-elle d'un ton ferme, demandez-lui de suivre... Le tunnel, avez-vous dit ?

— Descendez l'escalier, prenez à droite. La dernière porte à droite, c'est celle de l'intendance. N'oubliez pas vos masques à oxygène. Juste à l'extérieur du bâtiment, vous verrez un escalier couvert. L'administration nous laisse creuser nos propres voies d'accès aux terrains de recherches, étant donné que la porte nord est très éloignée et pas vraiment dans la bonne direction. Le terrain, dans le coin, est assez meuble. Creuser le tunnel ne nous a pris que quelques jours.

— Très bien, dit Mara, teintant sa voix d'une pointe d'irritation. Viens, Emlee.

— Oui, Baronne, dit Jaina en s'inclinant.

Ouvrant la marche, Mara descendit à l'étage inférieur et trouva les respirateurs à l'endroit que lui avait indiqué le technicien harcelé. Elle et sa nièce se dirigèrent ensuite vers l'entrée du souterrain. La pente en était fort abrupte sur les premiers mètres. L'inclinaison finit par s'adoucir. Le tunnel était chichement éclairé par des bâtonnets lumineux accrochés au petit bonheur des aspérités de la voûte.

— Ça va, tu t'en tires ? dit Mara, ralentissant l'allure pour chuchoter à l'oreille de sa nièce.

Jaina haussa les épaules.

— Je commence à avoir l'habitude de me déplacer dans l'obscurité.

— Parfait. Reste bien dans ton personnage, alors. N'abandonne pas ton rôle tant que je ne te signale pas clairement que la comédie est terminée.

— D'accord, murmura Jaina.

Mara reprit la tête. Le tunnel s'incurva graduellement vers la droite. Il devait, songea-t-elle, suivre les filons de pierres friables pour rejoindre les terrains qu'elle avait aperçus lors de son arrivée.

— Une seconde, chuchota-t-elle.

Elle revint en arrière sur quelques mètres car elle avait décelé un subtil changement dans l'écho de leurs pas.

Dans un recoin très sombre, entre deux éclairages distants l'un de l'autre, un passage transversal avait été percé. Un rideau de tissu, de la même couleur que la roche, avait été tendu pour dissimuler l'ouverture.

— Ah ! dit Mara, en adoptant le ton de son personnage. (Elle écarta le pan de tissu et aperçut de la lumière qui luisait faiblement au fond d'un boyau étroit.) Par ici, je crois...

Elle franchit cinq mètres, jusqu'à un angle à quatre-vingt-dix degrés dans le tunnel, tourna à gauche et déboucha dans une salle de taille respectable. Assis à une table de travail se tenait un grand Durosien très mince qui manipulait deux flasques contenant un liquide brun et opaque.

— Dr Cree'Ar, dit Mara en relevant le menton. Vous êtes bien insaisissable. J'espère que notre entretien sera à la hauteur de la peine que j'ai eue à vous retrouver...

Le savant Durosien reposa ses flacons sur la table.

— Madame, dit-il d'un ton sévère. Vous êtes ici dans mon laborrratoire prrrivé. Veuillez me fairrre parrrt de la rrraison de votre prrrésence...

Les murs de la pièce, le sol et le plafond, étaient taillés à même le roc. Mara repéra une couchette près de l'une des parois. Plus loin, installés en hauteur... Mais qu'était-ce donc ? Des réservoirs à catalyse ? Les objets qui y flottaient avaient quelque chose d'organique. Dans un renfoncement du mur opposé, elle aperçut un incubateur réchauffé par une petite veilleuse. S'agissait-il d'une unité de stockage ?

Jaina fit un pas en avant, les mains toujours croisées sous les plis de ses manches.

— Docteur, dit-elle. Voici la Baronne Muehling, de Kuat. Elle souhaite vous entretenir d'un grave problème.

Mara repéra un tabouret qui semblait apparemment avoir été conçu avec des morceaux de caisse d'expédition. Elle marcha à grands pas jusqu'au siège et s'y assit.

Finalement, Cree'Ar quitta son bureau et s'avança vers elle. Ses grands yeux rouges semblaient étinceler.

— Pourquoi m'honorez-vous de votre visite, Baronne ?

— Même sur les autres planètes, commença-t-elle, on ne parle que de votre excellent travail, de votre abnégation. D'ailleurs, l'Administrateur Organa Solo prétend que vous réalisez des miracles...

Le docteur écarta modestement les bras.

— Duro, continua Mara, a visiblement été transformée en dépotoir pour les autres espèces. Je crains que mon peuple ne subisse un sort similaire. Les contacts que j'ai rencontrés sur Bburru m'ont signalé que vous étiez le proche disciple de quelqu'un qui était susceptible de renverser la vapeur, au profit de votre peuple.

Dans son rôle de baronne, Mara avait compris qu'il était plus facile d'obtenir ce qu'elle désirait en jouant habilement de la flatterie plutôt qu'en harcelant ses interlocuteurs. Elle poussa donc le jeu un peu plus loin.

Au moment même de leur entrée dans la salle, Jaina avait perçu quelque chose d'étrange. Elle n'avait pas encore eu le loisir de rencontrer de Durosien puisque la corvette médicale l'avait directement déposée ici, sans même faire une étape en orbite. Mais, décidément, ce type-là ne lui disait rien qui vaille.

Avec hésitation, elle projeta vers lui un léger rayonnement de Force. Quel pouvait bien être son degré d'hostilité ? Elle ne sentit rien. Elle n'arrivait même pas à discerner sa présence. Pendant l'effort, Jaina conserva son regard braqué vers le sol. Elle n'avait pas entendu parler de Yuuzhan Vong capables de se faire passer pour des Durosiens. Mais, s'ils étaient susceptibles d'élever des organismes à même de les grimer en humains très convaincants, la possibilité de transformation en une autre créature extraterrestre était certainement à leur portée. La seule façon de s'en assurer serait de le démasquer.

Problème. Le point d'activation du grimage se trouvait le long de l'arête du nez. Et les Durosiens, eux, n'avaient pas de nez. En plus, les traits de Cree'Ar se perdaient, pour la jeune femme, au milieu d'un brouillard flou. Toujours hésitante, Jaina dirigea la Force vers sa figure. Elle se concentra tout particulièrement sur l'endroit du visage où aurait dû se trouver le nez, si le docteur avait été humain. Et rien ne se produisit. Elle essaya un autre point, légèrement plus à gauche du centre du flou. Toujours rien. Son esprit se mit alors à s'emballer. Que se passerait-il si elle avait subitement besoin de dégainer son sabrolaser ? Elle n'arrivait déjà pas à distinguer le type en question...

Cree'Ar se tapota le visage de façon distraite, comme quelqu'un soucieux de chasser un insecte importun. Mais Jaina s'était entraînée inlassablement contre des unités télécommandées, dans la plupart des cas avec un bandeau sur les yeux. Et les unités en question n'avaient guère plus de présence dans la Force qu'un Yuuzhan Vong. Elle projeta une nouvelle onde, avec plus d'insistance cette fois-ci.

Mara était assise, le dos bien raide, sur la caisse d'expédition de Cree'Ar avec autant de distinction que s'il s'agissait d'un trône dû à son rang de baronne. Le docteur avait enfin consenti à lui expliquer les principes de sa philosophie.

— ... dans le but ainsi d'ébranler les juridictions locales et... Aïe !

Il fit un mouvement brusque de ses deux mains noueuses. Mara eut cependant le temps d'apercevoir quelque chose d'horriblement familier. Là, juste sous l'un des plis sombres qui lui barraient la face, sa peau grisâtre venait d'onduler. Un coin venait de se rétracter, révélant un teint anormalement pâle et les bords d'un tatouage noir.

Mara se leva d'un bond, s'empara de son sabrolaser dissimulé sous les pans de sa tunique couleur d'améthyste et l'activa. Jaina, aussitôt sur la défensive, fit jaillir son sabre caché dans les plis des longues et épaisses manches de son manteau.

La peau d'un gris bleuâtre du docteur se rétracta un peu plus, laissant apparaître un visage squelettique et d'impressionnantes poches sous ses yeux. Comme si soudainement sa peau était devenue liquide, les plis de son épiderme dégoulinèrent et disparurent dans le col de sa blouse de laboratoire.

Cree'Ar ne bougea pas et se mit à rire. A première vue, il ne semblait pas armé.

— Ne bougez pas, lui dit Mara. Vous ne portez pas d'armure, vous êtes donc vulnérable.

Le rire de Cree'Ar s'estompa et ses lèvres exsangues se retroussèrent.

— Mara Jade Skywalker, n'est-ce pas ? Pourquoi n'êtes-vous pas morte ?

— On s'est déjà rencontrés ? demanda Mara, prise de stupeur.

Le Yuuzhan Vong releva sa tête hideuse.

— Je comprends que la Nouvelle République n'arrive pas à défendre correctement cette galaxie. Même ses prétendus héros sont complètement stupides. Oui, nous nous sommes déjà rencontrés. J'ai déjà failli vous tuer.

Jaina fit un pas en avant.

— Je connais cette voix, murmura-t-elle.

— Et comment, gronda l'extraterrestre. Laissez-moi vous mettre sur la voie...

— Rhommamool ! s'exclama Jaina en assurant sa prise sur son sabrolaser. Vous êtes Nom Anor ! Vous avez fait croire à tout le monde que vous étiez humain. Apparemment, vous avez aussi fait croire à tout le monde que vous étiez mort !

Il pencha la tête de côté.

— Vous, au moins, vous vous approchez d'une certaine valeur. Mais cela ne signifie pas pour autant que vous l'ayez déjà atteinte.

Mara leva son sabre, repensant à son autre rencontre avec Nom Anor, sur Monor II. Les natifs de Sunesi avaient invité plusieurs centaines de diplomates afin d'assister à l'accession au trône de leur dixième prêtre-prince, Agapos X. Un groupuscule armé avait proféré des menaces à l'encontre d'un homme politique de Coruscant et Mara avait alors été engagée comme garde du corps. Pour elle, c'était également l'occasion de visiter Monor II et d'admirer son atmosphère acide perpétuellement nappée d'une brume étincelante.

— Vous portiez un masque noir et une tunique tout aussi noire, dit Jaina. Qu'est-il arrivé à votre esclave, cette pitoyable fouine ?

Les lèvres de la créature se rétractèrent en un sourire dédaigneux.

— Shok Tinoktin a été largement récompensé pour ses bons et loyaux services.

Mara observa le laboratoire. Même si Nom Anor disposait d'armes biologiques bien en vue, elle serait incapable de les reconnaître. Elle adorerait, cependant, le capturer vivant. Elle n'avait pas son pareil pour réduire à néant même les ego les plus puissants, elle savait déstabiliser ses interlocuteurs en insistant sur leurs faiblesses.

— Donc, si je comprends bien, dit-elle en soulevant un sourcil, le minable fauteur de trouble a repris ses minables activités...

— Minable ?

Il avança une main vers sa table de laboratoire.

— On ne bouge plus ! ordonna-t-elle. Si vous faites un geste, vous êtes mort...

Les doigts du Yuuzhan Vong se tendirent vers l'une des flasques qu'il manipulait lorsqu'elles étaient rentrées dans la pièce.

— Vous ne pourriez pas m'atteindre avant que je lance ceci. Ce flacon est plein de spores de coombs, Jade Skywalker. Ces mêmes spores que j'avais introduits dans plus d'une centaine de ces abominables respirateurs avant qu'ait lieu la cérémonie en extérieur sur Monor II.

Mara sentit son estomac se retourner.

— Tous ne sont pas tombés immédiatement malades, lui rappela-t-elle. (Elle même n'avait été atteinte que deux mois plus tard.) Les experts en épidémiologie ont de toute façon conclu qu'il y avait eu des causes multiples. Mais cette occasion particulière avait bien été évoquée, puisque toutes les personnes malades avaient assisté, ensemble, à l'événement.

Le Yuuzhan Vong éclata de rire.

— Il était prévu qu'ils en arrivent à de telles conclusions. La coque des spores de coombs se dissout plus ou moins vite en fonction des différentes espèces. Ça, c'est votre pire cauchemar, Jedi. (Il tendit à nouveau les doigts vers la fiole.) La rechute. La dégénérescence. La mort. Une dose bien plus élevée que précédemment. Une dose bien plus élevée que celle qui fut jadis fatale à toutes les autres espèces exposées.

A cet instant précis, Mara réalisa combien elle était vulnérable. Si elle tombait à nouveau malade, son enfant serait détruit. Mais peut-être était-il déjà perdu... Anor pourrait, par la même occasion, infecter également Jaina. Bien sûr, la jeune femme était en mesure de faire appel à ses autres sens pour compenser sa perte de vue. Elle n'était certainement pas de taille à affronter quelqu'un qui n'apparaissait pas dans la Force et dont l'arme absolue était en suspension dans une flasque.

— Vous n'avez pas répondu à ma question, lança-t-il. Pourquoi n'avez-vous pas succombé ?

— Vous êtes bien la dernière personne à qui je vais le dire. (Vergere devait toujours être là, quelque part dans la galaxie.) Recule, Jaina.

C'est alors que Mara plongea en abattant son sabrolaser. Ce n'était qu'une feinte. Au lieu de parer et de contre-attaquer, le Yuuzhan Vong tourna les talons et s'enfuit. Il n'emprunta pas le passage menant au tunnel principal mais contourna la table de laboratoire et s'engouffra dans un étroit passage qui s'ouvrait dans le mur du fond.

La fiole était toujours sur le plan de travail.

Mara fut tentée de se précipiter à ses trousses. *C'est un piège !* lui hurla son instinct. *Ne le suis pas !*

Elle hésita. Jaina fit le tour de la grande table au pas de course. Mara devait prendre la bonne décision. Trois vies étaient en jeu. Une seule était parfaitement apte à se battre.

— Et zut, murmura-t-elle en cassant volontairement les talons de ses élégantes chaussures. Jaina, par ici !

Elle prit la direction du corridor par lequel elles étaient arrivées.

Trois coups, pareils au bruit de projectiles rebondissant sur les parois, retentirent au-dessus de leurs têtes. Stupéfaite, elle leva les yeux vers le plafond. Une brèche s'entrouvrit dans le roc et produisit de nombreuses fissures ramifiées. Puis d'autres. Et d'autres encore.

Mara fit signe à Jaina de rejoindre le tunnel.

— Cours ! cria-t-elle.

Un pan de rocher s'écrasa au sol juste derrière elle. Jaina atteignit la porte. Tout autour d'elles, les roches friables du plafond et des murs étaient en train de s'écrouler. Mara poussa sa nièce devant elle. Puisant au plus profond d'elle-même, elle fit appel à la Force pour dévier les gravats qui leur tombaient dessus. Elle en repoussa, physiquement, des douzaines d'autres en fouettant l'air de son sabrolaser.

La chute des segments du plafond s'accélérait. L'épaisse poussière masqua soudainement les sources lumineuses devant et juste derrière elles. Mara fit tomber Jaina, se coucha sur elle et concentra les ondes de la Force pour créer une sorte de bouclier. Elle eut tout de même la présence d'esprit d'éteindre son sabrolaser.

Le vacarme assourdissant, pareil à une puissante chute d'eau, se prolongea pendant plusieurs secondes qui semblèrent durer une éternité. Jaina se dégagea de sous sa tante et roula sur elle-même. Elle aussi avait eu le réflexe d'éteindre son sabrolaser. Dans l'obscurité totale, Mara était incapable de voir ce que Jaina était en train de faire. Elle entendit cependant un bref gémissement.

— Tu t'es cognée ? demanda-t-elle calmement.

— Ce n'est rien. (Il y eut quelques secondes de silence.) Tu arrives à retenir tout ça avec la Force ?

— Non, seulement grâce à ma bonne mine ! (Elle adoucit le ton de sa voix.) Tu as toujours les respirateurs avec toi ?

— Oui, tiens...

— Non, garde le mien pour l'instant.

Mara parvint à s'accroupir. Elle planta les paumes de ses mains contre les rochers et tenta de les repousser en se servant de la Force. Si elles avaient la chance de se retrouver sous un simple éboulis, les pierres devraient bouger. Ou, tout au moins, vaciller quelque peu.

Rien ne se produisit.

— Je te parie à dix contre un, gronda-t-elle, qu'il a développé un moyen de creuser lui-même la roche. Il a foré son propre tunnel et, tout en faisant cela, y a installé des pièges destinés aux services de sécurité de Leia.

— Tu as battu en retraite à cause de moi, c'est cela ? demanda Jaina d'une voix amère. On aurait pu le capturer. On aurait pu le tuer sur place.

— Je réglerai son compte à cette créature, même si c'est la dernière chose qu'il me soit donné de faire.

Mara n'avait pas autant détesté quelqu'un depuis... Eh bien, depuis Luke Skywalker. Mais c'était il y a fort longtemps. *Luke ?* Elle projeta les ondes et perçut ses préoccupations. *Je vais bien,* le rassura-t-elle. *Pour l'instant. Ne laisse pas tomber ce que tu es en train de faire.* Il ne saisirait pas les mots. Juste les sensations.

— Il y a de bonnes chances pour que les éboulements soient moins conséquents dans la direction qu'il a prise quand il s'est enfui, dit Jaina.

— Tu marques un point, dit Mara. Et j'ai bien l'impression qu'il voulait qu'on le suive dans cette direction aussi.

Ses instincts l'avaient prévenue. Elle accepterait d'affronter des centaines d'autres horreurs avant que cette larve de Sith n'expose son enfant à ses spores mortelles. Peut-être que le liquide contenu dans la flasque était inoffensif, après tout. La vérité avait cependant éclaté au grand jour. Il était bien à l'origine du mal qui avait infecté

Mara. Ses instincts lui avaient enfin confirmé clairement qu'elle ne portait pas en elle de redoutable arme biologique Yuuzhan Vong. Non. Il s'agissait bien d'un petit enfant sans défense, parfaitement normal. Un Skyjade miniature, comme l'avait dit en plaisantant Leia peu de temps après son mariage, anticipant sa venue.

Elle activa son communicateur, sans grand espoir.

— Leia ? Est-ce que tu me reçois ?

Silence.

— Allô ? Narthex ? C'est une urgence. Est-ce que vous me recevez ?

Rien. La couche de rochers était trop épaisse.

— Tante Mara ? Tu ne trouves pas que ça sent bizarre ?

— Enfile ton masque respirateur. (La flasque sur le comptoir s'était-elle brisée ?) Aucune poussière ne peut pénétrer le bouclier de Force. Je ne sais pas si quoi que ce soit d'autre pourrait le pénétrer mais, en tout cas, certainement pas des microbes. J'ai besoin que nous unissions nos talents, reprit-elle. Comme ça, je pourrai augmenter la puissance de la bulle. L'idée serait de faire glisser les pierres vers l'arrière pendant que je soulève celles qui sont devant nous, tout en prenant bien garde à combler les trous pour que le reste du plafond ne nous tombe pas dessus. Tu vois où je veux en venir ?

— Tu crois que ça va marcher ? demanda Jaina d'un ton dubitatif.

— Tu as un meilleur plan à me proposer ? rétorqua Mara en fronçant les sourcils.

Au bout de quelques secondes, Jaina lui répondit d'une voix morne :

— Est-ce que tu peux visualiser ce que tu cherches à faire exactement ?

— J'y travaille, j'y travaille... (Se tromper dans cette visualisation pourrait réduire à néant leur bulle de protection. Mara avait besoin de déplacer, simultanément, une centaine de morceaux de rochers devant, au-dessus et derrière elles. Puis il lui faudrait s'attaquer à une autre centaine. Puis à une autre. L'opération prendrait des heures.) Ouvre-toi à moi, Jaina. Comme tu le faisais quand nous étions à l'entraînement.

Elle se félicita, une fois de plus, d'avoir pensé à prendre les respirateurs.

18

Toujours sous son déguisement de Kubaz, Luke s'arrêta dans le vaste hall de la tour résidentielle où l'on avait conduit Jacen. Apparemment, une autre crise s'était déclenchée et avait pris Mara par surprise. Il avait senti, encore une fois, des décharges d'adrénaline lui traverser le corps. Il avait dû, encore une fois, résister à l'envie de tout laisser tomber, de se précipiter vers les docks et de voler au secours de son épouse. Au lieu de foncer, il préféra se concentrer pour écouter.

Les détails ne lui parvinrent pas. L'état d'alerte de Mara s'était rapidement estompé et elle semblait avoir retrouvé le calme dont elle avait l'habitude de faire preuve en cas de danger. Impossible d'en savoir plus.

Anakin arriva en courant derrière lui.

— Qu'est-ce qu'il y a ? demanda-t-il.

— Ta tante...

Luke ferma les yeux, à la recherche d'éléments. Quelques instants auparavant, il avait senti l'instinct du danger de Mara se réveiller. Il avait perçu sa colère, puis un moment de décision douloureuse au cours duquel elle avait dû refouler sa considérable fierté. Il était toujours plus difficile de fuir que de tenir tête à un adversaire. Luke ne savait pourtant pas que cet adversaire...

Il sentit soudainement une onde rassurante qui lui était clairement destinée. Elle ne voulait pas se laisser abattre et se donnait un mal fou pour se tirer de ce mauvais pas. Il capta une image faite de ténèbres, de milliers de rochers et de la tâche colossale de devoir les déplacer simultanément. Il formula une question. Il lui faudrait des heures pour la rejoindre. Il n'hésiterait pas cependant à sauter dans son Aile-X. Il venait à peine de poser sa question qu'il perçut la présence de Jaina aux côtés de son épouse. Avec l'aide de sa nièce, Mara semblait parfaitement certaine de contrôler la situation.

Il sentit alors la présence de l'enfant. Ainsi qu'une vague de gratitude. Luke en fut réconforté comme rarement il l'avait été. A contrecœur, il se tourna et suivit Anakin dans les longs corridors tortueux du douzième étage du massif complexe résidentiel. Tout en marchant, il tenta d'ajouter mentalement au lien puissant qui le liait à Mara les éléments qui lui fournissaient son énergie. Amour et force tranquille. Impossible de discerner si, oui ou non, cela lui donnerait plus de résistance, mais Mara sembla tout de même en tirer quelque chose. Elle avait besoin de tout ce que Jaina avait à offrir. Et bien plus encore. Cela fit plaisir à Luke d'essayer, même s'il ne disposait d'aucun moyen de vérifier que cela avait une quelconque utilité. Sa seule assurance résidait dans la foi qu'il avait en Mara. Et dans la Force.

Le rendez-vous avec le Vice-Directeur Brarun avait rapidement pris fin. Brarun n'avait rien à vendre. Tout cela semblait donc confirmer la théorie selon laquelle certains Durosiens amassaient clandestinement du ravitaillement dans l'espoir de quitter Duro pour de bon à bord de l'une des cités orbitales. Luke ne pouvait les imaginer faisant une chose pareille à moins de livrer à l'ennemi le reste des habitants du système. Tout particulièrement ces réfugiés, sur la planète, qui travaillaient d'arrache-pied à se reconstruire un monde. Skywalker avait alors envoyé un nouveau message à R2-D2, toujours connecté au terminal d'ordinateur de leur appartement de location, pour lui demander de fouiller les archives de Cor-Duro et de SELCORE dans l'espoir d'y déceler la quelconque implication d'agents des Brigades de Paix avec l'un ou l'autre des organismes. Il n'avait pas oublié l'avertissement de Karrde. On soupçonnait des infiltrations dans les services de contre-espionnage, voire au sein même du Haut Conseil. C'était peut-être également le cas pour SELCORE. Malheureusement, Luke n'avait pas eu la possibilité d'évaluer chacun des conseillers au cours de leur dernier entretien.

Il scruta les informations qui venaient de s'afficher sur l'écran virtuel installé dans ses lunettes de protection. Si R2-D2 découvrait quoi que ce soit, il enverrait un message d'alerte qu'il ne cesserait de répéter jusqu'à ce que Luke lui réponde par l'intermédiaire de son communicateur. Mais, d'abord, il fallait retrouver Jacen. Luke avait bien compris, dans le bureau de Brarun, que Jacen se trouvait à un carrefour difficile dans sa quête. Tourner le dos à la Force n'était probablement pas aussi dangereux que de basculer vers le Côté Obscur, mais cela ne correspondait guère au futur que Luke souhaitait pour son neveu.

Le soir était venu et, par les baies d'observation du couloir donnant sur la ville, ils virent que les éclairages de Bburru s'étaient estompés. Deux grands Durosiens, revêtus de l'uniforme de Cor-Duro, montaient la garde devant une porte anonyme au bout du couloir.

— Occupe-toi de celui qui est près de nous, murmura Luke.

Puis, tout doucement, presque délicatement, il fit sombrer l'autre garde dans un profond sommeil. Le Durosien s'affala lentement le long du mur de synthéplast. Son congénère subit immédiatement le même sort.

— Bon, dit-il à Anakin. Reste dehors. Si quelqu'un rapplique, utilise la même méthode. Je ne devrais pas en avoir pour très longtemps.

L'hôte de Jacen avait fait conduire le jeune homme dans une chambre percée d'une large baie vitrée ronde en transparacier et fait poster deux gardes devant sa porte. Debout devant la fenêtre, le jeune homme observait les rampes lumineuses qui baissaient d'intensité au-dessus de la place centrale de Bburru. Il y avait suffisamment d'espace vital à bord de la cité orbitale pour que l'illusion d'une planète vivante soit presque parfaite. On distinguait à peine les structures métalliques diagonales qui montaient des rues pour disparaître dans les hauteurs du plafond bleuté évoquant un ciel artificiel. Le long des avenues, des jardins surélevés étaient plantés d'arbres desquels pendaient de multiples lianes. On était bien loin de la jungle luxuriante de Yavin Quatre, mais Jacen commençait à comprendre pourquoi les Durosiens préféraient vivre ici plutôt qu'à la surface de leur planète fangeuse. Dans la pénombre, il alla s'allonger sur le lit en se demandant s'il avait vraiment fait ce qu'il fallait faire. Brarun ne semblait guère pressé de mettre fin aux négociations.

La porte de l'entrée s'ouvrit en silence. Jacen glissa la main sous son oreiller et saisit la poignée de son sabrolaser. Une silhouette sombre s'introduisit dans la pièce. Jacen distingua la courte trompe et les verres protecteurs d'un Kubaz. Il entendit la porte se refermer.

— Jacen ? C'est moi...

Le jeune homme connaissait cette voix. S'il s'était décidé à se servir de la Force, il aurait évidemment reconnu la présence. Il lâcha son arme mais s'abstint d'allumer la lumière.

— Maître Skywalker... Attention aux mouchards...

— Non, il n'y a rien à craindre. (Luke se déplaça comme une ombre, sans faire le moindre bruit, et s'assit au pied du lit. Il ôta son masque à trompe et le posa sur les couvertures, juste à côté de lui.) Qu'est-ce que tu essaies d'accomplir, Jacen, hein ? Comment puis-je t'aider ?

Jacen n'avait pas besoin d'autre encouragement. Il fit part à Luke de sa vision, relatant tous les détails dont il pouvait se souvenir. Quand il évoqua la partie présentant Luke en tunique immaculée, en magnifique guerrier de la lumière, il vit la joue de son oncle tressaillir. Luke, un peu gêné, détourna le regard. Son souvenir le plus vif, cependant, était celui de la voix qui lui intimait l'ordre de rester sur ses positions.

— J'ai échoué, dit Jacen. J'ai glissé et j'ai failli basculer vers le Côté Obscur de... de ce point d'équilibre. Tout s'est mis à vaciller. Tout. (Il frissonna en repensant aux étoiles disparaissant dans les ténèbres.) Est-ce qu'on a le droit, demanda-t-il, d'utiliser cette magnifique... cette terrifiante lumière... comme si nous étions à la tête de l'univers ?

Faiblement éclairé par la grande fenêtre, Luke fronça les sourcils.

— Jacen, la Force est notre héritage. Nous ne disposons pas de meilleur moyen pour faire régner la paix et la justice.

— De nombreux Jedi utilisent mal leurs pouvoirs.

— Mais pas tous, répondit Luke tout doucement.

— Je voudrais leur parler, dit Jacen. J'ai finalement eu un peu de temps pour réfléchir à tout ça. Ma célébrité est toute marginale, elle me vient de toi, de Papa, de Maman... et d'Anakin, admit-il. Et puis de Jaina. Si je décide de me remettre en question, si je refuse de canaliser la Force de façon agressive, d'autres Jedi finiront bien par faire attention à moi, non ?

— C'est une noble cause, dit Luke en changeant de position sur le lit. Mais es-tu vraiment prêt à mettre ta vie en jeu pour cela ?

Jacen avait, justement, étudié la question.

— Oui, dit-il. Même si je dois en mourir. Il est possible que ma mort fasse réagir le reste des Jedi. Il est possible que cela réveille leurs consciences, qu'ils réalisent enfin qu'ils ne peuvent pas tirer à tout bout de champ, utiliser leurs pouvoirs comme bon leur semble, sans en subir les conséquences.

— Mais c'est toi, dit Luke doucement, qui en subirais les conséquences. Pas les autres.

— Mais je ne peux rien faire pour les autres ! Il n'y a que moi qui puisse me sacrifier.

Le jeune homme perçut que son oncle l'examinait attentivement.

— N'oublie jamais, dit Luke, que mettre sa vie en danger quand c'est nécessaire est une chose. Mais choisir la mort lorsqu'il est possible d'y échapper, ça, c'est presque avilissant pour nous tous.

Jacen fronça les sourcils. Il ne souhaitait pas surestimer son importance. Il ne souhaitait pas, non plus, surestimer la volonté des autres Jedi à lui prêter attention.

— Nous sommes en train de prendre de mauvaises

habitudes, insista-t-il. Nous passons outre les lois de tout le monde. Ces lois qui sont les bases mêmes de la société et de la sécurité. Nous fonçons à nouveau bille en tête, vers un âge de ténèbres où la survie dépend de la férocité. Si cela continue, nous ne serons bientôt plus gouvernés que par des brutes épaisses...

— Ton point de vue est excellent, dit Luke. Sois prudent, cependant. Si tu te sens si mal à propos de l'emploi de la Force de façon agressive, sache que tu ne peux pas aussi facilement couper les ponts. Tu n'as pas confiance en ton aptitude à décider de ce qui est agressif et de ce qui ne l'est pas. Tu as peur d'agir, tu as peur que tes actions aient des répercussions qui dépassent tout ce que tu peux imaginer...

— Oui ! s'exclama Jacen. C'est exactement cela !

— Dans cet état d'esprit, reprit Luke, tenter de faire quoi que ce soit de la Force est, effectivement, une bien mauvaise chose.

— Quoi que ce soit ?

Jacen se redressa. Du coup, sa tête et ses épaules sortirent du bouclier thermique de la couchette et il se mit à frissonner.

— Tout acte qui n'est pas animé d'une foi absolue peut conduire vers la peur et les ténèbres, dit Luke d'un ton sévère.

Les souvenirs de Jacen le ramenèrent à l'Académie de son oncle, aux entraînements, aux interminables conversations...

— J'ai imaginé les terribles conséquences de mes erreurs, admit-il. Tu ne t'en rends pas compte ? C'est pour cela que j'ai tant souhaité que tu n'instaures pas de nouveau le Conseil des Jedi. Notre devoir est de répondre à la Force elle-même et pas devant un groupe d'individus faillibles. Si nous sommes à même de la comprendre suffisamment pour l'utiliser, nous devrions pouvoir nous servir de la Force à bon escient. Ou alors décider de ne plus nous en servir du tout.

Son oncle eut un regard perplexe.

— Est-ce que cela représente une suite logique à tout ce que tu viens de me dire ? demanda-t-il.

— C'est obligé, hésita Jacen. D'une façon ou d'une autre, tout cela doit être lié.

— Fais bien attention à ce que ta fierté ne te détruise pas, Jacen.

Ce dernier agrippa les fines couvertures de son lit.

— La fierté ? Tu nous as bien dit que le pouvoir, animé par la vengeance, conduisait à la fierté... Et au Côté Obscur, non ?

— Il existe une fierté plus subtile, expliqua Luke. Tu prétends être trop humble pour te servir de la Force, c'est cela ?

Jacen réfléchit longuement à la question. Le prétendait-il ?

— Peut-être es-tu le seul Jedi doté de suffisamment de sensibilité pour comprendre que tout ce que nous entreprenons est une erreur...

— Non, l'interrompit Jacen. C'est moi qu'on a prévenu. Toi, tu ne fais rien de mal...

— Mais si, toi, tu estimes que nous commettons des erreurs, dit Luke très calmement, ne crois-tu pas qu'il est de ton devoir de tous nous avertir ?

Jacen s'adossa au mur.

— C'est bien ce que j'essaie de te dire. C'est exactement ce que j'essaie de faire.

— Et ils ne t'écoutent pas, dit Luke à voix basse.

Jacen eut soudainement l'impression qu'on venait de lui administrer un violent coup de pied.

Son oncle posa une main sur son épaule.

— Tu te trouves actuellement engagé dans un conflit qui est au cœur même de la raison d'être des Jedi. Sois prudent quant au sacrifice de tes talents, si tu as l'espoir d'aider les autres à découvrir une vérité que tu te sens seul à connaître. Cela ressemble beaucoup trop aux sacrifices réalisés par les Yuuzhan Vong. Ils sont, eux, au service de l'extinction.

— Ce n'est pas dans mes intentions, dit Jacen en frissonnant.

— Tu vois ton héritage comme une grave responsabilité. Tu as réussi à attirer mon attention, Jacen. Tu m'as prouvé qu'il est nécessaire de se soucier de l'éthique liée à l'utilisation de nos pouvoirs pendant l'entraînement même de nos apprentis. Merci.

Les joues de Jacen tressaillirent. Il ne put s'empêcher de sourire. Quel honneur !

— As-tu une quelconque idée, reprit Luke, de la voie dans laquelle tu vas t'engager ? Tu n'es pas obligé d'accomplir ta destinée aujourd'hui et d'un seul coup, tu sais ? Quand j'avais ton âge, je n'imaginais même pas à quoi pourrait ressembler mon destin. Progresse pas à pas. Quelle nouvelle étape comptes-tu franchir ?

— Je crois, dit doucement Jacen, toujours abasourdi par la démonstration de confiance de son Maître, que, si je le peux, je devrais essayer de convaincre les Durosiens de soutenir la Nouvelle République en tenant leur parole...

— C'est une possibilité, dit Luke gravement. Mais il se peut aussi que des trahisons aient lieu dans les hautes sphères. Et ça, c'est difficile à négocier.

L'estomac de Jacen se serra.

— C'est ça qui vous a poussés, toi et Anakin, à venir sur Duro ?

Luke hocha la tête.

— Une apprentie a disparu. Nous venons d'apprendre que Cor-Duro ne livrait plus les marchandises. Et je viens de croiser deux humains qui me font étrangement penser à des agents des Brigades de Paix. R2 est en train de voir ce qu'il peut tirer de l'ordinateur principal de Bburru.

Si Brarun disposait effectivement de connexions avec les Brigades de Paix, demeurer son « invité » ne laissait présager rien de bon.

— Merci de m'avoir prévenu.

— Il faut que tu choisisses. Sers-toi de la Force comme on te l'a enseigné, ou bien renonce à tes talents. Une fois ta décision prise, tu ne pourras pas faire machine arrière.

— D'accord, dit Jacen. Je renonce à mes talents.

Il discerna une expression de surprise sur le visage d'ordinaire impassible de son oncle. Mais cela ne dura qu'un instant et Luke se barricada bien vite contre la sensation. Jacen devait prouver – à son oncle comme à lui-même – que son choix était totalement sérieux.

— Cela risque de te causer des ennuis, Jacen. Les gens te croiront capable de te sortir de situations auxquelles tu ne pourras plus faire face.

— Explique-moi pourquoi, Oncle Luke.

Il s'était abstenu, cette fois-ci, de l'appeler « Maître Skywalker ». C'était nécessaire s'il voulait continuer dans la voie qu'il s'était choisie.

— As-tu un communicateur avec toi ? demanda Luke d'un ton sombre.

Même sans se servir de la Force, le jeune homme distingua regrets et inquiétude dans la voix de son oncle. Jacen secoua la tête. Luke jeta alors un objet sur le lit, juste entre eux deux.

— Cache-le bien. Si on découvre quoi que ce soit, nous t'appellerons. Peut-être que Brarun n'est pas encore corrompu, après tout. Si tu veux rester ici pour tenter de lui faire entendre raison, cela pourrait nous aider. Cela dit, tiens-toi tout de même prêt à décamper d'ici le plus rapidement possible.

— Entendu.

— Et repose-toi. Ne t'avise pas d'essayer de sauver la galaxie tout seul. Tu peux me faire confiance, ça ne marchera pas ! (Luke se leva du bord du lit et esquissa un sourire.) Je dois encore te prévenir de quelque chose. Si tu choisis de ne pas faire ce que tu es normalement à même de faire, tu risques de mettre en péril tous ceux que tu aimes.

— Tu as vu le futur ? demanda Jacen en frissonnant à nouveau.

— Juste... une impression, dit Luke en secouant la tête. Que la Force soit avec toi, Jacen. (Il passa son masque et ses lunettes de protection. Immédiatement, il sortit un second communicateur de sa poche.) Bien reçu, R2, dit-il.

— Alors ? demanda Jacen.

— Il se peut qu'on ait découvert une piste dans notre histoire de disparition. Finalement.

Sur ce, Luke quitta la chambre. Jacen savait fort bien qu'il allait réclamer justice pour une seule personne. Pas pour la galaxie tout entière. Non. Pour une seule personne, une seule situation. Une chose à la fois. Comme il l'avait toujours enseigné à ses élèves.

Jacen roula sur le lit. Pouvait-il vraiment cesser d'utiliser la Force ? Essayer de la renier ainsi reviendrait à porter un bandeau sur les yeux ou des bouchons dans les oreilles. Il faudrait qu'il apprenne à vivre comme cela, et pour le restant de son existence. Jaina avait appris à s'adapter à sa vision diminuée. Mais Jaina recouvrerait pleinement ses yeux à un moment ou à un autre. Et Jacen, lorsqu'il fermait les yeux, ne voyait qu'une chose : une galaxie sur le point de plonger dans les ténèbres.

L'équipage du *Sunulock* préparait l'appareil à quitter Rodia. Tsavong Lah venait de participer à une séance de travail avec ses assistants. Dans sa chambre de communication, le Villip qui lui permettait de communiquer avec Nom Anor reposait sur son support, attendant d'être activé. Lorsque Tsavong pénétra dans l'alcôve, la créature s'anima.

— Maître de Guerre, je suis porteur d'excellentes nouvelles. Mes vers Naotebe sont parvenus à faire s'écrouler l'installation Trente-Deux. Pour l'heure, le jeune couard Jedi est retenu par l'un de mes contacts à bord de cette abomination qu'ils appellent Bburru...

Tsavong Lah ne dit rien. Cette nouvelle n'était pas de valeur suffisante pour interrompre ainsi sa réunion. Il savait pertinemment que les maîtres généticiens qui avaient fourni à Nom Anor ses organismes d'assainissement des marais avaient également créé les vers destructeurs.

— De plus, continua Anor, je viens d'envoyer deux autres Jedi, des membres de sa famille, répondre de leurs actes devant les dieux. Sa sœur et sa tante. La notoirement célèbre Mara Jade Skywalker.

Tsavong Lah croisa les bras, visiblement contrarié. La congrégation de prêtres qui était avec lui à bord avait finalement décrété que les présages concernant son succès final s'amélioreraient, à terme, pour chaque *Jeedai* qu'il sacrifierait personnellement aux dieux.

— Tu as assisté à leur mort ?

L'Exécuteur hésita.

— Elles ont été ensevelies sous des chutes de pierres. C'est un piège duquel il est impossible de s'échapper. Sans nos armures de crabes Vondunn, même nos propres corps ne pourraient survivre à cela.

Les longs doigts griffus de Tsavong Lah se tordirent.

— Les *Jeedai* sont connus pour se servir de talents surnaturels !

— J'avais spécialement préparé ce piège pour les Jedi. Tout particulièrement pour l'Ambassadeur Organa Solo, au cas où elle se serait introduite dans mes quartiers privés. Même si elles ont survécu à l'éboulement, elles sont promises à une mort lente et certaine. Je suis sûr qu'une telle masse de rochers ne peut être dégagée. Organa Solo et ses enquêteurs ne pourront tirer d'autres conclusions au sujet de cet éboulement. Pour eux, il s'agira d'une catastrophe naturelle.

Nom Anor, disciple de la Déesse de la Supercherie, savait cependant qu'il était sage de ne jamais mettre sa main à couper. Si les deux femmes étaient bien mortes, les dieux ne pourraient en être que satisfaits. Tsavong Lah hocha la tête.

— Le *Jeedai* retenu prisonnier par ton agent de Bburru peut-il être placé sous sédatif ? Nous pourrions l'étudier et réduire sa volonté à néant. Nous devons trouver un moyen de les tuer facilement. Votre agent n'insulterait pas Yun-Yammka en lui sacrifiant un peureux notoire, tout de même...

— J'ai suggéré à mon contact de le retenir en otage jusqu'à votre venue. En attendant... (Les poches craquelées des joues de Nom Anor se gonflèrent de satisfaction.) J'ai préparé quelques émeutes...

Le véritable savoir-faire de Nom Anor.

— Toute l'attention du système de Duro sera braquée sur Bburru jusqu'à notre venue.

— Vous devancez mes pensées. Je vais faire en sorte de déclencher les manifestations afin d'honorer votre présence.

Tsavong Lah fit cliqueter ses doigts griffus les uns

contre les autres. Les émeutes créeraient de nouveaux martyrs pour cette parodie de religion que prônait Nom Anor. Les événements généreraient de nombreux sacrifices pour les dieux. On comprenait que Yun-Harla, Déesse de la Supercherie, accorde tant de faveurs à l'Exécuteur. Même le puissant Yun-Yammka était souvent obligé de s'incliner devant ses duperies.

— Tes agents se tiennent-ils prêts à s'occuper du bouclier planétaire ?

— Ils sont à vos ordres.

Oui, peut-être que cette interruption en valait finalement la peine.

— Et le jeune Hutt ? demanda le Maître de Guerre. L'as-tu discipliné ?

— Encore une fois, j'attends vos ordres.

— Encore une fois, n'insulte pas les Grands Anciens en le leur sacrifiant. Les Hutts ne sont que des bêtes voraces. Confie-le à nos équipes de nourriciers. Nos nouveaux esclaves commémoreront notre arrivée par un riche festin.

Le Villip représentant la tête d'Anor s'inclina.

— As-tu promis aux Durosiens que nous leur laisserions leurs abominables habitats s'ils acceptaient de ne pas prendre les armes ?

— Comme vous me l'avez ordonné.

Tsavong Lah sourit lentement. Les promesses de Nom Anor ne valaient même pas le souffle avec lequel ils les proférait. Yun-Harla devait adorer cela.

Progressant avec difficulté aux milieu des roches écroulées. Mara respirait lentement au travers du masque respirateur qu'elle avait eu la présence d'esprit d'emprunter. La bulle de Force qui les protégeait perdait de précieux millimètres pour chaque groupe de rochers que les deux femmes parvenaient à déplacer. Mara sentit à nouveau la présence lointaine de Luke et la décharge d'énergie qui l'accompagnait. *Merci, Skywalker !* Même dans une situation pareille, il y avait aussi un temps pour la gratitude.

Elle regretta cependant ne pas s'être lancée à la poursuite de nom Anor. *C'est cela. Comme ça, vous seriez morts tous les trois.* Mais, s'il avait été capable de déclencher sa maladie, peut-être serait-il à même de lui confirmer si, oui ou non, elle était bien guérie. Il faudrait qu'elle songe à un moyen d'obtenir cette information du Yuuzhan Vong. De préférence avant de lui faire une démonstration de sa propre conception de la justice...

A côté d'elle, elle sentit la chaleur du corps de Jaina. Elle perçut également le feu de sa colère.

— Ne t'en fais pas, marmonna Mara à travers son respirateur. Je l'aurai. Une autre fois.

— D'ici à ce qu'on s'en sorte, marmonna Jaina en retour, il sera à l'autre bout de la galaxie.

— Cela explique beaucoup de choses, cependant... (Une autre douzaine de fragments de rochers se remit en place juste derrière elles. Mara rampa de quelques centimètres vers l'avant. Elle releva la tête très légèrement et se cogna.) Quant à ce qui s'est passé sur Rhommamool...

— Effectivement, acquiesça Jaina. Il s'est contenté de semer le trouble sans se soucier de qui se ferait tuer.

— Pour détourner notre attention du véritable secteur de l'invasion.

Il était préférable de continuer à parler plutôt que de se soucier de la bulle qui s'aplatissait lentement. Mara détestait l'idée, mais elle était bien obligée de reconnaître que Luke avait eu tort de ne pas insister lorsqu'elle avait refusé son aide. Si l'espace vital en venait à se restreindre trop, elle obligerait Jaina à sombrer dans une transe d'hibernation et elle appellerait Luke au secours. En espérant qu'il parviendrait à les retrouver avant que l'air ne vienne à manquer. Pour elle, l'hibernation n'était pas envisageable. Pour éviter que la masse de roches ne les écrase complètement, elle devait maintenir la bulle de protection et donc rester consciente.

— Et la crémation des droïdes, dit Mara. Tu t'en souviens ?

— Tu crois que la flasque contenait vraiment du...

Mara avait longuement réfléchi à la question.

— Non. (Après tout. Nom Anor ne se doutait pas de sa venue.) Mais je suis sûr qu'il a encore des réserves de spores de coombs, si tant est qu'on parvienne un jour à savoir ce que c'est.

— Tu penses qu'il ne mentait pas, alors ?

— Non, murmura Mara. Pas cette fois-ci.

En sa présence, elle avait de nouveau ressenti cette étrange faiblesse. Vaguement, mais suffisamment pour confirmer ses dires.

— Hé ! Je viens de sentir une bouffée d'air frais...

La voix de Jaina venait de lui parvenir de façon distincte. Elle avait certainement ôté son respirateur. Mara préféra conserver son masque. Un autre amas rocheux se souleva. Elle aperçut alors un faible rayon de lumière provenant de l'espace dégagé.

— On y est presque, gronda-t-elle.

Difficile de progresser lentement, à présent. La représentation mentale de devoir mourir ainsi, à moins de cinquante centimètres de la liberté, permit à Mara de ne pas perdre sa concentration. Il leur fallut près d'une heure pour dégager les dernières pierres.

— Bon, dit enfin Mara. Roule vers l'avant. Je veux que tu te mettes ici.

Elle poussa Jaina jusqu'à la paroi de la bulle. La jeune femme replia ses jambes et ses bras sous elle. Mara s'imprégna profondément des décharges d'énergie qui lui parvenaient de loin. *Tu es prêt, Luke ?* Elle formula les mots dans sa tête, admettant avec amusement leur double signification, vu son état actuel. *Pousse !*

— Maintenant !

Elle catapulta Jaina à l'extérieur puis plongea en avant, activant son sabrolaser et déviant dans le même instant les derniers morceaux de roc qui s'écroulaient sur elle. Les éclats de pierre, aux surfaces étincelantes tranchées par la lame de lumière, tombèrent au sol.

Jaina saignait. Elle s'était légèrement ouvert le crâne, juste au-dessus de l'oreille droite. Mara sortit son communicateur.

— Sécurité ? C'est une urgence. J'ai besoin de parler avec l'Administrateur Organa Solo. Maintenant !

Pas de réponse.

— Retournons au tunnel, ordonna-t-elle.

19

— O.K., Mara, qu'est-ce qui s'est passé ? (Dans le système de communication de l'*Ombre*, la voix de Leia avait un ton sinistre.) Comment l'as-tu découvert ?

Mara portait encore quelques éléments de son costume Kuati. Elle avait décollé à bord de sa navette, sans attendre qu'on lui en donne l'autorisation, dès qu'elle avait compris que les choses étaient sur le point de mal tourner sur Bburru. Jaina était assise à côté d'elle, vêtue d'une simple combinaison de pilote récupérée dans l'une des armoires de sa tante.

— Très simple, répondit Mara. Il était inexistant dans la Force. C'est pour ça qu'il a tout fait pour t'éviter. Jaina a découvert le point d'ancrage du grimage. Lorsque la fausse peau s'est mise à onduler, on a dégainé nos sabrolasers...

— Combien de temps espérait-il encore pouvoir m'éviter ? murmura Leia dans les écouteurs de Mara.

Cette dernière n'aimait pas la conclusion évidente à laquelle elle était parvenue : Anor pensait qu'il n'aurait plus à éviter Leia encore très longtemps.

— Capture-le. Ne le laisse pas s'échapper de Narthex.

— Le dôme est bien trop peuplé pour que les capteurs ou les senseurs puissent repérer une seule personne, répondit Leia d'une voix lasse. Si ça se trouve, il est déjà parti dans les marais, il s'est même peut-être réfugié sous l'eau. Ça ne me surprendrait pas, vu ce que m'a raconté Danni à propos de leurs masques respirateurs. En plus, nous savons qu'il dispose des moyens techniques lui permettant de creuser des tunnels. Qui sait s'il n'a pas rejoint les vieilles mines.

— On ne peut pas toujours avoir ce qu'on veut, murmura Jaina.

Mara secoua la tête.

— Nous compr... tainement mieux Rhommamool... ce pas ?

Au fur et à mesure que la navette s'élevait dans l'atmosphère de Duro, les interférences se faisaient de plus en plus nombreuses.

— Leia ? Je ne t'entends plus, appela Mara. Je te recontacterai depuis Bburru.

Elle éteignit le transmetteur et se laissa couler dans son siège tout en vérifiant ses moniteurs. Finalement, elle s'accorda quelques instants de détente, histoire de vérifier ce petit point qui grossissait entre les os de ses hanches. Cela n'était encore qu'un picotement à peine perceptible. *Tu tiens bien le coup*, le complimenta-t-elle. *Accroche-toi, la balade risque de secouer un peu.*

— Elle n'a pas parlé de moi, pas vrai ? demanda Jaina qui, ayant relevé la tête, ne quittait pas des yeux la cité de Bburru qui grossissait par le hublot de proue.

— Je le lui aurais dit si tu avais été blessée.

— Certaines femmes ne devraient pas avoir d'enfants.

Mara se redressa. Un des muscles de son dos lui fit mal. Elle s'était probablement déchiré un tendon ou créé une élongation à force de ramper sous les tonnes de rochers.

— Je ne peux pas croire que tu puisses dire une chose pareille !

Jaina fit la moue. Soudain, du haut de ses dix-sept ans elle parut si adolescente...

— Pour elle, je ne suis qu'un fardeau. « Winter, emmenez Jaina faire un tour », « C-3PO, raconte une histoire à Anakin », « Tiens, Chewbacca, tu ne veux pas surveiller les jumeaux ? »...

— Et combien de mères ont refusé, cette année, un siège à bord d'une navette qui pouvait les conduire vers le salut ? Combien d'entre elles ont laissé ce siège à leurs gosses, hein ? Combien ont été forcées de rester en arrière, de mourir, d'être réduites en esclavage ? Il y a des fois où il n'est pas possible de rester avec ses enfants

— Alors, les mères qui occupent des postes trop importants pour élever des enfants devraient les faire adopter ! Comme ça, ils ne les gêneraient pas dans leur travail...

Mara, qui n'avait qu'un souvenir très vague de ses parents, adopta un ton glacé :

— Pour une jeune femme déjà si mûre, je te trouve bien puérile.

Jaina passa une main sur son crâne rasé. Les cheveux commençaient à poindre et créaient déjà un duvet brun.

— Et je suis honnête, Mara. J'ai failli mourir à Kalarba. J'ai perdu un être très cher sur Ithor. Elle a tout abandonné pour donner aux familles une chance de vivre ailleurs...

— Et ta mère est en train de donner à ces survivants un nouveau monde, un nouvel abri. Cette planète est un espoir, à la fois physique et symbolique.

Jaina soupira longuement.

— Pauvre Maman, la voilà pourvue d'une fille à moitié aveugle, incapable de se battre, têtue comme une bourrique, et d'un fiston qui a la trouille d'être un Jedi. Heureusement qu'il lui reste Anakin !

— Ton handicap n'est que temporaire. Garde ça dans un coin de ta tête pour plus tard, Jaina Solo : c'est très joli de vouloir prendre des risques pour soi-même. Mais il ne faut jamais, tu entends ?, jamais lancer quelqu'un dans un combat au corps à corps si les aptitudes de la personne en question sont émoussées. Tu comprends ce que je veux dire ?

L'appareil franchit enfin les dernières couches opaques de l'atmosphère de Duro et les étoiles apparurent. Mara fit basculer l'unité de communication de l'*Ombre de Jade* sur une fréquence privée.

— Luke ? appela-t-elle.

— Mara ? Tu es en route ?

Bien entendu, il avait dû sentir que sa présence se rapprochait.

— Nous avons rencontré... un vieil ami, dit-elle d'un ton sinistre.

Elles posèrent l'*Ombre* à Port Duggan. Mara passa une cape à capuchon par-dessus les restes de son costume et ramena Jaina jusqu'à l'appartement de location. En passant la porte, elle perçut une caresse hésitante. Luke voulait s'assurer qu'elle allait bien. Elle se livra sur lui au même exercice, histoire de maintenir l'équilibre, en allant l'embrasser.

Anakin était assis sur la couchette la plus proche. Les yeux fermés, il faisait sauter la poignée de son sabrolaser d'une main à l'autre, derrière son dos. Pour un jeune Jedi, cela correspondait à avoir la bougeotte. Une mèche de cheveux bruns très sombres lui tombait sur le front.

Jaina se laissa choir sur la couchette voisine. Fronçant les sourcils, elle dévisagea Anakin, puis Luke.

— Tu lui as dit ? demanda Jaina. Anakin ? Nom Anor n'est pas mort à Rhommamool, finalement. Il est ici, sur Duro, et c'est un agent Yuuzhan Vong.

— Autre chose, ajouta Mara en fixant son époux droit dans les yeux. Il prétend m'avoir infectée avec cette maladie. Sur Monor II.

Elle avait préféré ne pas transmettre l'information dans son communicateur car elle souhaitait, de visu, assister à sa réaction. Il ne la déçut pas. Il leva la tête, les yeux écarquillés, animé d'une colère intense qu'elle avait rarement eu l'occasion de constater chez lui. Une colère qu'il contrôla instantanément, bien entendu.

— Qu'est-ce que tu en penses ? demanda-t-il en affichant à nouveau son calme de Maître Jedi.

Mara croisa les bras.

— Il est possible qu'il soit à même de me dire si je suis, ou non, réellement guérie. J'aimerais bien repartir à sa recherche.

La joue de Luke tressaillit à nouveau. La réaction était si subtile que Jaina et Anakin ne se rendirent compte de rien.

— Moi de même, dit-il. Si tu as identifié un agent Yuuzhan Vong, là, en bas, cela corrobore ce que nous avons nous-mêmes trouvé...

Il lui dressa un rapport sommaire à propos de Cor-Duro Expéditions, des problèmes de ravitaillement avec les colonies installées sur la planète, et lui fit part de ses soupçons. En farfouillant à travers des strates et des strates de codes, R2-D2 avait découvert que la filiale de Cor-Duro à Port Duggan détournait les marchandises de SELCORE vers les autres stations orbitales. Elle laissait ensuite croire que ces marchandises avaient bien été expédiées aux colons, pour éviter que SELCORE ne vienne y regarder de trop près.

— Nous avons également vérifié toutes les pistes confiées par Tresina Lobi. R2 a exploré toutes les archives de la capitainerie du port.

Mara jeta un coup d'œil au petit droïde, toujours installé près de son terminal.

— Histoire de comparer les départs et les arrivées ?

Luke hocha la tête.

— Oui, et histoire de remonter aux origines de chaque vol. Nous essayons de confirmer une connexion avec les Brigades de Paix et un lien possible avec SELCORE.

Si les soupçons de Karrde se révélaient corrects, et si SELCORE et le Haut Conseil avaient bel et bien été infiltrés, la Nouvelle République courait au-devant de dangers bien plus graves qu'il n'était possible d'imaginer. *Pas étonnant que Luke soit si agité*, songea Mara. Il ne cessait de faire des petits gestes brusques de la main, de relever le menton et, par-dessus tout, elle percevait sans encombre à travers la Force une tension de plus en plus palpable.

— Thrynni Vae a disparu dans un quartier miteux de Port Duggan, continua-t-il. Aucune surprise. Anakin et moi, nous sommes allés y jeter un coup d'œil. Les districafés y sont très calmes. Presque trop calmes.

R2-D2 émit un doux sifflement.

Luke se redressa.

— Tu as trouvé autre chose ?

Il se pencha pour lire les informations s'affichant sur le petit moniteur du terminal auquel était relié le droïde. Mara s'approcha également.

Des lettres se mirent à défiler à toute vitesse. Dans un premier temps, une liste apparut. Par endroits, des entrées avaient été modifiées ou effacées : les locations récentes à Port Duggan, les arrivées datant de près de six mois ou bien les visiteurs qui avaient été conduits jusqu'au bureau du Vice-Directeur Brarun. Plusieurs noms revenaient à intervalles réguliers.

En partant de la liste, R2-D2 remonta la piste des départs et des arrivées de ces noms. Pour la plupart, la trace disparaissait après trois sauts dans l'hyperespace. Pour deux d'entre eux, cependant, il était clair qu'ils avaient fait à maintes reprises l'aller et retour jusqu'à Ylesia. On avait, apparemment, tenté de falsifier l'information.

Ensuite apparut un dossier de sécurité en provenance des relais de transmission de Duro. Très peu de droïdes, au sein de la Nouvelle République, étaient équipés du programme susceptible de déchiffrer ce type de fichier. Les liens entre Duro et Ylesia y étaient fort nombreux.

— Qu'est-ce qu'il y a à Ylesia ? demanda Anakin. C'est en plein espace Hutt...

— Les Hutts y avaient une plate-forme de trafic d'esclaves, murmura Mara. Ton père prétend que l'endroit regorge de sympathisants des Brigades de Paix. (Elle se tourna vers Luke.) C'est peut-être là que Thrynni a été enlevée ?

Luke hésita pendant quelques instants.

— C'est la meilleure piste dont nous disposions. Mais ça me gêne vraiment d'y envoyer quelqu'un. Je crains qu'on ne s'y casse le nez.

— Je suis prête à parier que le Vice-Directeur Brarun trempe là-dedans jusqu'aux yeux. Ses gros yeux rouges, déclara Mara. Ajoutez à cela les marchandises détournées vers Urrdorf, l'influence des Durosiens là-bas...

Elle perçut une bouffée d'inquiétude émanant de Luke.

A côté de la fenêtre, Jaina prit la parole :

— Laissez-moi deviner... Tous les nantis, tous les bien-portants, tous les cerveaux ont décidé soudainement de prendre des vacances sur la bien plaisante Urrdorf, c'est ça ?

Luke se détourna du moniteur.

— Qu'est-ce qui t'arrive ? demanda Mara.

— Jacen est avec Brarun. Il pourrait être en danger.

Jaina s'écarta de la fenêtre.
— Mais pas pour l'instant, a priori, dit Luke en levant une main rassurante.
— Brarun est resté discret ? demanda Mara.
— Apparemment, nous avons tous deviné la même chose, dit Luke en hochant la tête. Quelqu'un s'apprête à vendre la peau des réfugiés de SELCORE avant de prendre la poudre d'escampette. Pour le moment, Jacen préfère rester où il est.
Mara secoua la tête.
— Il faut que nous préparions une nouvelle opération d'évacuation planétaire, en nous débrouillant pour ne pas éveiller les soupçons des Brigades de Paix. Je pense qu'ils ont dû promettre aux Yuuzhan Vong des milliers et des milliers de prisonniers pour leurs sacrifices. (Luke se passa la main sur le menton.) A moins que... dit-il en traînant sur la phrase.
Mara s'éclaircit la gorge.
— A moins que ce ne soient pas les réfugiés qu'ils aient envie de sacrifier mais plutôt tous les Durosiens qui vivent en orbite. Ils pourraient très bien se contenter d'asservir les réfugiés. Ça s'est déjà produit. Tiens, et pendant que j'y pense : si les Yuuzhan Vong s'installent sur Duro, ils pourront très aisément s'attaquer directement au Noyau.
Mara serra les dents. De pire en pire.
— Mara, Jaina, vous avez obtenu des informations sur SELCORE quand vous étiez sur Duro ?
— C'est-à-dire ? demanda Mara en fronçant les sourcils.
— A propos d'une éventuelle infiltration de leurs réseaux.
— Laisse-moi réfléchir, dit Mara. Non. Rien d'anormal. Juste les problèmes bureaucratiques habituels.
Luke posa une main sur le dôme de R2-D2.
— R2, tu peux t'introduire dans les réseaux extérieurs de communication militaires, n'est-ce pas ?
Le droïde émit un gargouillis puissant et confiant.
Luke sortit son communicateur d'une de ses poches et le tendit à Anakin.

— Tiens, je veux que tu connectes ça au bras manipulateur de R2.

Sifflotant avec enthousiasme, R2-D2 se rebrancha au terminal. Mara observait son mari. Dix contre un, comme aurait dit Lando, qu'il allait essayer de contacter les militaires en poste sur Coruscant sans pour autant passer par l'intermédiaire de SELCORE. Elle glissa la main sous son bras et lui serra le coude puis elle gagna la salle de bains afin de se laver et de se débarrasser de la teinture qui lui colorait les cheveux. Lorsqu'elle ressortit enfin, Luke était assis à côté du bras manipulateur, temporairement modifié, du droïde astromécanicien.

— Hamner ? dit Luke d'un ton pressant, Kenth ? Vous êtes là ? Ici Skywalker.

Un grognement endormi s'éleva du communicateur. Luke adressa un sourire un peu triste à Mara puis se tourna à nouveau vers R2-D2.

— Désolé, Kenth, dit-il. Nous avons reçu des informations laissant penser que les Yuuzhan Vong pourraient s'attaquer à Duro. Le système est bien trop vital pour que nous le leur abandonnions. En plus des millions de vies qui sont en jeu, il ne faut pas oublier que Duro se trouve en marge du Noyau. D'ici, les Yuuzhan Vong pourraient parfaitement bloquer les routes marchandes vers la Grande Bordure.

— Je sais, je sais, répondit une voix ensommeillée.

— Est-ce qu'il est possible d'envoyer un détachement de combat ?

Mara entendit un nouveau grognement.

— Essayez avec SELCORE...

— Il y a de fortes chances, l'interrompit Luke, pour que SELCORE soit au cœur même du problème. Je sais que les forces armées sont déjà réduites en effectifs. Faites tout ce que vous pouvez, Kenth. Que la Force soit avec vous.

— Merci, tonna la voix de Kenth au milieu des parasites. Avec vous aussi.

Luke éteignit le communicateur.

— Bien joué, Anakin. Toi aussi, R2.

Le droïde émit un petit trille. Anakin reprit le communicateur et alla s'asseoir sur le lit pour remettre les composants en place.

Luke s'appuya au mur, baissa la tête et se frotta les yeux.

— Qu'est-ce qui ne va pas ? demanda Mara. Tu as perçu quelque chose ?

Luke jeta un coup d'œil à Jaina.

— Jacen, dit-il tout simplement. (Il croisa les bras.) Et je dois avouer que j'appréhende un peu le fait de devoir jouer à nouveau les escortes d'une évacuation entreprise sous feu nourri...

— Et dire que je n'ai même pas de vaisseau, ici, avec moi, se plaignit Jaina.

— J'ai l'*Ombre* et j'ai besoin d'un copilote, lui rappela Mara. Tu n'as qu'à rester avec moi.

Jaina hocha la tête, la mine sombre.

Anakin referma le couvercle du communicateur et rendit l'instrument à Luke.

— Avant que les choses ne tournent mal, dit le jeune homme, on devrait vraiment essayer de retrouver Thrynni Vae. On n'a pas accompli grand-chose avec nos déguisements.

L'air amusé, Luke empocha le communicateur.

— Tu crois qu'on obtiendrait de meilleurs résultats en paradant au grand jour ?

Anakin haussa les épaules.

— Je n'aime pas me cacher.

Mara éclata d'un rire bref.

— C'est pourtant un bon exercice. Mais il n'est pas obligatoire. En tout cas, Jaina et moi, nous avons besoin de repos, ajouta-t-elle. La journée a été plutôt longue.

— Entendu, dit Luke avant de se tourner vers la console. R2 ?

Le petit droïde émit un grincement interrogatif.

— Combien d'employés de la sécurité de SELCORE seront en faction aux docks de transit au cours de la prochaine heure ?

L'interface spéciale de R2 plongea à nouveau dans la prise du terminal et se mit à tourner. Le droïde produisit quelques petits couinements de contentement. Puis il poussa un petit signal strident et joyeux.

— Cinq, confirma Luke à Anakin.

Anakin lissa les pans de sa tunique.

— C'est sans problème, dit-il.

— Notre but est de ne pas nous créer de nouveaux ennemis, insista Luke. Nous allons nous comporter en êtres civilisés.

— En d'autres mots, dit Anakin, nous allons nous comporter en Chevaliers Jedi.

Durgard Brarun embrassa son épouse puis lui tendit les commandes de leur glisseur privé en disant :

— Je te rrrejoins dès que je le peux.

Il détestait mentir, mais elle n'aurait jamais accepté de quitter Bburru pour Urrdorf sans ce mensonge réconfortant. Elle suivit leur fils et leur belle-fille sur la rampe d'embarquement qui menait aux navettes affrétées en vols réguliers.

Tout était en place. Lorsque Brarun avait appris que SELCORE cherchait un endroit pour y héberger des millions de réfugiés, il avait eu la même réaction que la plupart des Durosiens. *Pas sur ma planète !* Une seconde réaction s'était cependant lentement formée dans son esprit. Si les Yuuzhan Vong se mettaient à chercher dans cette direction pour établir un poste avancé – et il se doutait bien que ce jour finirait par arriver –, alors la vie de milliers, voire de millions de réfugiés constituerait une excellente monnaie d'échange. D'après lui, ceux-ci étaient condamnés, de toute façon. Ils ne feraient que retarder l'échéance d'un mois, peut-être d'une année.

Il s'était donc jeté sur le contrat proposé par SELCORE et avait graissé quelques pattes, histoire d'obtenir les votes de certains membres du Haut Conseil Durosien. Il avait encouragé les démonstrations fort théâtrales de sa sœur Ducilla, sachant parfaitement que ses congénères ne souhaitaient pas voir débarquer les réfugiés sur Duro. Ses connexions avec les Brigades de Paix lui avaient assuré que l'amiral Yuuzhan Vong, qui se faisait appeler Maître de Guerre, serait certainement prêt à épargner les vingt cités orbitales en échange de la vie des réfugiés. Mais il s'était tout de même débrouillé pour envoyer sa famille en vacances sur Urrdorf, au cas où...

Le serviteur qui apporta son repas à Jacen arborait un uniforme de Cor-Duro. Son crâne aplati était d'une étincelante teinte turquoise. Des arêtes argentées faisaient saillie sur les bosses proéminentes qui ornaient les deux côtés de son front. Un Sunesi ?

— Posez ça là, dit Jacen en se détournant de la grande fenêtre ronde et en faisant un geste en direction de la table qui se trouvait à côté de son lit. Qui êtes-vous ?

Le Sunesi déposa son plateau-repas.

— Je m'appelle Gnosos. Mais je ne m'attends pas à ce que vous vous en souveniez. Ce qu'il y a de plus important, c'est que j'ai un cadeau.

Il tendit sa main turquoise. Jacen prit avec précaution la datacarte que lui tendait l'extraterrestre au teint si coloré.

— Et qu'est-ce que c'est ? demanda-t-il.

— Cette carte contient mon empreinte vocale. Il s'agit du code pour accéder à un glisseur posé à l'emplacement numéro trente du deuxième étage du garage. Je crois deviner qu'il va vous falloir renoncer précipitamment à l'hospitalité du Vice-Directeur Brarun...

Stupéfait, Jacen posa un index sur ses lèvres et fit un geste en direction des mouchards qu'il avait découverts et qu'il n'avait pas pris la peine de désactiver.

Le Sunesi leva les mains.

— Les gens de ma race sont capables de saturer leurs propos, ou les propos de leurs interlocuteurs, d'ondes à hautes fréquences. Celles-ci détraquent ces appareils d'écoute qui vous inquiètent tant.

Intrigué, Jacen glissa la datacarte dans l'une de ses poches. Il essaya, sans pour autant se servir de la Force, de deviner les intentions de Gnosos. Le Sunesi affichait un air de sérénité, un air qu'il n'avait rencontré chez personne, pas même chez son oncle, depuis l'arrivée des premiers rapports annonçant l'invasion Yuuzhan Vong.

— Pourquoi ? demanda Jacen. (Quand il parlait, la bouche de Gnosos s'ouvrait légèrement, mais le jeune homme était incapable de percevoir le moindre son dans sa propre gamme auditive.) Enfin, je veux dire, merci, mais...

— Le Tout-Puissant m'a fait un don. A mon tour de vous en faire un.

— Le Tout-Puissant ?

Jacen comprit. Les Sunesi étaient monothéistes. Ils subissaient une métamorphose très dangereuse quand ils passaient de l'état d'enfant à l'âge adulte. Apparemment, survivre à ce changement les prédisposait à croire à la métempsycose.

— Le Tout-Puissant est généreux, dit le Sunesi en écartant les mains. Pour mon peuple, l'infinie variété de l'univers implique l'existence d'un maître tout-puissant doté d'un glorieux sens de la créativité et de l'affection. D'un sacré sens de l'humour, également.

Les Crânes Bossus. C'était ainsi que les Impériaux avaient baptisé les Sunesi, en raison des bosses proéminentes de leurs fronts. Jacen tapota sa poche de poitrine, dans laquelle il avait glissé la datacarte.

— Peut-être que ce coup-ci, c'est Cor-Duro qui sera victime de la plaisanterie.

Son visiteur étendit ses longues mains lisses.

— Voilà qui est bien pensé, dit-il enfin avant de s'éclipser.

Quel surprenant concours de circonstances, songea Jacen. Si les croyances du Sunesi avaient quelque chose à voir avec la réalité, cela pouvait signifier que la Force refusait qu'on l'abandonne ainsi et que quelque chose, ou quelqu'un, avait la ferme intention d'indiquer à Jacen la voie logique sur laquelle s'engager.

Merci, dit le jeune homme silencieusement.

Luke glissa sa carte d'identification dans un lecteur du stand de motojets installé juste devant la pension où ils avaient loué un petit appartement. Il s'installa au guidon de l'un des véhicules et démarra. En conduisant prudemment, lui et Anakin rejoignirent Duggan Station dix minutes plus tard. Ils débarquèrent au beau milieu de l'indifférence générale. Les docks et les passerelles grouillaient d'ouvriers d'espèces diverses, suivis de droïdes à différents stades de réparation.

De si nombreux mondes étaient en danger. Luke ne disposait que de quelques mois pour trouver un endroit où un tout petit enfant et sa mère seraient en sécurité. Mais, pour la mère, c'était une autre histoire. Skywalker savait bien qu'il existait encore une différence majeure entre le désir et l'espoir. Mara se refuserait à mettre leur enfant en danger, mais elle refuserait également d'éviter un ennemi au combat. Surtout maintenant, depuis qu'elle connaissait le visage de l'ennemi en question.

Il emboîta le pas à Anakin. Tresina était revenue une fois sur les docks après la disparition de Thrynni. A ce moment-là, leur contact s'était également évanoui dans la nature. En approchant de la zone indiquée par R2-D2, Luke et Anakin remarquèrent une baisse de fréquentation. Des chariots élévateurs passèrent devant eux, des moteurs toussotèrent et des portes de soute se fermèrent en claquant.

Au détour d'une coursive, son sens du danger déclencha une curieuse et subtile vibration au fond de l'esprit du Jedi. Juste devant eux, une barrière, arrivant à hauteur de poitrine, leur fermait le couloir. En patrouille, près de l'étroite ouverture aménagée dans l'obstacle, se tenaient trois gros Gamorréens et un Rodien, tous vêtus de combinaisons de vol aux armes de Cor-Duro. Les uniformes des Gamorréens les boudinaient au point de les faire ressembler à des sacs d'expédition trop bourrés. Celui du Rodien, en revanche, avait l'air à moitié vide.

Cinq, lui avait dit R2-D2. Le superviseur de l'équipe de sécurité n'était pas visible.

— Ne les provoque pas, rappela tout doucement Luke à Anakin. Mais couvre-moi...

Puis il força l'allure et dépassa son apprenti de plusieurs mètres.

Le Rodien, si frêle qu'il donnait l'impression d'avoir été malade toute sa vie, fit un pas en avant.

— Accès interdit ! siffla-t-il. A moins que vous ne soyez muni d'une autorisation, vous n'avez rien à faire ici.

Luke farfouilla dans sa poche de poitrine. Simultanément, il projeta les ondes de la Force pour scruter en douceur les souvenirs du garde.

— Je suis à la recherche d'une personne disparue. Mon groupe, sur Coruscant, apprécierait toute aide que vous pourriez nous fournir.

Il tendit au garde un petit holocube.

C'était facile. Vraiment trop facile. A l'instar des Gamorréens, les Rodiens avaient la réputation d'être simples d'esprit, ils se contentaient de réactions élémentaires et violentes. Le garde empoigna le cube et l'image du corps ensanglanté, jeté d'un sas, de l'apprentie Jedi frappa Luke comme un éclair de douleur. D'après ses blessures, il conclut que sa mort ne s'était pas produite instantanément.

Que la Force soit avec toi, Thrynni Vae ! Il lutta intérieurement pendant quelques instants pour recouvrer son équilibre. En redonnant vie à l'Ordre Jedi, il avait étouffé l'appel qu'elle avait suivi toute son existence. Elle était morte au nom de la liberté d'autrui.

Il ne se sentait guère impatient d'aller raconter tout cela à Tresina Lobi. Il s'obligea donc à se concentrer sur la crise des réfugiés et sur les possibilités d'une attaque imminente.

— Merci de votre aide. Je suis certain que vous aimeriez que je parte, à présent.

Luke fit un pas en arrière, se retourna et commença à s'éloigner. A quatre mètres en retrait, Anakin était fermement campé sur ses pieds, les bras le long du corps. C'était effectivement une bonne position de couverture, bien qu'un peu trop évidente au goût de Luke.

— Une petite minute ! rugit une voix grave juste derrière son dos.

Luke se retourna lentement. Le cinquième membre de l'équipe de sécurité venait d'arriver. Il s'agissait d'un

Durosien mâle, étonnamment grand pour son espèce, vêtu d'une combinaison brune à liserés rouges. L'insigne triangulaire de Cor-Duro ornait sa poche de poitrine. Luke entendit des bruits de pas précipités derrière son dos. Loin derrière Anakin, même, à en juger par la faible intensité de l'écho. Dans son esprit, il commença alors à percevoir plusieurs présences.

Skywalker conserva les bras ballants, mais il projeta la Force dans toutes les directions afin de bien saisir l'espace qui le séparait du pont, des cloisons et des employés de Cor-Duro. Ils étaient dix, à présent. Il s'accorda une fraction de seconde pour vérifier qu'aucun d'entre eux n'était un Yuuzhan Vong déguisé. Puis il adressa un bref salut de la tête au superviseur.

— L'un des miens a disparu il y a plusieurs semaines. Commençant à m'inquiéter, je me suis entretenu avec le Vice-Directeur Brarun à ce sujet.

C'était presque vrai. Mais sa conscience tressaillit néanmoins. Même après toutes ces années, il détestait avoir recours au mensonge.

— Auriez-vous l'amabilité de me suivre afin que nous puissions vérifier cela ?

Le responsable de la sécurité avait formulé sa phrase comme une question, mais sa gestuelle ne faisait aucun doute quant à ses intentions.

— Ce n'est pas nécessaire, dit Luke tout doucement. Je suis désolé d'avoir ainsi dérangé votre équipe.

Il se retourna à nouveau et fit deux pas en direction d'Anakin.

A peine venait-il de poser son pied gauche sur le sol que le sabrolaser du jeune homme jaillit de la poche dans laquelle il était resté dissimulé. Anakin en activa la lame. Celle-ci produisit un vif sifflement, reconnaissable dans toute la Nouvelle République. Juste derrière le jeune homme, un Rodien stupéfait, portant une tenue de Cor-Duro marron et rouge, recula de quelques mètres.

Ecartant les mains pour bien montrer qu'elles étaient vides, Luke continua sa progression.

— Emparez-vous d'eux ! gronda le superviseur.

Luke fit volte-face et activa son sabrolaser. Deux

Gamorréens se précipitèrent sur lui tandis que deux autres gardes avançaient vers Anakin. Les autres employés de Cor-Duro conservèrent leurs distances. Les yeux d'Anakin se mirent à briller et il redressa la tête avec un air satisfait. Les gardes étaient armés de petits blasters fabriqués sur place. Pour des Jedi, ils ne représenteraient aucune difficulté réelle.

Mais Luke ne souhaitait pas se créer de nouveaux ennemis. Il allait pouvoir constater si l'enseignement qu'il avait inculqué à Anakin avait porté ses fruits. Il évalua l'angle d'attaque des gardes qui fonçaient sur le jeune homme puis leva la main pour leur lancer un signe subtil. Les quatre employés convergèrent alors vers Luke. Celui-ci fit alors un saut périlleux arrière pour échapper à la mêlée. Les gardes se heurtèrent et s'écroulèrent sur le sol. Luke retomba à mi-chemin entre Anakin et le superviseur.

— Nous n'allons faire de mal à personne, dit Luke. Mais vous ne pouvez nous retenir.

Il constata avec satisfaction qu'Anakin était resté sur sa position, prêt à frapper mais uniquement en cas d'absolue nécessité.

— Skywalker, marmonna le superviseur. C'est bien vous. Permettez-moi de vous donner un petit conseil.

Luke releva la tête.

— Quittez Bburru. Les individus de votre genre sont indésirables ici.

— Nous quitterons la cité dès que nous en aurons terminé avec notre affaire, dit Luke en écartant les mains. L'un de vos employés, là, se souvient de la femme que je recherche.

— Vous voulez vous entretenir avec lui ?

— Il se rappelle l'avoir vue morte.

Les lèvres du superviseur se retroussèrent en un sourire dénué du moindre humour.

— Très bien, tuez-le, alors. Donnant donnant.

— C'est à vous de faire régner la discipline dans votre équipe, dit Luke en secouant la tête. Je reviendrai.

Il tourna à nouveau les talons et s'éloigna. Il sentit qu'Anakin le suivait. Le garçon était déçu mais toujours sur le qui-vive. Anakin était bien jeune. Il voulait se distinguer. Au même titre que Jacen souhaitait créer une différence.

L'image du corps ensanglanté de Thrynni Vae lui revint en mémoire. Pendant un long moment, Luke se demanda comment il pourrait encore oser se présenter face à sa sœur si jamais l'un de ses enfants Jedi connaissait le même destin funeste.

20

Leia n'avait cessé de s'agiter et de donner des ordres depuis que Mara lui avait transmis l'information lui révélant que le Dr Dassid Cree'Ar n'était autre que Nom Anor. Le fauteur de troubles de Rhommamool. Le Yuuzhan Vong. Hors d'haleine, à force de faire l'aller-retour entre son bureau et le centre de recherche, elle s'écroula sur un fauteuil du centre de communication, installé près de la porte principale et de la zone de quarantaine. C-3PO se tenait à un autre terminal, vérifiant systématiquement toutes les analyses des rapports envoyés par le laboratoire de Cree'Ar. Jusqu'où avait-il bien pu aller dans le sabotage du processus de réhabilitation de la planète ? Tout ce travail, toute cette sensation de créer enfin un avenir pour ces réfugiés en exil... Avait-il implanté ses organismes destructeurs un peu partout ?

— Cela explique donc la présence des mites aux yeux blancs, dit la voix de Han dans le communicateur.

Il avait dissimulé le *Faucon Millenium* sur une falaise voisine. SELCORE y avait abandonné une importante cargaison d'anthracite, en guise de combustible d'urgence, et le cargo – paré de sa nouvelle robe d'un noir mat – se fondait complètement dans le décor. D'après les derniers rapports, les Yuuzhan Vong ne semblaient pas disposer de capteurs susceptibles de le repérer.

— Quand je pense qu'il y a encore un bon millier de personnes en quarantaine, dit-elle. Le simple fait de savoir que Nom Anor se trouve ici fait plus ressembler cette planète à une cible qu'à un paradis.

— Ne te mets pas encore martel en tête, mon cœur...

— Et puis, les Yuuzhan Vong n'ont pas envahi Rhommamool, insista Randa.

Le Hutt était appuyé contre le mur, occupé à serrer et à étirer nerveusement ses petites mains. Leia avait envisagé de le faire coffrer pour de bon. Mais cela n'aurait pas été juste. Après tout, les Hutts étaient aussi des réfugiés. Elle ne lui ferait certainement jamais plus confiance, mais elle souhaitait pouvoir le surveiller en permanence. Elle était déterminée à lui accorder la même sympathie et le même respect qu'elle aurait accordés à... disons un Ranat. Elle lui avait donc concédé une liberté toute limitée. Ainsi qu'une escorte, en la personne de Basbakhan.

Han, apparemment, avait entendu ce que venait de déclarer le Hutt.

— Ils n'étaient pas obligés d'envahir Rhommamool. Ils se sont contentés de prendre un peu de recul pour regarder les natifs réduire la planète en cendres. Tu devrais essayer de vérifier jusqu'où il est allé avec les Durosiens.

C-3PO se pencha sur sa console. En silence, comme on le lui avait ordonné. Il avait entrepris de décrire toutes les probabilités d'annihilation totale. Mais il s'était vite ravisé quand on lui avait bien fait comprendre qu'il était à deux doigts de se faire désactiver.

— Tu as l'intention de t'entretenir avec le Haut Conseil Durosien ? demanda Han.

— Oui, dès que j'aurai obtenu une transmission claire pour Coruscant. Après cela, il faudra que je réussisse à convaincre les gens d'ici d'essayer de ne pas s'entretuer. J'ai reçu, la nuit dernière, trois rapports concernant des Ryn en train de rôder...

— Quel genre de rapports ?

— En contradiction les uns avec les autres. Je suppose qu'il s'agit simplement de rumeurs. On prétend que quelqu'un essaye de semer la pagaille. (Elle hésita.) Où est Droma, en ce moment ?

— Il est dans le coin...

Certainement à rôder, conclut Leia. Mais, cette fois-ci, elle en était plutôt heureuse.

— Han, nous avons rapidement besoin de préparer l'évacuation. Nous disposons dans nos hangars de six vaisseaux que SELCORE a laissés de côté de peur qu'ils ne soient plus capable de prendre les airs. Je ne crois pas que Jaina ait fini de tous les inspecter. Dis à Droma

— Si SELCORE a abandonné ces appareils ici, on peut considérer qu'ils sont à nous.

La tête de C-3PO pivota. Sans prononcer le moindre mot, il se mit à agiter les mains frénétiquement.

— Ça va, ça va, lui dit Leia d'une voix grave. Très bien, Han. Notre objectif est de sauver le plus grand nombre de vies possible... et le plus rapidement. Commence à faire embarquer les gens. Particulièrement les Vors.

— Et tous les droïdes que je vais trouver, ajouta-t-il. Si les Vong débarquent ici, ils sont bons pour la casse. Y compris Bouton d'Or. Amène-le-moi. Même en pièces, s'il le faut.

Leia éteignit son communicateur.

— Allez, C-3PO, dit-elle gentiment. Rejoins le vaisseau avant que les Yuuzhan Vong ne se pointent. On a vraiment besoin de toi.

Le droïde se précipita vers la porte.

— Donc, si je comprends bien, l'Amiral Wuht se laisse facilement émouvoir par les soldats blessés au combat ? demanda Mara tout doucement.

— Apparemment.

Jaina, allongée sur l'une des couchettes de l'appartement de location, était à présent parfaitement éveillée. Au moment où Luke et Anakin étaient partis en reconnaissance, la jeune femme avait instantanément plongé dans un profond sommeil réparateur. Une habitude de pilote de chasse.

Mara se leva de son lit, se sentant beaucoup moins fatiguée, repensant aux choses qu'elle aurait dû entreprendre avant de prendre du repos.

— R2 ? Mets-moi en communication avec le bureau de l'Amiral Wuht.

R2-D2 sifflota un salut enthousiaste. Peu de temps

après, l'image tridimensionnelle d'un assistant se matérialisa sur le générateur holographique de la chambre.

— Vous avez un sérieux problème qui est sur le point d'éclater, Major, dit Mara en lui brossant un tableau rapide de la situation.

— Vous pensez peut-être que nous sommes coupables de complicité avec les Brigades de Paix, répondit l'aide de camp d'un ton bourru. C'est inexact. Il est vrai que nous n'apprécions guère le fait de nous voir intimer l'ordre d'ouvrir nos portes aux réfugiés, mais nous n'irions pas jusqu'à conspirer pour vendre leurs vies. Nous allons immédiatement lancer une enquête aux bureaux de Cor-Duro Expéditions.

— Vous n'allez pas en avoir le temps, dit Mara. Placez vos détachements en état d'alerte.

Luke et Anakin revinrent peu de temps après, porteurs des mauvaises nouvelles concernant Thrynni Vae et l'humeur générale sur Bburru, en train de se dégrader rapidement.

Ils avaient également apporté de quoi dîner. Mara se servit une portion.

— On aurait intérêt à retrouver Jacen et à récupérer l'Aile-X d'Anakin.

— Excellent, dit Anakin d'un ton étouffé en raison de la moitié de barre nutritionnelle qu'il avait enfournée dans sa bouche.

Mara jeta un coup d'œil à Luke par-dessus sa cuisse de Kroyie à demi dévorée.

— Jaina et moi, on peut préparer l'*Ombre* au décollage pendant que toi et Anakin allez chercher Jacen.

Luke secoua doucement la tête.

— Ils sont à ma recherche, maintenant, ils me connaissent. En revanche, ils ne savent pas très bien à quoi ressemblent Jaina et Anakin.

— Qu'est-ce que tu veux dire ? demanda Mara en fronçant les sourcils.

— Toi et moi, on pourrait créer une diversion. Il y a des manifestants juste devant la maison de Brarun, sur la grand-place. Allons leur parler... Au grand jour. Pendant ce temps-là, Jaina et Anakin peuvent se glisser discrètement dans l'immeuble et récupérer Jacen. Nous n'avons qu'à nous retrouver aux docks.

R2-D2 siffla.

— D'accord, d'accord, dit Luke. On ne va pas te laisser tout seul. Tu viens avec Mara et moi. Quoi qu'il arrive, ajouta-t-il doucement, aucun Durosien ne doit être blessé, à moins que l'une de nos vies ne soit mise en danger. Anakin, Jaina, c'est compris ? Attendez dix minutes après notre départ avant de vous mettre en route.

Ils hochèrent la tête.

Après un brin de toilette, Luke et Mara regagnèrent la rue par l'ascenseur.

— Dans quel état mental se trouve Jacen, en ce moment ? murmura Mara. Est-ce que tu lui as parlé depuis...

Elle laissa la fin de sa phrase en suspens.

— Il n'a pas répondu lorsque j'ai essayé de l'appeler, il y a une demi-heure de cela. Les employés de Brarun l'ont peut-être conduit ailleurs.

Et, bien entendu. Luke n'essaierait pas de s'introduire à distance dans les émotions de Jacen. Mara hocha la tête. Pendant tout ce temps, elle avait conseillé à Luke d'utiliser la Force avec précaution. Elle ne se doutait pas que Jacen, lui, irait si loin.

Ils louèrent à nouveau des motojets. Luke en prit une équipée d'un side-car. Il aida R2-D2 à s'y installer avant de prendre place lui-même sur le véhicule.

Mara loua une moto biplace, afin de pouvoir transporter Jacen.

— Prête ! annonça-t-elle en s'installant sur la selle étroite de l'engin.

Elle demeura à une demi-longueur derrière Luke, légèrement sur sa droite, se coulant dans le trafic qui progressait sur l'avenue.

Sous une énorme rampe de projecteurs, installée si haut que l'illusion que Bburru baignait dans la lumière du jour était presque parfaite aux yeux de Mara, quatre grands complexes d'habitation dominaient la place centrale. Les immeubles montaient bien au-delà des supports en diagonale qui maintenaient les parois de la station à mi-hauteur, comme les quatre longs rayons d'une gigantesque roue. Un parc verdoyant entourait les habitations. Le long d'un des bâtiments, une foule s'était assemblée autour d'une estrade bien plus haute que celle qui avait été précédemment installée à Port Duggan. De toutes les directions, des Durosiens, à pied ou sur des motojets, affluaient pour rejoindre le podium.

Luke se glissa dans une place de parking située près de deux arbres qui croulaient sous le poids de leurs lianes et feuilles. Mara laissa son époux évaluer la situation et alla garer sa moto sur une autre place, à quelque distance de là. Elle espérait se tromper. Si les Yuuzhan Vong attaquaient Duro, ses habitants seraient probablement autant en danger de mort que les réfugiés.

Luke marcha à sa rencontre. Le vent, suite au trajet en moto, avait ébouriffé ses cheveux et lui avait rosi les joues. Mara se délecta de la vue de son époux. Elle laissa son regard peser sur lui suffisamment longtemps, histoire de bien lui faire passer le message. Une vague de chaleur parvint en réponse dans son esprit, à l'emplacement même qu'elle réservait à Luke dans ses pensées.

— Jacen est là-haut, je suppose ?

Elle se tourna et observa l'immeuble qui se dressait au-dessus des manifestants. Apparemment, leur petite démonstration avait été organisée au profit du jeune Jedi.

C'est alors qu'elle reconnut la Durosienne qui se trouvait sur la scène. C'était Ducilla, la sœur de Brarun.

— Un, un seul, c'est la puissance ! Un, un seul, c'est l'unité !

Sa voix, jusqu'alors parfaitement audible d'un bout à l'autre de la place, s'éteignit soudainement. Les Durosiens s'écartèrent prestement pour dégager un passage à Luke et à Mara. Celle-ci était parfaitement consciente du fait que Luke était en train de laisser les manifestants les entourer. Elle ne perçut aucun danger imminent.

Ils arrivèrent à l'estrade installée à hauteur de poitrine. Deux grands Durosiens, à l'allure patibulaire, se tenaient juste derrière Ducilla. Ils étaient équipés de blasters Merr-Sonn flambant neufs.

On comprenait que le reste de la foule y réfléchisse à

deux fois avant de s'approcher de l'oratrice. Amusée, Mara se laissa distancer de quelques pas par Luke. Au cas où il deviendrait nécessaire de dégainer leurs sabres, ils auraient besoin du plus de place possible.

Tout près, quelques Durosiens chuchotaient. Les Jedi réclamèrent le silence et Luke s'avança au milieu de l'espace libre ménagé au pied du podium.

— Un individu, tout seul, peut être fort, c'est vrai ! lança-t-il. (Mara fut surprise de constater combien la voix de Luke portait. Ducilia avait dû faire activer un champ de transmission afin de pouvoir haranguer la foule.) Mais deux individus, ensemble, ne peuvent-ils être bien plus forts encore et se protéger l'un l'autre ? demanda-t-il.

La bouche dénuée de lèvres de Ducilla dessina un large sourire.

— Les Jedi, dit-elle en adoptant un ton chantonnant et moqueur. Les disciples absolus de l'interdépendance. Vous êtes faibles en raison de votre diversité. Vous vous éparpillez dans de trop nombreuses directions.

Mara n'aurait pas hésité à contredire cet argument, mais Luke préféra s'en servir comme d'une planche d'appel :

— Il y a des gens dans toute la Nouvelle République, des gens aussi divers que variés, qui ont désespérément besoin d'aide. N'auriez-vous pas intérêt, pendant quelque temps, à mettre vos frustrations au placard pour tendre la main à des peuples qui sont plus faibles que vous ?

Derrière Mara, des cris s'élevèrent :

— SELCORE n'a rien à faire ici...

— Les réfugiés dans notre système sont un appât pour les Yuuzhan Vong...

— Si vous êtes venu jusqu'à Duro en espérant nous faire rentrer dans le droit chemin, dit Ducilla en levant les mains, je crois qu'il est temps que vous vous rendiez compte de votre erreur.

— Ce n'est pas une erreur, insista Luke. SELCORE a proposé de redonner vie à votre planète en échange de votre aide pour le convoyage des marchandises jusqu'à la surface... Des convoyages pour lesquels votre frère est très largement rémunéré.

Les joues grises de la Durosienne s'assombrirent.

— SELCORE est bien trop occupé sur tous les fronts pour nous envoyer ses navettes. Il est plus facile pour eux d'apporter la marchandise jusqu'ici à bord de leurs imposants cargos et de compter sur vos réseaux de distribution pour la livraison...

Les Durosiens se mirent à huer.

Mara leva les yeux vers le complexe d'appartements, essayant de percevoir la présence de Jacen derrière l'une des nombreuses fenêtres circulaires. Il était bien là, quelque part, mais elle était incapable de discerner précisément l'endroit. R2-D2 se tenait encore au poste que Luke lui avait indiqué, entre la motojet à side-car et une imposante unité automatique de nettoyage de rue. Les longs bras de l'engin étaient repliés de part et d'autre de son gros réservoir. Jaina et Anakin étaient en train d'arriver, par des rues différentes. Jaina gara sa moto et disparut par la porte du complexe d'appartements. Anakin se glissa dans la foule et se rapprocha de la scène.

Mara fronça les sourcils. Ce n'était pas ce qu'on lui avait ordonné de faire.

Ducilla releva la tête.

— Les Jedi, cria-t-elle, ont prêché leur philosophie de la lumière et des ténèbres, du savoir et de la sagesse, et que nous ont-ils apporté ? Violence et terreur !

Des murmures s'élevèrent tout autour de Mara.

— Domination et destruction !

Les murmures montèrent d'un ton.

Luke jeta un regard de côté. Il avait, sans aucun doute, détecté l'arrivée d'Anakin et perçu une curieuse détermination joyeuse qui émanait du garçon. Luke serra les dents et prit un air irrité. Mais cela ne dura pas. C'est alors que ses lèvres tressaillirent.

— Combien de problèmes, au sein de la Nouvelle République, peuvent être aujourd'hui attribués aux Jedi ? demanda Ducilla.

Et combien de tes paroles pourraient être aujourd'hui attribuées à Nom Anor ? songea Mara.

Anakin atteignit la plate-forme. Il posa ses deux mains à plat sur le rebord et, par le truchement de la Force, fit un saut périlleux avant pour retomber sur la scène. Il atterrit entre les deux gardes du corps. Ceux-ci firent instantanément un geste vers leurs armes. L'air détaché, Anakin fit tomber l'un des Durosiens d'un coup du pied gauche. L'autre garde fit feu. Anakin, qui avait déjà dégainé son sabrolaser, dévia le tir et trancha le canon du blaster en deux.

Fichu tête de pioche ! Qu'est-ce qu'il essaie de faire ?

Luke se hissa sur la scène à son tour.

— Nous ne sommes pas venus ici pour ça ! cria-t-il.

A la grande surprise de Mara, Anakin fit volte-face et se mit en position de duel.

— C'est exact ! cria le jeune homme. Voilà la raison de notre venue !

Luke dégaina son sabre. Anakin laissa fuser un rire sardonique. Mara fit un pas en arrière. Avaient-ils tous deux perdu la tête ?

Luke passa à l'attaque. Il fit décrire à son sabrolaser un lent arc de cercle lumineux. Anakin para le coup avec élégance. Les lames se bloquèrent et les deux bretteurs gardèrent la pose. C'est alors que Mara comprit ce qui se passait. Anakin était en train de défier Luke. C'était une mise en scène qui tirait grandement parti de la fascination des gens pour le sabrolaser. Mara avait un peu tendance à oublier que la majorité des habitants de la Nouvelle République pouvaient demeurer une vie entière sans en voir un. Alors vous pensez, deux d'un coup, et maniés avec autant d'expertise... Lorsque la lame verte de Luke crissa le long de celle d'Anakin, d'un violet pâle, Mara se prit à sourire à demi. Tous les Durosiens commencèrent à s'avancer vers la plate-forme.

Elle se demanda alors si Luke profiterait du fait qu'il avait obtenu toute leur attention pour leur faire un discours. Il repoussa doucement Anakin. Une Durosienne, qui se trouvait juste à côté de Mara, donna un coup de coude à son compagnon, lui adressa un sourire, puis reporta son regard sur le duel. Mara décida de participer. Elle projeta un brusque éclair de Force qui fit sauter le blaster Merr-Sonn des mains du second garde et l'envoya valser dans les branches d'un arbre voisin. Elle mourait d'envie de les rejoindre sur la scène, mais cela ne servirait à rien. Ici, en tant que sentinelle, elle serait bien plus utile.

Luke et Anakin se lancèrent dans une demi-douzaine de mouvements classiques. L'un prenait l'avantage, puis l'autre. Les lames s'entrechoquaient. Les deux duellistes firent un pas en arrière, adoptèrent une pose théâtrale et croisèrent leurs lames en un blocage fort dramatique. L'oratrice Durosienne, qui avait définitivement perdu les faveurs de son public, battit en retraite, accompagnée de ses deux gardes du corps. L'un d'entre eux sortit un communicateur et tourna le dos. Non, décidément, Mara n'aimait pas cela.

Brusquement, Luke délaissa l'exercice classique. Il se lança dans une attaque surprise et fouetta l'air de sa lame vers le bas. Parer un tel coup obligerait certainement Anakin à perdre l'équilibre. Au lieu de cela, le jeune homme fit un bond en arrière, bloqua sa lame et demeura bien campé sur ses pieds. Luke adressa à Anakin un léger hochement de tête. Mara y décela fierté et admiration.

Anakin se lança à son tour dans une attaque non préparée. Il enchaîna de longs balayages avec de brèves fentes vers l'avant. Mara fut stupéfaite par l'intensité, l'équilibre et la précision avec laquelle Anakin se servait de la Force pour anticiper les mouvements de Luke, obligeant son adversaire à se surpasser en blocages et parades devant chaque attaque. Lorsque Luke, à son tour, brandit son sabre étincelant de façon offensive, en un mouvement bien plus intense encore que tout ce que son apprenti avait bien pu connaître, Mara comprit que son époux, lui aussi, était très impressionné par la démonstration d'Anakin.

Elle s'était inquiétée de la rivalité qui opposait les deux frères Solo. A présent, elle constatait combien l'entraînement contre Jacen – au style si similaire mais aux méthodes si différentes – avait permis à Anakin d'acquérir une incroyable maturité.

Il y avait un petit problème, cependant. La foule ne

cessait de croître et le garde du corps de Ducilla venait de ranger son communicateur dans son ceinturon. Mara devina que le public de Luke ne serait plus désarmé pour très longtemps.

Jacen était en train d'observer la foule qui assistait au duel quand un léger coup à la porte attira son attention. Il s'écarta de la fenêtre de transparacier. Il n'avait pas encore pris la peine de désactiver les mouchards de sa chambre. Il eut le pressentiment – pas une indication de la Force, juste un simple pressentiment – que puisque Mara, Luke et Anakin étaient là, en bas, il ne pouvait s'agir que de Jaina.

Il fit rapidement le tour de la pièce afin d'arracher les micros de leurs logements. Puis il appuya sur la commande intérieure d'ouverture de la porte. Celle-ci glissa sur son axe et Jaina entra dans la chambre.

— Salut, dit-elle.

Il passa la tête dans le couloir, regarda à gauche et à droite et repéra ses deux geôliers. Ils étaient confortablement affalés contre le mur. Jacen jeta les micros sur les genoux de l'un des gardes, retourna dans la chambre et ferma la porte.

— Salut, répondit-il. C'est sympa de venir me voir.

Jaina avait passé une veste par-dessus sa combinaison de vol marron et son ceinturon à poches multiples de couleur noire. Jacen posa les yeux sur la casquette de sa sœur, bien enfoncée sur son front.

— Chouette, la coupe de cheveux.

Elle le foudroya du regard. Il avait lui-même jeté sa casquette près du lit.

— Tu peux parler, toi ! Qu'est-ce que tu fous ici ? Tu attends que les glaces de Hoth se mettent à fondre ?

— Le Vice-Directeur Brarun a envoyé un message signalant qu'Oncle Luke avait été repéré près des docks. Il souhaite s'entretenir avec nous tous. Tu veux du Kroyie froid ?

— Tu plaisantes ou quoi ?

Jaina s'avança jusqu'à la fenêtre. Au lieu de regarder

directement par l'ouverture, elle se posta sur le côté et regarda avec précaution à l'extérieur, en haut, en bas et sur les côtés.

— Les seuls gardes sont dans le hall. Enfin, ils étaient dans le hall, se corrigea-t-il. J'ai l'impression qu'ils ne t'ont pas causé beaucoup d'ennuis.

— C'est vrai qu'en tant que gardes, ils n'étaient pas particulièrement impressionnants.

— Je crois, avoua-t-il, que leur unique mission était d'envoyer un message à Brarun dès que je me déciderais à quitter la chambre.

Jaina indiqua la plate-forme en contrebas. Jacen vit clairement les lames des sabrolaser, l'une verte, l'autre améthyste, s'entrechoquer dans une pluie d'éclairs et d'étincelles.

— Tu vois ça ? demanda-t-elle. C'est un duel en ton honneur. Une diversion. Pour me permettre de te faire sortir d'ici. Nous retournons à Narthex.

— C'est vraiment obligé ? Normalement, je dois rencontrer le Vice-Directeur...

Jaina fit volte face.

— Est-ce que tu as ne serait-ce que la plus petite idée de ce qui est en train de se passer tout autour de toi ?

— Et toi ? demanda-t-il doucement. Tu récupères l'usage de ta vision ?

— Eh bien, je dois avouer que j'avais oublié combien ton nez et ton menton avaient grossi !

Il émit un petit reniflement de dédain. Effectivement, ses traits avaient considérablement mûri au cours de l'année passée. Les traits de Jaina, eux, étaient comparables à ceux d'une vraie femme depuis deux ou trois ans. C'était là l'une des injustices temporaires qu'il fallait accepter lorsqu'on avait une sœur jumelle.

— Ecoute, dit-elle. Tante Mara et moi, nous avons découvert un agent Yuuzhan Vong à Narthex. Il a bien failli nous tuer toutes les deux. (Elle ôta sa casquette pour lui montrer la bande de synthéchair qu'on lui avait appliquée au-dessus de l'oreille droite.) Et Oncle Luke vient de mettre à jour des connexions entre ton cher Vice-Directeur et les Brigades de Paix !

Jacen sentit son estomac se serrer.

— C'est certainement pour cela que Brarun avait tellement hâte d'emprisonner un Jedi ! Les Brigades de Paix ont certainement compris que les Yuuzhan Vong souhaitent nous neutraliser.

— Bravo, tu as gagné une médaille. Et pendant ce temps, toi, tu restes là, les bras croisés à ne rien faire. Tu n'écoutes même pas les fluctuations de la Force ? Tu ne vois donc rien ? Quelque chose est sur le point de se produire. Encore une fois.

Il fourra ses deux mains dans ses poches, l'air coupable.

— En fait, je... J'ai décidé de ne plus utiliser la Force. Complètement. Oncle Luke m'a mis au défi et... Je suis fatigué, Jaina. Si je ne peux combattre les ténèbres avec les ténèbres, alors je ne me sens pas d'attaque pour répondre à la violence par la violence. J'ai l'impression... d'attendre que quelque chose arrive.

Jaina écarquilla les yeux.

— Ce qui va arriver, c'est très simple. Il va y avoir une nouvelle invasion, Jacen. Et tu viens avec moi, que tu le veuilles ou non.

Elle écarta un pan de sa veste et posa la main sur son blaster. Stupéfait, il resta assis sur le lit.

— Tu me forcerais à venir avec toi ?

Jaina dégaina son arme et le jeune homme remarqua qu'elle était réglée pour produire un rayon paralysant.

— Tu veux peut-être te faire passer pour un héros tragique, dit-elle. Mais il y a peu de chances pour que cela se produise. Oui, stupide petit frère, je te forcerais à venir avec moi.

Il laissa fuser un demi-sourire, comme soulagé. On lui avait fauché l'univers sous le pied et sa vision lui indiquait une destinée qu'il ne comprenait pas. Jaina n'avait pas changé. Elle avait juste mûri.

— Je viens, je viens, dit-il en levant une main conciliante.

— Tu es prêt à te défendre si quelqu'un nous attaque ?

— Si j'y suis obligé. Mais peut-être qu'on ne nous attaquera pas. (Il sortit la datacarte donnée par Gnosos.) On m'a proposé d'utiliser un glisseur.

— Et il appartient à qui ? demanda Jaina en plissant les yeux.

— A un Sunesi.

— Un de ces drôles de prêcheurs ?

— Je n'ai jamais entendu dire qu'ils avaient basculé vers le Côté Obscur, dit Jacen en haussant les épaules.

Jaina fronça les sourcils. Elle détacha la dragonne qui retenait le blaster, dégaina l'arme et la tendit à son frère. Puis elle sortit un second blaster d'un étui accroché à l'arrière de son ceinturon. Elle alla de nouveau regarder par la fenêtre. Son regard s'assombrit.

— Oh, oh... dit-elle. Il est possible que nous n'allions nulle part...

Si Luke avait espéré profiter de la situation pour faire un discours, il était trop tard. Mara entendit, juste derrière elle, quelqu'un faire feu. D'après le son, il devait s'agir d'un petit Blast Tech DW-5. Luke fit un bond et dévia le trait de laser qui lui était destiné.

Mara se retourna. Elle repéra le tireur Durosien et se lança dans la foule. Elle réussit à le déséquilibrer très facilement, le maîtrisa au sol et lui arracha son arme. C'est alors qu'elle entendit un nouveau coup de feu, à la tonalité beaucoup plus grave. Un cri s'éleva, inarticulé, visiblement hostile. Mara n'eut pas besoin de vérifier ce que lui indiquait son sens du danger. De nouveaux agitateurs, fraîchement arrivés sur les lieux, s'employaient à transformer une assemblée de spectateurs fascinés et inoffensifs en une meute de bêtes aux dents acérées ! Les Durosiens, qui, jusqu'à présent, n'avaient pas l'air antipathiques, se mirent à se bousculer violemment pour échapper à la mêlée.

Quelqu'un saisit Mara par le bras gauche. Elle fit un pas de côté et profita de l'inertie pour envoyer, presque naturellement, son agresseur heurter un autre Durosien avant de s'écrouler au sol. Deux autres l'attaquèrent par-derrière. Elle croisa les bras et se laissa tomber à la renverse, échappant à l'emprise. Les deux adversaires se télescopèrent en se heurtant tête contre tête.

Mara tendit les mains. Elle en avait assez, de toute façon, de constater que Luke et Anakin étaient les seuls à s'amuser. Elle perçut que cela lui ferait du bien de se laisser un peu aller. Il y avait bien trop de Durosiens tout autour d'elle. Ils ne pourraient se servir de leurs blasters sans se blesser mutuellement. Le combat aurait donc lieu à mains nues. Mara était capable de se battre à mains nues les yeux fermés. Elle administra un coup de pied tournant, alimenté par sa rage de ne pas être parvenue à capturer Nom Anor, et envoya balader un autre blaster dans les branches d'un arbre distant.

Si elle venait à tomber, son bébé pourrait être blessé. Elle décida donc de se concentrer pour parer chaque nouvelle menace avec assurance. Des blasters volèrent en tous sens. Et finirent tous accrochés dans les branches des arbres de la place. Une demi-douzaine de Durosiens se précipitèrent vers elle. Elle les laissa approcher puis fit un saut périlleux pour leur échapper et retomba, un peu plus loin dans la rue, près de R2-D2 et de l'unité de nettoyage. Derrière elle, elle détecta un nouveau nœud de violence savamment contrôlée. Luke et Anakin étaient, à leur tour, en train d'essayer d'échapper à la foule en furie.

Un nouveau groupe de Durosiens repéra R2-D2. Le petit droïde fit pivoter son dôme de droite à gauche et poussa un sifflement de terreur. Mara passa à l'attaque, se servant de la Force pour repousser les Durosiens. L'un des assaillants de R2-D2 posa les mains sur le droïde. Mara aperçut l'éclair d'une décharge électrique et l'agresseur fit un bond en arrière. Un autre essaya également de s'emparer du droïde et reçut, à son tour, une nouvelle décharge d'énergie.

C'est alors que des Durosiens escaladèrent l'unité de nettoyage et la mirent en marche...

Jacen et Jaina évitèrent l'ascenseur et descendirent l'escalier de secours à pas de loup. Il leur restait encore deux étages à franchir. Des bruits résonnèrent en contrebas.

Jacen eut un mouvement de recul et heurta Jaina. Celle-ci venait de remettre ses lunettes de protection. Les pas étaient apparemment en train de monter les marches à leur rencontre. Et puis le son cessa, brusquement.

Jacen se colla au mur, près de sa jumelle. Il vérifia le blaster qu'il avait en main et qu'il ne connaissait pas bien pour s'assurer qu'il n'était pas programmé pour tuer. Quand il baissa de nouveau l'arme, Jaina s'écarta du mur, posa les mains sur la rampe de l'escalier et, d'un bond gracieux, sauta par-dessus la balustrade avant de disparaître.

Le jeune homme se lança à la suite de sa sœur et descendit les marches quatre à quatre jusqu'à l'étage inférieur. Il entendit un tir de blaster, juste en dessous de lui. Moins d'une seconde plus tard, il aperçut trois Durosiens portant des uniformes de Cor-Duro Expéditions. Deux d'entre eux étaient inanimés, étendus dans l'escalier. Le troisième se précipitait vers une porte. Jacen tira sur celui-ci pour l'assommer. Jaina, qui avait déjà passé ce palier en sautant dans le vide entre les rampes, était arrivée à l'étage en dessous et se dirigeait vers une porte de sortie dérobée.

Jacen alla la rejoindre. Il n'aimait pas ce qu'il venait de faire. Vraiment pas. Ce n'était pas juste. Il était un Jedi, entraîné au combat pour protéger les autres. Et se protéger lui-même.

— Par ici ! cria-t-il à Jaina en indiquant la porte de service qui conduisait au garage. Il glissa la datacarte dans la fente d'un lecteur installé sur le mur.

Un glisseur à deux places, garé dans l'allée la plus proche, démarra et s'éleva en douceur sur ses répulseurs.

L'unité de nettoyage déploya un long bras de métal vers R2-D2. Mara n'eut pas le temps de rejoindre le petit droïde à temps. R2-D2 fut heurté de plein fouet et il décolla dans les airs. Un cri de victoire hargneux accompagna son vol.

Derrière le droïde astromécanicien, Mara vit un aéroglisseur décoller du deuxième niveau du complexe d'appartements. Elle détecta la présence de Jacen et de Jaina à son bord et relaya mentalement l'information à Luke. Ce dernier et Anakin étaient fort occupés à se défendre, repoussant les Durosiens, les faisant tomber à terre, inanimés, lorsque cela était nécessaire.

Mara se hissa sur l'un des piliers en diagonale qui se dressaient vers les parois de la station depuis le trottoir. Assurant bien son équilibre, elle projeta la Force vers R2-D2. Celui-ci changea de trajectoire en plein vol et exécuta un élégant virage, pareil à un missile trapu aux reflets étincelants.

Les Durosiens détalèrent prestement. La foule qui entourait Luke eut également un mouvement de recul. Luke se mit à courir et prit une direction opposée à celle empruntée par Jacen et Jaina. Il rejoignit la motojet que Mara avait garée un peu plus loin. Anakin se lança à sa suite, conservant son sabrolaser activé à la main. Mara fit voler R2-D2 en douceur vers elle, puis le déposa au sol avec précaution. Instantanément, il se mit à rouler dans sa direction.

Elle laissa échapper un profond soupir. « La taille ne compte pas », disaient les Maîtres. La clé pour bien comprendre cela était de se rendre compte qu'elle n'avait pas elle-même fait voler le droïde. La Force avait de l'énergie à revendre. Mais concentrer ses fluctuations était un exercice épuisant. Mara sauta à terre avec grâce et rejoignit Luke en courant. Juste devant elle, Anakin dévia d'un grand coup de son sabrolaser une motte de terre qu'on lui avait lancée à la tête.

— Va protéger R2, ordonna Mara à son neveu. Luke et moi, on va les attirer à nos trousses.

Luke enfourcha la motojet et démarra. Son épouse sauta sur la selle arrière. Luke mit les gaz. L'engin se cabra et Mara fut obligée de s'accrocher des deux bras à son mari pour ne pas partir à la renverse.

— Ce n'est pas vraiment le type de diversion que j'avais en tête, souffla Mara en posant son menton sur l'épaule de Luke.

— Anakin a un petit peu bouleversé le cours des

choses. Pas trop mal, d'ailleurs. Le plan d'évasion laissait à désirer, cependant.

Il fit faire demi-tour à sa moto et mit le cap sur la foule qui pourchassait Anakin et R2-D2. Luke passa en trombe devant eux et s'engouffra sur un boulevard en direction d'un centre commercial. Mara tordit le cou pour regarder derrière eux. Anakin, sur son engin, contourna un immeuble et disparut. La foule se lança donc aux trousses de Luke.

— Comment allons-nous rejoindre l'*Ombre* ? demanda Mara, tenant Luke par la taille d'une main et essayant de retenir sa longue chevelure flamboyante de l'autre.

— Je vais y réfléchir.

— Fais-le vite, Skywalker.

Elle savait combien il aimait ce genre de situations, mais elle était très fatiguée. Ce n'était pourtant pas le moment de le lui avouer.

21

Jacen essayait tant bien que mal de se trouver une position confortable dans le harnais de vol du petit aéroglisseur qu'ils avaient emprunté. Jaina s'était emparée des commandes, prétendant qu'elle y voyait suffisamment pour piloter. Elle engagea l'appareil dans une avenue bordée d'immeubles de bureaux.

A une intersection, trois véhicules frappés des insignes triangulaires de Cor-Duro les prirent en chasse.

— Ne ralentis pas, dit Jacen à sa sœur, mais...

— Qu'est-ce qui te fait penser que j'ai l'intention de ralentir ?

— Nous avons trois engins aux trousses. Ils portent les emblèmes de Cor-Duro.

— Et alors ?

Jaina accéléra et se dirigea vers la rampe qui conduisait à la station de transports en commun en partance pour Port Duggan. Fort heureusement, le trafic était assez fluide en ce début de soirée.

— Et alors, ne va pas par là ! s'exclama-t-il. Prends la direction des docks privés. On ne va pas pouvoir s'approcher des docks principaux...

— C'est pourtant là que Mara a posé l'*Ombre,* lui rappela Jaina. (Mais elle changea de cap sans hésiter et s'engagea sur une rampe qui conduisait à un niveau supérieur, obligeant des piétons à la peau grisâtre à s'écarter précipitamment.) Contente-toi de me dire si je suis sur le point de heurter quelque chose de petit !

Jacen jeta un coup d'œil aux optiques qui couvraient les yeux de sa sœur et serra les dents.

— D'accord, d'accord, dit-il. Bon, et si tu me parlais

de ce que vous avez trouvé à propos de Thrynni Vae et de Cor-Duro ?

— Et à propos des Brigades de Paix, pendant qu'on y est...

Elle lui donna les grandes lignes, s'interrompant constamment pour braquer, piler et accélérer au milieu de la circulation. A en juger par les manœuvres qu'elle entreprenait, Jacen conclut que sa sœur voyait correctement. Enfin, apparemment.

— Tout ce que je peux dire, dit-elle enfin, c'est que Thrynni est morte, que Brarun se fait graisser la patte – et ce n'est pas par SELCORE – et que Maman est en train de faire embarquer les réfugiés à bord des vaisseaux d'évacuation. C'est reparti pour un tour...

— On ferait mieux de mettre la main sur un officier gouvernemental qui n'a pas été corrompu pour lui signaler Brarun et...

— Ouais, bien sûr, l'interrompit-elle. Comme si on avait le temps pour ça !

Jacen jeta un coup d'œil derrière eux.

— Ils sont toujours sur nos talons.

— T'as pas une idée ? On va quand même pas attendre que la police nous arrête pour excès de vitesse...

— File-moi ton communicateur, dit-il. Je vais essayer de contacter Tante Mara ou Oncle Luke.

Le communicateur de Mara se mit à sonner. Elle fit un pas en arrière dans le renfoncement du portail et tourna son visage vers la zone d'ombre. Elle sentit le dos chaud de Luke se presser contre le sien. Pour l'instant, ils avaient réussi à semer leurs poursuivants.

— Ici Mara, dit-elle doucement.

— Nous sommes en route, annonça la voix de Jacen. Mais nous ne pourrons pas rejoindre l'*Ombre*. Je pense que nous allons prendre un autre vaisseau et nous vous retrouverons à Narthex. Ça va de votre côté ?

— Eh bien... (Mara resserra ses doigts autour du communicateur.) Nous avons été... (*Hués*, se rappela-t-elle. *Raillés*. *Calomniés*. Elle sentit l'angoisse de Luke. Et dire que ces gens étaient ceux qu'il souhaitait aider !) Nous avons été retenus, se contenta-t-elle de dire. Si nous apparaissons encore en public, il y a fort à parier que les manifestants auront immédiatement recours à la violence. Pour l'instant, nous essayons de nous faire oublier.

— On se retrouve en bas, alors...

Les lumières de Bburru étaient déjà en train de baisser. Mara avait toutes les peines du monde à distinguer le dôme de R2-D2 et Anakin, qui montait la garde juste à côté de lui, au fond du jardin où ils s'étaient réfugiés. Ils s'étaient enfin débarrassés de leur dernier poursuivant dans cette zone résidentielle.

Mara empocha le communicateur.

— Bon, dit Luke, tenant toujours son sabre éteint à la main. Voyons ce que R2 peut nous apprendre.

Le petit droïde les avertit que leur appartement de location avait été fouillé et que des mouchards avaient été dissimulés dans leurs affaires. Ce n'était pas très grave, juste un peu ennuyeux. Ils étaient tout près d'un passage qui conduisait jusqu'aux docks où était amarrée l'*Ombre*. Il leur faudrait donc couvrir les derniers mètres sans le moindre déguisement.

Un peu plus haut dans l'avenue se trouvait un autre terminal d'ordinateur public. Mara se posta pour monter la garde. Luke fit écran devant le droïde pendant que celui-ci consultait l'ordinateur municipal. Quelques instants plus tard, Luke fit un signe de la main à son épouse et commença à s'éloigner en compagnie de R2-D2. Mara leur emboîta le pas, quatre mètres en arrière. Dans son dos, elle se rendit compte qu'Anakin la suivait, à la même distance. Un groupe de Durosiens passa de l'autre côté de la rue. Mara sentit son mari projeter les ondes de la Force afin de passer inaperçu aux yeux des passants.

R2-D2 leur avait trouvé un appartement vacant, avec une porte donnant directement sur l'extérieur. Ils pourraient s'y reposer, s'y restaurer et attendre que les choses se calment un peu à Bburru avant de regagner l'*Ombre*. Ils s'arrêtèrent dans l'entrée et Anakin parut déçu.

— Bon, lui dit Mara. Va t'assurer qu'il n'est pas surveillé.

Visiblement content, le jeune homme attrapa une poignées de rations nutritives et ressortit du bâtiment.

Mara se glissa dans la petite alcôve qui servait de salle à manger.

— Fais-moi un peu de place, dit Luke gentiment en s'asseyant au bout du banc. S'il te plaît.

Elle glissa sur le siège et posa sa tête sur l'épaule de son mari. Non, elle ne s'endormirait pas. Ce n'était pas le moment.

— Ça fait bizarre, non ? demanda-t-elle.

Luke passa un bras autour de ses épaules.

— Quelque chose ne va pas ?

— Non, répondit-elle, amusée. C'est juste déconcertant.

— De ? Oh, tu veux dire de prendre du recul et de laisser les jeunes reprendre le flambeau ?

Mara hocha la tête.

— On a encore tellement à leur apprendre. Ils ne sont pas prêts.

Luke resserra sa main sur l'épaule de Mara.

— Moi, je n'étais pas prêt, dit-il. Toi, au moins, tu étais bien entraînée. Je n'arrive toujours pas à comprendre la foi qui animait Obi-Wan quand il a laissé Vador... mon père... le tuer à bord de la première Etoile Noire.

— Il avait foi en toi, dit Mara.

— Et dans la Force, dit Luke en posant sa tête sur celle de son épouse. Tu as raison, ce n'est pas facile. Mais c'est pour cela que je ne suis pas aussi inquiet que cela pour Jacen... Comme Jaina peut l'être.

— Ou comme moi, admit-elle.

— La Force est puissante chez Jacen. Nous souhaitons lui indiquer la bonne voie et nous ferons de notre mieux pour influencer ses choix mais, à l'arrivée...

— C'est sa vie. (Elle retint un bâillement. Bon sang, qu'elle était fatiguée !) C'est la vie d'Anakin. De Jaina. J'espère que tu n'as pas essayé de lire dans leur futur.

— J'ai tenté le coup, une fois, il y a environ une

semaine, dit Luke en secouant la tête. Le futur est toujours en mouvement. Mais aujourd'hui, il tourne tellement rapidement que tous les facteurs se contredisent l'un l'autre. Quand on sait qu'un seul et unique futur se produira...

— Ça fait peur, pas vrai ?

Luke hocha la tête.

— Mara, tu es épuisée. Tu veux que je te redonne un petit coup de fouet ? Avec la Force, je veux dire...

— J'avais compris...

J'avais compris, garçon de ferme, avait-elle voulu ajouter, amusée mais très touchée. *Toujours cette même innocence, même après sept ans de mariage.*

Et même après tant d'années, elle détestait toujours autant l'idée de s'abandonner, à lui ou à qui que ce soit d'autre. Mais elle avait enseigné aux enfants Solo que le travail d'équipe reposait sur l'entraide. La partie la plus difficile, dans le fait de céder à Luke, était toujours de faire le premier pas. C'était pour cela qu'elle lui tendait toujours la perche.

— Oui, dit-elle comme dans un soupir, je veux bien que tu m'aides.

L'onde réconfortante aborda les contreforts de son esprit, comme une caresse de lumière chauffée à blanc. L'énergie coula en elle avec puissance, dévouement total, et un amour aussi profond, aussi tonique, qu'une grande marée de Mon Calamari. Elle se laissa immerger, l'absorba avec délectation, s'y baigna avec plaisir. Elle engloutit avec délice ce besoin de renouveau puis fit tout son possible pour renvoyer la vague vers Luke, avec autant d'énergie qu'elle pouvait y consacrer.

Lorsqu'elle rouvrit les yeux, elle était étendue à côté de Luke. Leurs bras et leurs corps étaient étroitement mêlés, les lèvres de son époux fortement pressées contre les siennes. Elle ferma à nouveau les yeux et resserra son étreinte.

Jacen s'accrocha à son siège lorsque Jaina frôla l'alignement de boutiques du centre commercial. Ce quartier de la ville n'était pas suffisamment complexe pour se permettre d'y semer des poursuivants et les moteurs de l'aéroglisseur n'avaient aucune reprise. Mais ce n'était guère étonnant pour un appareil appartenant à un prêcheur.

— Essaie donc d'échapper à leur champ de vision, suggéra Jacen. Enclenche le pilote automatique et on saute en marche.

— Oh, génial. Sidéral, même !

— Tu as une meilleure idée ?

Elle amorça un tournant et s'engagea dans une longue avenue toute droite. Elle accéléra à fond pendant quelques secondes avant de bifurquer dans une allée secondaire.

— Non, dit-elle en appuyant sur un bouton. Hop, on dégage !

Jaina fit sauter la verrière de l'aéroglisseur, toujours lancé dans le passage à une vitesse impressionnante, bascula un autre levier et sauta. Jacen la suivit et, sans l'aide de ses talents Jedi, retomba brutalement. Au moins avait-il été entraîné à rouler sur lui-même afin d'absorber le maximum d'impact.

— Par ici ! cria-t-il.

Jaina bondit sur ses pieds et s'engouffra dans un passage étroit qui s'ouvrait entre deux immeubles.

— Ça va ? demanda-t-il.

— Oui, moi au moins je ne suis pas assez bête pour avoir abandonné la Force.

Ils attendirent quelques minutes. Leurs poursuivants n'apparurent pas.

Jacen essaya de formuler sa question différemment :

— Comment vont tes yeux ?

— J'ai réussi à piloter le glisseur, pas vrai ?

— Oui, c'est exact. Et plutôt bien.

— Bon, dit Jaina. Pendant quelque temps, nous allons nous faire passer pour des Durosiens.

Elle parvint à dissimuler leurs visages aux passants qu'ils croisaient. Ils n'eurent aucun problème à rejoindre les docks privés. Jaina passa la main sur un lecteur de cartes d'identification et ils quittèrent la cité à bord d'une petite navette personnelle.

Jacen boucla sa ceinture. Sa conscience le tiraillait. En plus de profiter des talents de sa sœur, il était à présent complice d'un vol de navette spatiale. Mais c'était préférable au grand détour qu'il aurait fallu entreprendre pour regagner l'engin miteux qu'il avait piloté depuis le dôme de Narthex.

Jaina programma son cap, qui n'était guère plus qu'une chute contrôlée et freinée depuis une orbite géostationnaire.

— Fais quand même gaffe à ce qui se passe en bas, lui murmura-t-il.

Ils étaient en approche finale quand la console de communication se mit à siffler.

— Navette en vecteur d'approche, dit une voix d'homme. Décélérez et identifiez-vous. Ce dôme est en état d'alerte.

— Ici, heu, NM-KO Deux Huit, dit Jacen en lisant la plaque d'immatriculation de l'appareil. (Il lança un regard inquiet à Jaina.) Nous amorçons la décélération. Est-ce que l'Administrateur Organa Solo est disponible ? ajouta-t-il. Maman ? Tu es dans le coin ?

La voix qui leur répondit était bien celle de leur mère.

— Jacen ! s'exclama-t-elle. Est-ce que Jaina et Anakin sont avec toi ?

— Seulement Jaina.

— Je suppose que c'est elle qui pilote, dit Leia. Ralentis encore un peu, Jaina. Combien de passagers peut-on faire rentrer dans cette navette ? Est-elle capable de sauts dans l'hyperespace ?

La question avait quelque chose d'effrayant, surtout après ce que Jaina avait raconté à Jacen.

— On dirait que... (Jacen détailla le tableau de bord puis se retourna pour évaluer l'espace disponible.) Il y a de la place pour quatre ou cinq personnes. Et oui, il y a bien un hyperpropulseur.

— Parfait. Posez-vous.

Leia leur donna leurs instructions d'atterrissage. A la grande surprise de Jacen, elle leur demanda de se poser près de la porte principale. La quarantaine avait dû être annulée.

Jaina fit glisser le petit appareil le long de la baie d'envol nappée de brouillard et se posa dans un petit cratère adjacent. Des silhouettes en combinaisons intégrales orange allaient et venaient autour des autres vaisseaux, cargos et remorqueurs. Certains étaient fort occupés à débarrasser les coques et les hublots de la poussière de Duro. D'autres entraient et sortaient précipitamment par les écoutilles. Jacen inspira une dernière bonne goulée d'air respirable et suivit Jaina dans le tube d'accostage.

A l'autre bout de la passerelle rétractable, il entendit sa mère donner des ordres brusques. Il tourna à gauche et suivit la direction de la voix. A l'intérieur d'une casemate de durabéton, dont l'accès était resté interdit pendant la quarantaine, trois consoles en bien piètre état projetaient des graphiques tridimensionnels sous un petit moniteur qui affichait des vues du cosmos environnant. Il flottait dans la pièce une odeur de nourriture froide, comme si quelqu'un y avait récemment dîné. Leia était penchée sur la console des transmissions. Elle portait toujours son écharpe blanche autour de sa tête et son sabrolaser était accroché à la ceinture qu'elle avait passée par-dessus son bleu de travail usé, frappé aux armes de SELCORE.

Dommage pour ses cheveux. Si elle avait attendu quelques jours de plus, elle aurait pu les conserver puisqu'on avait annulé la quarantaine.

Elle fit volte-face.

— Jacen, Jaina, vous êtes là. Excellent. Embarquez des réfugiés avec vous dans votre navette et dégagez d'ici. Je ne pense pas que nous ayons beaucoup de temps.

— On a une place pour toi à bord, insista Jaina. Pour toi, pour Olmahk... (Elle tourna la tête vers le recoin le plus sombre de la pièce et y distingua l'ombre grise du Noghri.) Et pour deux personnes de plus.

— Je ne peux pas partir maintenant. Mais vous, décampez avant l'arrivée des Yuuzhan Vong.

— Qu'est-ce qui vous dit qu'ils vont venir jusqu'ici ?

Reconnaissant cette voix, Jacen se retourna.

— Salut, Randa, grogna-t-il.

L'autre Noghri, Basbakhan, se tenait en retrait du Hutt.

Leia haussa les épaules.

— Je ne veux pas l'avoir dans les pieds, celui-là. Vous voulez me faire plaisir ? Emmenez-le avec vous.

— Non, si tu restes, dit Jaina abruptement, je reste aussi.

— S'il vous plaît, tous les deux, dit Leia. Avant de...

Elle n'eut pas le temps de finir sa phrase. Dans un coin du petit moniteur qui scannait l'espace local, une vague de vaisseaux non identifiés apparut. Ne les ayant pas encore reconnus comme ennemis ou amis, l'ordinateur analyste des systèmes de défense se contenta de les matérialiser par des points blancs. Pour Jacen, il n'y avait aucun doute. Leurs intentions n'avaient rien de pacifique.

— Trop tard, balbutia Jaina.

Sur l'écran, des lignes bleutées représentant les boucliers planétaires se matérialisèrent les unes après les autres autour des cités orbitales. A la droite de Jacen, une autre console de communication – de toute évidence celle qui permettait à Narthex de rester en contact avec Bburru – émit un staccato de bourdonnements. Une voix féminine s'éleva :

— Attention, à tous les résidents de la planète. Ici les Forces de Défense de Duro. Rejoignez les abrrris. N'essayez pas de prendre l'espace. Ce système est l'objet d'une offensive.

Leia se jeta sur l'autre console, enclencha un bouton et se pencha sur le micro.

— Attention, résidents du Dôme de Narthex. Ici l'Administrateur Organa Solo. Si vous avez déjà des ordres d'évacuation, rejoignez immédiatement vos transports. Si on ne vous a pas encore assignés à un appareil, rejoignez d'urgence les abris. N'emportez rien avec vous. (Elle se releva de la console.) Et c'est reparti, murmura-t-elle.

— Qu'est-ce que je peux faire ? demanda Jacen en s'avançant.

Des cernes sombres menaçaient d'engloutir les yeux de Leia.

— Trouve ton père, répondit-elle. Son communicateur ne répond pas. Jaina ? Comment vont tes yeux ? Tu te sens d'attaque pour superviser une unité de transmission ?

— Mes yeux vont bien. Oui, je me sens d'attaque. (La jeune femme se laissa choir dans le siège que venait de libérer Leia.) Heu... Maman ?

Le ton de sa voix força Jacen à s'arrêter et à se retourner.

— Quoi ? demanda Leia.

— Les écrans planétaires ont été activés autour de toutes les cités orbitales. A l'exception de trois d'entre elles. Bburru et les deux cités qui lui sont adjacentes.

Jacen étudia le moniteur. Des croisillons bleus entouraient les stations en orbite et les dômes installés sur Duro, juste en dessous de celles-ci, le long de l'équateur de la planète. Sauf dans la zone de Narthex.

Il croisa le regard de sa sœur.

— Sabotage ! s'exclama Jaina. Maman, nous sommes la cible !

— Jacen, dégage d'ici ! lança Leia. Va prévenir ton père.

Le jeune homme se précipita vers la sortie. A l'extérieur, des représentants de toutes les espèces couraient en masse vers la porte principale. Jouant des coudes et des épaules, Jacen eut toutes les peines du monde à se frayer un chemin dans la foule. Il s'arrêta pour s'occuper d'un enfant Chadra-Fan terrifié. Il l'installa sur ses épaules et l'aida à retrouver sa famille. Au milieu d'un groupe d'humains, un homme aux cheveux blancs tenait dans ses bras un petit Whisperkit noir. Trois enfants trottaient sur ses talons. Le plus jeune éclata de rire en voyant l'air stupéfait de la petite créature. Les deux autres gamins, les yeux terrifiés et écarquillés, ne dirent rien. L'animal n'avait donc pas été tondu. Aussi irrationnel que cela puisse paraître, Jacen en fut presque réconforté.

Dans le quartier de Tayana, des Ryn étaient rassemblés près des ruines, au pied d'un mur haut de deux étages, encore intact. Le sous-sol se mit à gronder. Jacen força l'allure de nouveau.

Au sommet d'un tas de gravas d'un brun rougeâtre se tenait son père. Il portait sur la tête un vieux casque de pilote de course. Des mèches éparses dépassaient des bords du couvre-chef. Lui aussi s'était certainement rasé la tête par solidarité.

De la poussière et des fragments de rochers jaillissaient régulièrement de derrière la pile de gravas.

Jacen courut jusqu'à Han.

— Est-ce que je peux me rendre utile ? hurla-t-il.

Le grondement qui montait des sous-sols était presque assourdissant. Les engins de forage devaient tourner à plein régime pour creuser des abris.

— Jacen ! Content de te voir ! (Han s'essuya la joue d'un revers de sa manche de combinaison à l'état douteux.) Quelqu'un a marché sur mon communicateur ! cria-t-il. Tous ceux qui ne peuvent pas embarquer à bord des vaisseaux ou des chenillettes, fais-les venir ici. Les gars de Romany ont commencé ce tunnel il y a trois jours. Quand je pense qu'on les accusait de rôder... gronda-t-il. Si on ne peut pas faire évacuer tous ces gens de Duro, on va au moins essayer de les cacher dans les dédales du complexe minier. Viens par là, file-moi un coup de main !

Depuis son poste au centre des transmissions, Jaina envoya les ordres de décollage. Deux cargos, chargés bien au-delà de leur capacité de réfugiés terrifiés, prirent l'air simultanément. Au même moment, trois chenillettes mirent le cap sur Trente-Deux et les vaisseaux de la caravane des Ryn qui y étaient entreposés. Jaina entendit vaguement la voix de Jacen, dans le haut-parleur de la console de Leia, leur annoncer qu'il avait retrouvé Han. Entre les communications, Jaina manipulait les réglages du petit moniteur surveillant l'espace local.

A titre d'expérience, elle enleva son masque oculaire. Lorsqu'elle clignait les yeux d'une certaine manière, elle arrivait à distinguer les points lumineux sur l'écran. Comme elle s'y attendait, la première vague changea brusquement de couleur et se mit à clignoter en rouge. Plus aucun doute, c'était une formation de combat. Un essaim de points bleus – représentant les Forces de Défense de Duro – se déploya en position d'attaque tout autour de la cité de Bburru.

Elle décida de mettre à profit le truc que lui avait jadis montré Anakin. Elle éteignit brusquement le moniteur.

— Qu'est-ce que tu fais ? demanda Randa.

L'écran se ralluma, mais le changement de résolution opéré pendant l'extinction permettait à présent de visualiser deux fois plus d'espace qu'auparavant. La colère de Randa se transforma en cri d'admiration.

Jaina rajusta sa casquette. Elle regarda un détachement de points rouges quitter la formation principale et changer de cap. L'une des cités Durosiennes privées d'écran protecteur, Orr-Om, commençait à dériver de son orbite géostationnaire. Jaina se demanda si, en plus de ses boucliers déflecteurs, ses stabilisateurs avaient été également sabotés. Des points verts se mirent à quitter ses baies d'envol. Les civils essayaient donc de s'échapper. Des témoins rouges, des skippers, sans aucun doute, fondirent sur eux de toutes parts. Les signaux verts disparurent de l'écran aussi rapidement qu'ils étaient apparus.

Elle se sentit d'un seul coup moins coupable d'avoir volé cette petite navette. Elle aurait été désintégrée sur-le-champ si elle avait participé à cette première vague d'évacuation. Elle serra les poings. Intérieurement, elle avait les mains posées sur le manche et sur la commande d'accélération, tirant le maximum des propulseurs subluminiques de son Aile-X. Elle ne pouvait plus supporter cela ! Mais elle ne pouvait pas, non plus, détacher son regard de l'écran. L'un des plus gros points rouges fit demi-tour et mit le cap sur la cité orbitale en pleine dérive. Eberluée, Jaina le vit heurter de plein fouet les parois de la station. Elle eut un haut-le-cœur. Quel nouvel animal terrifiant les Yuuzhan Vong avaient-ils apporté avec eux cette fois-ci ?

Une demi-douzaine de points bleus prirent le témoin rouge en chasse. Les autres adoptèrent une nouvelle position de défense afin de protéger Bburru et ses chantiers de construction de vaisseaux. Depuis l'autre versant de la planète, le croiseur léger Mon Calamari *Poésie* mit les gaz pour rejoindre ce secteur. Jaina passa en revue ses caractéristiques techniques. Avec quatorze batteries de turbolaser, dix-huit canons ioniques, six puissants générateurs de rayons tracteurs et de fantastiques déflecteurs, le vaisseau pèserait fortement dans la balance.

Soudain, une voix bizarre, à l'accent prononcé, tonna sur toutes les fréquences de communication :

— Regagnez vos cités et vos campements. Nous vous apportons la paix. Rentrez chez vous et nous serons en mesure de discuter. Attaquez-nous ou bien essayez de vous enfuir et nous vous détruirons.

Leia se releva de son tableau de commande.

— Ils ont trouvé le moyen d'émettre sur nos fréquences ! s'exclama-t-elle. S'ils peuvent intercepter nos communications, nous sommes perdus.

Jaina observa le moniteur. Un certain nombre de cargos étaient apparus sur l'écran. Ils avaient quitté Narthex, ou d'autres campements de réfugiés, et croisaient à présent en orbite. Ceux qui se trouvaient dans les environs du *Poésie* étaient pour l'heure en sécurité. Les deux cargos qui avaient péniblement décollé de Narthex furent bien vite submergés par les points rouges des coraux skippers. L'un des deux appareils fit demi-tour.

— Nous battons en retraite ! lança une voix dans le haut-parleur de la console supervisée par Jaina. Si nous continuons, ils vont tous nous désintégrer !

— Bien reçu, répondit Jaina. Le cratère d'atterrissage numéro deux vient d'être dégagé pour vous.

Si elle-même s'était trouvée aux commandes de ce cargo, elle aurait certainement continué. Elle préférait mourir dans l'espace, à essayer de fuir, plutôt que d'attendre ici que les Yuuzhan Vong les réduisent tous en esclavage.

Les points rouges, intacts, regagnèrent leur formation d'origine. Les défenses de Duro, en effectifs trop réduits, se concentraient autour des cités orbitales. Les camps de réfugiés n'étaient donc pas protégés. Les renforts de Kenth Hamner, si jamais ils venaient, arriveraient trop tard pour pouvoir aider Narthex. Les forces ennemies avaient apparemment l'intention de concentrer leurs efforts sur ce dôme. Tout cela était le fait de Nom Anor. Jaina était prête à parier n'importe quoi là-dessus.

Une voix Mon Calamari, un peu chuintante, résonna dans le communicateur :

— Administrateur Organa Solo, ici le Commodore Mabettye. L'Amiral Wuht vient d'ordonner au *Poésie* de ne pas intervenir et de regagner son ancienne position. Je suis désolé. Nous allons essayer de vous aider du mieux que nous pourrons.

Jaina n'en croyait pas ses oreilles. Les Vong avaient-ils aussi acheté l'Amiral Dizzlewit ? D'un autre côté, le *Poésie* n'aurait pas pu rejoindre Narthex et ne serait certainement pas parvenu à lancer ses chasseurs à temps avant l'arrivée des Yuuzhan Vong. En retournant à son orbite d'origine, le croiseur était toujours à même de défendre d'autres campements de réfugiés.

Sur les écrans de contrôle, les vaisseaux principaux des forces d'invasion étaient représentés par des témoins plus gros que des skips mais plus petits que des croiseurs. Jaina se demanda s'il s'agissait de barges de débarquement.

— A tous les vaisseaux d'évacuation, cria Leia dans son micro, c'est chacun pour soi, à présent ! Si vous estimez être capables de rejoindre l'hyperespace, partez ! Sinon, faites tout ce qui est en votre pouvoir pour sauver un maximum de vies. (Elle pressa un autre bouton sur la console.) Narthex à toutes les chenillettes. Ne faites pas demi-tour. Rejoignez Trente-Deux. Ce dôme est la cible principale des forces ennemies. (Elle se tourna vers Jaina.) Où as-tu garé ta navette ?

— Je viens d'autoriser son décollage, admit Jaina.

Leia n'hésita que quelques secondes.

— C'est pas grave, tu as bien fait. On ne peut plus se fier à SELCORE. Allons nous planquer dans les souterrains.

— Je crois qu'on va avoir de la visite, s'exclama Jaina. Regarde !

Sur le moniteur d'espace local, un point blanc, non identifié, venait de quitter précipitamment Bburru pour mettre le cap sur le pôle sud de Duro.

— C'est certainement Tante Mara, dit Jaina. Ils ont planqué le chasseur d'Anakin près du pôle.

Leia afficha un sourire sinistre.

— Deux Ailes-X et l'*Ombre* de Mara ? Je suis heureuse de constater qu'ils sont là. Mais c'est de l'Escadron Rogue dont on aurait vraiment besoin. Je n'aurais même rien contre les Apôtres de Kyp, si jamais il leur venait l'idée de faire un tour dans le coin !...

Dix barges de débarquement de type Yorik Trema descendaient en formation vers la surface de Duro. Le capitaine de chaque engin, aux formes ovoïdes et aplaties, avait l'ordre de conserver ses ailiers en vue au moment où ils pénétreraient dans l'atmosphère mortelle de la planète. Les yeux très sensibles des Yorik Trema bougeaient en permanence. Pareils à des capteurs, ils évaluaient constamment les trajectoires des détachements de coraux skippers qui les escortaient. Dans la nuée opaque, le vol ressemblait plus à une chute en aveugle.

Tsavong Lah se tenait derrière son pilote dans le petit cockpit de commandement de la barge de tête. Juste à ses côtés, reposant dans une excroissance évidée, se trouvait un Villip d'un type particulier. Une seconde créature était agrippée à la première. Elle l'entourait comme une sorte d'enveloppe de laquelle pendait une longue queue droite. Un régime alimentaire à haute teneur en métal avait déposé du matériau conducteur dans les vertèbres de l'Oggzil – la créature enveloppe –, la transformant ainsi en antenne vivante. Il était alors possible de transmettre les communications des Villips sur les fréquences utilisées par les infidèles. C'était, en tout cas, ce qu'on avait promis à Tsavong Lah. A bord du *Sunulock*, un maître généticien attendait. Si l'assemblage organique fonctionnait correctement, il serait récompensé, sinon, il serait rétrogradé de caste. On trouvait de nombreux généticiens chez les Bannis.

Tsavong posa la main sur le Villip, en prenant garde de ne pas faire tomber son partenaire Oggzil. Le Maître de Guerre avait également pris soin de s'introduire un Tyzowyrm de traduction dans l'oreille.

— Citoyens de Duro, dit-il à l'adresse du Villip, vos cités mécaniques ne nous intéressent pas. Nous n'en voulons qu'à la surface de votre planète. L'Ychna, notre serviteur en orbite, est chargé de détruire toute monstruosité susceptible de nous menacer. Soyez prêts à nous envoyer une délégation afin de discuter les termes de votre reddition, avec votre... de votre... en personne...

Le Tyzowyrm semblait avoir des problèmes avec cette phrase. Tsavong donna un bref coup sur le dessus du Villip et la créature replongea dans l'inertie.

Quand ils eurent enfin passé les terribles nuées opaques, le Maître de Guerre put admirer la surface de la planète au travers des écailles transparentes qui ornaient le ventre du Yorik Trema. Il ordonna à ses pilotes de coraux skippers de procéder à un repérage symbolique. Un premier pas vers le nettoyage en profondeur de la planète, puisqu'il s'agissait là de la mission qu'il s'était fixée. Les coraux skippers quittèrent la formation et plongèrent en tirant des rayons de plasma, avec une redoutable précision, sur des monuments bien trop gros pour avoir été créés par des outils ordinaires. La roche noir et gris fut bientôt pulvérisée en millions d'éclats. Une ruine colossale s'écroula complètement sous leur feu nourri. Trois petits dômes-abris succombèrent. Un peu plus loin, trois chenillettes progressaient très lentement. Ils regorgeaient certainement d'infidèles et tentaient de s'éloigner le plus possible des dômes que les Yuuzhan Vong avaient choisis pour cibles. Les coraux skippers passèrent à l'attaque. Des flammes vertes et jaunes jaillirent alors des véhicules tout terrain.

— A toi, Yun-Yammka, murmura Tsavong Lah. Accepte ces vies. En échange de ce cadeau, accorde-nous le succès.

Son Yorik Trema vacilla. Les griffes d'atterrissage se fichèrent dans le sol. Ignorant les tubes flexibles de l'installation, Tsavong ordonna qu'on déploie les vers Molleung de part et d'autre de la créature.

Un de ses lieutenants était en train de donner ses derniers ordres à une section de débarquement, pour la plupart de jeunes guerriers en armures neuves. D'autres soldats, assignés à des tâches extérieures, étaient en train de passer leurs respirateurs Gnullith.

— Détruisez tous ceux qui vous menacent, ordonna le lieutenant. Rassemblez tous ceux qui baissent leurs armes et conduisez-les à la zone de détention et de purification.

Il releva la tête vers Tsavong Lah.

Le Maître de Guerre leva les bras en signe de bénédiction.

— Que les dieux soient avec vous, dit-il. Allez vers la gloire !

Il retourna observer l'image de l'espace local relayée par le chœur de Villips. Les défenseurs regagnaient précipitamment les baies d'atterrissage de leurs abominations mécaniques. La cité endommagée continuait de dériver. L'agent Yuuzhan Vong qui y sévissait irait bientôt rejoindre les dieux, accompagné de tous les habitants de la ville, dès que la gravitation prendrait le dessus.

Satisfait, Tsavong Lah marcha jusqu'à une table sur laquelle reposaient des petits Villips dédiés à des communications très spéciales. Il en caressa un.

— Faites descendre Tu-Scart et Sgauru, ordonna-t-il. Ensuite, lâchez-les...

22

Même sans l'aide d'un copilote, Mara était susceptible de tirer le meilleur parti des capacités en vol de l'*Ombre de Jade*. Les techniciens de Lando avaient installé des laser AG-1G, directement contrôlables par le pilote – presque aussi puissants que les AG-2G installés quelque temps auparavant sur le *Faucon Millenium* –, ainsi qu'un ensemble de boucliers KDY. Shada avait également apporté un petit cadeau de la part de Talon Karrde : deux lance-torpilles Dymex HM-8. Mara avait préféré ne pas demander à l'ancien garde Mistryl d'où provenait l'armement, elle avait simplement insisté auprès des installateurs pour que les lance-torpilles soient accessibles depuis le poste de pilotage. Pour l'heure, si rien n'allait de travers avec les systèmes vitaux de l'appareil – il lui faudrait alors une troisième main pour en manipuler les contrôles –, Mara était à même de piloter seule son vaisseau, tout comme Luke et Anakin à bord de leurs Ailes-X, de type XJ, respectives.

Mara avait largué Anakin à côté de son chasseur, tout près du pôle sud. Elle appuya ensuite sur un bouton de commande de ses capteurs radar pour que son signal et celui de Luke apparaissent en bleu sur son moniteur. Dans le lointain, Orr-Om plongeait inexorablement vers une mort certaine. Luke amorça un virage serré pour faire un nouveau passage et mitrailler le monstre qui avait harponné la cité orbitale.

Efficacement propulsé par ses générateurs jumeaux et son unité de navigation, l'*Ombre* volait avec autant de souplesse que le *Feu de Jade* et presque autant d'agilité que les chasseurs à Ailes-X. Mara, les mains serrées sur le manche et la commande des gaz, plongea à nouveau dans l'atmosphère. Dans le brouillard épais, ses scanners visuels, à la proue et sur tribord, n'étaient d'aucune utilité. Les détecteurs à longue portée, installés sur sa console avant, lui indiquèrent un trio d'appareils, aérodynamiques en dépit de leurs formes étranges, qui montaient à sa rencontre.

Les Forces de Défense de Duro s'étaient déjà repliées pour protéger les autres cités orbitales. Les quelques Ailes-B dont elles disposaient avaient foncé tête baissée dans les lignes ennemies et avaient été réduites en pièces. Les Ailes-E des FDD, plus rapides et plus maniables, accompagnées de quelques Dagues-D de la police locale, harcelaient les coraux skippers qui escortaient les barges de débarquement. Manifestement, ce petit détachement Yuuzhan Vong avait l'intention d'établir le plus rapidement possible un poste avancé sur la planète. Narthex n'aurait pas le temps d'être évacué. Les habitants du dôme étaient donc voués à être retenus en otage.

En se rapprochant des skips, Mara étudia à nouveau le moniteur de son détecteur longue portée. A trente degrés sur sa gauche, un convoi constitué de trois cargos et d'une douzaine d'appareils plus petits venait d'émerger des nuages de l'atmosphère toxique de Duro pour rejoindre l'espace le plus rapidement possible. Quatre coraux skippers changèrent de cap et foncèrent vers la formation.

— J'y vais ! annonça Anakin.

L'un des signaux bleus qui clignotait sur son écran vira pour aller à la rencontre du convoi.

Les trois skips venus l'intercepter ouvrirent le feu, tirant des projectiles en fusion et d'aveuglants rayons de plasma. Les droïdes mécaniciens de Lando avaient équipé l'*Ombre* de gâchettes de tir en rafales. Mara se concentra sur le vaisseau de tête dans le but d'en affaiblir le plus possible le Basal Dovin défensif.

— Luke ? appela-t-elle en tirant sur le manche pour se lancer dans un tonneau destiné à éviter la trajectoire de ses adversaires. (Les propulseurs jumeaux réagirent prestement et l'appareil regagna l'espace.) Tu ne voudrais pas me filer un coup de main ?

— J'arrive, répondit-il.

Elle ne put se permettre qu'un coup d'œil rapide vers l'écran de son détecteur à longue portée. Un point bleu lumineux venait de quitter Orr-Om et volait droit sur elle.

L'*Ombre* se mit à trembler de façon irrégulière, ses déflecteurs ayant absorbé du mieux qu'ils pouvaient une décharge d'énergie. Mara fit monter son appareil en chandelle puis exécuta un virage serré sur bâbord. La manœuvre lui permit de se couler dans un axe dégagé et de verrouiller un corail skipper dans son collimateur. Elle ouvrit le feu et pilonna les boucliers de son adversaire. Décélérant et enchaînant tonneau sur tonneau, Mara conserva son cap droit vers sa cible. Pour le skip, les secondes étaient comptées. Sur l'écran de visée, les crochets qui entouraient le symbole représentant le vaisseau ennemi se mirent à clignoter. Elle était sûre de faire mouche. Mais il ne fallait pas gâcher de torpilles. Il valait mieux attendre encore un peu... Attendre encore un peu...

Non, trop tard ! Les autres appareils ennemis volaient à la rescousse de leur équipier. Ils étaient presque à portée de tir. Juste derrière eux, en dehors de leur champ visuel, Luke se mit en position. Mara savait exactement ce qu'il attendait d'elle. Jouant avec la commande de gouvernail spatial, elle lança sa navette dans une attaque plongeante en tourbillon. Les coraux skippers se lancèrent à sa suite comme des Mynocks affamés.

Elle exécuta un virage serré vers tribord, ce qui les amena juste dans l'axe de tir du chasseur de Luke. Celui-ci concentra son feu sur le skip de tête. Un deuxième skip s'écarta de la formation. Mara fit brusquement demi-tour et lui décocha une torpille en pleine face, exactement comme elle l'avait prévu. Désintégré, le vaisseau projeta des éclats de coraux multicolores dans toutes les directions.

Entre-temps, Luke avait pris un autre skipper en chasse. L'appareil ennemi décélera soudainement. Cette manœuvre était assurée de déstabiliser n'importe quel pilote manquant d'expérience et permettait de se laisser dépasser par le poursuivant, offrant ainsi la possibilité de le canarder à loisir.

Mais le pilote de l'Aile-X était loin d'être inexpérimenté. Il devança la pensée de son opposant.

— Coupe la vitesse, R2 ! entendit Mara sur sa fréquence privée.

L'Aile-X s'arrêta brutalement, toujours en position de tir derrière le corail skipper. Luke inonda son adversaire d'un feu mortel. Mara acheva le travail en le désintégrant à l'aide d'une nouvelle torpille.

A ce moment précis, les scanners d'attaque de sa console de bord virèrent au rouge. Les tirs des coraux skippers avaient pris de vitesse les détecteurs. Mara eut à peine le temps de réagir. Elle enclencha la commande des gaz à fond, poussa sur son manche et se mit à danser sur les pédaliers du gouvernail.

— Je l'ai eu ! lui cria Luke.

Mara se dégagea de sa manœuvre d'esquive pour voir le dernier corail skipper abandonner le combat et filer vers l'espace profond.

— Comment as-tu fait ? demanda-t-elle.

— Il t'avait prise en chasse à pleine puissance. Ce type de manœuvre perturberait n'importe quel Basal Dovin normalement constitué, au point de l'empêcher de concentrer son énergie sur les déflecteurs du skip. Enfin, c'est ce que j'en ai déduit, ajouta-t-il. Tu sais d'où ils venaient ?

— J'étais en train de descendre vers Narthex, espérant faire gagner un peu plus de temps à Leia pour qu'elle puisse faire décoller ses vaisseaux d'évacuation.

— Leia a été obligée d'aller se cacher, lui annonça Luke. On ne peut plus lui être d'une grande utilité ici. Enfin, pour l'instant. C'est vrai qu'il lui faut encore un peu de temps pour faire embarquer ses réfugiés.

— Si nous détournions l'attention des occupants des barges de débarquement en les forçant à nous courir après plutôt que de partir à sa recherche, ça pourrait peut-être l'aider, non ? Pose-lui la question...

En attendant la réponse de son époux, Mara entendit

une autre voix s'élever dans les grésillements du haut-parleur de sa console de communication :

— A toutes les forces, ici l'Amiral Wuht. Vos ordres sont de cesser le feu et de vous replier. En cas de non-respect de cet ordre, nous serons obligés de prendre des mesures disciplinaires.

Mara avait réglé son récepteur pour intercepter les messages de toutes les gammes d'ondes. Son émetteur, en revanche, était toujours connecté à une fréquence privée. Cet ordre confirmait bien ce qui avait été annoncé par les chefs de l'escadrille Durosienne.

— Ils ont perdu la tête... grogna-t-elle.

— Non ! lança Luke. Enfin, je veux dire, oui, tu as raison. Leia est d'accord, mais elle préfère qu'on attende encore un peu. Elle pense qu'elle a une meilleure chance de faire évacuer ses réfugiés si les Yuuzhan Vong ne se rendent pas compte de notre présence. Elle doit craindre les représailles.

— Tu as capté tout ça dans la Force, Skywalker ? lui lança-t-elle sur un air de défi.

— Pas en ces termes. Disons que j'y suis un peu allé de mon interprétation.

— Ça me paraît raisonnable.

L'échange de feu avec les coraux skippers avait placé l'*Ombre* sur un vecteur qui croisait la trajectoire d'Orr-Om. La monstrueuse créature Yuuzhan Vong qui avait éperonné la cité orbitale était à présent accrochée à l'une des baies d'accostage de la station. Mara la regarda déchiqueter une portion de la superstructure. La bête secoua violemment le débris dans sa gueule triangulaire, le lâcha, puis donna des coups de dents d'avant en arrière, gobant tout ce qui flottait à sa portée dans l'espace.

Mara pianota sur les commandes de ses capteurs afin d'obtenir un gros plan de la chose.

— On dirait que la créature est dotée d'une sorte de poche, accrochée dans son dos, dit-elle. Comme un équipement de survie placé sur son évent...

— A toutes les forces, reprit la voix chargée de parasites, cessez le feu. Nous sommes menacés d'une seconde attaque si nous n'abandonnons pas immédiatement le combat.

Et zut... chuchota Mara.

— Wuht a tout gobé, murmura Luke en retour. La menace d'une nouvelle attaque, la promesse qu'ils n'en veulent qu'à la planète. Il s'engage dans une impasse. On vient de lancer un ordre de désactivation générale pour tous les vaisseaux qui rentrent aux docks.

Mara écarquilla les yeux de surprise. Une désactivation générale impliquait la purge obligatoire de toutes les cellules énergétiques des appareils et le renvoi des pilotes et des membres d'équipage auprès de leurs familles.

— Ils ne vont même pas essayer d'aider Narthex à évacuer. Et maintenant, tous ceux qui sont en bas, les nôtres, sont leurs prisonniers.

Elle fit basculer le nez de l'*Ombre* vers le bas. Puis elle se ravisa. Le dôme très fragile de Narthex protégeait plusieurs milliers de réfugiés de l'atmosphère corrosive de la planète. Elle savait bien que les envahisseurs disposaient d'organismes biotechniques qui leur permettaient de respirer. Une attaque mal planifiée, même par trois Jedi coordonnant leurs actions par la Force, et les réfugiés en subiraient les conséquences. Les envahisseurs, eux, seraient à peine gênés.

On pouvait dire qu'elle avait vécu son comptant de situations inextricables, ces derniers temps ! Jamais elle ne s'était sentie aussi frustrée.

Et...

— Ça y est, ils ont établi leur poste avancé, dit Luke, devançant les pensées de son épouse. Mais ça, c'est au sol. Pour l'heure, nous tenons toujours les hauteurs de la couche nuageuse.

— Ta théorie tient le coup, ajouta Mara, tant qu'ils pensent détenir l'avantage.

— Oui et à condition que de nouveaux vaisseaux Yuuzhan Vong ne s'en mêlent pas.

— Exactement.

— Leia aurait intérêt à se dépêcher. (Ses mots à lui. Ses pensées à elle.) Peut-être que Hamner réussira a envoyer des renforts à temps.

— Luke, murmura-t-elle. Avec Fey'lya au pouvoir, ça peut encore prendre une bonne semaine.

Sur son moniteur avant, un point bleu foncé rapetissait rapidement dans le lointain. C'était l'un des cargos de Leia, bourré de réfugiés. Ses capteurs lui indiquèrent que six brèches étaient béantes dans son flanc bâbord. L'appareil tournoyait lentement sur lui-même. Oxygène et débris s'échappaient vers l'espace en un flot continu par les six ouvertures.

Leia aurait donc besoin du soutien absolu des Durosiens pour faire décoller de nouveaux vaisseaux d'évacuation. Cela, avant l'arrivée de la deuxième vague Yuuzhan Vong. Avant même que les troupes au sol ne découvrent ses intentions et ne s'empressent de désintégrer les derniers appareils de transport.

Mara se demanda si elle arriverait à faire entendre raison à l'Amiral Darez Wuht. Si elle parvenait à ne percevoir aucune trace de duplicité chez lui, elle pourrait lui signaler – en douceur, sans éveiller les soupçons des traîtres éventuels – que les renforts étaient en route. Mais, si elle amarrait l'*Ombre* à l'un des docks, elle courait le risque que l'un de ces crétins de fonctionnaires, têtu comme un Bantha, n'ordonne sa désactivation.

Dans le lointain, elle vit Anakin descendre un deuxième corail skipper au moment où le convoi accélérait vers l'hyperespace.

— Aile-X non identifiée, cessez le feu ! tonna la voix dans le communicateur de Mara.

Elle coupa la réception.

L'appareil de Luke, décrivant un majestueux arc de cercle depuis la station de Bburru, arriva à sa hauteur.

— Avec Cor-Duro et les Brigades de Paix, Wuht a le dos au mur.

— Wuht ne peut quand même pas avaler le fait qu'ils ne puissent en vouloir qu'à la planète. Soit c'est un traître, lui aussi... soit... Enfin, il faut bien que quelqu'un annule ce cessez-le-feu ! Je vais essayer quelque chose. Jaina m'a confié qu'il avait fait preuve de sympathie pour elle. Mais je ne veux pas rester en plan.

— Je pourrais retourner m'amarrer dans ta soute.

— Et rester à bord pendant que j'accoste aux docks ? demanda Mara. Tu pourrais décoller si tu y es obligé et revenir un peu plus tard pour me chercher, c'est ça ?

— Oui, je sais, l'idée ne me plaît pas non plus.

Mais il fallait bien qu'ils fassent quelque chose.

— Je vais aller lui parler, dit enfin Mara. S'ils se sentent effectivement menacés par les Jedi, il vaut mieux que tu ne te montres pas. Tu représentes la menace ultime ! Je vais aller lui dire de ne pas baisser les bras. Que les renforts sont en chemin.

— Nous n'avons pas eu de nouvelles d'Hamner...

— Oui, ce qui signifie qu'on ne sait pas si oui ou non il a été obligé de se coucher, conclut-elle.

Elle programma un nouveau cap et s'éloigna de Bburru, cherchant à mettre le plus de distance possible entre tout observateur hostile et l'*Ombre*. Personne ne savait que la navette était équipée pour transporter une Aile-X dans ses soutes et elle comptait bien conserver ce petit secret le plus longtemps possible.

Luke amarra son chasseur, débarqua R2-D2 et gagna le cockpit triangulaire du vaisseau de sa femme. Elle avait déjà effectué son demi-tour et la cité orbitale de Bburru était à présent bien visible par les hublots.

— Port Duggan ? appela-t-elle dans son transmetteur. Je demande l'autorisation de gagner les docks.

— Autre chose ? (Les yeux violets de Bork Fey'lya se mirent à luire de façon menaçante. Personne, autour de la table, ne prit la parole.) Très bien, passons aux votes.

Kenth Hamner était le centre de l'attention générale mais sentait ses espoirs s'amenuiser comme peau de chagrin. Le Sénateur Shesh, de Kuat, avait, malheureusement, parlé de façon persuasive et dressé la liste des excellentes raisons de ne pas faire décoller le moindre appareil de combat des autres bases spatiales du système. Le Conseiller Pwoe, de Mon Calamari, avait rappelé aux autres membres du Conseil que certains, notamment le Hutt Randa Besadii Diori, avaient récemment déclenché de fausses alertes sur Duro.

Comme Hamner le craignait, les votes ne furent pas en sa faveur. Il ne baissa pas les épaules et conserva toute sa dignité.

— Je vais faire part du résultat à Maître Skywalker, dit-il. Mais vous auriez intérêt, tous autant que vous êtes, à bien vous souvenir de ce jour. Si jamais Coruscant tombe aux mains des Yuuzhan Vong opérant depuis Duro, il se peut que vous regrettiez cette décision.

Il pivota sur ses talons et quitta la salle d'audience.

— Par ici ! cria Jacen.

— Va jusqu'au bâtiment administratif, ordonna Leia, juste derrière lui.

— Non ! lança-t-il par-dessus son épaule. Papa a un tunnel en chantier.

Jaina courait à ses côtés. Le soir était tombé, mais les rampes d'éclairage du dôme étaient restées allumées. Il devait probablement s'agir d'une mesure d'urgence. Leia suivait la marche, en compagnie d'Olmahk et de quelques autres, le long d'une allée du quartier déserté de Tayana. En approchant de la ruine la plus haute, Jacen regarda derrière lui. Il vit de sombres silhouettes affluer en masse par la porte principale.

— Par là, dit Jacen en conduisant le groupe de l'autre côté d'un important éboulis.

A l'intérieur de l'immeuble démoli apparut le visage moustachu et couvert de fourrure de Droma. Le Ryn, qui portait toujours sa casquette bleu et rouge de travers, leur fit un signe de son bras velu. Jacen força l'allure, content de constater que Droma avait réussi à échapper aux mesures de décontamination. Il espéra ensuite que la tonte générale et la période d'isolement avaient été inutiles, que personne n'était porteur des œufs des terribles mites aux yeux blancs et qu'on ne les retrouverait pas à bord de l'appareil qui leur permettrait d'évacuer la planète.

Au pied de l'éboulis, Jaina trébucha et tomba, s'écorchant les mains et les genoux. Jacen l'aida à se relever.

— Ça va, ça va, fit-elle avant de s'engouffrer à l'intérieur.

Jacen demeura un moment sur le pas de la porte du bâtiment sans toit, un peu perdu. Puis il entendit des pas précipités et des bruits étouffés venant de la gauche. Il se tourna dans cette direction et se lança après Jaina, qui avait entendu les bruits la première.

Deux grandes dalles de durabéton gisaient sur le sol. Le jeune homme aperçut une faille à la jonction des deux panneaux, suffisamment grande pour que quelqu'un puisse s'y glisser. Les bruits précipités s'élevaient de l'ouverture.

— Jacen ? Jaina ?

C'était la voix de leur mère.

— On arrive !

Jaina s'accroupit puis se laissa couler dans la faille les pieds en avant. Elle disparut dans le trou. Jacen la suivit et sauta dans les ténèbres. Il faillit basculer vers l'avant, mais quelqu'un le rattrapa in extremis.

— Merci, souffla-t-il.

— Allez, dépêche-toi, lui répondit la voix de Leia.

Jaina se mit à courir. Son frère lui emboîta le pas, essayant de marcher dans ses traces pour ne pas trébucher sur les pierres du boyau. Le passage, grossièrement taillé dans la roche, descendait de façon assez abrupte vers une zone faiblement éclairée. Jaina fut la première à passer l'angle du mur, bientôt suivie par son frère. Jacen crut entendre Leia marcher sur leurs talons.

Dans une salle de taille respectable, à la jonction de deux tunnels, une vingtaine de Ryn étaient serrés les uns contre les autres. Certains portaient des combinaisons de vol de couleur bleue, fournies par SELCORE, sur leurs vêtements habituels. Leur apparence avait quelque chose de comique en raison de la fourrure qui commençait à pousser à nouveau sur leurs figures par petites touffes. Deux lampes à rayonnements projetaient des ombres tremblotantes sur la roche des parois. Par le tunnel de droite, Jacen entendit des voix étouffées et vit une colonne de visages – de toutes les formes, de toutes les tailles et de toutes les teintes – disparaître dans l'obscurité.

Des bruits de forage montaient de l'autre tunnel. A l'embouchure, Han discutait avec un autre Ryn, également vêtu d'une combinaison bleue passée sous ses hauts-de-chausses.

— Romany ? murmura Jacen sans en être vraiment sûr.

— Salut, crâne d'œuf !

Oui, c'était bien la voix de Romany.

Han vint aux côtés de Leia. La boucle de son casque en cuir hors d'âge pendait le long de son menton.

— Pour l'instant, c'est le terminus, dit-il.

Leia revint sur ses pas et lança un regard noir à Jacen.

— Il existe un tunnel qui rejoint les vieilles mines depuis le bâtiment administratif...

Han leva une main.

— Mais nous avons presque fini celui-ci. Et les Vong ont certainement déjà investi l'administration. Je supervise ce groupe depuis un bon moment. Ils font fonctionner les foreuses jour et nuit. Il nous reste à peine quatre mètres à creuser. Le problème, c'est que si nous remettons les machines en route, c'est le meilleur moyen pour attirer ces fanatiques du sacrifice jusqu'à nous.

Leia observa le tunnel.

— Certes. Mais si nous réussissions à récupérer mon laser de forage... Il est monté sur un chariot à répulseurs. Là-bas, je dispose également d'une unité de communication sol-orbite, reliée à une antenne de surface. On pourrait envoyer un message depuis le centre de contrôle.

C'était donc pour cela qu'elle en faisait garder l'entrée en permanence...

— Tu veux que je retourne chercher ton laser ? proposa Jacen.

— Non, fit aussitôt Leia.

— Bon, eh bien il n'y a plus qu'à terminer le boulot au piolet, dit Han en faisant un signe de tête en direction du tunnel de gauche. On va faire des roulements. Je pense qu'on aura terminé d'ici une heure ou deux.

Leia s'adossa à la paroi rocheuse.

— Je ne peux pas rester ici à attendre aussi longtemps, marmonna-t-elle. Tu as entendu, Han ? Ils ont détruit les chenillettes, les trois chenillettes !

— J'ai entendu.

Han détourna le regard. Jacen crut voir le spectre de la colère luire au fond des yeux de son père.

— Mais Luke et Mara sont toujours en vol, n'est-ce pas ? ajouta Leia. Et Anakin aussi. Ils seront en mesure de nous escorter si nous réussissons à faire embarquer tous ces gens à bord des vaisseaux. Et j'ai besoin de quelqu'un pour s'occuper de l'unité de communication solorbite.

Jacen hocha la tête. Le long de l'une des parois rocheuses de la salle, les Ryn avaient entassé des gourdes d'eau et des caisses portant l'étiquette RATIONS DE VOYAGE. Au milieu des réfugiés – tondus pour la plupart –, le jeune homme repéra des Ryn qui avaient échappé aux rasoirs et deux familles d'humains. Plus loin, un groupe de Vors. Comme d'habitude, les mères gardaient leurs jeunes enfants tout près d'elles. A l'écart des Ryn. Mais, pour cette fois-ci, les Vors étaient prêts à faire totalement confiance aux Ryn pour avoir la vie sauve.

Soudain, Jacen remarqua l'absence de quelqu'un.

— Où est Randa ?

— Il ne nous a pas suivis ? demanda Leia. Franchement, je dois avouer que je ne le surveillais pas. Je pense que Basbakhan doit avoir l'œil rivé sur lui.

— Je me moque pas mal du sort de Randa, dit Jaina.

Personne ne voulut la contredire.

Jacen, suivi de Leia, rejoignit son père et Droma, lancés en pleine discussion avec Mezza.

— ... d'un autre côté, disait Mezza, nous avons tracé une route qui devrait nous conduire à la zone où sont entreposés les vaisseaux de SELCORE. Dès que nous aurons creusé les derniers mètres de rochers, nous retrouverons des gens qui pourront nous emmener jusqu'aux appareils. On peut dire merci à Leia pour sa carte...

— Quelle carte ? intervint Jacen.

— Une carte du réseau minier, retrouvée dans les archives des Durosiens, dit Leia en lui montrant un databloc. Ecoute, Han. Juste derrière les buttes, au-delà des zones marécageuses, nous avons camouflé quelque chose, il y a des semaines de cela. C'est l'un des cinq gros remorqueurs qui ont amené ici tout le matériel de construction. Ce n'est pas le plus confortable des vaisseaux, mais il a tout de même voyagé en vitesse lumière pour venir jusqu'ici. D'après mes chiffres, on pourrait y embarquer deux mille personnes.

Han s'assit sur le sol, juste à côté d'elle.

— Il y a un truc qui cloche. Pourquoi les gens de SELCORE ne l'ont-ils pas récupéré ? Pourquoi n'a-t-il pas déjà décollé ?

Jacen observa sa mère. Celle-ci plissa les yeux, fronça les sourcils et secoua la tête.

— Je ne sais pas. Je suis désolée. C-3PO doit le savoir, lui.

— Il est à bord du *Faucon*, dit Han.

— On ne peut pas le contacter par communicateur ?

— Tu peux toujours essayer, répondit Han. Mais je lui ai demandé de procéder aux vérifications de préchauffage avant le vol. Je vais aller jeter un coup d'œil à ce remorqueur. Qu'est-ce que tu en as fait, tu l'as enterré ?

— Nous l'avons recouvert avec les résidus des moissons, dit Leia en hochant la tête. Nos détecteurs pourraient le retrouver en un rien de temps. Je suppose que les Yuuzhan Vong ne penseront pas à aller voir ce qui se trouve au-delà des buttes. Nous savons en tout cas qu'ils ne disposent pas de la technologie nécessaire pour le repérer...

— Ils l'ont, la technologie, mon cœur. Elle est juste différente de la nôtre, c'est tout.

— Peut-être qu'ils ne l'ont pas encore trouvé, dit Leia avec une patience exagérée. Je n'en sais rien. Mais nous irions beaucoup plus vite à la surface qu'en sous-sol en suivant ceci, ajouta-t-elle en brandissant son bloc sur lequel s'affichait le plan de la mine.

— Rôder dans le noir, c'est notre spécialité, intervint Droma.

Han eut un petit sourire en coin.

— Et vous êtes assez doués pour réparer les vaisseaux

spatiaux, ajouta Solo. O.K., Mezza, Romany... Droma et moi, nous allons jeter un coup d'œil à cet engin. Dès que l'équipe aura fini de piocher, faites passer les gens dans la mine et conduisez-les jusqu'aux buttes. Postez quelqu'un au transmetteur de Leia et surveillez bien les tunnels...

— Absolument ! lança Jaina. Nom Anor est peut-être encore quelque part dans les souterrains et il se peut qu'il ait piégé d'autres voûtes.

Quelques réfugiés levèrent la tête vers le plafond de la salle.

Le visage de Leia devint complètement impavide.

— Encore une heure ou deux, avez-vous dit, avant de terminer le tunnel ?

Mezza hocha la tête.

Leia se décolla de la paroi et brossa la poussière de roche accumulée dans le dos et sur les cuisses de sa combinaison SELCORE.

— Il est presque minuit, dit-elle. On a encore le temps.

— Le temps de quoi ? demanda Han. Hé ! Leia ! Leia ! Reste ici ! Je viens juste de te retrouver. J'aimerais bien que tu sois encore là quand je reviendrai !

— Merci, dit-elle en serrant les mâchoires. Vraiment. Han, merci. Mais tu as parfaitement raison. Toi, tu supervises ce groupe. Et moi, j'ai oublié quelque chose de très important au bâtiment administratif.

Han la foudroya du regard.

Nom Anor conduisit Tsavong Lah jusqu'à la construction qui servait de laboratoire. Il prenait apparemment grand plaisir à se promener au grand jour, sans masque. Le Maître de Guerre se demanda ce que cela pouvait bien faire de passer le plus clair de son temps dans le déguisement d'un infidèle. Il eut presque pitié de l'Exécuteur.

Ils avançaient à grands pas le long d'une allée sablonneuse tracée entre d'affreuses constructions. Ils passèrent devant une horreur à trois murs sous laquelle étaient entreposées d'abominables machines. Sgauru et Tu-Scart, les créatures dont il avait ordonné le débarquement, s'attaquèrent au mur le plus proche. Le couple d'animaux symbiotiques, appelés Destructeur et Dévoreur, était capable de mettre en pièces tout édifice artificiel en l'espace de quelques minutes. Dès que ses créatures génératrices d'énergie auraient nidifié et se seraient mises au travail, il commanderait alors à Tu-Scart et Sgauru de détruire méticuleusement l'abomination que les infidèles utilisaient pour alimenter les lampes lumineuses du plafond du dôme.

Tsavong Lah se tourna vers son aide de camp.

— Creusez le puits ici, ordonna-t-il.

Un contingent de guerriers se détacha de la colonne.

Près de l'extrémité nord du dôme, Nom Anor emmena son Maître à l'intérieur d'une construction abominablement parallélépipédique. Dans le hall principal, Tsavong entendit des bruits émis par des personnes en train de patauger et de manipuler des objets métalliques.

— Mes collègues, dit Nom Anor avec fierté. Quand je me suis révélé à eux, je leur ai annoncé que ceux qui seraient découverts ici à travailler méticuleusement à l'assainissement de cette planète seraient tout particulièrement honorés.

— Et ils ont tous accepté ?

Nom Anor cligna de son seul œil valide.

— Deux ont refusé de collaborer, admit-il. Même après leur avoir promis tous les honneurs et... l'amnistie.

— L'amnistie ? (Le Tyzowyrm dans l'oreille de Tsavong Lah ne parvint pas à traduire ce terme, qu'il ne comprenait visiblement pas.) Qu'est-ce que c'est que ça, l'amnistie ?

— Un mot comme *paix*, dit Nom Anor en souriant. Il peut avoir deux significations. Ils le définissent d'une façon différente de la nôtre. Quelque chose qui ressemble à... *grâce*.

Le Tyzowyrm ne parvint pas non plus à traduire cet autre terme.

— *Grâce*... Explique-moi ce mot.

Nom Anor s'arrêta sur le pas d'une porte qui donnait dans une grande salle au centre de laquelle trônait une longue table. Tsavong Lah vit que deux infidèles y étaient assis. Ils étaient vêtus de tenues blanches couvertes de taches.

— Pour les infidèles, répondit Nom Anor, il semble généreux de laisser quelqu'un échapper à sa destinée...

— Mais ce n'est pas possible. On n'échappe pas à son destin. La mort est inévitable. Comment lui faire face, voilà la question la plus importante.

— Aussi incroyable que cela puisse paraître, ils ne comprennent pas ce concept.

Tsavong Lah secoua la tête.

— Très bien. Alors nous donnerons à tes collègues plus qu'ils ne méritent, en récompense de leurs efforts.

— Vous devancez mes pensées, dit Nom Anor.

— Peut-être que certains d'entre eux se porteront volontaires pour nous assister dans *nos* recherches, non ?

On ne trouvait jamais assez de volontaires pour cette noble tâche. Son équipe avait pourtant amené les plantes et les graines de coraux nécessaires.

— Je leur ai proposé cette option. Malheureusement, tous ont décliné l'offre. C'est peut-être le fait d'avoir dirigé des recherches qui les rend si réticents à l'idée d'y participer directement.

— Alors nous consacrerons cette chose construite à une autre utilisation, dit Tsavong Lah en haussant les épaules. (Il se tourna vers la prêtresse drapée d'une tunique noire.) Vaecta ?

La vieille femme au dos voûté les avait suivis. Elle était accompagnée de son groupe de musiciens rituels. Elle fit un pas en avant et tendit une sorte de coquillage transparent à double coquille, qu'elle tenait jusque-là serré contre elle.

Tsavong Lah plongea la main dans la conque, agitant les doigts afin d'attirer l'une des créatures qui y nageaient. Il sentit le nez délicat, dénué de poils, du Tkun lui palper la main et des anneaux de fourrure s'enrouler autour de son poignet.

Lah ressortit son bras, auquel était accroché le Tkun écarlate. Les maîtres généticiens avaient tout récemment créé cette espèce pour répondre à un besoin particulier. Un besoin de sacrifice individuel, rapide, efficace mais à haute teneur spirituelle. Un assistant tendit une liasse de feuilles de tishwii à la prêtresse. Celle-ci les disposa dans un récipient puis, à l'aide d'une pierre à feu, les embrasa. Elle laissa les feuilles se consumer jusqu'à ce qu'elles soient réduites en cendres.

— Faites approcher le premier chercheur, dit Tsavong Lah.

23

Han passa un bras autour des épaules de Leia. Il attira sa femme contre lui et posa son menton sur le dessus de son turban blanc.

— Sois bien prudente.

— Toi aussi.

Les parents de Jacen s'embrassèrent. Ce fut d'abord un baiser furtif, du bout des lèvres. Mais Han se fit plus pressant et Leia se dressa sur la pointe des pieds. Jacen baissa les yeux, intercepta le regard de sa sœur et sourit en coin. Jaina hocha la tête.

L'expression de Han redevint sinistre. Droma et lui gagnèrent l'entrée du tunnel. Jacen les regarda s'éloigner jusqu'à ce qu'ils aient complètement disparu. Des images resurgirent dans son esprit. Belkadan et ses marais infestés de Villips. Il se demanda ce que les Yuuzhan Vong allaient faire du projet de réhabilitation de la planète initié par le camp Trente-Deux. Peut-être que les envahisseurs disposaient de créatures susceptibles de vivre dans des eaux empoisonnées.

Leia regarda ses pieds et fit la grimace.

— Maman, dit Jacen tout doucement. Tout cela n'a rien de très diplomatique.

— Vous ne croyez quand même pas, toi, Jaina et Anakin, que votre père est le seul à avoir du cran, non ?

— Quoi que tu fasses, dit Jaina, tu peux compter sur moi pour t'aider.

Pendant trois secondes, le sourire de Leia fut le miroir de celui de sa fille. Pendant trois secondes, toutes les discordes qui les opposaient s'évanouirent. Elles avaient des allures de conspirateurs. De vraies sœurs.

Et puisqu'elles pensaient toutes deux que Jacen s'était ramolli, celui-ci s'empressa d'ajouter :

— Tu peux compter sur moi aussi.

Leia prit son fils par le bras. Au passage, elle attrapa celui de Jaina et le serra doucement.

— D'abord... (Elle éleva la voix.) Mezza ? Romany ? Nous avons réussi à percer d'autres tunnels. Je dispose de trois cartes des réseaux. J'ai besoin de quelqu'un pour s'occuper du transmetteur. Et de quelqu'un pour aider les réfugiés à sortir des différents abris, que ce soit pour venir jusqu'ici ou pour rejoindre l'administration. De là, il faut atteindre le remorqueur. Nous allons avoir besoin de volontaires...

Une jeune Sullustaine se leva et fit un pas en avant. Sa mère, à moins qu'il ne s'agisse de sa grand-mère, ouvrit la bouche mais décida soudainement de ne pas opposer la moindre objection. D'autres personnes sortirent du groupe.

Leia distribua ses datablocs. Elle en garda un pour Mezza et Romany. A quelque distance de là, les cliquetis des coups de piolet reprirent. Les volontaires quittèrent la salle.

Leia vint s'accroupir à côté de Jacen et de Jaina.

— J'ai une idée, dit cette dernière à voix basse. On pourrait causer pas mal de dégâts avec ce laser de forage. En espérant que les Yuuzhan Vong n'ont pas encore mis leurs doigts griffus dessus.

Leia hocha la tête puis regarda son fils.

— Quoi ? C'est trop violent pour toi ? demanda Jaina.

— C'est une opération de sauvetage, dit-il. Une opération de défense. Tant que je ne suis pas obligé de manipuler la Force...

— Si le chariot répulseur est encore en état, ce ne sera pas nécessaire, dit Leia en jetant un coup d'œil dans l'autre tunnel et vers les réfugiés qui y étaient assemblés.

A la grande surprise de Jacen, Olmahk, l'ombre grise, le garde du corps de sa mère, fit un pas en avant.

— Réfléchissez bien, dit-il tout doucement de son ton miaulant. Si vous activez ce laser, vous risquez d'attirer les Yuuzhan Vong jusqu'ici. Cette mission m'est destinée. Elle est de mon devoir, Dame Vador.

Leia, perplexe, fronça à nouveau les sourcils.

— Tu as probablement raison, dit-elle.

Mais Jacen devina qu'elle avait fermement l'intention d'activer le laser elle-même. Dans sa tête rejaillit l'image très vive de la galaxie basculant dans les ténèbres.

— Ecoutez, murmura-t-il. Je sais bien que vous pensez tous que je suis fou. Mais est-ce qu'il n'y aurait pas encore une chance de négocier ? Maman, tu es une professionnelle...

— ... et je peux deviner quand les négociations vont échouer, dit Leia d'un ton las. Quand vos plénipotentiaires se font massacrer, cela signifie clairement que l'ennemi n'a pas envie de vous parler. Inutile de gaspiller la vie d'autres négociateurs.

Pourtant, Jacen sentait qu'il avait une chance de...

— Ne t'avise même pas d'essayer, ajouta sa mère d'un ton sinistre.

Elle n'était peut-être pas aussi entraînée que les autres Jedi, mais elle était parfaitement capable de lire dans ses pensées. Elle se releva et fit signe aux chefs des clans Ryn de s'approcher.

— Mezza, Romany, vous avez fourni un excellent travail en rassemblant les gens. Si je ne vous revois pas, merci. Je vous laisse le commandement de ce groupe. Que la Force soit avec vous.

Elle se mit en route.

— Jaina, avec moi. Jacen, tu nous suis.

Olmahk vint marcher à côté de Jacen. Ils regagnèrent en courant l'entrée dissimulée sous les plaques de durabéton.

Du fond de sa cachette, Han se dit qu'il valait mieux attendre encore deux minutes à écouter les bruits alentour. Quand il se décida enfin à passer la tête par l'étroite ouverture, il dégaina son blaster et le tint près de son oreille.

Là, dehors, sous les éclairages d'urgence, rien ne bougeait. Il savait bien ce que Leia voulait faire : saboter l'opération Yuuzhan Vong à n'importe quel prix. Pour elle ou pour lui. C'était peut-être de l'égoïsme, mais Han préférait tout de même la voir revenir vivante. Il n'avait que faire d'une martyre. Avec ou sans ses magnifiques cheveux, Leia disposait toujours de cette étincelle qui allumait ce grand feu tout au fond de lui.

Il regarda tout autour de lui puis s'extirpa du trou. Il inspecta tous les recoins du bâtiment en ruine pendant que Droma, à son tour, se hissait par l'ouverture. Han avança prudemment jusqu'à la porte et jeta un coup d'œil à l'extérieur. Le dôme, qui jadis bourdonnait d'activité, semblait complètement figé. Han entendit des coups métalliques et des fracas dans le lointain, mais aucun son de voix ne lui parvint. Il ne détecta aucun mouvement, non plus, dans les environs. Que n'aurait-il pas donné pour avoir un capteur de formes de vie en sa possession... Et, pendant qu'on y était, un turbolaser n'aurait pas été inutile non plus.

Droma le rejoignit.

— Ce serait plus court de longer le bâtiment administratif, murmura Han. Mais...

Il ne prit pas la peine de terminer sa phrase. Il avait à présent l'habitude que Droma l'interrompe à chaque fois.

— ... ce serait plus sûr si nous longions les bords du dôme, dit Droma en rengainant son blaster.

Han en fit de même. Les Yuuzhan Vong devaient certainement porter de puissantes armures de combat, de toute façon. Un coup de feu et on découvrirait leur présence. Toute la meute serait sur eux en l'espace de quelques instants.

Il marqua une pause, choqué par ses pensées. Qu'était-il arrivé au Han Solo d'antan qui, lui, aurait foncé dans le tas tête baissée ?

Peut-être que ce Han Solo-là était mort en même temps que Chewbacca.

— Bon, d'accord, dit-il. Reste à couvert derrière moi. Ne me perds pas de vue. Si je me fais prendre par les Yuuzhan Vong, dis à Leia...

Mais, cette fois-ci, Droma ne termina pas la phrase.

— Non, laisse tomber, dit Han.

Penché en avant, il courut jusqu'à la ruine la plus proche et se glissa à l'intérieur. L'une des pièces était pleine de poussière. Une autre contenait toutes les possessions d'une famille. Heureusement, le bâtiment était doté d'une porte arrière. Il déboucha de l'autre côté.

A cet instant, Han repéra une silhouette massive, très musclée, engoncée dans une armure noire. L'individu avançait dans sa direction, les bras chargés de différents ustensiles de survie. Il devait y avoir deux lampes et un petit cuiseur à rayonnement. Solo retourna précipitamment à sa cachette. Il vit Droma pénétrer dans le bâtiment par la porte principale et, d'un signe de tête, lui indiqua de ne plus bouger.

Ils attendirent que le pillard les ait dépassés puis ils reprirent leur progression. Ils rejoignirent ainsi l'extrémité du quartier en ruine de Tayana et traversèrent silencieusement le village de tentes. Soudain, Han entendit des pas. Il se coucha sur le sol et profita d'une déchirure dans l'une des parois de toile pour scruter l'allée adjacente. Des prisonniers passèrent, têtes baissées, en colonne. Quelqu'un était en train de pleurer. Trois Yuuzhan Vong, en armure malheureusement, accompagnaient le groupe. Han serra les poings, regrettant le bon vieux temps des Soldats de Choc de l'Empire, les points faibles de leurs armures blanches... Regrettant Chewie...

Il avait l'impression d'avoir perdu la moitié de lui-même. Mais sa chance, apparemment, ne l'avait pas abandonné. Ils arrivèrent enfin en vue de l'entrée nord-ouest du dôme. La dernière planque possible était le bâtiment du générateur. Fort heureusement, la construction était toujours debout. Droma se glissa dans l'ombre juste derrière lui.

— Je pense, observa Solo, qu'ils doivent pour le moment s'abstenir de détruire systématiquement tout ce qui leur semble technique tant qu'ils ne mettent pas en route leurs générateurs d'énergie...

— Quels qu'ils soient, conclut Droma en hochant la tête.

De leur nouvelle cachette, ils pouvaient observer à loisir toute la zone qui allait du bâtiment de recherches scientifiques aux chantiers de construction. Une foule allait et venait dans la rue. Han y repéra des humains, des Ryn, des Vors, quelques Sullustains et une famille de Gortais à cornes. Il vit également plusieurs extraterrestres en armures noires tirant derrière eux une machine destinée au transport des briques. Han fut stupéfait par leur force. Quand les Vong se mêlèrent à la foule, un officier abandonna son poste et vint se placer derrière la machine pour la pousser et aider ses congénères. L'engin disparut brusquement. Deux secondes plus tard, un fracas de tonnerre retentit.

— Ils n'ont pas encore tout démoli, murmura-t-il. Mais ils en prennent le chemin...

Han tourna le regard vers le portail. Trois humains gisaient au sol. D'après lui, on leur avait certainement tiré dans le dos alors qu'ils essayaient de s'enfuir vers la sortie. Les Vong avaient-ils posté un tireur embusqué ou bien ces hommes avaient-ils été tués dès l'arrivée des ennemis ?

— Qu'ils dansent de joie avec les étoiles, chuchota Droma.

Danser avec les étoiles ? Voilà qui était nouveau. Han savait pourtant bien que les compagnons de Droma n'étaient qu'une bande d'incorrigibles romantiques.

C'est alors que Solo aperçut les créatures. Une sorte de serpent gigantesque s'était lové autour du hangar abritant le matériel de construction. Sa tête se balançait de gauche à droite et l'animal semblait se délecter de ce qu'il mangeait. Une seconde créature se dressa de tous ses segments sur ses puissantes pinces postérieures. Evoquant un Hutt étiré et couvert de plaques chitineuses, la bête sa cabra, s'appuya de ses pattes avant boudinées contre la paroi du hangar et abattit sa lourde tête sur les plaques de durabéton. Des débris volèrent en tous sens et retombèrent en cascade sur le couple d'animaux. De la gueule du monstre perché sur le bâtiment jaillirent des douzaines de tentacules. La bête avala goulûment les gravats éparpillés et Han ne put s'empêcher de repenser au tout-puissant Sarlacc.

— Larve de Sith ! grogna Droma.

La tentation de Solo de fuir dans cette direction s'évanouit instantanément. Retournant vers le portail nord-ouest du dôme, il ramassa une pierre et la lança au beau milieu de la zone découverte.

Rien ne se produisit.

— Je pense, commença Droma en se levant, qu'on aurait tout intérêt à courir jusque là-bas le plus vite possible...

Han saisit le coude couvert de fourrure de Droma. Sans prononcer le moindre mot, il lui serra le bras pour lui donner le signal du départ. Puis il s'élança vers l'arche du tunnel, là où les structures grises du dôme s'enfonçaient dans le sable de la planète. En chemin, il saisit au passage la capuche de protection que l'un des humains gisant au sol tenait serrée dans sa main. Assurant sa prise sur sa nouvelle possession, Han força l'allure.

Il s'apprêtait à pénétrer dans le sas quand quelque chose passa en sifflant près de son oreille. Hors d'haleine, Droma plongea à terre à côté de Han entre les deux portes hermétiques. Lui aussi était parvenu à récupérer un masque. Du revers de la main, Solo enclencha la procédure d'ouverture de la porte, puis il ajusta le débit de son respirateur.

Une créature de la taille d'une main lui frôla à nouveau l'oreille, rebondit sur l'un des murs du sas, fit un ricochet sur un autre panneau et fusa sur lui. Elle érafla son masque. Han brandit son blaster comme une matraque. Touché ! La chose tomba au sol en tournoyant, produisant toutes sortes de grincements et de sifflements. Sa carapace semblait aussi aiguisée qu'une lame d'acier. Solo se passa les doigts sur la tempe et se rendit compte qu'une mèche de cheveux avait été tranchée, en dépit de la capuche et de son vieux casque de pilote. S'il n'avait pas eu l'idée de porter ce couvre-chef ridicule, il perdrait à l'heure actuelle encore plus de sang qu'un Gornt à l'abattoir.

Il donna un coup de pied à la créature. La porte extérieure du sas pivota sur son axe et l'épouvantable brume grise de Duro s'engouffra dans l'ouverture.

Droma, avec précaution, ramassa le plus gros morceau de la carapace écrasée de l'animal.

— On ne sait jamais, on pourrait avoir besoin d'un couteau. Ça fera très bien l'affaire.

Ils prirent alors leurs jambes à leur cou et filèrent vers les buttes. Derrière eux, d'étranges cris pareils à des gargarismes s'élevèrent. Han se retourna, visa et tira. Il toucha le guerrier qui courait en tête en pleine figure, au centre même de l'étrange chose étoilée qui semblait lui pousser sur le visage comme une concrétion. L'extraterrestre vacilla et tomba en arrière.

Ha ! Un autre point faible ! La chance lui souriait toujours. Encouragé par sa découverte, il mit le deuxième guerrier en joue et tira. Le Yuuzhan Vong s'écroula. A ce moment précis, il espéra que les autres guerriers tourneraient les talons et détaleraient. Au lieu de cela, ils reprirent la poursuite.

Hé mais ce n'est pas du jeu ! Han décocha des traits de laser vers les créatures étoilées, abattant les Vong l'un après l'autre. Ces gars-là ne semblaient guère gênés à l'idée de mourir. Han, lui, n'était guère gêné à l'idée de leur filer un petit coup de main, mais il n'avait tout simplement pas l'intention de leur laisser la possibilité de lui rendre la pareille.

Il suivit Droma le long de la butte. Ils coururent alors vers l'est en zigzagant entre les éboulements de rochers. Han n'avait pas encore eu l'occasion d'admirer les marais canalisés et traités par les équipes de Leia. De ce point de vue, légèrement en amont, ceux-ci formaient deux lignes parallèles de bassins surélevés carrés ou triangulaires. Les eaux des plus proches étaient vertes. Celles des plus éloignés, complètement toxiques, variaient entre l'orange et le brun en produisant une inquiétante luminosité. Entre ces deux extrêmes, les autres bassins arboraient tout un dégradé de couleurs qui témoignait du processus d'assainissement en cours. Derrière les marais, Solo aperçut un énorme tas vert pâle d'herbes fauchées.

C'était probablement là qu'on avait dissimulé le remorqueur. Droma atteignit le compost en premier et y plongea sans hésiter. Han le suivit en espérant que son respirateur lui éviterait d'inhaler les pollens en suspension. En l'espace de quelques instants, il s'était enfoncé si loin dans le tas d'herbe qu'il eut peur de suffoquer. Il descendit plus profondément, beaucoup plus profondément. *Il a intérêt à être là, ce foutu machin !* Sa main gauche rencontra quelque chose de solide. D'instinct, il piqua un peu plus vers le bas et se mit à ramper en dégageant le foin tout autour de lui pour le repousser enfin avec ses pieds. Il avait l'impression de nager.

Quelques instants plus tard, la couche végétale sembla s'affiner. Il émergea dans une sorte de caverne carrée dotée d'un plafond de métal.

— Droma ! cria-t-il. (Ici, sa voix était teintée d'un curieux écho métallique. Il aperçut la silhouette du Ryn, sorte de flou obscur dans l'étonnante lumière filtrée par le tas d'herbes sèches.) Viens par ici !

Même à travers le masque, l'air sentait assez bon. Dans un tel environnement toxique, on ne rencontrait plus vraiment de bactéries susceptibles de causer pourritures et mauvaises odeurs.

— Allez, amène-toi ! appela-t-il à nouveau. Secoue-toi la fourrure !

Le Ryn déboucha finalement dans la drôle de caverne si basse de plafond. Il rampa sur le côté pour rejoindre Han. Ce dernier termina son inspection.

— Bon, si je ne me trompe pas, dit-il, il doit s'agir d'un vieux TaggeCo WQ445. Une sorte de chaland foutu comme une grosse boîte. Pas des plus maniables.

— Ce n'est pas ce que je choisirais en premier comme vaisseau d'évacuation, dit Droma.

— Moi non plus, répondit Han. Mais c'est tout ce qu'on a. (Il fronça les sourcils. Leia avait omis de lui dire si elle disposait d'un pilote pour faire voler cette casserole. Lui, en tout cas, avait hâte de retourner au *Faucon*.) Normalement, les moteurs sont par là, dit-il en indiquant un point par-delà son pied gauche. Quant à la trappe de service... (Il rampa de trois mètres vers sa droite.) Elle ne devrait pas être très loin par là...

Il fallut à Droma quelques minutes de manipulations habiles pour parvenir à ouvrir le panneau au moyen du tranchant de l'insecte volant... Han fut enfin en mesure d'évoluer dans son élément. Il découvrit une armoire de premiers secours près de l'écoutille et en sortit deux petites lampes de poche. Il en lança une à Droma puis se dirigea vers le cockpit. Chaque chose en son temps. Il était nécessaire de procéder en premier lieu à un diagnostic pour vérifier s'il était possible de confier la vie de plusieurs milliers de personnes à ce gros animal pataud.

Il repensa à la foule des prisonniers retenus captifs près du bâtiment scientifique, au puits dans lequel les Yuuzhan Vong jetaient toutes les machines et aux deux monstres occupés à détruire le grand hangar. Han déglutit péniblement. Il n'y aurait plus beaucoup de vies à sauver s'il ne se pressait pas un peu.

— Allez, tronche de poils ! dit-il à Droma. Au travail !

La voix rocailleuse d'un Durosien guida Mara pendant la manœuvre d'accostage de l'*Ombre* au dock F-16, l'un des terminaux de Port Duggan sur la station de Bburru. La même voix lui ordonna ensuite de couper ses générateurs et ses systèmes de bord.

— S'ils décident de passer un détecteur de formes de vie, tu es dans la panade, dit-elle doucement.

Luke était accroupi à côté de R2-D2, occupé à modifier quelques petits détails de la programmation de l'astromécanicien. Normalement, les ordinateurs à bord de l'*Ombre* étaient à même d'assurer la sécurité de l'appareil. Mais, en raison de la désactivation, R2-D2 serait chargé du travail.

— Non, je ne crois pas, répondit enfin Luke en se relevant. Dépêche-toi de revenir.

— Pas la peine de me le dire deux fois.

Elle hésita et regarda son mari droit dans les yeux pour évaluer son état émotionnel.

Celui-ci leva un sourcil.

— Fais bien attention... commença-t-il.

Elle lui lança un regard noir.

— Fais bien attention au bébé.

Mara esquissa un sourire amusé.

— Considérons cela comme une façon polie de me dire « Reviens ici vite fait bien fait, mère de mon enfant » !

Luke posa une main sur son épaule. Elle sentit en elle une caresse subtile qu'elle s'empressa de lui retourner. Puis elle descendit quatre à quatre les marches de la passerelle, referma consciencieusement l'écoutille d'accès afin d'être bien vue des caméras de surveillance et rejoignit la coursive qui menait à la capitainerie.

En chemin, elle ne remarqua pas une seule silhouette en combinaison brune de Cor-Duro. Elle aperçut un Rodien qui, tout comme elle, rejoignait précipitamment le sas principal. Elle s'arrêta à un poste de contrôle. Celui-ci était occupé par deux des gardes de Cor-Duro auxquels Luke et Anakin s'étaient frottés précédemment.

— Où êtes-vous amarrée ? demanda le malingre Rodien.

— Dock F-16, répondit-elle prestement.

Un autre garde sortit du poste et prit immédiatement la direction du terminal en question. Mara ne put retenir un sourire sinistre. La commande d'ouverture de l'écoutille était particulièrement bien camouflée. Même à grands coups de chalumeau laser, ils ne parviendraient pas à monter à bord du vaisseau.

Elle déboucha de la coursive qui venait du port sur la grand-place de Bburru. Celle-ci était complètement déserte. Même le podium de Ducilla était inoccupé. Mara observa les alentours et repéra le tube transparent d'un élévateur. R2-D2 lui avait montré un diagramme qui lui permettrait de gagner le poste de commandement des Forces de Défense de Duro, installé dans les superstructures de la cité orbitale, juste au-dessus de Duggan Station. Elle leva les yeux vers le haut du tube. Là-haut, très haut, l'ascenseur débouchait sur une petite plateforme accrochée sous les contreforts des parois. Deux soldats, grands et gris, montaient la garde au pied de l'élévateur.

— J'ai besoin de m'entretenir avec l'Amiral Wuht, dit Mara.

— Il est occupé, répondit le garde le plus proche.

— Je m'en doutais.

Mara regarda à nouveau vers le haut. Il y avait trop de distance pour pouvoir sauter. Luke, lui, y arriverait peut-être. Elle, en revanche, était sûre d'échouer.

— Ecoutez, dit-elle calmement. Je veux juste lui parler. Je n'ai pas l'intention de lui faire de mal mais, si vous persistez à me barrer la route, je peux vous garantir que je vous ferai du mal à vous ! (Elle insista sur la notion en ajoutant un peu d'énergie canalisée de la Force. Trop de choses étaient en jeu. Trop de vies en danger. Il n'y avait plus de temps à perdre.) Laissez-moi passer, dit-elle d'un ton ferme en levant à peine la main.

L'un des gardes appuya sur la commande de l'élévateur et la porte s'ouvrit. L'autre sortit un communicateur et fit un pas de côté. Mara releva la tête, pénétra dans l'ascenseur et appuya sur le bouton du dernier niveau.

24

Leia se glissa dans l'étroit passage vertical qui s'ouvrait entre le complexe hydroponique numéro un et le bâtiment administratif. A cet endroit, les murs de durabéton étaient distants d'à peine cinquante centimètres, permettant à toute personne agile d'entreprendre une ascension en cheminée. Elle rangea son blaster dans sa housse, appuya un pied et une main sur la paroi de droite, l'autre pied et l'autre main sur la paroi de gauche, et commença l'escalade.

Le durabéton offrait de très bonnes prises aux mains et aux pieds. Mais ce type d'acrobatie obligeait le grimpeur à conserver les chevilles et les poignets bloqués à des angles constants, ce qui finissait toujours par déclencher des douleurs lancinantes. Faisant appel aux techniques Jedi pour oublier la souffrance, Leia continua de progresser en silence. Finalement, elle se hissa sur le toit et, couchée sur les dalles, observa vers le nord en direction des chantiers de construction.

Du coin de l'œil, elle perçut un mouvement juste en dessous d'elle. Deux Yuuzhan Vong descendaient du perron de l'administration en tirant derrière eux une sorte de remorque. Leia retint son souffle. Elle reconnut le châle bleu pâle d'Abbela Oldsong, enveloppant la forme inanimée étendue sur le chariot. Leia sortit son arme et la pointa vers la nuque de l'un des deux guerriers, à la jointure des plaques de son armure. Elle se ravisa et baissa son blaster. Abbela ne respirait plus. Une sorte de serpent rouge était lové bien serré autour de son cou.

Leia fit une grimace. Heureusement, le visage de la femme était tourné. Des bras et des jambes, des membres humains et non humains, s'entremêlaient sous le corps d'Abbela. Leia se demanda si ces pauvres gens avaient été sacrifiés au nom de ces épouvantes que les Yuuzhan Vong appelaient des dieux.

Elle remarqua à peine l'arrivée d'Olmahk, qui rampa jusqu'à elle jusqu'à ce que sa tête grise se trouve au même niveau que la sienne.

— Baissez la tête, Dame Vador.

— D'accord, d'accord.

Elle vit alors l'une des machines qu'on utilisait pour l'assemblage des blocs de construction avancer par à-coups irréguliers. L'engin était traîné et poussé par des Vong au lieu de se mouvoir de son propre chef. Juste devant lui, entre l'entrepôt de matériel et les parcelles transformées en jardins, s'ouvrait un nouveau puits très profond. Des extraterrestres étaient rassemblés sur son pourtour. Armés de pieux et de bâtons – à moins que ces outils ne soient aussi des créatures vivantes –, ils s'employaient à creuser les bords et le fond de la cavité pour l'agrandir. A l'ouest du puits, des centaines de réfugiés étaient assis par terre, serrés les uns contre les autres. Bien qu'il soit près de minuit, aucun d'entre eux ne s'était allongé. Leia vit un autre groupe de prisonniers les rejoindre. Des Yuuzhan Vong, chevauchant des sortes d'énormes lézards, patrouillaient sur toute la zone. Près de l'entrepôt quelque chose bougea.

Leia aperçut alors la créature à la gueule pleine de tentacules qui s'attaquait frénétiquement au mur du bâtiment. Elle serra un poing. Mais que faisaient donc les gens de SELCORE ? Le Sénateur Shesh devait être bien au chaud sur Coruscant pendant qu'elle, Leia, assistait, impuissante, à la destruction de ce havre de paix par ces créations biologiques extraterrestres.

Elle n'était pas seule, cependant. Elle entendit un frottement juste derrière elle et Jaina la rejoignit en rampant à plat ventre.

— Ça ne te rappelle rien ? demanda Jaina en ajustant d'une main son masque oculaire.

— Rhommamool, répondit Leia en hochant la tête. Le puits plein de droïdes. Il faut faire échapper tous ces gens.

— Et par quel moyen ? demanda Jaina avec amertume.

— Contente-toi de m'aider à monter le laser de forage jusqu'ici, dit Leia. Apparemment, ils n'ont pas encore coupé le générateur principal.

— Et si on faisait voler quelque chose hors du puits ? suggéra Jaina. En se servant des pouvoirs de lévitation de la Force. On pourrait le faire tomber sur eux, non ? Ils ne peuvent pas se douter de l'endroit où nous sommes cachées.

— C'est vrai, on pourrait essayer de les écrabouiller, dit Leia. Ou bien nous pourrions tenter de faire libérer certains prisonniers.

— Et comment cela ?

Leia expliqua son embryon de plan. Pendant ce temps, Jacen les rejoignit sur le toit et vint s'allonger auprès de sa sœur.

— On a besoin de toi, dit brusquement Leia, en espérant que son fils avait enfin fait le bon choix.

Elle lui exposa ce qu'elle attendait de lui. Jacen observait la scène en contrebas. Il leva les sourcils et son regard se chargea de tristesse et d'amertume.

— Maman, je... je ne peux pas, murmura-t-il. Jaina, tu sais bien que la taille n'a pas d'importance. Tu peux y arriver, toi. Tu peux même me drainer de mon énergie, s'il le faut. Mais là, ma vision est en train de se concrétiser. Le tourbillon, le moment critique. Je le sens. Je ne peux pas me permettre... de commettre un faux pas.

— Sois tu nous aides, sois tu débarrasses le plancher, dit Jaina dont le regard brun semblait lancer des éclairs. Espèce de déserteur...

— Olmahk ne se sert pas de la Force, lui. Pourtant, il n'a rien d'un déserteur.

Leia fronça les sourcils en devinant la frustration qui régnait dans la voix de son fils. Elle-même n'avait jamais refusé d'utiliser la Force à ce point. Pourtant, elle n'avait pas suivi son entraînement de Jedi avec assiduité. Pour Jacen, elle ne représentait pas le meilleur des exemples. Le jeune homme, lui, avait choisi une voie plus extrême.

Jaina rampa sur une cinquantaine de centimètres jusqu'au rebord du toit. Leia remarqua que le lobe d'une de ses oreilles dépassait de sa casquette bleu ciel.

— Bon, Maman, laisse-toi couler dans la Force. Ensuite, je m'imprégnerai de ton énergie. Tu peux y arriver.

La colère de Leia s'apaisa un peu. Jaina avait découvert le moyen de prendre la direction des opérations, de donner des ordres à sa mère, sans pour autant la mettre dans l'embarras.

Leia se concentra et plongea vers cette sensation intense qui brûlait toujours tout au fond d'elle-même, ce point précis, surplombant le néant, animé de puissance et de vie. *D'espoir, même,* songea-t-elle en puisant la Force de ce point avant de la canaliser vers sa fille. Pour une fois, ces similarités, qui d'ordinaire les divisaient, travaillaient en leur faveur. Jaina parut alors absorber et rediriger les ondes de Force projetées par Leia avec une déconcertante facilité. La Princesse ouvrit un œil à moitié, déterminée à observer la scène sans pour autant perdre de sa concentration. Elle vit un énorme droïde, employé au concassage des minerais, s'élever de l'entrepôt du matériel de construction.

Les Yuuzhan Vong qui se trouvaient de ce côté-ci du puits s'écartèrent. Les monstres destructeurs tentèrent de happer la machine mais ratèrent leur coup. De l'autre côté de l'excavation, des réfugiés se relevèrent rapidement. Les gardes chargés de les surveiller s'avancèrent soudainement vers eux, tournant le dos à la menace de désastre qui venait de décoller dans les airs.

Leia se figea. La Force avait cessé de s'écouler. La machine s'écrasa au sol, ensevelissant au passage cinq guerriers Yuuzhan Vong. D'autres extraterrestres coururent vers les cabanes de jardin les plus proches, espérant y trouver un semblant d'abri.

Un Vuvrien bondit sur ses pieds et se mit à crier.

— Courez ! Dispersez-vous !

La foule donna soudain l'impression d'exploser. Des gens se mirent à courir dans toutes les directions. Des envahisseurs, juchés sur leurs monstrueuses montures, parvinrent à en abattre certains. D'autres réfugiés, seuls ou en groupes, détalèrent à toutes jambes hors de portée de leurs geôliers.

Leia espéra que la plupart iraient chercher refuge dans les failles qui conduisaient aux mines. Profondément satisfaite, elle laissa échapper un long soupir et regarda sa fille. Jaina, hors d'haleine, avait roulé sur le dos.

— Bien joué, murmura Leia.

Jaina lui adressa un petit sourire en coin puis se tourna vers son frère.

— Merci beaucoup, Jacen.

Etendu face contre terre, le jeune homme inspecta le tumulte de la grand-place en se servant du viseur de son blaster. Il se mordit la lèvre inférieure.

— Bon, dit Leia. La colonne technique du bâtiment administratif descend directement à trois niveaux au-dessous du sol. Je pense que le laser est entreposé sous surveillance au premier ou au deuxième niveau.

— Oui, il devrait... murmura Leia. Qu'est-ce que tu paries que Nom Anor l'a saboté ?

— Il ne l'a peut-être pas encore fait, insista Jacen. Olmahk et moi, on peut vous couvrir.

La suggestion n'était pas mauvaise. Excepté un détail sur lequel Leia tenait à revenir.

— Ecoutez-moi, dit-elle à voix basse. Cette mission, c'était mon idée. Et j'ai bien l'intention d'en revenir vivante. Avec Olmahk. (Elle regarda son garde du corps à l'allure renfrognée.) S'il m'arrive quoi que ce soit, décampez. Avant de déplacer le laser, je vous montrerai la sortie. Tous mes espoirs de futur reposent en vous. En vous deux, en Anakin et en toute la nouvelle génération de jeunes Jedi. En sachant que vous représentez l'avenir, eh bien, ne décevez pas tous ces gens qui comptent sur vous.

— Allez, l'interrompit Jaina. On a du pain sur la planche.

Jaina avait eu le bon réflexe. Elle avait raison : fini les préliminaires. Il était temps de passer aux actes.

Leia sauta du toit du générateur hydroponique et se rétablit sur le rebord d'une fenêtre du bâtiment administratif. De là, elle parvint rapidement à s'introduire dans un bureau vide. Celui d'Abbela.

Heureusement, les Yuuzhan Vong étaient en train de se rassembler autour du puits. Le bureau était désert. Elle songea à décrocher son sabrolaser de sa ceinture mais se ravisa. Autant laisser à Jaina et à Jacen le soin de manipuler leurs armes. Elle dégaina donc son blaster et commença à descendre l'escalier de service aussi silencieusement que possible.

Arrivée au premier sous-sol, Leia marqua une pause. Olmahk se figea dans l'ombre à côté d'elle et les jumeaux les rejoignirent.

— Le laser est là, murmura-t-elle en indiquant une pièce qui s'ouvrait devant eux.

Deux taches incertaines marquaient le sol au milieu de la salle. Leia comprit que les gardes d'Abbela avaient subi le même sort que leur maîtresse. Entre les deux taches, à quelques mètres de l'engin de forage, une longue trace se dessinait dans la poussière, comme si on y avait tiré la carcasse d'un individu de grande taille. Randa ? se demanda-t-elle. Qu'était-il advenu de Basbakhan ?

— Je vais d'abord vous montrer la sortie, dit-elle.

— Je t'accompagne sur le toit, dit Jaina en secouant la tête.

— Hors de question, répondit Leia, levant son blaster et poussant silencieusement la porte de la salle adjacente.

Il s'agissait d'une sorte de réserve dans laquelle on avait entassé des caisses contenant nitrates, potassium, microfertilisants et autres composés chimiques. La salle était chichement éclairée par une petite lampe de service accrochée près de la porte. La poussière, qui s'était déposée partout, semblait parfaitement intacte. Il n'y avait aucune trace d'intrus.

Leia s'avança vers un panneau de permaroche qui ressemblait à tous les autres panneaux des murs. Au moyen d'une poignée escamotable, elle l'entrouvrit et adressa un signe de tête au reste du groupe.

— Un tunnel. Vers les mines, murmura-t-elle.

Jaina leva les yeux au ciel. Jacen lança un regard courroucé vers sa jumelle en pinçant les lèvres.

Ils se dirigèrent vers la sortie de la salle, Leia en tête. Au passage, celle-ci puisa une poignée de sable dans un conteneur entreposé près du conduit d'alimentation électrique et l'éparpilla sur le sol pour dissimuler leurs traces de pas.

Olmahk s'arrêta devant la porte. Leia l'ouvrit avec précaution. Elle entendit des voix rauques provenant du niveau principal ainsi que le bruit de pas lourds remontant les escaliers. Elle ne bougea pas et attendit. Une minute plus tard, les voix se turent. Mais les Yuuzhan Vong avaient-ils vraiment quitté les lieux ? Elle avait pris l'habitude de percevoir les présences vivantes dans les flux de la Force. Avec ces extraterrestres, Leia se sentait presque aveugle.

Elle posa les yeux sur sa fille, le visage en partie dissimulé derrière son masque oculaire, puis sur son fils, la casquette bien ajustée sur la tête. Elle poussa enfin la porte pour l'ouvrir complètement. Personne ne s'interposa.

Elle traversa la zone dégagée et se dirigea vers le laser. A peine était-elle arrivée près de l'engin qu'un cri guttural lui fit faire volte-face. Un guerrier Yuuzhan Vong, en armure noire, debout sur la dernière marche de l'escalier, décrochait quelque chose de son baudrier.

— Allez-y ! cria-t-elle. Sauvez-vous !

Elle fit feu, mais le rayon de son blaster se contenta de rebondir sur l'armure de son adversaire. Elle avait pourtant visé sous son bras, vers le point faible qu'elle leur connaissait.

Un éclair gris passa en trombe à côté d'elle. Olmahk sauta à la gorge du Yuuzhan Vong. Un second extraterrestre sauta par-dessus la rampe de l'escalier, depuis l'étage supérieur, se réceptionna sur le sol et se précipita vers elle. Leia s'aplatit contre la porte pour la refermer, laissant ses deux enfants de l'autre côté du panneau. Elle se mit à tirer en rafales sur son agresseur. Elle ne s'arrêta que lorsque ce dernier la saisit à deux mains par les épaules pour l'attirer à lui et la rejeter violemment contre le mur de durabéton. Leia sombra dans les ténèbres.

Jacen s'engouffra dans le tunnel jadis parfaitement découpé au laser et se lança aux trousses de Jaina. Celle-ci courait si vite qu'on aurait pu croire qu'elle était poursuivie par un droïde assassin.

— Tu as une idée de la direction qu'il faut prendre ? demanda-t-il.

— Vers le nord ! Quand on arrive aux mines, il faut prendre à droite pour rejoindre le transmetteur !

Les mines ? Et si Nom Anor y rôdait encore ? Jacen attrapa la main de sa sœur. Celle-ci fit un mouvement brusque pour se libérer.

— Quoi ? demanda-t-elle.

— Il faut qu'on fasse demi-tour, répondit-il. (Cela n'avait pas de sens mais, tout au fond de sa tête, quelque chose de blanc et d'imposant s'était mis à tournoyer.) On ne peut pas la laisser tomber.

— Hein ? Tu n'as pas compris ? Elle nous a bien dit de la laisser faire, non ? Plus le temps passe et plus elle n'a pas son pareil pour nous envoyer balader...

— Non, il y a un truc qui ne va pas... (Jacen se concentra pour écouter au fond de lui-même, là où résonnait en général la voix de la sagesse. Rien ne lui parvint. *Au secours*, implora-t-il. *Qu'est-ce que je dois faire ?*) Non, ça ne va vraiment pas. File devant, toi, va jusqu'au cargo. Raconte à Papa ce qui se passe. Appelle Luke et Mara. Dis-leur que j'y retourne.

Dans le brouillard, un visage qui semblait palpiter se dessina. Leia ne voulait pas s'en approcher, mais une force inconnue ne cessait de la pousser vers lui. Elle reprit connaissance. C'est alors qu'elle se rendit compte qu'elle était étendue sur le dos, les yeux mi-clos.

Des bribes de souvenirs lui revinrent. Elle ne bougea pas, osant à peine respirer, cherchant désespérément une explication, un indice qui pourrait lui faire comprendre où elle se trouvait. Apparemment, elle n'était pas attachée. Aucune trace de menottes, de sangles ou d'entraves, rien, excepté ce mal de tête épouvantable concentré sur son oreille gauche.

Elle en savait cependant assez sur l'utilisation de la Force pour diminuer l'intensité de la douleur. Puis elle écouta les bruits tout autour d'elle.

— Levez-vous, Administrateur Organa Solo.

La voix lui parvint comme un écho. Cette voix, elle l'avait déjà entendue. Elle demeura encore immobile pendant quelques instants, essayant d'engranger le plus d'informations que ses sens étaient capables de lui fournir. Les autres humains avaient quitté le bâtiment. Ce qui était vital, c'est qu'elle ne percevait plus la présence de Jacen et de Jaina dans les environs. Ils s'étaient enfuis... Ou bien...

Non. Les Yuuzhan Vong ne les avaient pas tués.

— Nous savons, reprit la voix familière, que vous avez repris connaissance. Levez-vous. Faites preuve de valeur, montrez-nous votre courage.

Elle reconnut la voix. Elle ne l'avait jusqu'alors captée que par l'intermédiaire d'un communicateur et n'avait jamais eu l'occasion de rencontrer son propriétaire. Elle ouvrit les yeux et découvrit un plafond de durabéton aux angles inhabituels. La cage d'un escalier. Elle était écroulée sur le pas de la porte de la réserve. Dans un coin de son champ de vision, les marches disparaissaient dans l'obscurité.

Un Yuuzhan Vong se tenait debout à mi-chemin entre elle et le mur gris le plus proche. Il paraissait plus petit que la moyenne de ses congénères. La plus grande partie de sa tête était couverte de tatouages rituels. Le peu de cheveux qui lui restait formait une petite touffe noire dans sa nuque. Il portait un vêtement kaki, passé par-dessus une version plus légère de l'armure noire qui protégeait les autres représentants de sa race. Mais son visage...

Le nez était à peine présent. Ses narines n'étaient que deux grands trous noirs qui semblaient s'ouvrir directement sur son crâne. Son œil droit était bleu pâle et sa pupille une fente étroite pareille à celle d'un félin. Ce qu'il y avait dans l'orbite gauche, en revanche, n'avait rien d'un œil. C'était une manière de balle de cuir, percée en son centre d'une fente verticale, créant ainsi une illusion de pupille. L'extraterrestre tenait le sabrolaser de Leia dans une main.

— Dr Cree'Ar, je présume ? dit-elle. Ou plutôt devrais-je vous appeler Nom Anor...

— Nous nous sommes déjà rencontrés, dit-il, étirant ses lèvres en une parodie de sourire.

Elle se redressa, appuya son dos contre le mur rugueux et porta la main à son turban pour le rajuster. Elle découvrit alors que trois autres envahisseurs étaient présents. L'un d'entre eux montait la garde devant l'escalier qui regagnait la surface et les deux autres se tenaient de part et d'autre du prétendu scientifique.

— Donc, si je comprends bien, dit-elle, vous avez résolu nos problèmes en utilisant la technologie Yuuzhan Vong, c'est cela ?

— En partie, répondit-il. Disons que je touche un peu à la chimie et aux méthodes qui permettent de transformer vos microbes les plus inutiles en outils très puissants.

— Vous êtes la cause de la maladie de Mara. Mais ici, vous n'avez guère fait de progrès. Vous vous êtes contenté de détourner notre attention.

— Vous apprenez la sagesse...

— Je suppose que oui, admit-elle, comprenant qu'elle ne faisait guère de progrès dans cette négociation-là non plus.

Elle songea à ses enfants qui s'étaient enfuis et espéra que les extraterrestres ne s'étaient pas rendu compte qu'elle n'était pas venue seule. Seule ? Qu'était-il arrivé à Olmahk ?

Si elle se trouvait dans cette situation, cela signifiait qu'ils l'avaient abattu. Chewie, Elegos, Abbela, et maintenant Olmahk. A nouveau cette guerre prenait une tournure personnelle.

— Je me doute, reprit-elle, que vous disposez vous-même de tout ce qu'il faut pour assainir Duro.

— Cela ne vous regarde pas. Si le Maître de Guerre décide de continuer l'opération, c'est son choix.

Le Maître de Guerre ?

— Et qui est ce Maître de Guerre ?

Les lèvres de la créature se tirèrent à nouveau, révélant une rangée plus importante de dents acérées.

— Levez-vous, dit-il. Je vais vous le présenter.

Ses jambes lui faisaient mal. Nom Anor et ses musculeux acolytes l'escortèrent dans l'escalier jusqu'à son propre bureau.

L'extraterrestre qui se tenait debout entre son secrétaire et l'armoire dans laquelle elle rangeait ses affaires dépassait en hauteur le plus grand des gardes d'une bonne demi-tête. De larges plaques blindées, couleur rouille, couvraient son corps, du cou jusqu'aux genoux. Ses lèvres étaient fendues et cicatrisées en de nombreux points. Sa tête allongée était entièrement tatouée. Une fente, pareille à un sillon, lui traversait le dessus du crâne d'une oreille à l'autre. Leia préféra ne pas chercher à savoir comment il l'avait obtenue.

Une créature plus petite, à la poitrine couverte de marques de brûlures noircies d'allure fort douloureuse, tendit un plateau au Maître de Guerre. Celui-ci y ramassa quelque chose, très délicatement, entre les griffes qui lui poussaient à l'extrémité de chacun des doigts. Leia vit qu'il s'agissait d'une sorte de ver.

Elle tourna la tête de côté. Son lit n'était pas fait. Elle s'était levée précipitamment. Les restes de son petit déjeuner traînaient encore dans une assiette, à côté du cuiseur à rayonnements. De l'autre côté du bureau, près du grand extraterrestre, la porte de son armoire était ouverte. Le contenu avait été jeté sur le sol de durabéton, et brisé. Tous les accessoires et outils étaient désormais inutilisables.

La grande créature pencha la tête de côté et introduisit le ver dans son oreille. Leia frissonna et se campa fermement sur ses pieds en les écartant à la largeur de ses épaules. Il fallait leur faire perdre suffisamment de temps pour permettre à Luke et à Mara de revenir avec du renfort. Suffisamment longtemps pour permettre aux réfugiés de fuir.

— Maître de Guerre, commença-t-elle. Cette invasion du dôme, de cette planète, est totalement illégale. Vous ne pouvez pas.

— Silence ! ordonna-t-il.

Par-dessus son épaule gauche, elle vit que l'un des deux candélabres de métal noir était encore accroché au mur. La présence de l'intrus donnait maintenant à l'objet des allures de trophée difforme, d'étrange animal à cornes.

Leia avait tenu tête à Borsk Fey'lya. Elle avait défié le Grand Moff Tarkin et une bonne douzaine d'autres petits tyrans minables. Mais les standards de comportement et de respect de cette créature étaient complètement différents. Elle devait trouver un moyen de communiquer avec lui pour que tous ces massacres cessent une bonne fois pour toutes.

— Monsieur, dit-elle. Nous sommes tous deux des chefs. Nos peuples respectifs nous respectent et nous avons certainement un très grand nombre de choses à nous dire. Je m'appelle Leia Organa Solo.

— Je sais qui vous êtes et ce que vous faites ici. J'ai juré à mes dieux de vous offrir en sacrifice, vous et vos semblables. Vous serez tout simplement la première et certainement la plus célèbre *Jeedai* que je leur offrirai.

Leia sentit son estomac se serrer.

— Je ne suis pas un Jedi, dit-elle. Enfin, pas vraiment.

— Nos rapports disent le contraire.

— Vos rapports sont faux. J'ai un peu d'entraînement, c'est tout. Dans cette galaxie, nous avons appris à vivre les uns avec les autres. Il est évident que...

— Nous ne côtoyons pas l'impureté, dit-il. Votre civilisation est bâtie sur l'abomination. Votre galaxie est polluée. Nous sommes venus pour l'assainir afin que d'autres, en dehors de notre caste de guerriers, puissent l'occuper et y vivre proprement. Telle est notre destinée. C'est ce que notre Seigneur Suprême Shimrra et nos prêtres ont prédit pour nous.

Leur destinée ? Leia frissonna.

— C'est comme pour cette planète, insista-t-elle en faisant un large geste de la main. La pollution peut en être parfaitement éradiquée, mais il n'est pas nécessaire de tuer des milliers de gens pour ça.

— Cette planète sera assainie, répondit-il. De toute

cette prétendue vie qui n'est qu'une abomination. Vous comprenez cela, *Jeedai* Solo ? Vos machines imitent la vie. Elles sont abominables. Un affront à l'existence. Une insulte aux Dieux. Ces Dieux qui ont sacrifié des parties d'eux-mêmes pour créer l'univers.

Une pensée traversa l'esprit de Leia. Ces créatures croyaient donc que leurs divinités s'étaient elles-mêmes mutilées. Naturellement, les Yuuzhan Vong, en tant qu'adeptes, s'évertuaient à suivre cet exemple.

— Nous admirons ces créatures qui vous servent, dit Leia avec précaution. Nous sommes particulièrement impressionnés par votre biotechnologie. Mais puis-je vous suggérer que, vous aussi, vous avez encore beaucoup à apprendre de nous...

— Nous apprenons, nous apprenons, dit-il d'un ton sinistre. Nous avons constaté que vous niez complètement cette réalité toute transcendante. Au lieu d'apprendre à accepter valeureusement votre destinée, vous repoussez l'échéance. Vous prétendez que votre destin ne vous possède pas éternellement...

— Nous avons, nous aussi, mis au point des créatures servantes capables de soigner, dit-elle en essayant d'élever le débat. Nous les appelons Bacta. D'autres créatures servantes nous aident à fabriquer des aliments et...

— Et pourtant, vous dupez la mort, vous essayez d'échapper à sa servante qu'est la douleur. La Mort, Leia Organa Solo, c'est la seule grande vérité de l'Univers.

— Non, rétorqua-t-elle. La vie est la seule grande vérité de l'Univers.

— La mort met fin à la vie.

— Il ne peut y avoir de mort là où il n'y a pas eu de vie. La vie relie cette galaxie en un tout unique. La vie...

— Silence ! Ce ne sont que blasphèmes !

La puissance de son cri la fit reculer d'un pas. Cependant, Leia se trouvait là dans son élément.

— Monsieur, dit-elle, déterminée à essayer toutes les options, tous les angles qui lui permettraient de fêler la vision de son interlocuteur ne serait-ce que d'un cheveu. Vous et moi, nous sommes capables de nous parler parce que nous sommes en vie. Vos Dieux... (oui, il avait effectivement employé le terme au pluriel) vos Dieux ne peuvent être vénérés que par les vivants, pas par les morts.

— Vous n'y connaissez rien.

Il se tourna légèrement de côté et prononça des mots d'un langage étrange et guttural. Derrière Leia, un garde éclata d'un rire horrible. Elle réalisa alors qu'elle avait dû dire quelque chose qui pouvait, de leur point de vue, paraître totalement stupide.

— Qu'est-ce que vous cherchez à accomplir ici, sur Duro ? demanda-t-elle.

— Vous, répondit-il, vous qui vous moquez de la mort, irez bientôt à sa rencontre. Ensuite, au nom de Yun-Yammka, celui par qui la guerre arrive, nous purifierons ce monde des abominables machines qui sont actuellement dans l'espace.

Les cités orbitales durosiennes, comprit-elle en sentant soudain le sol se dérober sous ses pieds. Des millions de vies.

— Nous épargnerons l'existence de ceux que vous appelez les réfugiés. Leur labeur est nécessaire dans notre mission d'assainir cette planète. (Il fit un signe de tête à Nom Anor.) Et, finalement, Duro deviendra notre tremplin vers les autres mondes que nous comptons annexer. Ceux que vous appelez les Mondes du Noyau.

Leia sentit sa tête lui tourner, comme si celle-ci s'était mise soudain à flotter au-dessus de ses épaules. Ils avaient donc bien l'intention de tout prendre, de tout envahir. Elle n'avait plus aucun doute sur leurs chances de réussite.

— Monsieur, dit-elle. Même les dieux ne peuvent vous demander d'éliminer systématiquement toutes les formes de vie de...

— Vous ne pouvez pas parler au nom des Dieux ! Mais bientôt, vous aurez la possibilité de leur parler, à eux, directement. Vous direz à mon Maître, Yun-Yammka, que d'autres individus de votre genre – d'autres *Jeedai*, nos plus puissants ennemis dans cette galaxie – ramperont bientôt en sa présence. Passez-lui donc le message lorsque vous le rencontrerez. Ambassadeur.

25

L'un des geôliers de Leia se rapprocha d'elle en brandissant une créature au corps très petit mais aux pinces antérieures très longues et incurvées. Avaient-ils l'intention de la sacrifier sur-le-champ ? Leia fit un pas en arrière.

— Attendez ! s'exclama-t-elle. Je veux en savoir plus à propos de vos dieux.

Le rire du Maître de Guerre se transforma en un grondement terrible et grave.

— C'est la sagesse qui parle. En temps et en heure.

L'autre extraterrestre lui saisit le bras gauche. La créature qu'il tenait serra le poignet de Leia dans l'une de ses pinces. Le Yuuzhan Vong procéda de la même façon avec l'autre bras, entravant ainsi la Princesse au moyen d'une paire de menottes vivantes.

Le Maître de Guerre dit quelque chose dans son langage et l'un des gardes prit Leia par le coude gauche. Lorsqu'elle vit le Maître de Guerre pour la dernière fois, celui-ci était en train de retirer délicatement le ver de son oreille. Les gardes emmenèrent Leia jusqu'à une pièce de réserve et la jetèrent sans ménagement à l'intérieur. Ils l'obligèrent à se tourner. Un soldat la libéra de la créature qui lui encerclait les poignets. Puis il administra une brusque poussée dans le dos de Leia et celle-ci se retrouva seule dans le noir.

Elle demeura debout, complètement immobile, essayant de ne penser à rien, pendant un moment. Elle ne put toutefois s'empêcher de songer au fait qu'elle avait échappé à la mort de très, très peu.

Soudain, quelque chose bougea dans l'obscurité sur sa gauche. Quelque chose d'imposant.

Elle eut un mouvement de recul.

— Ce n'est que moi, marmonna une voix plaintive. Je suis aussi prisonnier.

— Randa ? demanda-t-elle. Je suppose que tu es allé les trouver pour leur proposer de t'occuper toi-même du convoyage des prisonniers. Ils ont rejeté ta proposition, c'est ça, hein ?

— Non, non. Je le jure sur la tête de mes Kajidics. J'ai tenté d'atteindre votre laser de forage. J'avais l'intention de me sacrifier en massacrant dans la foulée le plus grand nombre de ces créatures repoussantes.

— C'est cela, oui... dit Leia. (Elle connaissait trop bien les Hutts pour avaler une telle histoire.) Tu avais l'intention de te sacrifier...

— Mais c'est vrai ! gémit-il. Je ne mérite guère mieux, de toute façon. Mon repentir est sincère, ma mortification totale et absolue. Je...

— Ta mortification ? (Leia essaya de donner un coup d'épaule dans la porte. Le panneau ne bougea pas.) Où est Basbakhan ?

— Ils l'ont emmené, balbutia Randa.

— Il est mort, donc.

— Non, non.

Ils avaient capturé un Noghri vivant ? Elle croyait une chose pareille impossible. D'un revers de la manche, elle essuya les gouttes de sueur qui perlaient à son front.

— Qu'est-ce que tu fichais avec ce Villip ? Réponds-moi. Réponds honnêtement et peut-être que je te croirai. Peut-être.

Il poussa un long gémissement puis marmonna :

— J'ai essayé de marchander. J'ai essayé d'obtenir de leur part qu'ils laissent à mon peuple un monde sur lequel nous serions en sécurité. Vous n'auriez pas essayé la même chose, vous ?

Existait-il encore, songea-t-elle, des moyens de monnayer la clémence pour un monde ?

— Et en échange de quoi ? demanda-t-elle brusquement.

Ses yeux commençaient à s'ajuster aux ténèbres. Elle aperçut alors une longue silhouette bulbeuse de couleur brune, appuyée contre une rangée d'armoires de stockage, à l'autre bout de la pièce. Impossible de voir si le Hutt avait été blessé. Cela dit, elle s'en moquait pas mal.

Il s'humecta les lèvres de sa grosse langue pointue.

— Ils veulent les Jedi, dit-il. Ils ne comprennent rien à la Force. Ils veulent découvrir ce qui vous rend si puissants.

— Donc, tu as d'abord essayé de me vendre à eux ? C'est ça que tu es en train de me dire, hein ?

Il était donc on ne peut plus approprié de se retrouver enfermée avec lui. Il s'aplatit sur le sol. Leia n'avait jamais imaginé à quoi pouvait bien ressembler un Hutt dans un tel état de misère abjecte.

— Non, dit-il. Pas vous. Jacen.

Son fils ? Ce... Hutt... avait eu l'intention de livrer son fils à l'ennemi ? Elle serra les poings. Son dos se raidit. Elle n'aurait certainement pas hésité à traverser la réserve pour aller l'achever de ses mains. Mais il lui avait fallu une chaîne pour tuer Jabba et un sabrolaser pour terrasser Beldorian. Randa n'était certainement pas au courant pour Beldorian, mais il était de notoriété publique que Leia avait étranglé Jabba.

— Comment as-tu osé ? laissa-t-elle filer entre ses dents serrées.

Il se recroquevilla un peu plus sur lui-même.

— Maintenant, vous comprenez, dit-il, pourquoi j'ai voulu me sacrifier. Même si vous ne me croyez pas... (Sa voix chuta lamentablement vers les graves.) Même si vous ne m'avez jamais fait confiance et même si vous ne me ferez jamais confiance dans l'avenir, j'aimerais, j'aimerais tellement vous convaincre du sérieux de mon repentir.

— Non, dit-elle. Je ne t'ai jamais cru. Je ne te ferai jamais confiance et tu ne réussiras pas à me convaincre. (D'un autre côté, elle avait bien vu les traces près du laser. Elles indiquaient clairement que Randa avait été traîné contre son gré hors de la salle.) Mais, vas-y, ne te gêne pas, raconte-moi un autre mensonge, histoire de faire passer le temps. Comment t'ont-ils capturé ?

— J'étais penché sur le laser, en train d'essayer d'activer le chariot à répulseurs...

— Et tu n'y es pas parvenu puisque le chariot était codé pour répondre à mon empreinte vocale.

— Ahhhh... dit-il, produisant un long soupir triste. Je suis heureux d'avoir pu vous raconter ça. Si personne d'autre ne le sait et que nous sommes conduits, ensemble, à la mort, eh bien au moins je...

— Oh, tais-toi ! gronda-t-elle.

Elle alla s'appuyer contre le mur de pierre. Son épaule gauche heurta un câble d'alimentation électrique. Elle changea de position afin de s'installer plus confortablement. Comment se sentir bien en un moment pareil ? Le Maître de Guerre lui avait dit qu'il détruirait toutes les cités des Durosiens avant de mettre le cap sur Coruscant... La seule conclusion possible : d'autres forces d'invasion étaient en route pour le rejoindre.

Bburru et Cor-Duro Expéditions n'avaient pas cessé de tromper les réfugiés qu'ils étaient, contractuellement, payés pour aider. Il devenait évident, cependant, que ce n'était pas la population des réfugiés qui se trouvait en danger immédiat mais les Durosiens eux-mêmes !

Elle ferma les yeux et tenta de contacter ses enfants. Elle perçut la résonance subtile de Jaina dans le lointain. La présence de Jacen semblait plus étouffée. Etait-il plus près ou plus loin ? Avait-il déjà gagné les mines, se demanda-t-elle, ou bien était-il encore caché dans le tunnel secret ?

Avec détachement, elle se gratta l'épaule gauche contre le conduit d'alimentation. Elle se retourna brusquement et saisit le câble d'une main. Il courait le long du mur du plafond jusqu'au sol. Dans sa tête, elle essaya d'imaginer la configuration du bâtiment administratif. Quelle pièce se trouvait juste au-dessus d'elle ? Quelle pièce se trouvait juste en dessous ? Ce conduit énergétique, logiquement, devait traverser la réserve dans laquelle s'ouvrait le tunnel secret.

Elle se mit à genoux et entreprit de tâter le sol de ses deux mains.

— Est-ce que je peux vous aider, d'une manière ou d'une autre ? demanda Randa.

— Je cherche un bout de gravat, aboya-t-elle. Il y a toujours des morceaux qui finissent par tomber des murs de durabéton que nous fabriquons ici. L'usine qui les produit n'a jamais réussi à trouver la bonne formule de stabilité...

— Tenez, Administrateur...

Quelque chose roula devant elle. Elle tâtonna dans la direction du son, trouva le morceau de gravat et s'en empara fermement d'une main.

— Merci, murmura-t-elle.

Elle se mit alors à taper un signal de détresse en vieux code Mon Calamari. Naturellement, personne ne répondit.

Elle se releva, appuya ses deux mains contre la porte de sa prison et poussa de toutes ses forces. Le panneau ne broncha pas.

— J'ai essayé, moi aussi, intervint Randa. Mais si vous pensez que mon poids, additionné au vôtre, pourrait...

— Non, répondit-elle simplement.

Peut-être avait-il *réellement* l'intention de s'amender. Enfin, pour l'instant. A moins qu'il n'ait peur d'elle, tout simplement.

Elle se rassit sur le sol. Il lui restait cependant encore une chose à essayer, mais elle hésitait. Si jamais elle appelait Jaina et Jacen par les ondes de la Force, ils seraient capables de prendre trop de risques...

C'est ça, lança en elle une petite voix moqueuse. *Et Luke ? Tu ne crois pas qu'il s'est déjà rendu compte que tu as des ennuis ?* Elle avait dit à Jacen et à Jaina de partir, insistant sur le fait qu'ils devaient d'abord sauver leurs propres vies, et elle pensait sincèrement ce qu'elle avait dit.

Mais si Luke savait déjà...

Elle s'installa le plus confortablement possible et se détendit. *Luke !* cria-t-elle silencieusement à l'intention de son frère jumeau. *Luke, entends-moi...*

Elle ne perçut aucune réponse. Peut-être se cachait-il, lui aussi.

Recroquevillé sur la chaise de pilote de l'*Ombre de Jade*, Luke perçut un mince cheveu d'énergie lui caresser le visage. Comprenant qu'il s'agissait d'un détecteur mis en route à l'extérieur du vaisseau, il sombra profondément dans la Force et se laissa sonder. L'intensité énergétique diminua et il projeta une petite onde confirmant qu'il n'était lui-même qu'un objet électronique de nature impersonnelle.

Mais, en faisant cela, il perçut une vague sensation. La présence de Leia, du danger, de l'avertissement... Inquiet, Luke se concentra pour mieux recevoir le message de sa sœur. Il reconnut instantanément la sensation. Celle d'être prise au piège. Un péril imminent planait sur elle. Elle essaya de lui en apprendre un peu plus, mais le reste du message lui parvint sous forme de bribes. Des batailles, un maître de guerre, une menace pour Coruscant...

Il sauta du fauteuil et regagna l'arrière du vaisseau à grands pas. Vers son Aile-X... A mi-chemin vers la soute, il s'arrêta. Sauver sa sœur ? Ou bien rester sur la station afin de veiller sur son épouse et son futur enfant ? Mara lui avait pourtant dit de décoller si cela se révélait nécessaire, non ?

Il essaya de trouver une réponse à ces questions dans la Force. Curieusement, la première impression qu'il reçut lui indiqua que, pour Leia, ce n'était pas encore le moment. Jacen, en revanche, devrait se tenir prêt. Il devrait afficher le courage de ses opinions... ou bien tomber pour de bon.

Puisant ses ressources tout au fond de la Force, Luke projeta ses pensées vers Jacen, puis vers Leia. Impossible de la détecter. Jacen ne lui répondit pas, barricadé dans ses convictions. Les épaules de Luke s'affaissèrent. Jaina répondit plus clairement. Il perçut une certaine forme d'assurance, de réconfort. Comme si la jeune fille avait rebroussé chemin pour voler au secours de sa mère. Lié mentalement à sa nièce, Luke fut surpris de ne trouver aucune trace de l'irritation dont Jaina faisait souvent preuve à l'égard de sa mère. Il sentit de l'amour, chez Jaina, pour cette femme qui lui ressemblait tellement. Sa première amie. Son modèle. Peut-être Jaina parviendrait-elle à convaincre Jacen, pendant qu'on y était.

Il projeta à nouveau ses pensées vers Leia. Si elle avait pris la décision délibérée d'ouvrir son esprit, il pourrait peut-être capter un souvenir, une image, qu'il s'empresserait de relayer vers Jaina. Il fallait la sauver. Et Jacen aussi. La seule image distincte qu'il parvint à déchiffrer la montrait en train de frapper sur un tuyau au moyen d'une pierre. Il transmit cela à sa nièce.

Un sifflement retentit alors sur la console de communication de l'*Ombre*. Il regagna précipitamment son siège de pilote.

— Ici Skywalker, annonça-t-il.

— Luke ? C'est Hamner. Je suis désolé, je n'ai pas de très bonnes nouvelles.

— Pas de renforts ?

— Aucun. Vous auriez tout intérêt à évacuer. Si c'est encore possible.

— Merci d'avoir essayé, Kenth.

Luke entendit une équipe de mécaniciens s'approcher dans le corridor, juste à l'extérieur. Il se fit le plus petit possible et resserra sa main autour du micro. Il fallait qu'il fasse part du message d'Hamner à Mara. Mais existait-il un moyen d'aider Jacen et Leia ?

Jacen ne bougea pas et attendit que les bruits de pas disparaissent dans l'escalier. Cinq minutes plus tôt, lassé d'avancer furtivement au hasard dans l'installation, il était retourné au bâtiment administratif. Il avait découvert les restes d'un droïde de ménage U2C1. Ses jambes de plastique et des rouages variés, arrachés à ses mécanismes, avaient été éparpillés dans la cage d'escalier. Il avait ensuite trouvé une petite armoire technique, juste assez grande pour contenir le droïde en question, et s'y était recroquevillé. Une sensation bizarre s'éveilla dans son esprit. A nouveau, quelque chose d'imposant, quelque chose venu du fond de l'infini, semblait sur le point d'affirmer son emprise sur les événements présents. Les instincts guerriers du jeune homme voulaient le pousser à jaillir de sa cachette pour en finir une bonne fois pour toutes avec ses conflits intérieurs.

Attends ! L'appel avait clairement retenti dans sa tête.

Angoissé, presque furieux, Jacen serra ses genoux dans ses bras et enfonça ses ongles dans ses chevilles. *Attendre quoi ?* cria-t-il mentalement en retour.

Han était appuyé à un mur de pierre. Il avait momentanément quitté le dernier remorqueur de Narthex en état de voler et regagné le point de rendez-vous souterrain. En chemin, il avait découvert l'antenne de l'unité de communication sol-orbite installée par Leia. Il sortit promptement son communicateur et lança un appel. Il n'obtint aucune réponse de son épouse ou de sa fille, mais C-3PO intercepta la transmission.

— Aucune nouvelle, C-3PO ?

Il imagina le droïde de protocole, à son poste dans le cockpit excentré du *Faucon*, surveillant les alentours du dépôt de charbon où était posé l'appareil.

— Aucun autre vaisseau extraterrestre n'est apparu sur les capteurs, Capitaine Solo...

— Vérifie quand même les scanners. Quelque chose en approche ?

Il y eut une courte pause. Derrière lui, Han entendit le grondement feutré de centaines de pas. Des réfugiés passèrent devant lui et s'engagèrent dans le tunnel qui conduisait à Droma et au remorqueur.

— Non, rien. Capitaine. Pour le moment, il semblerait que l'ennemi se soit contenté de déployer une petite force d'intervention...

— C'est plus que suffisant, Bouton d'Or. Tiens-toi prêt à décoller au moment même où j'embarquerai.

Il essaya à nouveau de contacter Leia, puis éteignit le communicateur et le rangea dans sa poche. Il n'appréciait guère le silence de son épouse.

L'un des Ryn, complètement rasé, s'arrêta à sa hauteur.

— Tu reçois quelque chose ?

Han reconnut la voix de Romany.

— Ouais. Et toi, ça se passe bien ? murmura-t-il.

Les manches de la combinaison bleue de Romany pendaient, flasques, autour de ses bras. Le Ryn brandit son communicateur.

— R'vanna dit que les derniers ont enfin rejoint les tunnels.

— C'est déjà ça.

— Où sont tes enfants ?

— Probablement avec leur mère.

Enfin, j'espère. Han regarda droit devant lui. Au-delà de ce point, les conduits s'engageaient dans la section la plus dangereuse du souterrain, là où les vieux puits de mine correspondaient avec les excavations réalisées par les équipes de Leia pour relier les laboratoires aux zones marécageuses. S'il existait un endroit idéal pour leur tendre un piège, c'était bien là.

Soudain, Solo entendit un faible craquement au-dessus de sa tête. Un grondement plus sourd se produisit alors et dura près d'une minute. De la poussière et des petits cailloux vinrent rebondir sur son casque de cuir.

— Ne panique pas, chuchota-t-il à Romany. Enfin, pas encore...

Aussi incroyable que cela puisse paraître, personne ne se mit à crier. Un peu plus loin en arrière, une section du plafond commença à s'affaisser au-dessus de la colonne de réfugiés. Han entendit quelques hoquets de surprise. La foule força l'allure, sans broncher, le bousculant au passage. Même les enfants ne disaient rien.

— Qu'est-ce que tu leur as fait, Romany ? demanda-t-il.

— Ils savent très bien que si on les entend, nous sommes tous morts. Cela fait tellement longtemps que leur exode a débuté qu'ils commencent à avoir l'habitude de ce genre de situations.

Mentalement, Han jura contre les Yuuzhan Vong. Il se décolla de la paroi et se mit à marcher à son tour.

A l'autre bout du tunnel, la lumière du jour luisait faiblement. Droma avait récupéré une série de vieux portiques, destinés à l'amarrage des charges, dans les soutes du remorqueur. A grand-peine, il les avait installés entre le compost et la sortie de la mine. Des réfugiés, de plus en plus nombreux, étaient rapidement venus l'aider à camoufler les portiques sous des tas d'herbes coupées afin de créer un prolongement à la galerie. Han fut donc en mesure de faire avancer le plus grand groupe de réfugiés jusqu'au remorqueur sans se faire repérer.

Humains, Vors, Vuvriens, quelques Gortals et un Snivvien passèrent devant lui. Droma le rejoignit sous la voûte d'herbe sèche. Il était temps de se dire au revoir et Han redoutait ce moment.

Apparemment, c'était aussi le cas pour Droma.

— Si nous réussissons à quitter l'orbite de la planète, je mettrai le cap sur les voies marchandes. Peut-être que Senex-Juvex accepte encore d'accueillir des réfugiés.

— J'ai l'impression que tu as changé, lui dit Han brusquement. Qu'est-il arrivé à cette grande gueule que j'ai rencontrée à Ord Mantell ?

— Je pense qu'elle est morte, répondit le Ryn d'un ton sinistre. (Il ôta sa casquette rouge et bleu, brossa la paille qui était tombée dessus et la replaça sur sa tête, selon son angle habituel.) Avec plus de la moitié de mon clan, je suppose...

— Si je tombe sur des retardataires, je les emmènerai avec moi à bord du *Faucon*.

— D'accord, dit Droma. Tu sais, reprit-il d'une voix chargée de nostalgie, j'aurais tellement aimé rencontrer Luke Skywalker...

— Mais tu l'as rencontré, dit Han en éclatant d'un rire bref. A bord de *La Reine de l'Empire*...

— Non, je veux dire, j'aurais tellement aimé pouvoir discuter avec lui.

Han haussa les épaules.

— Bon, je lui dirai de passer te voir un de ces jours. (Il administra une petite tape amicale du revers de la main sur le bras poilu du Ryn.) Garde un œil sur tes détecteurs longue portée.

— Tu sais, Solo, pour un humain, toi aussi tu as une grande gueule. Mais je trouve que tu as aussi du cœur...

Les derniers réfugiés de la colonne passèrent devant eux. Droma emboîta le pas à ceux restés en arrière et les invita à accélérer un peu le mouvement. Ils étaient convenus d'attendre le message de Han leur signalant que le *Faucon* était prêt à prendre l'espace avant de décoller. Han les escorterait jusqu'au point d'entrée dans l'hyperespace. Il changerait alors de cap pour emmener Leia et les enfants loin d'ici. Solo appuya du pouce sur la commande de son communicateur. Personne ne répondit.

Il s'apprêtait à rejoindre les galeries quand Droma jaillit du remorqueur et courut jusqu'à lui.

— L'unité de communication est hors service ! annonça-t-il, essoufflé. Le transmetteur a l'air de fonctionner, mais le micro est cassé. J'aurais besoin de te prendre ton communicateur pour le relier à la console...

Han hésita. Après tout, il pouvait toujours essayer de contacter ses enfants depuis la passerelle du *Faucon*. Il était d'ailleurs grand temps de rejoindre le vaisseau. Il tendit le communicateur à Droma.

— Avec cette mission de sauvetage, nous étions à peu près quittes, dit-il. Maintenant, c'est toi qui me dois une fière chandelle.

— Je te revaudrai ça, mets-le sur ma note !

La porte de la prison de Leia s'entrouvrit juste assez pour que des mains griffues déposent sur le sol un pichet d'eau et un récipient dans lequel gigotait quelque chose. Randa ronflait tranquillement dans son coin. Leia renifla le pichet. Le liquide semblait normal. Elle décida de goûter avec précaution et fit rouler la goutte d'eau sur sa langue, attentive à son sens du danger, ce même instinct qui protégeait Luke et Mara si efficacement. Elle ne perçut aucun message, aucun avertissement. Elle avala donc de grandes gorgées. Elle jeta ensuite un coup d'œil au saladier. Certes, elle avait très faim, mais pas au point de manger cela.

Elle donna un petit coup de pied dans le flanc de Randa.

— Tiens, dit-elle. Ton dîner est servi.

Il se réveilla en sursaut en clignant de ses gros yeux noirs.

— Je pense que ça va te plaire.

— Oh ! s'exclama-t-il. Ça fait si longtemps...

Elle détourna le regard, révulsée par son appétit.

Une série de petits coups sonores, qui résonnaient très faiblement depuis quelques secondes, attira son attention. Ils semblaient provenir du conduit électrique. Elle s'approcha. En code, elle entendit une succession de coups courts et longs formulant des lettres. Q-U-U-N. Pause. I-L-Y-A-Q-U-E-L-Q-U-U-N. Pause.

Elle tâtonna et retrouva son caillou. Q-U-I-E-S-T-L-À, tapa-t-elle sur le conduit. J-A-I-N-A, lui répondit-on.

Folle de joie, Leia canalisa les ondes de la Force. Effectivement sa fille était bien là, tout près. De l'esprit de Jaina, Leia reçut l'image de Luke, caché à bord du vaisseau amarré aux docks de Bburru et celle de Mara, s'entretenant avec le commandement militaire Durosien. Rien sur Han. Pour des raisons évidentes de discrétion, Jaina avait coupé son communicateur.

Avec difficulté, Leia se mit à son tour à former des images dans son esprit afin d'expliquer en détail la menace que représentait le Maître de Guerre. Les autres devaient absolument se rendre compte du danger qui pesait sur les cités orbitales Durosiennes. Elle évoqua également l'asservissement prévu pour les réfugiés et les risques d'une attaque sur les Mondes du Noyau.

— P-R-E-V-I-E-N-S-M-A-R-A, conclut-elle, tapant à nouveau en code contre le tuyau.

— E-T-T-O-I, tapa Jaina en réponse.

— N-O-N. (Pause.) M-A-R-A-D-A-B-O-R-D. (Pause.) P-U-I-S-H-A-N. (Pause.) P-U-I-S-M-O-I, rétorqua Leia.

Il y eut un silence. L'écho chaud qui hantait son esprit s'estompa, refroidit et disparut. Une minute s'écoula.

— O.K., finit par lancer Jaina.

Leia sentit ses forces l'abandonner, lâcha son caillou et demeura prostrée.

Quatre Durosiens en armes attendaient Mara au sommet de l'élévateur.

— Charmant, dit-elle. Quel comité d'accueil. J'ai besoin de parler à l'Amiral.

— Vous êtes en état d'arrestation ! aboya le Durosien qui arborait le plus de galons sur le col de son uniforme.

— Et pour quel motif ? demanda Mara.

— Pourrr commencer : entrrrée avec effraction sur une prrroprrriété militairrre.

— Hum... (Mara ferma et ouvrit les poings. Elle plaça ses mains à portée de son blaster et de son sabrolaser.) Voilà ce qui va se passer. Vous pouvez toujours essayer de m'enfermer. Dans ce cas, il se peut que vous vous retrouviez les quatre fers en l'air ou bien transformé en appât pour les sacrifices Yuuzhan Vong... Ou bien, vous pouvez d'abord m'emmener voir l'Amiral Wuht. Si, après notre entretien, il souhaite toujours me faire coffrer, je vous suivrai sans résister. Qu'est-ce que vous en pensez ?

Les yeux du chef Durosien clignèrent une seule fois.

— Parrr ici, ordonna-t-il.

Elle lui emboîta le pas, prête à agir s'il décidait soudainement de changer d'avis. Moins d'une minute plus tard, son escorte la fit entrer dans une salle à manger privée où un Durosien était attablé en compagnie de deux humains de forte stature. L'uniforme anthracite du Durosien était agrémenté d'épaulettes, des fourragères blanches pendaient le long de ses bras et une impressionnante rangée d'étoiles ornait son col.

— Amiral, dit Mara. Je m'appelle Mara Jade Skywalker. Il est urgent que je m'entretienne avec vous.

L'Amiral Wuht pencha sa longue tête sur le côté. Il adressa un regard à ses deux convives humains.

— Intéressant, dit-il, sans la moindre trace d'accent Durosien. Ces deux gentilshommes venaient justement de me prédire que vous, ou bien l'un de vos congénères, alliez incessamment forcer ma porte pour me rendre visite. Et vous voilà.

Mara observa attentivement les deux humains. Celui qui se trouvait le plus près d'elle avait les cheveux coupés très court et les épaules voûtées. L'un des yeux du second avait quelque chose de bizarre et de distant, probablement dû à un défaut de fonctionnement de sa prothèse oculaire. Tous deux arboraient l'insigne des Brigades de Paix qui montraient deux mains jointes, l'une apparemment humaine, l'autre entièrement recouverte de tatouages.

Curieusement, les griffes terribles des Yuuzhan Vong n'étaient jamais représentées.

— Parfait, dit-elle en posant ses deux mains sur le dossier de la chaise à répulseurs la plus proche. Amiral, je ne sais pas si on vous a prévenu des risques d'une seconde attaque Yuuzhan Vong contre ce système. Une attaque finale. Nous avons toutes les raisons de penser que c'est imminent.

— Oui, ils ont l'intention de prendre possession de la surface de la planète, tout le monde sait cela, dit l'humain aux épaules voûtées. Ils ne s'intéressent pas aux cités Durosiennes. Je ne vois aucun problème à ce que nous coexistions en paix avec eux.

Mara le foudroya du regard.

— Ce qui signifie donc que vous leur livrez, quoi ?, disons un bon demi-million de réfugiés en sacrifice, c'est ça ?

L'homme écarta les mains. L'autre, celui à l'œil fuyant, glissa ses mains sous la table.

Mara, sous sa longue tunique, empoigna son sabrolaser.

— Je sais bien qu'on vous a laissé entendre qu'ils n'en voulaient pas à vos stations orbitales, qu'ils avaient l'intention de ne pas y toucher, annonça-t-elle à l'Amiral. Je suppose donc qu'il vous a fallu un long et pénible moment de réflexion avant de décider d'abandonner des centaines de milliers de vies, là, en bas, à ces ordures. Mais le salut de votre propre peuple est certainement votre priorité. Nous sommes en temps de guerre. Je me trompe ?

L'homme aux épaules voûtées croisa les bras.

— Je crois qu'il est temps que vous preniez congé, Madame Yeux-Verts...

Mara secoua la tête.

— Nous avons envoyé un message à Coruscant, dit-elle. Nous avons demandé qu'on nous envoie des renforts. On nous les a refusés.

A nouveau, le regard de l'Amiral se posa sur ses convives. Il plissa les yeux et dévisagea Mara.

— Je vous prie d'en venir aux faits, Jedi Jade Skywalker.

— Je suis surprise que vous ne les ayez pas encore devinés, ces faits, rétorqua-t-elle. Vous savez bien qu'ils détruisent tout ce qui leur semble technologique, non ? Vous avez vu cette créature, là, dehors, dévorer méthodiquement Orr-Om ? Vous ne comprenez pas qu'ils considèrent la technologie, toutes les formes de technologie, comme une abomination, comme une offense envers leurs dieux ? Vous pensez vraiment qu'ils ne vont pas s'attaquer à vos stations spatiales ?

— C'est effectivement l'assurance qu'on nous a donnée, répondit-il. Comme vous l'avez si bien dit, ma responsabilité est envers mon peuple. Malheureusement, je ne peux pas vous aider à évacuer les dômes qui se trouvent en bas. Nous avons pourtant mis SELCORE en garde contre les dangers d'une installation sur Duro. Cette planète dévore tout ce qui se trouve à sa surface.

— Alors, dégagez, dit l'homme au regard fuyant.

— Je m'en irai quand il sera temps de partir. (Mara observa son interlocuteur. Si l'homme entreprenait quoi que ce soit, elle serait prête.) Mais d'abord... (Le communicateur accroché à sa ceinture se mit à sonner. Dans le lointain, elle perçut les préoccupations urgentes de sa nièce. L'appel de Jaina n'aurait pas pu se produire à un pire moment.) Mon apprentie essaye de porter secours à l'Ambassadeur Organa Solo, retenue prisonnière sur la planète, expliqua-t-elle en décrochant son communicateur de la main gauche. Ici Mara, dit-elle. Je suis avec l'Amiral Wuht.

Quand elle obtint la confirmation qu'il s'agissait bien de la voix de Jaina, Mara retourna le communicateur pour en ajuster le volume.

— Amiral ? Ici Jaina Solo. Le dôme de Narthex dispose d'une unité de communication sol-orbite reliée, par les galeries, à une antenne extérieure installée par les équipes de ma mère. Leia Organa Solo est prisonnière dans le bâtiment administratif, retenue par un Yuuzhan Vong qui se fait appeler Maître de Guerre. Il lui a déclaré qu'il s'apprêtait à détruire les cités orbitales Durosiennes. Toutes, sans exception. Ma mère m'a dit qu'il était urgent de vous prévenir.

Mara observa l'homme à l'œil fuyant. Son autre œil, le valide, s'était considérablement écarquillé.

— Jaina ? demanda Mara. Tu es sûre de ce que tu avances ? C'est extrêmement important.

Mara tendit le communicateur à bout de bras pour que tous les occupants de la pièce puissent entendre la réponse.

— Absolument, dit Jaina. A partir de Duro ils comptent bien s'emparer du Noyau. Si l'Amiral Wuht n'entend pas, précise-lui bien ceci : nous avons découvert la preuve que Cor-Duro Expéditions collaborait avec les Brigades de Paix depuis un bon moment. Apparemment, leur accord est d'envoyer un message d'alerte à l'une des cités pour que celle-ci puisse quitter son orbite. Amiral, si vous souhaitez sauver les Durosiens, repérez la cité en question et faites-y évacuer tous les habitants des autres stations. Faites démarrer les turbines de propulsion, il se peut que vous ne disposiez que de très peu de temps. Nous ne sommes guère nombreux dans ce système et on ne peut pas faire grand-chose pour vous aider. En revanche, on peut vous donner un coup de main pour protéger la fuite de la cité...

Des parasites interrompirent la transmission pendant quelques secondes.

— Jaina ? Répète ta phrase. On n'a pas entendu la fin.

— Maman dit d'attaquer le dôme de Narthex dès que les réfugiés auront évacué. Ce Maître de Guerre est très haut placé dans leur hiérarchie. Il faut le capturer, il faut le tuer...

— Tu peux retourner auprès de Leia ? demanda Mara.

— Je vous prie de m'excuser, Amiral, la suite est un peu personnelle, dit Jaina d'une voix tendue. Elle m'a envoyée balader, Mara. Je suis revenue la chercher mais...

— ... mais elle voulait nous faire parvenir ce message en priorité, dit Mara en posant le regard sur l'homme à l'œil fuyant.

Elle vit son épaule bouger, très légèrement.

— Jacen est...

L'homme dégaina un blaster au-dessus de la table. Mara activa son sabrolaser et dévia le tir. Elle essaya de le lui renvoyer en pleine tête mais le manqua de quelques centimètres. Il tomba de sa chaise.

Mara fit un pas en arrière et se heurta à l'un des gardes de son escorte. Elle vit alors l'Amiral Wuht dégainer son arme et la pointer sur l'homme aux épaules voûtées.

— Vous, monsieur, dit Wuht, vous êtes en état d'arrestation. Gardes, occupez-vous de lui. Je dois m'entretenir avec le Jedi Jade Skywalker.

A la grande satisfaction de Mara, deux Durosiens firent sortir l'homme au regard fuyant de la salle à manger. Les deux autres encadrèrent l'homme aux épaules voûtées.

Mara appuya à nouveau sur la commande de son communicateur.

— Jaina ?

Il n'y eut aucune réponse. La jeune femme avait certainement dû quitter l'unité de communication sol-orbite.

— Vous aviez raison, dit l'Amiral Wuht en joignant ses mains noueuses. Nous avons été trahis. D'une façon ou d'une autre, il est impératif d'annuler le cessez-le-feu sans alerter ceux qui nous ont vendus...

— ... et de faire évacuer vos gens vers cette fameuse cité.

— Il doit s'agir d'Urrdorf. Je suis à court d'effectifs. Combien de Jedi, disposant d'appareils, croisent actuellement dans le système ?

Luke, caché sur l'*Ombre*, aurait bientôt rejoint son Aile-X. Anakin était en patrouille de l'autre côté de la planète. Restait elle-même.

— Nous ne sommes que trois, admit-elle. Mais le Capitaine Solo a caché le *Faucon Millenium* à la surface de Duro et c'est un sacré vaisseau.

Les yeux de l'Amiral Wuht s'animèrent à peine.

— Bon, on pourra toujours essayer de les retarder,

murmura-t-il. Histoire d'évacuer le plus de personnes possible de votre côté et du mien...

La moitié de l'attention d'Anakin était braquée sur les capteurs. L'autre moitié écoutait les fluctuations de la Force. Il savait où se trouvaient sa mère, Jaina, sa tante et son oncle. Le groupe de combat des Yuuzhan Vong avait apparemment perdu tout intérêt pour les vaisseaux isolés qui patrouillaient dans les dernières couches nuageuses de l'atmosphère de Duro. Son travail était de monter la garde au cas où serait lancée une seconde vague d'assaut. Il avait réglé son droïde astromécanicien, baptisé « Cinq », pour surveiller l'espace environnant.

Il avait choisi d'instinct un des premiers modèles de droïde type R7, le plus perfectionné de tous les astromécaniciens. Les R7 avaient la réputation de ne pouvoir travailler qu'avec les chasseurs stellaires Aile-E. Il avait fallu à Anakin deux semaines de bricolage acharné et cinq tentatives mais, à présent, le copilote installé juste derrière son siège était aussi efficace et aussi fiable que le R2 de son oncle. Il était, de plus, entièrement blindé et susceptible d'entreprendre plusieurs tâches à la fois à une vitesse ahurissante. Anakin Solo plaçait toujours la barre très haut.

Son cap actuel lui permettait de conserver Orr-Om dans son champ visuel. La créature monstrueuse qui était lovée autour de la station ressemblait à une limace spatiale, recouverte d'une carapace lui permettant de survivre dans le vide absolu et dotée d'une gueule de près de quatre-vingts mètres de large. Un escadron de coraux skippers volait autour d'Orr-Om, accompagnant la cité hors de son orbite. Anakin comprit qu'il ne pouvait plus faire grand-chose pour quiconque serait encore présent à bord de cet habitat artificiel. Mais il pouvait toujours tenter de dégommer la créature, l'empêchant ainsi de s'attaquer à Bburru, à Rrudobar ou à toute autre cité orbitale.

Sur la fréquence militaire, il entendit vaguement les transmissions entre un officier en poste à bord du *Poésie*, croisant de l'autre côté de la planète, et une patrouille d'Ailes-E. Ils avaient l'air au moins aussi irrités que lui par la décision de cessez-le-feu de l'Amiral Wuht.

Mais ils n'étaient pas des Jedi. Ils devaient suivre les ordres. Lui aussi, a priori. Mais lui au moins était toujours sur place, ce qui n'était pas leur cas. Il avait la Force avec lui. Et sept torpilles à protons. S'il parvenait à neutraliser les Basals Dovin des skips, peut-être arriverait-il à tirer sur le monstre.

Sur son écran, il repéra l'épave défoncée du cargo bourré de réfugiés plongeant dans l'atmosphère. Cela lui donna une idée.

Avec précaution, il poussa sur la commande des gaz.

— Cinq ? Tu peux me faire une analyse de l'intégrité structurelle de ce cargo ?

Etudiant le schéma technique qui venait de se matérialiser sur son moniteur, Anakin vit que les brèches de la coque s'étaient agrandies pour ne plus former qu'une seule et longue déchirure dans ses flancs. Une déchirure juste assez grande pour permettre à un petit appareil de se glisser à l'intérieur de la carlingue.

— Tu détectes encore des formes de vie à bord ?

Cinq hésita moins d'une seconde.

— NEGATIF.

Les mains d'Anakin se crispèrent sur les commandes. La nouvelle était plutôt pénible à avaler. Mais il disposait à présent d'une énorme carcasse. Il pourrait mettre son plan à exécution sans risquer de blesser ou de tuer un éventuel survivant.

— Comment se porte le réacteur principal ? Est-ce que la fusion s'est déjà produite ?

— NEGATIF. REACTEUR EN ETAT.

De mieux en mieux ! Utilisant son scanner, son instinct et la chance légendaire des Solo, Anakin referma ses ailerons d'attaque et manœuvra en douceur pour pénétrer dans la gigantesque soute du cargo par la brèche béante. Quelque chose avait dû exploser à l'intérieur. La déflagration avait détruit les différents ponts et les cloisons.

— Cinq ? Calcule-moi une trajectoire orbitale d'accélération. Je vais appuyer le nez du chasseur contre la paroi interne de la soute pour essayer de diriger cette chose.

Son droïde lui répondit sur le moniteur par une ligne de points d'interrogation.

— Je veux profiter de la gravitation de Duro pour accélérer et catapulter ce truc vers Orr-Om.

D'autres points d'interrogation s'affichèrent.

— Fais ce que je dis, ordonna Anakin.

Il arrivait au R7 d'être incroyablement têtu, par moments.

Il fallut à Anakin plus de temps que prévu pour calculer son cap, puis pour manœuvrer dans la couche de gaz de l'atmosphère et tirer parti de la moindre poussée d'accélération que Cinq arrivait à arracher aux propulseurs de l'Aile-X. Il programma son compensateur d'inertie à quatre-vingt-quinze pour cent, afin de mieux percevoir les mouvements de son inhabituelle coque extérieure.

Le chrono de sa planche de bord commença à égrener les secondes. La coque du cargo avait acquis suffisamment d'inertie.

— Bon, dit-il. A mon signal, tu décélères.

Le chrono afficha enfin zéro.

— Maintenant ! cria-t-il.

Anakin laissa la Force guider ses moindres gestes. Ses mains coururent sur les commandes et ses pieds dansèrent sur les gouvernails. L'arrière de l'Aile-X, plus volumineux, produisit à la sortie un choc sourd en heurtant le rebord de la brèche ouverte dans le flanc du cargo.

Visiblement, l'appareil n'avait pas accumulé assez de vitesse pour pouvoir éperonner Orr-Om. Mais Anakin avait prévu le coup. Il arma l'une de ses précieuses torpilles, visa avec détermination l'emplacement du réacteur de l'engin et pressa la gâchette qui se trouvait sous sa main droite.

La torpille décrivit un élégant arc de cercle. Anakin attendit le moment opportun pour activer ses boucliers. Faisant directement face à l'infernale explosion qui suivit, la verrière de son cockpit devint complètement opaque. Il appela de nouveau la Force à lui. Ses mains se crispèrent sur le manche. Il vola de droite à gauche pour éviter les débris, accéléra et partit en chasse, déterminé à anéantir l'escorte de coraux skippers qui accompagnait la station orbitale vouée à la destruction.

Il accéléra encore et chargea directement ses ennemis. Guidé par la Force, il décocha une nouvelle torpille dès que son collimateur visuel lui eut confirmé la présence d'une cible. Il détruisit un skip, puis un deuxième. Les débris du cargo, chauffés à blanc, avaient endommagé leurs Basals Dovin. Ils explosèrent en produisant des millions d'éclats coralliens incandescents. Il descendit un troisième appareil à coup de laser. Puis un quatrième au moyen d'une torpille. Le temps devint incertain. Les actions s'enchaînèrent trop vite pour être suivies à l'œil nu.

Un trou noir, cerné de dents acérées, un puits suffisamment grand pour qu'un escadron entier d'Ailes-X puisse s'y engouffrer, s'ouvrit juste devant lui. Anakin largua une nouvelle torpille à protons puis exécuta un virage serré sur l'aile. Il poussa sa commande des gaz à fond et plongea vers Duro. Deux des coraux skippers qui avaient survécu à l'attaque surprise se lancèrent à ses trousses.

Sur son moniteur de surveillance arrière, il assista à une nouvelle explosion. La tête du monstre disparut. Le reste de son corps s'affaissa et se décrocha des structures d'Orr-Om.

Maintenant, il ne restait plus à Anakin qu'à régler leur compte à deux coraux skippers. Une broutille.

26

De sa cachette, Jacen entendit une étrange mélopée hypnotique. La mélodie était teintée de mort et de désespoir. Plusieurs paires de jambes, parées d'armures noires, défilèrent au pas devant lui. Il sentit sa joue tressaillir.

Il pensa un instant agir à la manière de Kyp Durron : jaillir de son placard, sabrolaser au poing, et éliminer tous ceux qui se dressaient sur sa route. Mais il rejeta totalement l'idée. Il songea alors à se comporter comme le ferait son oncle, ne se servant de son sabre que lorsque c'était nécessaire, épargnant la vie de ses adversaires quand il en avait la possibilité. Puis il pensa à Anakin, si puissant dans l'art d'utiliser la Force, si peu effrayé à l'idée de la mettre à profit mais manquant encore de maturité pour bien apprécier les différentes facettes de chaque situation. Et Jaina. Enfin. Championne de son escadron, gravissant les toutes premières marches de son ascension vers la gloire.

Mais moi, quelle est ma place ?

A nouveau, il eut la sensation écrasante que les flux de la Force étaient sur le point d'être perturbés. Quelque chose allait prendre fin. Quelque chose allait débuter. Il pourrait demeurer accroupi dans son placard jusqu'à ce qu'on le découvre. Ou bien il pourrait décider de replonger totalement dans les voies de la Force.

Mais que voulez-vous que je fasse ? implora-t-il.

Il revit la galaxie glisser vers les ténèbres. Cette fois, il comprit que rester immobile en son centre ne changerait en rien son équilibre. Que cela ne sauverait la vie de personne, à commencer par la sienne.

Que se serait-il passé si, dans sa vision, il avait réussi à rattraper le sabrolaser lancé par Luke ? On aurait attendu de sa part qu'il passe à l'action, n'est-ce pas ? Passer à l'action était de son ressort. A sa manière. Sans faire appel à la Force. A moins qu'il ne cède complètement devant quelque chose de bien trop important pour qu'il puisse en comprendre le sens. Comme le lui avait fait remarquer son oncle Luke, il n'existait pas de juste milieu.

Il décrocha son sabrolaser de sa ceinture. Il repensa au temps où il était capable de battre Anakin en duel, à cette vieille sensation si familière de laisser la Force affluer en lui, au point de pouvoir anticiper les actions de ces Yuuzhan Vong dont la présence psychique était pourtant impossible à détecter. La tentation de faire machine arrière était si grande. Mais non. Il ne reviendrait pas sur sa décision. Il progresserait sur sa propre voie.

Des pas lourds se rapprochèrent. Leia s'écarta de la porte.

— C'est la fin, gémit Randa. Comme la nuit succède au jour, comme la putréfaction succède à la mort...

— Tais-toi ! s'exclama-t-elle d'un ton sec.

Un guerrier en armure noire se découpa dans l'encadrement de la porte. Il tenait un Bâton Amphi à tête de serpent le long de son corps. Il fit un geste vers l'extérieur de la salle et prononça des paroles inintelligibles.

Peut-être les Yuuzhan Vong ne disposaient-ils pas de vers traducteurs en quantité suffisante. Mais cela ne surprenait pas la Princesse. Elle ne s'attendait pas vraiment à engager la moindre conversation.

Un autre garde fit son apparition sur le pas de la porte, tenant la créature à pinces qui servait de menottes.

— Ce ne sera pas nécessaire, dit Leia. Vous n'aurez pas besoin de ça, je n'ai l'intention d'aller nulle part.

Elle frissonna quand les puissantes pinces de l'animal se refermèrent autour de ses poignets. Le garde se tourna vers Randa en brandissant une boule d'une substance gluante vert et jaune. Il l'appliqua sur les petites mains du Hutt, qu'il colla ensuite de force le long de ses flancs.

Il poussa alors un ordre guttural. Randa essaya de remuer les doigts. Ses mains ne décollèrent pas de l'endroit où le garde avait appuyé.

— *Guvvuk !* ordonna le soldat en poussant Leia par l'épaule.

Elle obéit. Sans se presser. Il lui fit traverser le palier circulaire, jusque vers son bureau, en lui donnant régulièrement de petits coups dans le dos de son Bâton Amphi. D'autres gardes suivirent le mouvement.

Le Maître de Guerre était debout devant la fenêtre et regardait en direction du bâtiment alloué aux recherches scientifiques. A côté de lui se tenait Nom Anor, vêtu d'une tunique enfilée par-dessus son armure.

De l'autre côté du chef Yuuzhan Vong, une petite femme au visage ridé attendait. Elle portait un long manteau tombant sur ses pieds, agrémenté d'une capuche accrochée sur l'arrière de son crâne. Deux assistantes dégingandées se tenaient debout de part et d'autre de la vieille femme. Elles serraient des crustacés aux longues pattes contre leurs poitrines dénudées. Des tatouages, évoquant des explosions teintées de rouge et d'orange, irradiaient du centre de leur thorax et remontaient vers leur cou. Une troisième assistante portait un énorme tambour à double pavillon contre sa tunique. Leia observa l'instrument. Deux protubérances s'ouvrirent momentanément sur son sommet et révélèrent deux grands yeux verts.

Les geôliers de Leia s'arrêtèrent à la porte. Ignorant Randa, la Princesse pénétra résolument dans la pièce.

— Bonjour ! lança-t-elle.

Le Maître de Guerre se tourna légèrement, révélant la moitié de son visage défiguré. Leia crut reconnaître un sourire sur ses lèvres scarifiées.

— Approchez, lui dit-il.

Elle marcha jusqu'à la fenêtre. Entre le bâtiment des recherches et les dépôts de matériel de construction, le puits avait été considérablement agrandi. Tout au fond s'entassaient des enchevêtrements de machines et de droïdes de construction.

— Les présages signalent que nous avons les faveurs

des Dieux, ce matin, dit le Maître de Guerre en hochant la tête à l'attention de la prêtresse en manteau noir. C'est une bonne journée pour les sacrifices.

Leia serra les doigts autour de la rambarde de la fenêtre.

— Attendez ! Vous vous trouvez dans le confinement d'un dôme fermé. Si vous allumez des feux, ils vont consumer tout l'oxygène. Vous devez...

— Vos suppositions sont inexactes. Les créatures qui recyclent l'air à bord de nos vaisseaux sont tout à fait susceptibles de le purifier à l'intérieur de cette construction monstrueuse. En cas d'augmentation de gaz irrespirables, elles se contentent de se multiplier plus rapidement. Encore une fois, vous pouvez constater que la technologie n'est rien comparée à la vie elle-même.

— C'est vrai, dit-elle fermement. La vie est... vitale. Les créatures vivantes sont complexes, sans égal et douées d'intelligence. C'est pourquoi vous ne devez pas...

— Toutes les créatures vivantes sont au service des Yuuzhan Vong. Et nous-mêmes, nous servons les Dieux, ajouta-t-il en hochant de nouveau la tête vers la vieille prêtresse.

Celle-ci lui rendit son salut. Elle inclina la tête et conserva ses mains croisées devant elle sous les longues manches de son manteau.

Le Maître de Guerre se tourna à nouveau vers la fenêtre.

— Regardez, dit-il. Vous devez commencer à comprendre que la destinée se referme sur vous tous, étoile après étoile, respiration après respiration.

En contrebas, d'autres guerriers étaient en train de s'approcher des bords du puits, traînant derrière eux une charrette. L'inestimable laser de forage de Leia, déjà en fort mauvais état, reposait sur le plateau. Les guerriers amenèrent le chariot en position, en soulevèrent l'extrémité et firent tomber le laser dans l'excavation.

C'est alors qu'apparut une autre prêtresse. Elle conduisait une procession accompagnant une autre charrette. Quelque chose ressemblant à un énorme réservoir y avait été installé. Le deuxième plateau bascula et une créature d'aspect bulbeux, dotée de six jambes courtaudes, glissa le long des parois du puits. Leia avait déjà eu l'occasion de voir ces animaux cracheurs de feu auparavant. Des spécimens plus gros avaient été débarqués sur Gyndine.

La créature – un jeune, visiblement – rejoignit en rampant le fond du puits et exhala un flot de liquide gélatineux qui prit feu aussitôt. Leia regarda vers le haut et vit le synthéplast des parois internes du dôme se mettre à scintiller de points rouges et blancs. Quand la fumée lécha enfin la matière synthétique, les points blancs virèrent lentement au rouge.

— Votre biotechnologie est merveilleuse, dit-elle d'un ton terne.

— Ne traitez pas nos servants de *technologie*, lui intima le Maître de Guerre. Nous, nous servons les Dieux. Les autres créatures vivantes, elles, nous servent. Ce matin, nous allons pouvoir honorer grandement Yun-Yammka. (Il tendit le bras et pointa un index griffu en direction du puits.) Regardez cela.

Un détachement de Yuuzhan Vong encercla un groupe de réfugiés. Celui qui se trouvait au bout de la colonne donna un signal. Chaque guerrier baissa un bras. De la manche de chacun s'écoula une sorte de longue corde noire. A l'unisson, les soldats se baissèrent et ramassèrent leurs cordes. Celles-ci se raidirent et se transformèrent en Bâtons Amphi. Ainsi armés, les guerriers firent avancer les réfugiés vers le brasier du puits.

— Non ! (Aussi désespérée qu'elle l'avait été lorsque l'Etoile Noire s'était postée sur orbite autour d'Alderaan, elle se tourna vers le Maître de Guerre.) Non, vous ne pouvez pas faire ça, ce n'est pas juste !

— Ceci, répondit-il, va systématiquement se produire sur tous les mondes. Les plus valeureux ont été séparés du groupe pendant que vous dormiez, Leia Organa Solo. La plupart ont accepté de nous servir. Dans les autres installations de cette planète, ils nous serviront *tous* !

Leia regarda la première ligne de réfugiés basculer au bord du puits. Les malheureux tentèrent de s'accrocher à tout ce qu'ils pouvaient toucher, aux rochers, à la terre, aux autres victimes... Ecœurée, elle détourna le regard.

Elle ne voulait pas les voir mourir. Mais, dans la Force, elle perçut leur agonie marteler ses entrailles. Elle s'écarta de la fenêtre.

Le Maître de Guerre leva les deux bras, serra les poings et cria quelque chose qu'elle ne comprit pas. Puis il laissa retomber ses mains le long de son corps et se tourna vers Leia.

— Leia Organa Solo, déclara-t-il, vous allez, vous aussi, pouvoir rendre compte de vos actions devant les Dieux.

La prêtresse en robe noire leva les mains. Les assistantes brandirent leurs crustacés aux membres rougeâtres. Les longues pattes des créatures se bloquèrent en extension, reliées au reste de leur corps par des tendons étirés, pareils aux cordes transparentes d'une lyre. La troisième assistante se mit à battre son tambour d'un rythme lent et inexorable. Les deux autres posèrent leurs mains dénuées de griffes sur les tendons des crustacés et se mirent à les pincer. Une musique étrange et atone s'éleva dans la pièce.

La maîtresse de cérémonie baissa les bras. D'une de ses manches coula un Bâton Amphi. De l'autre manche surgit une petite créature serpentine à fourrure écarlate qui vint se lover autour de son poignet. Leia avait déjà vu l'un de ces animaux, serré comme un garrot autour du cou d'Abbela Oldsong. Elle inspira profondément et appela la Force en elle pour conserver son calme.

— Je serais très heureuse de vous servir d'interprète, insista-t-elle. Vous avez besoin d'un traducteur pour tout ce qui dépasse le langage et les mots. Quelqu'un qui puisse comprendre les idiomes. Les vers que vous portez dans l'oreille ne peuvent visiblement pas...

— Silence ! ordonna-t-il. Vous vous méprenez sur mes intentions.

La prêtresse lui adressa un regard courroucé.

Le Maître de Guerre fit un pas vers Leia.

— Mes observateurs m'annoncent que quelqu'un est en train d'essayer de pénétrer dans cette chose construite. Quelqu'un de votre espèce. Un *Jeedai*.

Jaina ? songea Leia, soudain terrifiée. *Jacen ? Dégagez d'ici, foutez le camp, regagnez le Faucon !*

A moins que ce ne soit Luke ?

Le Maître de Guerre adressa un bref signe de tête à la prêtresse.

— Nous avons vu comment les gens de votre espèce se précipitent pour porter secours aux blessés. Comme des mouches sur une carcasse. En espérant ainsi alimenter leurs rêves d'immortalité, en se sauvant les uns les autres. Vous allez avoir l'honneur d'offrir votre souffrance aux Dieux. Vos cris devraient attirer l'intrus et le faire venir jusqu'à moi.

— Arrêtez ! s'exclama-t-elle en reculant, refusant de comprendre. Réfléchissez un peu. Si vous me tuez, je ne pourrai plus vous être de la moindre utilité.

Le Maître de Guerre se tenait juste à mi-chemin entre elle et la fenêtre mais Leia avait tout de même une chance de lui passer sous le nez. Et de sauter. La Force lui permettrait certainement d'atterrir en douceur. Elle pourrait alors détourner leur attention et les attirer loin de celui ou celle qui s'était introduit dans le bâtiment. *C'est un piège, Jaina !* Elle projeta cette pensée sur toutes les ondes de la Force. *Dégage !*

Le Maître de Guerre s'écarta de la fenêtre. C'est alors qu'une chose massive et brune s'abattit sur lui. La puissante queue de Randa, que les gardes avaient oublié d'entraver, fit voler les Bâtons Amphi des mains de deux des soldats et fouetta à nouveau le Maître de Guerre.

— Fuyez, Ambassadeur ! tonna le Hutt. Mes vœux s'exaucent enfin !

La vieille prêtresse s'empara de la créature rouge attachée à son poignet et se mit à la faire tournoyer au-dessus de sa tête. Leia se jeta sur Nom Anor, tentant, du bout des doigts, de décrocher son sabrolaser, qu'il portait toujours à la ceinture. Sans son arme, elle n'irait pas très loin.

La prêtresse lâcha sa créature. En plein vol, l'animal se détendit au point d'atteindre deux fois sa propre longueur. Il s'aplatit sur le cou du Hutt et s'y enroula comme la lanière d'un fouet. Randa fouetta l'air de sa queue en direction des gardes du Maître de Guerre. Ceux-ci s'écartèrent prestement de sa trajectoire.

Leia poussa Nom Anor contre le mur, luttant pour décrocher son sabrolaser avec ses mains toujours entravées par les crustacés. Les griffes de l'Exécuteur labourèrent son bras. Elle parvint à appuyer sur la commande d'activation de l'arme et la lame couleur de rubis se mit à scintiller. Elle manqua de peu le pied du Yuuzhan Vong et perça un trou fumant dans le sol de durabéton. De puissantes mains tirèrent Leia en arrière, perçant ses bras de leur griffes aiguisées comme des lames de couteau. Les gardes du Maître de Guerre la séparèrent du pseudo-scientifique.

Au milieu du bureau, Randa se cabra et frissonna, tentant de se débarrasser de son garrot au moyen des muscles de son cou.

— Leia, dit-il en suffoquant. Vous ai trahie... c'est... dans ma nature... je suis... désolé...

Sur ordre de la prêtresse, la musicienne au tambour se mit à battre un crescendo. La créature écarlate enroulée autour du cou de Randa resserra son emprise. Les yeux du Hutt se révulsèrent.

Leia luttait vainement contre les gardes qui la maintenaient. Ceux qui se trouvaient près de Randa portaient à présent des armures défoncées ou éraflées.

Le Maître de Guerre fit le tour de la grande table et donna un coup de pied dans la queue inanimée du Hutt.

— Emmenez-le aux cuisines, ordonna-t-il à ses soldats.

Quatre guerriers emportèrent alors l'imposante dépouille de Randa. Si celui-ci avait été plus âgé et plus gros, ils n'auraient probablement pas pu le bouger, mais la capacité physique de ces extraterrestres était ahurissante.

Nom Anor éteignit le sabrolaser et se mit à jouer avec la poignée.

— Nous allons étudier cette abomination, dit-il à Leia en brandissant l'arme. Nous allons la mettre en pièces et trouver un moyen d'améliorer nos défenses contre elle.

Il raccrocha l'arme à sa ceinture.

Le dernier garde, la prêtresse et les trois musiciennes formèrent un cercle auteur de Leia.

Dégagez, partez, foutez le camp ! pensa-t-elle à l'intention des Yuuzhan Vong, de Jacen, de Jaina... Et de Han, qui normalement devait avoir rejoint le *Faucon* à l'heure qu'il était. *Prévenez les Durosiens, prévenez la flotte. Dégagez d'ici.*

La prêtresse leva à nouveau le bras. Une seconde créature-garrot écarlate vint s'enrouler autour de son poignet. Leia se sentit alors poussée dans le dos et précipitée sur le sol. Quelque chose de lourd et d'acéré s'abattit sur ses jambes au niveau de ses genoux. L'explosion de douleur en fut presque aveuglante. Leia se mordit la langue. Ils la frappèrent encore. Et encore...

Un cri retentit dans la cage d'escalier. Jacen se jeta contre le panneau qui masquait l'emplacement de sa cachette. Deux guerriers extraterrestres se tenaient dans le passage. Le premier était en poste devant la salle d'où avait jailli le cri. L'autre se trouvait à mi-chemin entre Jacen et la porte.

Le jeune homme franchit d'un seul bond les trois marches qui le séparaient du premier soldat. Leur armure pouvait être anéantie, se rappela-t-il soudain. Le point faible se trouvait quelque part sous l'un de leur bras. Malheureusement, au bout de ce bras, un Bâton Amphi, noir comme l'ébène, s'incurva pour former un crochet et aplatit sa section intérieure au point d'évoquer le tranchant d'une lame.

Le Yuuzhan Vong passa à l'attaque, tirant avantage de sa situation élevée sur les marches de l'escalier. Jacen ne pouvait anticiper la stratégie qu'adopterait son adversaire. Il ne pouvait que surveiller les mouvements de ses épaules ou les déplacements subtils de ses pieds. Le premier coup de l'opposant força Jacen à s'accroupir. Il se redressa rapidement, passa devant l'ennemi et souleva la lame de son sabrolaser à hauteur d'épaule. Utilisant son corps comme pivot, il feinta et tenta d'enfoncer la pointe de sa lame dans le point faible de l'armure. Le guerrier esquiva.

Le garde posté à la porte se mit à courir vers l'escalier. De sa bandoulière, il décrocha trois créatures argentées qui se mirent à siffler.

Jacen, dans le mouvement, donna un coup en revers et heurta le menton de son adversaire avec le pommeau de son arme. Le Yuuzhan Vong fit fouetter son Bâton Amphi et le lança vers le cou du jeune homme. Ce dernier fit un pas de côté pour l'éviter et, au passage, dévia de sa lame verte étincelante l'une des créatures volantes que l'autre soldat venait de projeter dans sa direction. Le premier guerrier, l'œil mauvais, pivota sur lui-même et envoya son Bâton vers le ventre de Jacen.

Le jeune homme fit un bond en arrière pour amortir le choc, glissa de côté et administra un violent coup de pied à l'arme de son agresseur. Le guerrier perdit l'équilibre et bascula par-dessus la balustrade. L'espace d'une seconde, Jacen essaya de recouvrer son souffle. Il frappa à nouveau la créature argentée en plein vol, à peine conscient du fait que le deuxième garde s'était éclipsé dans le bureau de Leia.

Un deuxième insecte volant fusa en direction de sa poitrine. Il se rendit compte combien la Force lui manquait. Il sauta en arrière et frappa avec son sabrolaser, se sentant à moitié aveugle. Il parvint quand même à atteindre la créature et l'insecte tomba à terre en vrombissant.

Une autre créature vola alors en direction de sa tête. Il se pencha mais pas suffisamment vite. Il sentit une douleur se propager sur le sommet de son crâne au passage de la bestiole. Celle-ci avait fortement entaillé sa casquette. Jacen releva son sabrolaser pour essayer d'éperonner l'animal. Sans l'aide de la Force, il manquait de vitesse. Il parvint cependant à la frapper d'un revers de sa lame.

Ignorant sa blessure à la tête, il monta les marches de l'escalier quatre à quatre jusqu'au bureau de sa mère. Hors d'haleine, il fit irruption dans la pièce. Leia était étendue sur le sol. Sous ses genoux, et cela jusqu'aux pieds, sa combinaison SELCORE bleue s'assombrissait rapidement sous des flots de sang. La Princesse se redressa péniblement sur ses avant-bras, ouvrit les yeux et fronça les sourcils.

— Pars, murmura-t-elle. Va-t'en.

Jacen, horrifié, vit que trois créatures semblables à des limaces rampaient le long des jambes de sa mère et semblaient se repaître de son sang.

Derrière Leia, il aperçut alors le plus imposant Yuuzhan Vong qu'il lui ait jamais été donné de rencontrer. A ses côtés se tenaient un de ses congénères – une vieille femme –, plus petite et vêtue de noir, trois musiciennes couvertes de tatouages et un guerrier de taille moyenne. Le sabrolaser de Leia était accroché à la ceinture de ce dernier.

— Toi ! s'exclama le Yuuzhan Vong de taille moyenne. Le couard ! Je te croyais prisonnier sur Bburru...

Jacen déglutit. Les Yuuzhan Vong étaient au courant de sa détention chez les Durosiens ? Les gens de Cor-Duro ne s'étaient donc pas contentés de les trahir. Ils collaboraient !

Le jeune homme leva son arme, prêt à frapper. Avec précaution, il fit le tour de sa mère.

— Laissez-la partir, dit-il.

Un Jedi parfaitement entraîné était à même de contrôler le flux du sang dans ses blessures, afin de ne pas se laisser saigner à blanc et de conserver suffisamment d'oxygène pour alimenter ses terminaisons nerveuses et ses muscles. Mais, apparemment, Leia n'y parvenait pas.

Jacen, lui, avait toutes les peines du monde à se tenir debout. La tête lui tourna. La pièce tout entière se mit à tourner à son tour.

— Toujours aussi couard ! exulta le Maître de Guerre. Tu restes là à nous regarder au lieu d'essayer de nous abattre. Tu veux regarder ? Eh bien, regarde. Regarde attentivement...

Le Maître de Guerre se pencha vers la vieille femme vêtue de noir et lui dit quelque chose que Jacen ne parvint pas à comprendre. La femme fronça intensément les sourcils. Elle déroula une sorte de lacet rouge qui était attaché à son poignet et le confia au chef Yuuzhan Vong. Celui-ci laissa pendre la chose entre deux de ses griffes.

— Ambassadeur Organa Solo, redressez-vous, faites bonne figure. Affrontez votre destinée avec courage, offrez-vous en exemple à ce jeune couard.

La femme en tunique noire leva les mains. Ses musiciennes reprirent leur affreuse et lancinante mélopée. La pièce se mit alors à tourner de plus en plus vite. *Tiens bon, Jacen !* entendit le jeune homme.

Il ne pouvait pas affronter les ténèbres ainsi, pas sans l'aide de la lumière, de la Force. Et ces ténèbres devaient être anéanties ! Jacen se concentra et s'ouvrit à cette énergie pure et dévastatrice, une énergie qui dépassait l'entendement, une puissance qu'il était impossible d'utiliser sans se retrouver transformé à jamais. Il resserra sa prise sur sa lame étincelante et chargea.

27

Mara remonta en courant la coursive surpeuplée qui menait aux docks de Port Duggan. Wuht avait ordonné aux Forces Durosiennes de décoller immédiatement. Apparemment, les choses avaient empiré à la surface de la planète. La Force s'était mise à vibrer et Mara avait perçu la douleur de Leia, sentant elle-même comme des coups de Gaffi lui broyer les genoux et les chevilles.

A l'extrémité de la passerelle, un groupe appartenant à Cor-Duro barrait le passage. Mara envisagea un instant de produire son blaster, mais elle décida de décrocher son sabrolaser et de le glisser dans sa manche droite. Un habile mouvement de poignet ferait tomber l'arme dans sa main au moment opportun.

— Pardonnez-moi, dit-elle en se frayant un passage au milieu du groupe de gardes.

— Hé, dites donc ! dit l'humain le plus proche, un individu aux yeux plissés. Ce dock est fermé. Accès interdit.

— Mon vaisseau est amarré ici, répondit-elle. Et j'ai l'intention de m'en aller. (Cette fois, elle accompagna sa phrase d'un soupçon de commandement subliminal.) Laissez-moi passer.

— Tous les appareils amarrés à ce dock ont été réquisitionnés par les Défenses de Duro, déclara fermement un Durosien. Désolé, mais il va falloir que vous trouviez un autre moyen de transport...

— Un autre moyen de transport ? répéta Mara d'une voix terne. Je parie que vous n'avez pas encore réussi à ouvrir l'écoutille du mien, c'est cela ?

— Oh, dit le Durosien. A l'emplacement F-16 ? Nous

venons juste d'apprendre qu'un chasseur stellaire de type Aile-X venait de décoller de votre soute...

— Effectivement, dit Mara. Et le verrou du sas est plutôt complexe. Pour de bonnes raisons, d'ailleurs. J'ai un statut diplomatique, mais je suppose que vous voulez voir les documents qui vous en fourniront la preuve. Je me trompe ?

C'était une vieille ruse et elle ne s'attendait guère à ce que le subterfuge fonctionne. Le Durosien tendit une main noueuse.

— Ils sont à bord, dit Mara. Venez avec moi.

Il l'accompagna à la passerelle. Malheureusement, il avait fait signe à ses sbires de le suivre. Mara fronça les sourcils. Le temps lui manquait pour des adieux cordiaux.

Elle pressa les boutons de commande d'ouverture du sas en une combinaison rapide puis appuya sur le bouton central. La manipulation n'était qu'une mascarade. Luke avait fait installer un second mécanisme de verrouillage sous le panneau de métal, complètement inaccessible à toute personne autre qu'un Jedi. Mentalement, elle activa le levier et le panneau de l'écoutille s'ouvrit.

— On ne bouge plus ! dit alors une voix juste derrière elle.

Préparée à une telle éventualité, Mara fit un demi-tour sur sa gauche. Dans le même mouvement, elle plia légèrement les genoux et laissa tomber son sabrolaser dans sa main droite. En une fraction de seconde, elle serait à même de l'activer.

— Ne me forcez pas...

Un Durosien en uniforme était debout à côté de l'humain le plus proche et pointait un blaster sur elle. La jambe gauche de Mara se raidit. Elle bondit et déséquilibra l'humain. La lame bleue jaillit de son pommeau et décrivit un arc de cercle. Le Durosien fit feu. Mara dévia le tir, fit un bond en arrière dans le sas de l'*Ombre* et referma l'écoutille.

Des chocs sonores retentirent à l'extérieur. Elle s'écroula dans son fauteuil de pilote, attacha son harnais et appuya sur la commande de décrochement des câbles d'amarrage.

Comme elle s'y attendait, ceux-ci refusèrent d'obéir.

— Si vous tenez vraiment à ce qu'on en vienne là... murmura-t-elle. (Elle alluma ses répulseurs et pressa le bouton de son émetteur.) Capitainerie ? dit-elle sèchement. Ici l'*Ombre de Jade*, au dock F-16. Si vous ne voulez pas que je réduise votre passerelle en pièces, vous auriez intérêt à larguer ces amarres.

Quelqu'un balbutia quelque chose. Sur sa console, les voyants lumineux de ses propulseurs passèrent au vert. Gardant une main sur le levier de freinage, elle appuya par deux fois sur sa commande d'accélération en guise d'avertissement.

Puis elle lâcha les freins et enclencha la poussée pour sortir des docks, traînant derrière elle les amarres et une bonne section de la paroi extérieure de la station. Le panneau de métal vint heurter sa coque par bâbord. Elle frissonnait à chaque craquement et crissement qu'il produisait en rebondissant. Ses capteurs extérieurs lui confirmèrent que les trois amarres qu'elle traînait étaient solidement accrochées à son appareil par des verrous électromagnétiques. Pour l'heure, elle ne pouvait pas faire grand-chose à leur sujet.

Une Aile-X traversa le ciel, juste devant elle, comme une fléchette étincelante.

— Anakin ! s'exclama-t-elle. Je te rejoins. J'ai des débris indésirables qui pendent sur bâbord...

— Je les vois, répondit la voix de son neveu. Allume tes déflecteurs et je...

— Mes déflecteurs sont déjà allumés. (Elle programma une trajectoire pour s'écarter de Bburru et filer vers l'espace profond.) Je les règle pour un périmètre de protection réduit. Si tu cabosses mon vaisseau, je te transforme en chair à Bantha !

Une décharge de laser frôla son flanc bâbord. Mara vérifia ses scanners et, du coin de l'œil, vit le chasseur d'Anakin passer au ras de la coque de l'*Ombre*.

— Bien essayé, dit-elle. Mais ils sont toujours là.

Impossible de combattre les coraux skippers ou de sauter dans l'hyperespace avec tout ce bazar en remorque.

Elle entendit alors une autre voix retentir dans le communicateur. Une voix bienvenue, une présence bien tangible dans la Force.

— Garde ton cap, Mara, je m'en occupe.

Elle serra les mains sur son manche et sur la commande des gaz. De derrière elle jaillit une colonne de violente lumière. Le rayon passa si près que les boucliers antiradiation de la verrière du cockpit entrèrent en action et assombrirent instantanément les hublots. Un chasseur de type XJ, aux ailerons déployés en position de combat, suivit bientôt la course de la décharge lumineuse.

— Il était temps que tu arrives, Skywalker, murmura-t-elle. Merci.

Jacen se laissa glisser plus profondément dans la Force, s'y abandonnant totalement. Le bâtiment semblait toujours tourbillonner et vaciller, mais ses sens en alerte laissaient affluer en lui une impression de gratitude et de retour dans le droit chemin. Certes, il n'était qu'une poussière. Mais même les petites gens se devaient d'y mettre un peu du leur car la Force, en dépit de sa magnificence, ne pouvait pas grand-chose pour eux sans un minimum de volonté de leur part. Pour Jacen, il devenait impératif de sombrer dans ce tourbillon, de servir cette lumière, de transmettre la grandeur de la Force.

Attends ! entendit-il à nouveau.

Ignorant la blessure qui lui brûlait le cuir chevelu, Jacen asséna un coup en direction du bras du Maître de Guerre, sur le point de lâcher la créature-garrot sur le cou de Leia. Le grand Yuuzhan Vong fit un mouvement de recul et laissa tomber l'animal. Celui-ci se tordit et se recroquevilla sur le sol rugueux.

Le Maître de Guerre produisit alors un bâton court à tête de serpent et le maintint contre son avant-bras.

— *Do-ro'ik Vong pratte !* cria-t-il.

Il fit le tour de Jacen par la gauche, donnant l'impression d'évaluer son adversaire.

L'armure de ce guerrier paraissait différente des autres. Les plaques écaillées semblaient lui pousser directement à même le corps, ce qui empêchait d'en percevoir le point faible. Jacen ne parvenait toujours pas à discerner son opposant dans la Force, mais il sentit les fluctuations de l'anticipation couler en lui. Il serait à même de déterminer, une fraction de seconde avant que les événements se produisent, où, quand et comment le puissant extraterrestre l'attaquerait.

Le jeune homme savait également que les Bâtons Amphi pouvaient cracher du venin. Il fit un pas en arrière pour se trouver hors de portée.

— Couard, gronda le Maître de Guerre. Tu n'as aucune valeur.

Jacen perçut la présence de sa mère qui faiblissait. Il ravala ses inquiétudes et employa un ton léger, presque moqueur, pour répondre :

— Je ne suis pas complètement idiot, c'est tout.

Sentant une perturbation étrange dans la Force, il leva son sabrolaser pour parer. Au même instant, le court bâton noir ouvrit une large gueule, révélant quatre crocs blancs sur fond de membrane cotonneuse. Un jet de venin jaillit dans sa direction. Le poison crépita et s'évapora au contact de la lame verte et éclatante de son sabre.

Peut-être faudrait-il quelques secondes à l'animal avant de pouvoir cracher son venin à nouveau. Jacen passa à l'attaque, centrant d'abord sa lame avant de l'abattre d'un large mouvement vers le bas.

Le Maître de Guerre dévia le coup de son bâton, poussant son arme devant son corps pour la faire tourner par à-coups. Jacen fit un bond en arrière. Du coin de l'œil, il aperçut la prêtresse et les musiciennes qui se rapprochaient du mur. Le Yuuzhan Vong de taille moyenne avait disparu, emportant avec lui le sabrolaser de Leia. Un des gardes de la porte se dirigeait vers lui en brandissant quelque chose qui déploya immédiatement de très longues pinces.

De la gelée d'entrave ? se demanda alors Jacen. *Des griffes de combat rétractiles ?*

— Vous avez besoin de vous mettre à combien pour

essayer de tuer quelqu'un que vous qualifiez de couard, hein ? lança-t-il sur un air de défi.

— Tu es inférieur à moi, dit le Maître de Guerre. Tu n'es pas assez valeureux pour mourir de mes propres mains.

Maintenant, dit une voix dans l'esprit de Jacen. *Abandonne-toi et tiens bon !*

Regardant le Maître de Guerre droit dans les yeux. Jacen se laissa couler dans les profondeurs magnifiques de la Force. La galaxie tournoya autour de lui et bascula un peu plus. Soudain, au bord même de la galaxie, la prêtresse en tunique noire leva les deux mains. Jacen enjamba Leia et leva ses mains à son tour. La puissance s'écoula à travers lui, en lui, autour de lui.

L'un des candélabres décoratifs se décrocha brusquement du mur et vint se planter dans l'un des crabes lyres. L'animal produisit un son de corde cassée. Une chaise se mit à glisser et dépassa le Maître de Guerre. Celui-ci n'y prêta pas attention, mais le siège heurta le garde de la porte de plein fouet et le fit tomber à la renverse.

Dans un autre coin de la pièce, le mobilier se mit à flotter dans les airs. Le cuiseur à rayonnements de Leia s'éleva doucement, demeura un moment en suspension, puis rejoignit la valse du tourbillon d'objets qui s'était formé autour de Jacen et de sa mère.

Finalement, l'imposant bureau de Leia commença à glisser. Vite. De plus en plus vite. Il heurta le Maître de Guerre stupéfait et le fit tomber près de la fenêtre qui s'ouvrait dans le mur nord. Jacen vit une autre musicienne s'écrouler, frappée à son tour par le même chandelier, arraché au mur, qui avait transpercé l'instrument de sa congénère.

Près de la porte, quelqu'un poussa un cri.

— Jacen !

Le Maître de Guerre venait de se relever. Il bondit en direction du jeune homme.

Jacen sentit alors la Force se concentrer à nouveau autour de la table massive. Il entendit un craquement satisfaisant indiquant que des plaques d'armure avaient été broyées. Le Maître de Guerre fut précipité par la fenêtre. La prêtresse et ses musiciennes étaient étendues sur le sol de durabéton, visiblement inconscientes.

Jacen ramassa avec précaution la créature-garrot aux anneaux écarlates. Jaina fit irruption par la porte, sabrolaser au poing. Stupéfaite, elle vit les différents objets de la pièce tomber çà et là sur le sol. Jacen enroula le serpent à fourrure rouge autour des jambes de Leia, juste au-dessus des genoux. L'animal demeura inerte. Animé d'une inspiration soudaine, le jeune homme s'empara du tambour abandonné par l'une des musiciennes et le frappa de façon continue. La créature resserra ses anneaux, bloquant ainsi l'hémorragie.

— Wow, murmura Jaina. Je suppose que tu as décidé d'utiliser la Force à nouveau...

Jacen glissa un bras sous les épaules de sa mère et un autre sous ses jambes ensanglantées, se demandant si le garrot était une bonne idée, après tout. Si la circulation restait coupée pendant trop longtemps, Leia risquerait de perdre définitivement ses jambes blessées.

— Tu dois t'occuper de nous ouvrir le passage, dit-il à Jaina. Si je me sers de la Force pour contrôler sa pression artérielle, je n'arrive pas à me concentrer suffisamment pour voir où nous mettons les pieds.

— Et tu saignes, toi aussi...

— Ce n'est pas grave, insista-t-il. Enfin, pas aussi grave que... ça.

— Suis-moi, dit Jaina en levant son sabrolaser.

Elle alla jusqu'au pallier, s'arrêta un bref moment, enjamba la rampe et sauta. Jacen sauta à sa suite et ralentit sa chute du mieux qu'il put pour ne pas faire de mal à Leia. *Dépêche-toi*, se dit-il. *Dépêche-toi*. Dans son esprit, il revit le regard égaré de son frère et la douleur de son père à la suite du décès de Chewbacca. A nouveau, il se laissa couler encore plus profondément dans les ondes de la Force.

Tsavong Lah se remit péniblement debout puis trébucha à nouveau. En plus des plaques d'armure défoncées le long de ses flancs, il s'aperçut que son pied gauche ne pouvait plus soutenir son poids.

Trois guerriers, en faction à l'extérieur de la construction, accoururent vers lui. Deux d'entre eux détournèrent le regard, terrifiés à l'idée d'assister à l'humiliation de leur supérieur. Le troisième releva la tête et regarda la fenêtre puis pinça les lèvres.

— On vous a attaqué. Maître de Guerre ? Nous allons vous venger. Prenez ma vie en offrande, en témoignage de notre dévouement.

L'offre était on ne peut plus appropriée. Tsavong hocha la tête puis fit tournoyer son bâton. Le guerrier tomba à genoux et inclina la tête. Le Maître de Guerre abattit son arme avec fureur.

Le soldat s'écroula. Mort.

— Gloire à toi, guerrier.

Tsavong essuya un peu de bave qui coulait à la commissure de ses lèvres tuméfiées. Il fit alors signe aux deux autres d'aller jeter le cadavre du soldat dans le brasier.

Quatre autres guerriers arrivèrent et aidèrent Tsavong Lah à se tenir debout. Une douleur effroyable lui vrilla le pied et se propagea dans tout son corps.

— Faites avancer Tu-Scart et Sgauru, ordonna-t-il, et abattez-moi cette chose construite. (Il se tourna vers un autre de ses subordonnés.) Il y a un puits profond sous cette bâtisse. Pompez-en l'eau et inondez tous les tunnels.

Nom Anor rejoignit précipitamment Tsavong Lah.

— Ils ne nous échapperont pas, assura-t-il au Maître de Guerre.

Ce dernier posa les yeux sur l'Exécuteur, qui avait eu l'audace de fuir pendant le combat.

— J'espère que Yun-Harla t'est favorable, aujourd'hui... dit-il entre ses dents serrées. Ta...

— Il a bien fallu que je quitte la pièce ! l'interrompit Nom Anor avant que le Maître de Guerre ne l'accuse de lâcheté et de trahison. Les gardiens venaient de signaler l'approche d'un autre Jedi.

Deux formes massives avancèrent dans la rue,

conduites par des guerriers armés de très longs Bâtons Amphi. Tsavong repoussa Nom Anor d'un geste de la main. Tu-Scart, le serpent, enroula ses anneaux autour du bâtiment. Sgauru, l'insectoïde, s'accrocha au dos de son partenaire, se cabra et abattit son énorme tête contre le mur sans fenêtre du premier niveau.

Les blocs de durabéton se brisèrent comme des brindilles de pveiz et volèrent en éclats. Les puissantes mâchoires de Sgauru se refermèrent sur une cascade de gravats et l'animal les avala goulûment. Puis il s'attaqua à une autre partie du mur.

Han se jeta dans son siège de pilote à bord du *Faucon*.

— Viens ici, Bouton d'Or ! cria-t-il. Allez, dépêche-toi !

— Mais, monsieur... s'exclama le droïde en regagnant le cockpit.

— Assis ! ordonna Han. Sinon, je te jette par-dessus bord !

Han bascula une série de leviers commandant la mise en route. Pour une fois, sa vieille casserole de vaisseau n'émit aucun gémissement et accepta de démarrer dans l'instant.

— Attache ta ceinture, marmonna-t-il. Je ne pense pas qu'on va faire une promenade de santé.

Pourquoi avait-il demandé à Droma de prendre les commandes du vaisseau de réfugiés ? C-3PO était le pire copilote qu'on puisse imaginer.

Il enclencha les répulseurs. Le cargo s'éleva de quelques centimètres dans les airs.

— Mais enfin, monsieur, que souhaitez-vous que je fasse ? l'implora C-3PO.

— Occupe-toi des communications.

Jaina avait transmis une série de coordonnées depuis la sortie du tunnel la plus proche. Quand elle émettrait à nouveau, il faudrait se mettre en route pour de bon.

Jacen essaya de ne pas trop bousculer sa mère. Il sauta par-dessus le corps d'un autre guerrier. Le monde physique semblait de plus en plus plongé dans le brouillard et lui paraissait soudainement moins tangible que le combat qu'il menait à chaque seconde pour sauver la vie de sa mère.

Jaina, une main bien serrée sur le pommeau de son sabrolaser, leur fit descendre la volée de marches qui conduisait à la réserve. Elle ouvrit précipitamment la porte secrète qui donnait sur le tunnel.

Une cascade d'eau à l'odeur écœurante se déversa par l'ouverture. Jacen se tourna de côté pour laisser les premières vagues le dépasser puis progressa vers l'embouchure. La tête de Leia rebondit contre son épaule. Soudain, son corps paraissait incroyablement léger.

L'eau empêcherait le sang de coaguler trop vite. L'heure n'était plus à tenter de sauver ses jambes mais à essayer tout ce qui était en son pouvoir pour lui sauver la vie. Canalisant la Force qui affluait en lui, Jacen interrompit mentalement le flot de sang dans les artères principales de sa mère. La créature-garrot, obéissant aveuglement aux ordres d'un maître qu'elle ne connaissait pas, était fermement accrochée et limitait l'hémorragie.

Jacen passa avec difficulté dans l'axe du courant. Au moins les flots les pousseraient-ils, eux ainsi que toute odeur résiduelle, loin des Yuuzhan Vong. Les envahisseurs ne pourraient alors envoyer à leurs trousses aucune créature capable de flairer une piste. Devant lui, le sabrolaser de sa sœur produisait un délicat reflet violet.

Jaina jeta un coup d'œil à la carte affichée sur son databloc. Là où le tunnel rejoignait la vieille mine s'ouvrait un puits vertical, en fait une colonne de drainage. En descendant le courant, ils avançaient inexorablement dans sa direction. S'ils ne trouvaient pas rapidement un point d'ancrage, ils seraient aspirés.

— Je pars en avant, dit-elle à Jacen. Essaie de ne pas me perdre de vue, tu veux ?

Elle éteignit son sabrolaser, l'accrocha à sa ceinture et plongea dans l'eau glacée et répugnante. Le liquide s'engouffra dans son masque oculaire et déposa sur ses lèvres un goût épouvantable. Elle fit quelques brasses dans le courant sans se soucier des parois du tunnel qui défilaient à toute vitesse. Elle projeta les ondes de la Force droit devant elle et obtint l'image du puits mortel dans lequel s'engouffraient les flots.

Elle fit demi-tour et se mit à battre des jambes pour ralentir son allure. Puis elle se laissa couler et, en poussant fermement sur ses pieds à chaque fois qu'ils touchaient le sol, parvint à progresser de côté pour se dégager du courant. Rebondissant ainsi, elle s'écarta vers la gauche. Elle ne voyait plus rien, mais elle s'était habituée depuis quelque temps à naviguer à l'aveuglette. Sa perception dans la Force lui permettrait de savoir quand elle aurait enfin atteint la paroi du tunnel.

Poussant une dernière fois sur ses pieds, elle se projeta vers le plafond et jaillit hors de l'eau. Elle tâtonna à la recherche d'une prise dans la roche, glissa, retomba dans l'eau et coula à pic. La panique s'empara d'elle, plus froide et plus mortelle encore que les flots de la rivière souterraine. Elle balaya ses terreurs, releva la tête, aspira une bonne goulée d'air et se propulsa à nouveau.

Cette fois-ci, elle parvint à s'accrocher à une anfractuosité. Elle détacha son sabrolaser et en activa la lame. A la lueur de l'arme, elle vit qu'elle avait manqué le gouffre mortel de moins de deux mètres. Elle coinça le pommeau de son sabre dans une faille du mur et, éclairée par cette lanterne improvisée, dégrafa la ceinture à poches multiples qu'elle avait empruntée dans la réserve de l'*Ombre de Jade*.

Mara venait d'engager son appareil dans un large mouvement tournant afin de détecter un éventuel ennemi. Sa manœuvre lui permit d'en repérer un immédiatement.

— *Ombre de Jade* à la Défense de Duro, appela-t-elle en pressant le bouton de son transmetteur. Gros corail en vue à quatre-cinq point zéro-six. Faites attention, *Poésie*.

Un gros porteur Yuuzhan Vong venait d'apparaître à environ quarante-cinq degrés vers le sud, mettant visiblement le cap sur le croiseur Mon Calamari. Des vagues de coraux skippers décollèrent de ses flancs massifs. D'immenses objets volaient à leur suite. S'agissait-il d'autres vaisseaux d'assaut ou bien de créatures quelconques ? Au point où ils en étaient, cela n'avait plus guère d'importance.

Mara fit pivoter son appareil et se dirigea vers Bburru. Sur son écran tactique, elle essaya de repérer les positions des Ailes-X de Luke et d'Anakin. Des Dagues-D et des Ailes-E jaillirent alors de toutes les stations en orbite autour de Duro. Cette fois-ci, les boucliers déflecteurs entrèrent tous en action. Sauf, bien entendu, autour d'Orr-Om. Pendant qu'elle patrouillait dans le secteur, Mara avait vu de nombreuses explosions se produire à bord de la cité, jusqu'au moment où, dans un silence de mort, toutes les lumières de la ville s'étaient éteintes. La station spatiale à la dérive avait atteint les premières couches nuageuses de l'atmosphère de la planète. Dans le cas de Duro, il était d'ailleurs préférable de parler des premières couches brumeuses et opaques.

Mara avait, depuis un bon moment déjà, perdu toute sensation émanant de Leia.

Un autre groupe de combat Yuuzhan Vong surgit de l'hyperespace près du pôle nord de la planète. Cette nouvelle vague se divisa en quatre escadrons. Les capteurs de Mara lui apprirent que chaque escadron était composé d'une bonne vingtaine de coraux skippers. Ils semblaient escorter quelque chose d'énorme, de non identifiable. Derrière cette formation, d'autres skips, encore plus nombreux, firent leur apparition.

— Attention ! tonna la voix extraterrestre familière dans le haut-parleur de la console de communication. Forces de Défense Durosiennes, abandonnez le combat. Retournez immédiatement vous poser près des installations à la surface de la planète et vos vies seront épargnées. A tous les habitants des installations, restez où vous êtes. Choisissez la paix, pas la destruction.

Une seconde voix, une voix de Durosien, s'éleva :

— A tous les vaisseaux d'évacuation, cap au sud. Je rrrépète, cap au sud. L'ennemi est en trrrain de nous aborrrder par le norrrd. Les apparrreils des Forrrces de Défense de Durrro sont charrrgés, dans la mesurrre du possible, de prrrotéger la fuite des navettes.

Mara ajusta son écouteur et régla son émetteur sur une fréquence privée.

— Luke ? Où est Han ? Qu'est-ce qui le retient ?

— Je ne reçois plus rien de lui, répondit Luke, dont la voix semblait tendue.

Un nouveau groupe de combat apparut et plongea vers un nouveau secteur de l'arc orbital. La première vague de coraux skippers fila vers la première station qui se trouvait sur leur trajectoire. Les Vong bombardèrent ses systèmes de défense. C'est alors que l'énorme vaisseau-créature entra en action et projeta quelque chose en direction de la cité. Les détecteurs de la navette de Mara virèrent au rouge.

— Un Basal Dovin ! s'exclama-t-elle. Un monstrueux Basal Dovin !

Quelques secondes plus tard, les déflecteurs de la cité rendirent l'âme. Une créature animée d'un pareil appétit n'aurait aucun mal à faire disparaître la station de la surface de la planète, comme cela s'était produit avec la lune de Sernpidal.

De petits appareils décollèrent des autres habitats spatiaux, comme des insectes nocturnes autour d'une veilleuse. La première vague d'attaque des vaisseaux ennemis les ignora. Quelques engins d'évacuation disparurent prestement dans l'hyperespace. La deuxième vague Yuuzhan Vong encercla les retardataires. A nouveau, la voix extraterrestre ordonna aux réfugiés de regagner la surface.

Avec la seconde attaque intervint une sorte de vaisseau-corvette qui se mit à bombarder les cités orbitales au moyen de projectiles plus gros que des astéroïdes. L'oxygène s'échappa en colonne par les brèches. Çà et là, des explosions se produisirent, illuminant la surface des stations.

La chute d'Orr-Om s'accéléra, la cité pénétra les premières couches de l'atmosphère et la friction de l'air en illumina les contours. Mara ferma les yeux. Une ville tout entière...

Des coraux skippers et des chasseurs de défense grouillaient à présent autour du *Poésie*. De temps en temps, l'un des gros canons laser du croiseur parvenait à descendre un appareil ennemi. L'efficacité des déflecteurs du vaisseau Mon Calamari était légendaire. Ils étaient presque infranchissables. Un Basal Dovin modifia sa trajectoire pour l'attaquer. Une escadrille d'Ailes-E essaya vainement de le retarder. Mara se dit que le *Poésie* n'en avait certainement plus pour longtemps.

C'est alors qu'une troisième vague d'assaut apparut. Si l'intention du Maître de Guerre était d'apporter à la Nouvelle République la preuve de sa puissance de frappe, on pouvait dire qu'il faisait du bon travail. Mara essaya de dénombrer avec horreur la quantité de coraux skippers prêts à fondre en masse sur le Noyau. Duro n'avait plus aucune chance de recevoir la moindre aide en provenance de Centerpoint ou de Coruscant.

Le gigantesque disque de la cité d'Urrdorf se mit à prendre de la vitesse, empruntant une trajectoire qui quittait l'orbite de la planète. L'Amiral Wuht avait rapatrié tous ses chasseurs afin de protéger ce secteur puisque Urrdorf était la seule station spatiale susceptible de survivre à l'attaque. Au milieu des défenseurs, Mara repéra deux Ailes-X.

— Que la fête commence... murmura-t-elle en modifiant son cap pour les rejoindre.

Jacen entendit Jaina l'appeler. Il lutta contre le courant pour ne pas se laisser emporter vers le puits dans lequel l'eau s'engouffrait en produisant un fracas de tonnerre. Il perçut la présence de sa sœur sur la gauche. C'est alors qu'il distingua sa silhouette se découpant dans le reflet violet pâle du sabrolaser. Jaina était couchée dans une faille du rocher. Elle déroula le treuil miniature de sa ceinture à poches multiples et en lança un bout à son frère. Ce dernier s'en saisit, le noua à sa ceinture et tourna le dos au courant, facilitant ainsi le travail de Jaina, occupée à le hisser hors de l'eau.

Il se récupéra enfin sur la saillie rocheuse, frigorifié, épuisé mais déterminé à recouvrer ses forces.

Jaina se pencha sur le visage de sa mère.

— Elle est vivante, murmura-t-elle. Mais c'est limite. Et toi, tu tiens le coup ?

Les jambes de Jacen lui firent mal quand il se redressa.

— En route, répondit-il. Passe devant, je te suis.

Jaina alla décrocher son sabrolaser du mur et en profita pour allumer son communicateur.

– Papa, tu me reçois ? (Pas de réponse.) Viens par ici, Jacen, il faut que je trouve un endroit où passe le signal...

Han maintenait sa position. Il attendait. Il ne rejoindrait pas l'orbite de la planète tant qu'il n'aurait pas eu de nouvelles de...

— Papa ! appela la voix de Jaina dans le haut-parleur de la console. C'est bon, je suis sortie et Jacen me rejoint avec Maman !

Han enclencha ses propulseurs principaux. Le cargo s'envola de sa cachette et décrivit un arc de cercle qui lui permit d'abandonner derrière lui le dôme de Narthex. Par la verrière du cockpit, il observa le sol. Il parvint à dénombrer neuf barges de débarquement, évoquant une invasion de coquillages monstrueux, près de la sortie nord de l'installation.

— Vas-y, Droma ! ordonna-t-il dans son micro. A toutes les navettes. Cap au vecteur sud. Nous protégeons vos arrières.

Quelques secondes plus tard, le vaisseau remorqueur, chargé au-delà de la raison, surgit de son énorme tas de foin. De l'autre côté du dôme, un cargo d'allure pataude et deux YT-1300 filèrent vers l'espace.

— Là, Capitaine Solo ! s'exclama C-3PO en indiquant un point sur les capteurs.

En contrebas, une silhouette isolée brandissait quelque chose qui ressemblait à une chandelle violette.

— Je la vois, dit Han en changeant de régime moteur et en poussant sur le manche.

— Oh non ! gémit C-3PO. Je crois que ce sont des coraux skippers qui arrivent par quatre...

— C'est bon, je les vois, je les vois.

Han programma le *Faucon* en vol stationnaire et déploya la rampe d'embarquement. A sa grande satisfaction, une deuxième silhouette apparut derrière Jaina, sortant péniblement de l'embouchure du tunnel. C'est alors qu'il vit Leia dans les bras de Jacen. Et le sang qui coulait sur ses jambes.

28

La planète était perdue. Là, en bas, ses redoutables nuages bruns toxiques engloutirent la cité orbitale de Orr-Om. Un corail multicolore, de la taille d'un croiseur, fondit sur l'une des autres stations spatiales qui venait de perdre ses boucliers déflecteurs. Curieusement, l'engin ne déploya aucun escadron de chasseurs.

Mara comprit alors la manœuvre. Au même moment, Luke s'écria, sur la fréquence de communications.

— Il va lui rentrer dedans !

Mara changea de trajectoire en conservant un œil sur ses capteurs. Le massif engin extraterrestre s'écrasa contre la paroi supérieure de la cité sans défense. Au moment de l'impact, celle-ci était déjà en train de plonger vers la surface en raison des Basals Dovin qu'on lui avait précédemment lancés.

Le vaisseau corail rebondit plusieurs fois le long de la station. Sa surface ventrale toute lisse ne présenta aucun dégât. En revanche, une stupéfiante série d'explosions, accompagnées de cascades d'étincelles et de jets de gaz, se produisit sur la structure de la cité aux nombreux points d'impact. Les capteurs de Mara lui indiquèrent que la cité suivait à présent une course irréversible vers l'atmosphère. Urrdorf, pendant ce temps, continuait sur sa lancée. Apparemment pas assez vite. Une autre vague de coraux skippers surgit dans le secteur. Ils devaient bien être des milliers.

Luke exécuta un virage sur l'aile et Mara décida de le suivre. Une nouvelle faction avait jailli de l'hyperespace, cette fois-ci par le sud, pour tenter de couper la route aux vaisseaux de réfugiés qui avaient échappé à l'attaque initiale. Trois croiseurs Yuuzhan Vong, escortés d'une douzaine de vaisseaux plus petits qui devaient être des canonnières, déployèrent leurs gigantesques bras verts et rouges, libérant ainsi un véritable essaim de coraux skippers.

Luke mit le cap sur le semblant d'escadrille représentant tout ce qui restait des forces de défense de la cité d'Urrdorf. Mara ne put s'empêcher d'observer ce qui se passait autour de la station. Les boucliers déflecteurs d'Urrdorf semblaient tenir le coup, mais les coraux skippers ne cessaient de les bombarder de plasma.

Un détachement Yuuzhan Vong encercla Bburru. Jusqu'à présent, la cité avait repoussé les attaques de Basals Dovin grâce aux défenses organisées par l'Amiral Wuht. L'œil exercé de Mara repéra une autre Aile-X au milieu de la formation de combat.

Un appareil, certainement une canonnière, se détacha du groupe d'assaut Yuuzhan Vong, décrivit une courbe descendante vers la cité en projetant d'étincelantes décharges de plasma.

— Je dégage par bâbord, déclara Mara. Mes capteurs ont détecté une navette civile qui vient de décoller de Bburru. Je pars l'escorter.

Luke vira et rejoignit Anakin. Mara plongea en rase-mottes au-dessus de la cité et fila en direction du dock qu'elle avait précédemment quitté fort peu cérémonieusement. Il fallait un sacré courage, se dit-elle en pensant à la navette qui venait de prendre l'espace, pour tenter une percée si tardive.

Trois petits appareils avaient, en fait, quitté simultanément la station. Ils volaient l'un derrière l'autre.

— Navettes, appela Mara. Ici l'*Ombre de Jade*. Je vais vous escorter jusqu'à votre point de saut dans l'hyperespace.

— Négatif, répondit une voix dans les crachotements des haut-parleurs de la console. Nous n'avons pas l'intention de sauter. Nous mettons le cap vers la surface de la planète.

— Mais c'est du suicide ! s'exclama Mara. Ils veulent

vous transformer en esclaves, vous sacrifier. Faites demi-tour et...

Les pilotes des navettes conservèrent la même trajectoire. C'est alors que Mara aperçut les insignes triangulaires de Cor-Duro Expéditions sur les flancs des appareils. Les gens de Cor-Duro, après s'être consciencieusement appliqués à affaiblir les défenses Durosiennes, semblaient vouloir massivement passer à l'ennemi. Dans ce cas, ils méritaient le sinistre destin qui les attendait en bas. Mara tira sur son manche, obliqua vers la droite et se retrouva face à une escadrille de coraux skippers. Elle pressa sa gâchette et se mit au travail...

Jacen était penché au-dessus de la couchette de l'étroite unité de premiers secours du *Faucon*. En dépit des soubresauts de l'appareil, Jaina parvint à appliquer une paire de pansements compressifs Sluissi sur les jambes de Leia, juste au-dessus des genoux. Elle relia ensuite les capteurs de diagnostic à la banque de données médicales du cargo.

— Bon, ça devrait lui permettre de tenir le coup en attendant de trouver une cuve à Bacta. Mais je ne sais pas si on réussira à sauver ses jambes...

Les yeux de Leia s'entrouvrirent.

— Jaina, murmura-t-elle. J'avais bien reconnu le son de ta voix. Merci.

La jeune femme passa une couverture chauffante autour des épaules frissonnantes de sa mère. Puis elle déroula le cathéter d'une poche à perfusion et introduisit l'aiguille dans le bras nu de Leia.

— C'est Jacen qui a fait le plus dur, dit-elle d'un ton bourru.

Celui-ci était en train d'ajuster les pansements. Il enclencha les champs microrépulseurs chargés de compresser les artères principales dans les jambes de Leia tout en facilitant la circulation sanguine périphérique. Il perçut quelque chose de tout aussi invisible que le champ, mais de bien plus chaleureux, s'écouler entre sa sœur et sa mère. Une entente profonde. Une connexion vivante.

— Non. Ce que tu as fait, ânonna Leia. Très difficile. Furieuse après moi... Tu es revenue.

Jaina afficha un petit sourire amusé. Elle se pencha et embrassa la joue de sa mère.

— Ne bouge pas. On va te tirer de là.

— Mais... Duro... Basbakhan...

— Nous sommes en train d'évacuer, répondit Jacen. (Qu'était-il advenu de l'autre Noghri qui escortait sa mère ?) Basbakhan ? demanda-t-il.

Les paupières de Leia se fermèrent. Jacen lança un regard préoccupé à sa sœur.

— Il y a un sédatif dans la perfusion, expliqua Jaina. Sinon, je la connais, elle serait bien capable de se lever de la couchette, de se traîner jusqu'aux quadrilasers et de laisser l'hémorragie la saigner à blanc...

Dans sa voix, Jacen détecta un profond respect.

— Je comprends, dit-il. (Si Basbakhan était toujours en vie sur Duro, les Yuuzhan Vong passeraient un sale quart d'heure.) Bon, il n'y a plus que toi et moi pour manipuler les canons, alors ?

— Prends une batterie ! s'exclama Jaina en se relevant brusquement de la couchette. Je rejoins Papa. Au programme de ce soir : Tir au corail skipper en famille !

— Mara ? Luke ? Forces de Défense de Duro ? Ici le *Faucon Millenium*. J'escorte un gros remorqueur. Nous sommes les derniers vaisseaux rescapés de Narthex et nous rejoignons l'espace.

Mara posa les yeux sur ses capteurs longue portée. Cap au sud, accélérant péniblement, un navire d'allure pataude, un petit cargo et trois YT-1300 venaient d'apparaître. Le petit cargo, celui qui volait en tête et dont la coque ne reflétait aucune lumière, allait et venait autour des autres appareils de façon désordonnée.

— Han ? Est-ce qu'elle va bien ? demanda la voix de Luke dans les haut-parleurs.

— Elle est gravement blessée, répondit celui-ci d'un ton tendu.

Il ne fut guère surpris. Si Mara était arrivée à se rendre

compte de l'état de santé de sa belle-sœur dans la Force, Luke y était, lui aussi, parvenu.

— Les gosses sont en train de s'occuper d'elle, mais... Quoi ? (La voix de Han disparut momentanément pour retentir à nouveau, quelques instants plus tard.) Plus le temps de discuter. Ces vaisseaux n'auraient rien contre un peu d'escorte supplémentaire, si vous voyez ce que je veux dire...

— On arrive !

Mara éteignit le communicateur et étudia ses capteurs. Grâce à son savoir-faire, ou bien à sa chance légendaire, Han avait réussi à conduire son convoi vers la zone la plus calme du secteur.

Pourtant, un chasseur-bombardier ennemi se profila juste devant eux. Presque instantanément, Mara repéra sur ses détecteurs l'anomalie spectrale produite par le Basal Dovin qui venait d'entrer en action. Elle décocha une rafale de coups très courts dans sa direction. Pas très loin sur tribord, l'Aile-X de Luke accéléra et mit le cap sur l'appareil. Ses batteries d'artillerie projetèrent des rayons jumeaux. Deux traits fusèrent des canons supérieurs, puis deux autres des inférieurs. Enfin, les quatre canons se mirent à tirer simultanément de puissantes décharges.

Le vaisseau ennemi changea de cap, ignorant les transports de réfugiés, pour se consacrer à ses nouveaux adversaires. Mara bombarda à nouveau l'anomalie spatiale afin d'en affaiblir les déflecteurs. Elle joua sur la commande des gaz pour décélérer et ne pas se trouver aspirée par le Basal Dovin.

Luke vira et se prépara à refaire un passage. Mara repéra une seconde Aile-X qui volait juste derrière lui. Elle aperçut également une formation de quatre coraux skippers. Des décharges de plasma fusèrent tout autour d'elle. Elle tira sur le manche. Les étoiles, par la verrière, se mirent à tourbillonner. Mais elle ne lâcha pas la gâchette et concentra tous ses feux sur le chasseur. Les scanners lui signalèrent qu'une nouvelle perturbation venait d'être lancée dans sa direction, provenant des quatre coraux skippers. Ceux-ci avaient fermement l'intention d'annihiler ses boucliers.

— Luke ? appela-t-elle doucement, Anakin ? Je crois qu'on a des ennuis.

— Je me charge des skips, Oncle Luke, entendit-elle.

Une Aile-X changea de trajectoire. Même à cette distance, Mara sentit une puissante résonance dans la Force. Anakin, sans hésiter un seul instant, venait de focaliser son mental avec le calme absolu dont aurait fait preuve un Chevalier Jeidi deux fois plus âgé que lui. Son chasseur se cabra et enchaîna une série de tonneaux tout en projetant des rafales de laser à tout-va. Il réussit à descendre deux des skips avant même que les deux autres ne parviennent à rajuster les collimateurs de leurs canons à projectiles plasmiques.

D'un autre vecteur, l'Aile-X de Luke fondit comme un oiseau de proie sur le vaisseau. Mara aperçut la traînée de deux torpilles. Dès qu'elle comprit que l'engin ennemi ne réussirait pas à basculer ses rayons d'énergie pour se protéger et éliminer ses agresseurs, elle passa à l'attaque, décrivit une parabole au-dessus de l'appareil Yuuzhan Vong et concentra son tir sur les boucliers de sa section de poupe.

— Touché ! tonna Luke, triomphant. Remorqueur ? C'est votre accélération maximale, ça ? ajouta-t-il d'une voix plus grave.

Mara ne reconnut pas la voix qui répondit, mais elle y détecta immédiatement une pointe d'admiration quand elle l'entendit.

— Skywalker ? C'est vous, à bord de l'Aile-X ?

— Je suis juste derrière vous. Mettez la gomme, remorqueur.

— A vos ordres, *monsieur* !

Les capteurs indiquèrent une accélération infinitésimale. C'était probablement tout ce que le vaisseau hors d'âge avait dans le ventre.

Un peu plus loin, elle aperçut un remorqueur similaire qui plongeait dans la couche nuageuse de Duro en tourbillonnant lentement sur lui-même. La cité de Bburru, elle aussi, était à présent sous l'emprise de six vaisseauxcréatures. La longue passerelle de son port autonome n'était déjà plus qu'un enchevêtrement de métal tordu.

Une autre station, celle qui avait été éperonnée, avait pris une gîte impressionnante et s'apprêtait à quitter définitivement son orbite. Plus aucun appareil ne décollait de ses baies d'envol. Une flottille de vaisseaux Yuuzhan Vong accompagnait sa chute. Sur ses capteurs, Mara découvrit que les chasseurs utilisaient leurs propres Basals Dovin pour accélérer la descente de l'habitat. Toutes les cités Durosiennes étaient à présent en ruine, à l'exception d'Urrdorf, qui continuait sa pénible progression.

Mara serra les poings. Leurs ennemis étaient en train de jouer avec eux. Ils ne s'étaient pas contentés de s'abattre sur leurs victimes. Ils les taquinaient, maintenant. Elle se mordit la lèvre et voulut aplatir son poing sur son tableau de bord. Au prix d'un effort considérable, elle rouvrit la main et chassa sa colère. La colère était un poison. Son système avait déjà été suffisamment empoisonné par la faute de Nom Anor. Mais elle pouvait encore sauver cette petite vie qui battait en elle. Si elle y parvenait, alors son existence prendrait une importance qu'elle n'avait jamais crue possible. *Tiens bon,* dit-elle silencieusement. *Tu n'as vraiment pas choisi ton moment pour voir le jour dans cette galaxie, tu sais ?*

Son appareil croisa alors la trajectoire de Luke plusieurs fois de suite, semant la confusion chez leurs opposants. Elle comprenait à présent pourquoi tant de femmes étaient prêtes à mourir pour leurs enfants. La sécurité et la survie d'une personne totalement sans défense dépendaient d'elle complètement. Silencieusement, elle promit à ce petit être d'être le plus farouche défenseur qu'il aurait jamais.

— C'est une fille, souffla doucement une voix à son oreille.

Stupéfaite, Mara porta la main à son écouteur. Personne ne répondit. Personne ne demanda à Luke de répéter le message. Il devait donc employer une fréquence privée. Elle appuya sur une touche.

— Tu veux bien sortir de ma tête, Skywalker ? murmura-t-elle en réponse.

Mais, au fond de son esprit, à l'emplacement qu'elle réservait à son époux, elle laissa flotter une sensation de joie de le savoir, lui aussi, hors de danger après cette féroce bataille.

Soudain, à sa grande surprise, elle perçut une nouvelle sensation. Et elle comprit.

— Non, s'exclama-t-elle. C'est un garçon !

Le pataud remorqueur disparut en un clin d'œil dans l'hyperespace.

Jacen appuya une dernière fois sur la commande de tir de sa batterie de laser. Un autre corail skipper explosa en projetant alentour des milliers d'échardes multicolores. Les mouvements de haut en bas du *Faucon* lui permirent de découvrir un autre nuage étincelant. C'était l'œuvre de Jaina, qui avait tiré depuis son poste dans le cockpit. Il entendit la voix de son père et de sa sœur, respectivement pilote et copilote de cet appareil qui n'avait jamais aussi bien et aussi sauvagement manœuvré de toute son existence.

Urrdorf n'était pas équipée pour voler en vitesse lumière, à l'instar du remorqueur dirigé par Droma, mais la cité avait enfin quitté l'orbite de Duro et maintenait une accélération constante. Les Yuuzhan Vong avaient abandonné la poursuite. Avec un peu de chance, la station pourrait bientôt disparaître dans les ténèbres qui séparaient les systèmes cosmiques.

— Bon, ça suffit, annonça Han. On dégage. Bonne chance, Urrdorf.

— Merci, *Faucon*, répondit une voix lointaine dans les écouteurs de Jacen.

— Jacen, Jaina, dit Han. Amarrez les canons. Préparez-vous au passage dans l'hyperespace. On rentre à la maison.

Jacen s'exécuta. Il alla ensuite s'asseoir dans la section d'ingénierie à côté de C-3PO. Tout en bouclant sa ceinture, il entendit la voix de sa sœur retentir dans le cockpit :

— Anakin en a encore descendu un !

— Il en est à combien ? demanda Han. Onze ? Douze ?

— Je ne sais plus, répondit Jaina. Il va vraiment falloir que je touche deux mots de ce gamin au Colonel Darklighter...

— Hé ! tonna la voix de Han. Luke, Mara, Anakin. Vous êtes les derniers vaisseaux du système, maintenant. Dégagez tant que vous en avez encore la possibilité !

— Bien compris. (C'était la voix d'Oncle Luke.) Anakin, laisse tomber. Beau travail.

Tu peux compter sur Anakin pour être le dernier humain à quitter le système de Duro, songea Jacen sans la moindre once de jalousie. Il avait enfin découvert le point d'équilibre entre le pouvoir intérieur de la Force et ses actions sur le monde extérieur. En s'abandonnant, en obéissant sans la moindre réserve, il était devenu la preuve vivante d'un véritable sacrifice.

Peut-être que, finalement, j'ai rattrapé ce sabrolaser, Oncle Luke...

Il sentit la présence de Jaina, assise dans le cockpit à côté de cette lueur familière qui avait toujours émané de leur père. Il élargit son champ de perception et adressa une caresse affectueuse à la présence incandescente de son frère. Puis à Oncle Luke, qui volait à bord de son Aile-X près de l'*Ombre de Jade* de Tante Mara.

Il s'attarda un instant. Il y avait quelque chose d'étrange, de différent, de changé, chez Tante Mara. Rien de sinistre ou de fétide, comme cela avait été le cas lorsqu'on pensait que sa maladie avait atteint son stade terminal. Non. Là, il la sentait briller comme une étoile binaire.

C'est alors que le *Faucon* bondit dans l'hyperespace. Toutes ces présences s'évanouirent. Jacen détacha sa ceinture et se précipita pour vérifier les blessures de sa mère.

Épilogue

La douleur déchirait la cheville gauche de Tsavong Lah. Vaecta ne pouvait guère tenter plus longtemps de contenir la souffrance de son pied blessé sans procéder à une amputation rituelle. Tsavong avait déjà eu l'occasion de sacrifier de nombreuses parties de son corps, imitant ainsi les sacrifices commis par les Dieux pour créer l'univers. Jusqu'à l'arrivée des grands prêtres, il serait obligé de se tenir sur une attelle. Mais il ne manquerait pas d'implorer les prêtres pour qu'on lui greffe un meilleur pied. Il avait, après tout, perdu l'usage de ce membre lors d'un duel d'honneur. Les prêtres ne pourraient pas rejeter sa requête.

Il approcha, pas à pas et péniblement, de la délégation de Durosiens et d'humains qui venait d'atterrir. Ils avaient été conduits immédiatement à son centre administratif temporaire, établi dans l'une de ces horribles bâtisses en attendant l'arrivée de matériaux de construction plus appropriés. Un groupe d'infidèles s'avança vers lui. Tous portaient des uniformes bruns à liserés rouges.

La douleur lui éclaircit l'esprit et il parvint sans peine à les percer à jour. Ce n'étaient pas que des infidèles. C'étaient aussi des traîtres. Il ne perdrait pas son temps à trier les individus de valeur.

Quand la délégation se fut suffisamment approchée à son idée, il leva la main pour leur signaler de s'arrêter. Un Durosien efflanqué fit un pas en avant.

— Mon bon seigneurrr, dit-il. Nous devons prrrotester devant l'étendue de votre offensive. Je suis Durrrgard Brrrarrrun, Vice-Directeurrr de...

— J'ai besoin d'une information, dit Tsavong Lah.

Le Durosien écarta ses mains noueuses et se mit à parler rapidement :

— Monsieur, nous avons rrrespecté notre parrrt du marrrché. Ce sont vos Brrrigades de Paix qui l'ont rrrompu. Les Forrrces de Défense de Durrro ont bien cessé le feu. Les Durrrosiens se sont abstenus de prrrotéger les installations à la surrrface de la planète et les airrres de décollage en orrrbite. En rrretourrr, vous nous avez prrromis d'éparrrgner l'une de nos cités. Nous comprrrenons bien que vous aviez besoin de crrréer au moins un exemple, mais...

— Faites part de vos doléances aux Dieux. (Tsavong s'appuya de tout son poids sur sa cheville blessée et son attelle puis tira de la douleur la concentration nécessaire à l'organisation de ses pensées.) J'ai besoin du nom de ce jeune *Jeedai* qui a échappé à votre surveillance.

Ce jeune couard avait finalement fait preuve de sa valeur. Quand viendrait le temps des meilleurs présages, il serait assurément sacrifié à Yun-Yammka.

— Je peux tout vous expliquer, commença le Durosien. Il a rrreçu de l'aide de l'extérieurrr...

— Son nom ! gronda Tsavong en se penchant sur l'infidèle gémissant.

Le Durosien écarta à nouveau les mains.

— Jacen Solo, fils de l'Ambassadeurrr Leia Organa Solo et...

Tsavong Lah adressa un signal au Basal Dovin enterré non loin de là. Un champ énergétique étincelant s'éleva autour de l'infidèle et étouffa le reste de sa phrase.

Puis il se tourna vers l'Exécuteur, qui se tenait à quelques pas de là.

— Ta tâche ici est terminée, Nom Anor, dit-il. Les nouveaux esclaves sont-ils prêts à transmettre ? Le chœur des Villips est-il en place ?

Nom Anor posa un genou à terre, l'air visiblement réjoui. Pourtant ses mains tremblaient. Apparemment, il attendait de son maître que celui-ci lui fasse part de sa nouvelle assignation.

— J'appelle immédiatement la Maîtresse des Villips.

Tsavong attendit que Seef s'approche. La Maîtresse accompagnait une puissante bête de somme qui transportait le plus grand Villip, à la peau laiteuse et humide, jamais élevé par les généticiens Yuuzhan Vong. A la demande de leur contact humain sur Coruscant, les savants qui étaient parvenus à façonner et à nourrir cette créature d'une taille si remarquable avaient également livré sa jumelle à un relais de l'espace profond, protégée du vide par une série de Basals Dovin.

Pour ce premier message, cependant, le chef Yuuzhan Vong n'hésiterait pas non plus à faire appel à l'abominable technologie de communication découverte sur la planète. Seuls ses nouveaux esclaves se souilleraient en manipulant les commandes. Ils étaient, de toute façon, dans un état si répugnant qu'il dépassait toute tentative de purification.

Les officiels de Cor-Duro, qui seraient tous bientôt digérés dans l'estomac du Dévoreur, représentaient la preuve tangible que leurs ennemis pouvaient si aisément être dressés les uns contre les autres. Ils s'emploieraient ainsi à éliminer systématiquement leurs propres éléments. Une tactique qui attirerait aussi certainement sur Tsavong Lah les faveurs de Yun-Harla.

Le Maître de Guerre rassembla ses forces victorieuses autour du puits où brûlait toujours le brasier. L'arôme savoureux qui montait de l'excavation ne pouvait qu'honorer Yun-Yammka. Sans prendre soin d'activer un Villip, il livra un discours aux factions en présence et aux esclaves. Il déclara que Nom Anor avait purgé sa peine et qu'il serait bientôt envoyé ailleurs pour une autre mission.

L'Exécuteur croisa ses bras sur sa poitrine. Sa joue tressaillit, révélant chez lui un semblant d'émotion.

— Donne-moi l'arme répugnante de cette femme, ordonna Tsavong.

Nom Anor n'osa pas désobéir. Il décrocha la faux de lumière de sa ceinture et la tendit à son maître. Tsavong Lah la serra fermement dans sa main, conscient du fait qu'il lui faudrait ensuite se purifier. Après plusieurs tentatives infructueuses, il parvint à activer une lumière à l'une des extrémités du pommeau. Un éclat artificiel et rouge. Une parodie de lumière naturelle.

Seef dégagea l'étoffe qui recouvrait le Villip géant. Elle se mit alors à caresser la créature à deux mains. En même temps, on tendit un Tyzowyrm à Tsavong Lah. Il le glissa dans son oreille. Cette fois, les infidèles ne seraient pas en mesure de se moquer de ses déclarations. Seef adressa un signe de tête aux esclaves pour qu'ils mettent leurs appareils de transmission en marche.

Le Maître de Guerre distribua son poids sur ses deux pieds. Sa cheville gauche lui projeta une décharge de douleur à travers tout le corps.

— Citoyens de la Nouvelle République, dit-il doucement. Nous vous parlons actuellement depuis la surface de Duro, une planète vivante que vos aïeux ont massacrée. Nous et nos nouveaux esclaves allons redonner vie à ce monde. Dans les semaines à venir, nous vous montrerons avec quelle puissance et quelle efficacité les Yuuzhan Vong s'appliquent à assainir, à forger un astre...

Il inspira profondément, imaginant des hordes d'infidèles relayant le message par le truchement de leurs affreux récepteurs technologiques. Il pensa à ses paroles transmises vers cette autre planète empoisonnée par la technologie. Coruscant.

— Jusqu'à ce jour, reprit-il, nous ne vous avions pas fait part de nos intentions. Le jour de la révélation est arrivé. Nous allons nous installer ici, sur Duro. Nous allons mettre fin aux hostilités et vivre à vos côtés. A une seule condition...

Il inspira à nouveau, lentement et longtemps. Après le jugement qu'il venait d'infliger à Duro, nul doute que les couards n'aspireraient qu'à la paix, que ce soit ou non avec les honneurs.

— Il y a dans vos rangs, déclara-t-il, des individus qui défient les Dieux en se faisant eux-mêmes passer pour de petites divinités. Ils sèment le doute et la peur chez vous, ils vous forcent à la soumission. Nous nous contenterons de la planète Duro si, et seulement si, vous nous aidez à préparer un ultime sacrifice...

Il marqua une nouvelle pause. Autant les laisser un peu

trembler. Autant les laisser se demander si leurs vies, leurs planètes, à tous autant qu'ils étaient, seraient l'objet d'une nouvelle attaque.

C'est alors qu'il leur confirma qu'il les épargnerait. Tous. Sauf...

— Livrez-moi vos *Jeedai*, exigea-t-il en brandissant la faux de lumière devant lui, pointant sa lame vers la poussière. Tous, sans exception de race, d'âge et de niveau d'entraînement. Aidez-les, cachez-les, et vous verrez comment nous nous occuperons de vos mondes. Mais, je récompenserai grandement – avec des cadeaux magnifiques – toute personne qui me livrera le *Jeedai* avec lequel je souhaite tout particulièrement m'entretenir...

Il chargea sa voix de haine et de souffrance, referma ses mains sur le pommeau de l'arme et plongea sa lame, jusqu'à la garde, dans la terre.

— Livrez-moi Jacen Solo ! gronda-t-il. Je le veux vivant car je souhaite pouvoir l'offrir personnellement en pâture aux Dieux !

Il fit un signe de tête à Seef. Celle-ci recouvrit le Villip géant. Il ramassa alors l'arme répugnante. La lame, intacte, étincelait toujours. Tremblant de colère et de douleur, le Maître de Guerre la précipita rageusement dans le brasier.

Remerciements

Merci !

D'abord à George Lucas, bien entendu.

Et puis aussi à Martha Millard, Scott Bach, Shelly Shapiro, Sue Rostoni, Allan Kausch et Lucy Autrey Wilson, pour leurs conseils professionnels. Merci à tous les auteurs qui ont travaillé sur la Guerre des étoiles et qui ne cessent d'enrichir cet univers, tout particulièrement James Luceno, Michael Stackpole, R.A. Salvatore, Timothy Zahn, Aaron Allston, Troy Denning, Dan Wallace et Bill Smith. Merci à Robert Flaherty, Cheryl Petersen et Matthew Tyers, pour leur assistance toute spéciale.

Un grand merci à Mark Tyers, qui m'a aidée à tenir le coup alors qu'il aurait été si facile d'abandonner.

Achevé d'imprimer sur les presses de

BUSSIÈRE

GROUPE CPI

à Saint-Amand-Montrond (Cher)
en mars 2002

FLEUVE NOIR
12, avenue d'Italie
75627 Paris Cedex 13
Tél. : 01-44-16-05-00

— N° d'imp. : 21077. —
Dépôt légal : mars 2002.

Imprimé en France